重栞宋本周易注疏

國學要籍叢刊序例

昔者梁任公、胡適之、汪辟畺、錢基博諸先生均嘗開列國學要籍目錄，或且爲之解題，以示青年學子。顧諸先生之陳義頗高，卽如梁任公先生所擬之「最低限度之必讀書目」，已包括四書、易經、詩經、禮記、左傳、老子、墨子、莊子、荀子、韓非子、戰國策、史記、漢書、後漢書、三國志、資治通鑑（或通鑑紀事本末）、宋元明史紀事本末、楚辭、文選、李太白集、杜工部集、韓昌黎集、柳河東集、白香山集及其他詞曲集數種，且謂：「以上各書，無論學鑛學、工程學……皆須一讀，若並此未讀，眞不能認爲中國學人矣！」今中國學人曾讀此「最低限度之必讀書」者，能有幾人耶？彼學鑛學、工程學及其他科學者無論矣，卽在大學專攻中國文學者，曾讀此「最低限度之必讀書」，亦有幾人耶？據教育部修訂大學中國文學系必修科目表，有專書選讀九學分，其書目如次：

（一）論語、孟子、周易、尙書、詩、禮記、春秋左氏傳、附國語。

（二）荀子、老子、莊子、管子、韓非子、呂氏春秋、淮南子。

（三）史記、漢書、後漢書、三國志。

（四）楚辭、文選、杜詩、韓文，並其他名家詩文專集。

（五）文心雕龍、史通。

書名開列二十餘種，與梁擬「最低限度之必讀書目」僅略有不同；然其書爲選讀，又限於九學分，卽以一書三學分計，不過三種書耳。昔梁氏以爲一般中國學人（無論學何科學）最低限度必讀國學要籍二十餘種，今教育部規定專攻中國文學者但須選讀國學要籍三種，其相去何如是之遠耶？近數十年來，中國文化之不競，於此亦可以覘之矣！國人近方以復興中國文化相策勵，顧中國文化之復興，非空言宣傳而可以收效也；必也取國學要籍而博學之、審問之、愼思之、明辨之，從而擷取中國文化之菁華，以篤行之，發揚而光大之，然後始可以淑世而濟民。專攻中國文學者，尤應以復興中國文化自任，豈可以選讀國學要籍三數種而遽以自足哉？竊教育部訂立中國文學系必修科目表開列專書名目之意，蓋亦欲人偏讀其書，特以選讀三數種以開其端耳。然國學要籍二十餘種，或有深文奧義，非青年學子所能盡解，必借助於前人之注釋；而前人之注釋又或玉石雜陳，優劣互見，非青年學子所能盡知；卽或知之矣，而散在各處，搜購爲難，又非青年學子所能盡備。若能彙集諸國學要籍之善注善本於一編，使青年學子無搜購之難，有研讀之便，其裨益於中國文化之復興，豈淺鮮哉！國立政治大學中國文學研究所有見於此，因據教育部修訂大學中國文學系必修科目表所開列之書目，選集國學要籍之善注善本，輯爲「國學要籍叢刊」，付學生書局，影印行世。茲揭其凡例於次：

一、本叢刊所輯國學要籍，以教育部修訂大學中國文學系必修科目表所開列者爲限。該表所列，約分五類：第一類爲經部要籍，凡八種；第二類爲子部要籍，凡七種；第三類爲史部要籍，凡四種；第四

類爲集部要籍，已列出書名者四種，「其他名家詩文專集」未列書名者酌予增列；第五類爲文史評要籍，凡二種。

一、本叢刊所輯國學要籍，每種選擇最佳之注釋一部或數部。其選擇之標準：一爲最古之注釋，以其距成書之時較近，其訓詁當較爲可信也；二爲最精之注釋，以其後出，能集前注之大成，並汰糟粕而存精粹也。

一、本叢刊所輯國學要籍，閒收精校本、精評本，以與精注本相參證。

一、本叢刊所輯經部要籍，以經學有漢宋之別，而清儒成就又往往超邁前人，故注釋之選擇必三方兼顧，俾學者循是可知經學之家法及治經之途徑。

一、本叢刊所輯子部要籍，以古注勝義迭出，今注校釋詳明，實不能偏廢，故二者兼採；惟今注有涉及他人版權者，則暫不列入。

一、本叢刊所輯史部要籍，以其篇幅較繁，故僅採古注，亦以古注保存古音古義甚多，而佚書遺說往往可見，並足資考證故也。

一、本叢刊所輯集部要籍，如一書有數家注釋，而各有擅場者，則兼採之；否則，但取其最精審之一家。文史評類要籍亦然。

一、本叢刊所輯國學要籍，如同一部注釋書而有數版本，則採用其較精善者。

一、本叢刊所輯國學要籍，全部影印，原書或有標點，或無標點，皆依原式；惟版面大小，不盡與原書相同，大體皆有伸縮，以求合本叢刊之規格。

一、本叢刊於每種書前，皆有「出版說明」，介紹選輯之旨趣，以供讀者之參考。

一、本叢刊以篇帙繁富，擬依經、子、史、集、文史評各類之次序，分期印行，陸續出書。

一、國學要籍亦有未列名於教育部修訂大學中國文學系必修科目表之中者，容俟異日另行選輯，爲本叢刊之續編。

中華民國五十六年九月十五日國立政治大學中國文學研究所謹識。

出版說明

周易之為書，託天道以言人事者也。託天道，則憑藉於象數；言人事，則歸結於義理。於是治周易者，各以其所偏倚，遂衍而為象數與義理兩派。漢儒多言象數，而其書存世者鮮。今存最古之易注，出於魏王弼、晉韓康伯，一掃漢儒之象數，而專說之以義理，顧其時玄談盛行，遂不免以老莊說易。四庫提要評之云：「闡明義理，使易不雜於術數者，弼與康伯深為有功；祖尚虛無，使易竟入於老莊，弼與康伯亦不能無過。」此平心之論也。此書上下經注及略例，皆弼所撰；繫辭傳、說卦傳、雜卦傳諸注，則康伯所撰。隋書經籍志以王韓之書各著錄，易注作六卷，略例作一卷，繫辭傳等注作二卷。陸德明經典釋文引王儉七志，已稱弼易注十卷，則劉宋時殆已有合二書為一者矣。弼，字輔嗣，山陽高平人，仕魏為尚書郎，年二十四而卒。以如此年少，而成此易注，可謂異數，此固由其天資敏慧，亦以其家學淵源，承受有自故也。漢末以易學名家者稱荀、劉、馬、鄭，荀謂荀爽，劉謂劉表，馬謂馬融，鄭謂鄭玄。表之學受於王暢，暢為粲之祖父，粲族兄凱為表之壻，凱生業，業生二子，長宏，次即弼也。粲二子既誅，使業為粲嗣。故弼乃劉表之外曾孫，王粲之嗣孫，王暢之嗣玄孫，弼之學蓋淵源於劉表，而實根本於王暢，又何怪其能以易名家、睥睨漢儒乎？康伯，名伯，穎川長社人，乃殷浩甥，生東晉之季，簡文帝居藩時，引為談客，嗣官丹陽尹、吏部尚書、領軍將軍，既疾病，改授太常，未拜，卒，年四十

九。康伯既嘗爲談客，故說易能有玄解，可以繼弼而有作也。或謂康伯曾親受業於弼，非事實，王伯厚困學紀聞已辨之矣。

迨唐孔穎達奉詔撰周易正義，專崇王、韓之注，而漢儒易說皆廢。孔穎達周易正義序云：「其傳易者，西都則有丁、孟、京、田，東都則有荀、劉、馬、鄭，大體更相祖述，非有絕倫。唯魏世王輔嗣之注獨冠古今，所以江左諸儒並傳其學，河北學者罕能及之。其江南義疏十有餘家，皆辭尚虛玄，義多浮誕。原夫易理難窮，雖復玄之又玄；至於垂範作則，便是有而教有。若論住內住外之空、就能就所之說，斯乃義涉於釋氏，非爲教於孔門也。既背其本，又違於注。……今既奉勑刪定，考察其事，必以仲尼爲宗；義理可詮，先以輔嗣爲本。」可知王、韓之注，影響所及，更由老莊流而爲釋氏。周易正義之作，則據南朝十餘家義疏，删去其涉及釋氏不與王氏合者。其書之得失，四庫提要論之已詳，今不復贅。以王、韓之注兼併正義而刻之，又或題爲周易兼義（此用阮元說），宋刊本已有如此者，阮元校刻周易注疏卽本之。得此一本，則王、韓之注及江左義疏之合於王、韓者，均備於此矣，此固治易者首應研讀之書也。

漢儒易注旣均廢而不行，吾人今日猶能窺易漢學於萬一者，則全賴唐李鼎祚周易集解一書。新舊唐書無李鼎祚傳，四庫提要稱其「始末未詳」，今據集解自序及元和郡縣志、太平寰宇記、輿地紀勝，參之通志、能改齋漫錄等書，尙可考見其生平大略。鼎祚，資州盤石縣人，盤石卽資州治所，州東有四明

山，鼎祚兄弟讀書於山上，後人名其地爲讀書臺。明皇幸蜀，鼎祚進平胡論。後召爲左拾遺。肅宗乾元元年，奏以山川闊遠，請割瀘、普、渝、合、資、榮六州界，置昌州，是時仍官左拾遺。嘗充內供奉，嘗輯梁元帝及陳樂產、唐呂才之書，以推演六壬五行，成連珠明鏡式經十卷，又名連珠集，上之於朝。代宗登極後，獻周易集解，其時爲秘書省著作郎，仕至殿中侍御史。集解所採，凡子夏、孟喜、焦贛、京房、馬融、荀爽、鄭玄、劉表、何晏、宋衷、虞翻、陸績、干寶、王肅、王弼、姚信、王廙、張璠、向秀、王凱仲、侯果、蜀才、翟玄、韓康伯、劉巘、何妥、崔憬、沈驎士、盧氏（據馬國翰目耕帖及胡秉虔卦本圖考之考證，盧氏爲盧景裕）、崔覲、伏曼容、孔穎達、姚規、朱仰之、蔡景君三十五家之說。自序云：「刊輔嗣之野文，補康成之逸象。」耳食者遂謂綜其義例，實宗鄭學。其實書中引鄭注者十之一二，而引荀爽、虞翻之說特詳，鼎祚蓋宗荀、虞之學，非宗鄭也。此書於異同之說往往並載不遺，如夬之九五，引荀爽說「莧、陸，二菜也」，又引虞翻說「莧，說也；陸，和睦也」。既濟之禴，虞翻謂「夏祭也」，崔憬曰「春祭也」。如此之類，不可以徧舉。蓋鼎祚雖宗荀、虞，而亦不廢他家，此其所以爲「集解」也。宋史藝文志五行類有李鼎祚易髓三卷、目一卷、瓶子記三卷，鼎祚自序中亦有別撰索隱之語，宋鮮于侁序其書，稱「李氏進平胡論，預察胡人叛亡日時，無毫釐差」，可見鼎祚長於象數，則其輯集解時，自以闡發象數爲歸。吾人如欲略涉周易象數之藩籬，則此書亦不可不讀也。

王、韓之注、孔之正義，專言義理，而不免流入於老、莊；李鼎祚撰集解，倡言象數，又不免流而

爲術士；雖均爲周易之古注，而亦各有其所蔽。至宋，程頤撰易傳，但解上下經及彖象文言，用王弼注例；以序卦分置諸卦之首，用李鼎祚周易集解例；其擺脫象數，而專言義理，則有取於王弼，惟闡明道學，避涉玄談，則與之異；學易者由此以入門，最爲無弊，所宜先讀也。頤，字正叔，洛陽人，世稱伊川先生。與兄顥同受學於周敦頤，並以道學名，人稱「二程子」。游太學時，胡瑗異其文，處以學職。哲宗初，擢崇正殿說書，以忤蘇軾，出管句西京國子監，復坐怨望去官。紹聖四年削籍竄涪州，元符三年遷峽州卒。易傳卷首有元符二年自序，則是書當成於編管涪州之後。四庫提要云：「王偁東都事略載是書作六卷，宋史藝文志作九卷，二程全書通作四卷。考楊時跋語，稱伊川先生著易傳，未及成書，將啓手足，以其書授門人張繹；未幾，繹卒，故其書散亡，學者所傳無善本，謝顯道得其書於京師，以示余，錯亂重複，幾不可讀，東歸，待次毘陵，乃始校正，去其重複，踰年而始完云云。」則是書原係草具未成之本，經楊時整理而後定者。是書原爲六卷，宋陳振孫直齋書錄解題著錄是書，卽爲六卷，與東都事略同；錢曾讀書敏求記稱其家所藏宋本，亦爲六卷，皆可爲證。馬端臨文獻通考經籍考作十卷，宋志作九卷，二程全書作四卷，則皆後之刊書者以意爲分合者也。

今取周易注疏、李氏集解、程子易傳，合爲一編。治易者循是而入，則不難登堂而入室矣。周易注疏，有宋本（見七經孟子考文補遺）、影宋鈔本（卽盧文弨傳校明錢保孫校本）、十行本（見阮元校勘記）、閩本、北監本、汲古閣本（以上並見邵懿辰四庫簡目標注）、乾隆四年武英殿本、同治十年廣州

書局覆刻殿本、阮元刻附校勘記本(以上並見書目答問)。書目答問云：「阮本最於學者有益，凡有關校勘處，旁有一圈，依圈檢之，精妙全在於此。」今卽據江西刻阮本影印。周易集解，有祕册彙函本、津逮祕書本、學津討原本、雅雨堂本、岱南閣刊巾箱本、宋慶曆計用章刊本、明萬曆重刊計本、士禮居影宋鮮于申之刊本、粤雅堂叢書本、古經解彙函重刻盧本、木瀆周氏刻本、仁和葉氏刻周本、成都薛氏崇禮堂本(以上見增訂四庫簡目標注及書目答問補正)，今據古經解彙函本影印。程子易傳，有宋刊本、程氏祠堂本、金陵局本、古逸叢書本、日本嘉永六年鈔本(以上見增訂四庫簡目標注)，今據古逸叢書本影印。古逸叢書本係覆元至正己丑積德書堂刊本，中缺宋諱，當係重翻宋本；惟首載朱子九圖，後附呂祖謙編「晦庵先生校正周易繫辭精義」，當是坊賈所爲；此書無楊時跋，有呂祖謙跋；末附直齋書錄解題、讀書敏求記有關此書之記載及楊守敬跋，考辨此書之源流，頗便學者；首末所載，雖非程子書，亦可以見宋儒說易之一斑，故仍存之。

國立政治大學中國文學研究所謹識

重栞宋本十三經注疏附挍勘記

用文選樓藏本挍定

同治十年江西書局重修

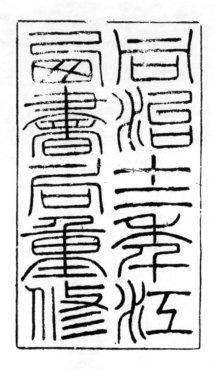

重刻宋板注疏總目録

論語注疏二十卷魏何晏等注宋邢昺疏

孝經注疏九卷唐元宗明皇帝御注宋邢昺疏

爾雅注疏十卷晉郭璞注宋邢昺疏

孟子注疏十四卷漢趙岐注宋孫奭疏

右十三經注疏共四百十六卷謹案五代會要後唐長興三年始依石經文字刻九經印板經書之刻木板實始於此逮兩宋刻本浸多有宋十行本注疏者即南宋岳珂九經三傳沿革例所載建本附釋音注疏也其書刻于宋南渡之後由元入明遞有修補至明正德中其板猶存是以十行本為諸本最古之册此後有閩板乃

明嘉靖中用十行本重刻者有明監板乃明萬厤中用
閩本重刻者有汲古閣毛氏板乃明崇禎中用明監本
重刻者輾轉翻刻訛謬百出明監板已燬今各省書坊
通行者惟有汲古閣毛本此本漫漶不可識讀近人修
補更多訛舛元家所藏十行宋本有十一經雖無儀禮
爾雅但有蘇州北宋所刻之單疏板本爲賈公彥邢昺
之原書此二經更在十行本之前元舊作十三經注疏
挍勘記雖不專主十行本單疏本而大端實在此二本
嘉慶二十年元至江西武寧盧氏宣旬讀余挍勘記而
有慕于宋本南昌給事中黃氏中傑亦苦毛板之朽因

以元所藏十一經至南昌學堂重刻之且借挍蘇州黃氏丕烈所藏單疏二經重刻之近鹽巡道胡氏稷亦從吳中購得十一經其中有可補元藏本中所殘佚者於是宋本注疏可以復行於世豈獨江西學中所私哉刻書者最患以臆見改古書今重刻宋板凡有明知宋板之誤字亦不使輕改但加圈于誤字之旁而別據挍勘記擇其說附載於每卷之末俾後之學者不疑于古籍之不可據慎之至也其經文注文有與明本不同恐後人習讀明本而反臆疑宋本之誤故盧氏亦引挍勘記載於卷後慎之至也竊謂士人讀書當從經學始經學

嘗從注疏始空疏之士高明之徒讀注疏不終卷而思
臥者是不能潛心學索終身不知有聖賢諸儒經傳之
學矣至於注疏諸義亦有是有非我
朝經學最盛諸儒論之甚詳是又在好學深思實事求是
之士由注疏而推求尋覽之也二十一年秋刻板初成
藏其板於南昌學使士林書坊皆可就而印之學中國
書成請序於元元謂聖賢之經如日月經天江河行地
安敢以小言冠茲卷首惟記刻書始末於目錄之後復
敬錄
欽定四庫全書十三經注疏各提要於各注疏之前俾束身修

行之上知我

大清儒學遠軼前代由此潛心敦品博學篤行以求古聖

賢經傳之本源不爲虛浮孤陋兩途所誤云爾

太子少保光祿大夫江西巡撫兼提督揚州阮元謹記

重校宋本十三經注疏跋

宮保阮制軍前撫江右時出所藏宋十行本以嘉惠士林嘉慶丙子仲春開雕閱十有九月至丁丑仲秋板成爲卷四百一十有六爲葉一萬一千八百有奇董其事者武寧明經盧君來庵也嗣 宮保陞任兩廣制軍來庵以創始者樂於觀成板甫就急思印本呈 制軍以慰其遺澤西江之意局中襄事者未及細校故書一出頗有淮風別雨之訛覽者憾之後來庵遊幕湘南以板移置府學明倫堂遠近購書者皆就印焉時余司其事披覽所及心知有舛悞處而自揣見聞寡陋藏書不富

未敢輕爲改易今夏　制軍自粵郵書以倪君模所校本一冊寄示適奉新余君成教亦以所校本寄省倪君所校計共九十三條余君所校計共三十八條爰因合二君所校之本詳加勘對親爲檢查督工逐條更正是書益增美備於此想見　宮保尊經教士之心歷十餘年而不倦隔數千里而不忘而宇內好古之士旁搜博採相與正訛糾繆豈非經學昌明之盛事哉倘四方君子更有考訂所及補目前所未備者隨其所得郵寄省垣俾得彙梓更正亦皆有補於後學云

道光丙戌歲仲冬月南昌府學教授盱江朱華臨謹識

重栞宋本十三經注疏後記

嘉慶二十有一年秋八月南昌學堂重栞宋本十三經注疏成卷四百十六并附錄挍勘記爲書萬一千八百一十葉距始事於二十年仲春歷時十有九月蓋官於斯土與生是邦者合其心力而爲之者也稷竊心慰焉曩歲癸酉稷承乏江寧鹽法道適浙閩制府桐城方公維甸予告在籍相與過從講求政事之餘究研經義時以各注疏本異同得失參差互見近日坊間重刻汲古閣毛氏本舛誤滋多計欲重栞之而稷調任江西厥議遂寢越明年甲戌　宮保阮公元來撫江右稷向讀其

所著十三經注疏挍勘記心知其所藏宋本之善欲請
觀之而涖政之初公事旁午踰歲初春始獲所願稷昔
欲重栞而志未逮者又怦然動矣武寧貢生盧宣旬
宮保門下士於稷夙有文字契至是來謁屬董厥事以
宋本名工剞劂而一時賢士大夫樂與觀成者咸鼓舞
而贊襄之於官則有今江南蘓松督糧道前九江府知
府方體今江西督糧道前廣信府知府王賡言今南昌
府知府張敦仁暨南昌縣知縣陳煦新建縣知縣鄭祖
琛署鄱陽縣知縣候補知州周澍浮梁縣知縣劉丙廣
豐縣知縣阿應麟會昌縣知縣候補知州曾曄春二品

蔭生儀徵阮常生於紳則有給事中黃中傑御史盧浙
編修黃中模員外黃中栻檢討羅允叔貢生趙儀吉袁
泰開李楨或輸廉以助或分經以校續殘補闕證是存
疑而　宮保於退食餘閒詳加勘定且令庋其版於學
中俾四方讀者皆可就而印之誠西江之盛事而　宮
保嘉惠士林之至意也　宮保既記其刻書始末於序
目之後稷亦喜夙願之旣副爲記其重栞日月與校栞
諸名氏於全書之末云
江西鹽法道分巡瑞袁臨等處地方廬江胡稷謹記

重栞宋本周易注疏附挍勘記

嘉慶二十年江西南昌府學開雕

太子少保江西巡撫兼提督揚州阮元審定 武寧縣貢生盧宣旬校

道光丙戌南昌
府學重校宋本

同治十二年江西書局重修

欽定四庫全書總目　周易正義十卷

魏王弼晉韓康伯注唐孔穎達疏易本卜筮之書故末派寖流於讖緯王弼乘其極敝而攻之遂能排擊漢儒自標新學然隋書經籍志載晉揚州刺史顧夸等有周易難王輔嗣義一卷冊府元龜又載顧悅之案悅之即顧夸之字難王弼易義四十餘條京口閔康之又申王難顧是在當日已有異同王儉顏延年以後此揚彼抑互詰不休至穎達等奉詔作疏始專崇王注而衆說皆廢故隋志易類稱鄭學寖

微今殆絶矣蓋長孫無忌等作志之時在正義既行之後也今觀其書如復彖七日來復王偶用六日七分之說則推明鄭義之善乾九二利見大人王不用利見九五之說則駁詰鄭義之非於見龍在田時舍也則曰經但云時舍注曰必以時之通舍者則輔嗣以通解舍舍是通義也而不疏舍之何以訓通於天元而地黃則曰恐莊氏之言非王本意今所不取而不言莊說之何以未允如斯之類皆顯然偏袒至說卦傳之分陰分陽韓注二

四爲陰三五爲陽則曰輔嗣以爲初上無陰陽定位此注用王之說帝出乎震韓氏無注則曰益卦六二王用享于帝吉輔嗣注云帝者生物之主興益之宗出震而齊巽者也則輔嗣之意以此帝爲天帝也是雖弼所未注者亦委曲旁引以就之然疏家之體主於詮解注文不欲有所出入故皐侃禮疏或乖鄭義穎達至斥爲狐不首丘葉不歸根其墨守專門固通例然也至於詮釋文句多用空言不能如諸經正義根據典籍源委粲然則由

王注掃棄舊文無古義之可引亦非考證之疏矣此書初名義贊後詔改正義然卷端又題曰兼義未喻其故序稱十四卷唐志作十八卷書錄解題作十三卷此本十卷乃與王韓注本同殆後人從注本合併歟

周易正義序

國子祭酒上護軍曲阜縣開國子臣孔穎達奉勑撰定

夫易者象也爻者效也聖人有以仰觀俯察象天地而育羣品雲行雨施效四時以生萬物若用之以順則兩儀序而百物和若行之以逆則六位傾而五行亂故王者動必則天地之道不使一物失其性行必協陰陽之宜不使一物受其害故能彌綸宇宙酬酢神明宗社所以无窮風聲所以不朽非夫道極玄妙孰能與於此乎斯乃乾坤之大造生靈之所益也若夫龍出於河則八卦宣其象麟傷於澤則十翼彰其

用業資凡聖時歷三古及秦亡金鏡未墜斯文漢理
珠囊重興儒雅其傳易者西都則有丁孟京田東都
則有荀劉馬鄭大體更相祖述非有絶倫唯魏世王
輔嗣之注獨冠古今所以江左諸儒並傳其學河北
學者罕能及之其江南義疏十有餘家皆辭尚虛玄
義多浮誕原夫易理難窮雖復玄之又玄至於垂範
作則便是有而教有若論住內住外之空就能就所
之說斯乃義涉於釋氏非爲教於孔門也既背其本
又違於注至若復卦云七日來復並解云七日當爲
七月謂陽氣從五月建午而消至十一月建子始復

所歷七辰故云七月今案輔嗣注云陽氣始剝盡至來復時凡七日則是陽氣剝盡之後凡經七日始復但陽氣雖建午始消至建戌之月陽氣猶在何得稱七月來復故鄭康成引易緯之說建戌之月以陽氣既盡建亥之月純陰用事至建子之月陽氣始生隔此純陰一卦卦主六日七分舉其成數言之而云七日來復仲尼之緯分明輔嗣之注若此康成之說遺跡可尋輔嗣注之於前諸儒背之於後考其義理其可通乎又蠱卦云先甲三日後甲三日輔嗣注云甲者創制之令又若漢世之時甲令乙令也輔嗣又云

令洽乃誅故後之三日又巽卦云先庚三日後庚三日輔嗣注云申命令謂之庚輔嗣又云甲庚皆申命之謂也諸儒同於鄭氏之說以爲甲者宣令之日先之三日而用辛也欲取改新之義後之三日而用丁也取其丁寧之義王氏注意本不如此而又不顧其注妄作異端今既奉

勑刪定考察其事必以仲尼爲宗義理可詮先以輔嗣爲本去其華而取其實欲使信而有徵其文簡其理約寡而制衆變而能通仍恐鄙才短見意未周盡謹與朝散大夫行大學博士臣馬嘉運守大學助教

臣趙乾叶等對共參議詳其可否至十六年又奉
勑與前修疏人及給事郎守四門博士上騎都尉臣
蘇德融等對勑使趙弘智覆更詳審爲之正義凡十
有四卷庶望上裨聖道下益將來故序其大略附之
卷首爾

周易正義卷第一

自此下分爲八段

第一論易之三名　第二論重卦之人

第三論三代易名　第四論卦辭爻辭誰作

第五論分上下二篇　第六論夫子十翼

第七論傳易之人　第八論誰加經字

第一論易之三名

正義曰夫易者變化之總名改換之殊稱自天地開闢陰陽運行寒暑迭來日月更出孚萌庶類亭毒羣品新新不停生生相續莫非資變化之力換代之功然變化運行在陰陽二氣故聖人初畫八卦設剛柔兩畫象二氣也布以三位象三才也謂之爲易取變化之義既義總變化而獨以易爲名者易緯乾鑿度云易一名而含三義所謂易也變易也不易也又云易者其德也光明四通簡易立節天以爛明日月星

辰布設張列通精無門藏神無穴不煩不擾澹泊不失此其易也變易者其氣也天地不變不能通氣五行迭終四時更廢君臣取象變節相移能消者息必專者敗此其變易也不易者其位也天在上地在下君南面臣北面父坐子伏此其不易也鄭玄依此義作易贊及易論云易一名而含三義易簡一也變易二也不易三也故繫辭云乾坤其易之蘊邪又云易之門戶邪又云夫乾確然示人易矣夫坤隤然示人簡矣易則易知簡則易從此言其易簡之法則也又云爲道也屢遷變動不居周流六虛上下無常剛柔

相易不可爲典要唯變所適此言順時變易出入移
動者也又云天尊地卑乾坤定矣卑高以陳貴賤位
矣動靜有常剛柔斷矣此言其張設布列不易者也
崔覲劉貞簡等並用此義云易者謂生生之德有易
簡之義不易者言天地定位不可相易變易者謂生
生之道變而相續皆以緯稱不煩不擾澹泊不失此
明是易簡之義無爲之道故易者易也作難易之音
而周簡子云易者易音亦也不易者變易也易者易代
之名凡有無相代彼此相易皆是易義不易者常體
之名有常有體無常無體是不易之義變易者相變

改之名兩有相變此爲變易張氏何氏並用此義云易者換代之名待奪之義因於乾鑿度云易者其德也或沒而不論或云德者得也萬法相形皆得相易不顧緯文不煩不撓之言所謂用其文而背其義何不思之甚故今之所用同鄭康成等易者易也音爲難易之音義爲簡易之義得緯文之本實也蓋易之三義唯在於有然有從无出理則包无故乾鑿度云夫有形者生於无形則乾坤安從而生故有太易有太初有太始有太素太易者未見氣也太初者氣之始也太始者形之始也太素者質之始也氣形質具

而未相離謂之渾沌渾沌者言萬物相渾沌而未相離也視之不見聽之不聞循之不得故曰易也是知易理備包有无而易象唯在於有者蓋以聖人作易本以垂教教之所備本備於有故繫辭云形而上者謂之道道即无也形而下者謂之器器即有也故以无言之存乎道體以有言之存乎器用以變化言之存乎其神以生成言之存乎其易以真言之存乎其性以邪言之存乎其情以氣言之存乎陰陽以質言之存乎爻象以教言之存乎精義以人言之存乎景行此等是也且易者象也物无不可象也作易所以

垂教者卽乾鑿度云孔子曰上古之時人民無別羣物未殊未有衣食器用之利伏犧乃仰觀象於天俯觀法於地中觀萬物之宜於是始作八卦以通神明之德以類萬物之情故易者所以斷。天地理人倫而明王道是以畫八卦建五氣以立五常之行象法乾坤順陰陽以正君臣父子夫婦之義度時制宜作爲罔罟以佃以漁以贍民用於是人民乃治君親以尊臣子以順羣生和洽各安其性此其作易垂教之本意也

第二論重卦之人

繫辭云河出圖洛出書聖人則之又禮緯含文嘉曰伏犧德合上下天應以鳥獸文章地應以河圖洛書伏犧則而象之乃作八卦故孔安國馬融王肅姚信等並云伏犧得河圖而作易是則伏羲雖得河圖復須仰觀俯察以相參正然後畫卦伏犧初畫八卦萬物之象皆在其中故繫辭曰八卦成列象在其中矣是也雖有萬物之象其萬物變通之理猶自未備故因其八卦而更重之卦有六爻遂重爲六十四卦也繫辭曰因而重之爻在其中矣是也然重卦之人諸儒不同凡有四說王輔嗣等以爲伏犧畫卦鄭玄之

徒以爲神農重卦孫盛以爲夏禹重卦史遷等以爲
文王重卦其言夏禹及文王重卦者案繫辭神農之
時已有蓋取益與噬嗑以此論之不攻自破其言神
農重卦亦未爲得今以諸文驗之案說卦云昔者聖
人之作易也幽贊於神明而生蓍凡言作者創造之
謂也神農以後便是述修不可謂之作也則幽贊用
蓍謂伏犧矣故乾鑿度云垂皇策者犧上繫論用蓍
云四營而成易十有八變而成卦既言聖人作易十
八變成卦明用蓍在六爻之後非三畫之時伏犧用
蓍即伏犧已重卦矣說卦又云昔者聖人之作易也

將以順性命之理是以立天之道曰陰與陽立地之道曰柔與剛立人之道曰仁與義兼三才而兩之故易六畫而成卦既言聖人作易兼三才而兩之又非神農始重卦矣又上繫云易有聖人之道四焉以言者尚其辭以動者尚其變以制器者尚其象以卜筮者尚其占此之四事皆在六爻之後何者三畫之時未有彖繇不得有尚其辭因而重之始有變動三畫不動不得有尚其變揲蓍布爻方用之卜筮蓍起六爻之後三畫不得有尚其占自然中間以制器者尚其象亦非三畫之時今伏犧結繩而為罔罟則是制

器明伏犧已重卦矣又周禮小史掌三皇五帝之書明三皇已有書也下繫云上古結繩而治後世聖人易之以書契蓋取諸夬既象夬卦而造書契伏犧有書契則有夬卦矣故孔安國書序云古者伏犧氏之王天下也始畫八卦造書契以代結繩之政又曰伏犧神農黃帝之書謂之三墳是也又八卦小成爻象未備重三成六能事畢矣若言重卦起自神農其爲功也豈比繫辭而已哉何因易緯等數所歷三聖但云伏犧文王孔子竟不及神農明神農但有蓋取諸益不重卦矣故今依王輔嗣以伏犧旣畫八卦卽自

重爲六十四卦爲得其實其重卦之意備在說卦此不具敘伏犧之時道尚質素畫卦重爻足以垂法後代澆訛德不如古爻象不足以爲教故作繫辭以明之

第三論三代易名

案周禮大卜三易云一曰連山二曰歸藏三曰周易杜子春云連山伏犧歸藏黃帝鄭玄易贊及易論云夏曰連山殷曰歸藏周曰周易鄭玄又釋云連山者象山之出雲連連不絕歸藏者萬物莫不歸藏於其中周易者言易道周普无所不備鄭玄雖有此釋更无所據之文先儒因此遂爲文質之義皆煩而无用

今所不取案世譜等羣書神農一曰連山氏亦曰列山氏黃帝一曰歸藏氏既連山歸藏並是代號則周易稱周取岐陽地名毛詩云周原膴膴是也又文王作易之時正在羑里周德未興猶是殷世也故題周別於殷以此文王所演故謂之周易其猶周書周禮題周以別餘代故易緯云因代以題周是也先儒又兼取鄭說云既指周代之名亦是普徧之義雖欲无所遐棄亦恐未可盡通其易題周因代以稱周是先儒更不別解唯皇甫謐云文王在羑里演六十四卦著七八九六之爻謂之周易以此文王安周字其繫

辭之文連山歸藏无以言也

第四論卦辭爻辭誰作

其周易繫辭凡有二說一說所以卦辭爻辭並是文王所作知者案繫辭云易之興也其於中古乎作易者其有憂患乎又曰易之興也其當殷之末世周之盛德邪當文王與紂之事邪又乾鑿度云垂皇策者犧卦道演德者文成命者孔通卦驗又云蒼牙通靈昌之成孔演命明道經準此諸文伏犧制卦文王繫辭孔子作十翼易歷三聖只謂此也故史遷云文王因而演易卽是作易者其有憂患乎鄭學之徒並依

此說也二以為驗爻辭多是文王後事案升卦六四王用亨于岐山武王克殷之後始追號文王為王若爻辭是文王所制不應云王用亨于岐山又明夷六五箕子之明夷武王觀兵之後箕子始被囚奴文王不宜豫言箕子之明夷又既濟九五東鄰殺牛不如西鄰之禴祭說者皆云西鄰謂文王東鄰謂紂文王之時紂尚南面豈容自言已德受福勝殷又欲抗君之國遂言東西相鄰而已又左傳韓宣子適魯見易象云吾乃知周公之德周公被流言之謗亦得為憂患也驗此諸說以為卦辭文王爻辭周公馬融陸績

等並同此說今依而用之所以只言三聖不數周公者以爻統乎業故也案禮稽命徵曰文王見禮壞樂崩道孤無主故設禮經三百威儀三千其三百三千即周公所制周官儀禮明文王本有此意周公述而成之故繫之文王然則易之爻辭蓋亦是文王本意故易緯但言文王也

第五論分上下二篇

案乾鑿度云孔子曰陽三陰四位之正也故易卦六十四分爲上下而象陰陽也夫陽道純而奇故上篇三十所以象陽也陰道不純而偶故下篇三十四所

以法陰也乾坤者陰陽之本始萬物之祖宗故爲上
篇之始而尊之也離爲日坎爲月日月之道陰陽之
經所以始終萬物故以坎離爲上篇之終也咸恒者
男女之始夫婦之道也人道之興必由夫婦所以奉
承祖宗爲天地之主故爲下篇之始而貴之也既濟
未濟爲最終者所以明戒愼而全王道也以此言之
則上下二篇文王所定夫子作緯以釋其義也

第六論夫子十翼

其彖象等十翼之辭以爲孔子所作先儒更无異論
但數十翼亦有多家既文王易經本分爲上下二篇

則區域各別彖象釋卦亦當隨經而分故一家數十翼云上彖一下彖二上象三下象四上繫五下繫六文言七說卦八序卦九雜卦十鄭學之徒並同此說故今亦依之

第七論傳易之人

孔子既作十翼易道大明自商瞿已後傳授不絕案儒林傳云商瞿子木本受易於孔子以授魯橋庇子庸子庸授江東馯臂子弓子弓授燕周醜子家子家授東武孫虞子乘子乘授齊田何子莊及秦燔書易為卜筮之書獨得不禁故傳授者不絕漢興田何授

東武王同子中及雒陽周王孫梁人丁寬齊服生皆著易傳數篇同授菑川楊何字叔元叔元傳京房京房傳梁丘賀賀授子臨臨授御史大夫王駿其後丁寬又別授田王孫孫授施讎讎授張禹禹授彭宣此前漢大略傳授之人也其後漢則有馬融荀爽鄭玄劉表虞翻陸績等及王輔嗣也

第八論誰加經字

但子夏傳云雖分爲上下二篇未有經字經字是後人所加不知起自誰始案前漢孟喜易本云分上下二經是孟喜之前已題經字其篇題經字雖起於後

其稱經之理則久在於前故禮記經解云絜靜精微易教也既在經解之篇是易有稱經之理案經解之篇備論六藝則詩書禮樂並合稱經而孝經緯稱易建八卦序六十四卦轉成三百八十四爻運機布度其氣轉易故稱經也但緯文鄙僞不可全信其八卦方位之所六爻上下之次七八九六之數內外承乘之象入經別釋此未具論也

周易正義卷之一

太子少保江西巡撫阮元栞

周易注疏挍勘記序

古周易十二篇漢後至宋晁以道朱子始復其舊自晁以道朱子以前皆彖象文言分入上下經卦中別爲繫辭上下說卦序卦雜卦五篇鄭元王弼之書業已如是此學者所共知無庸覼縷者也易之爲書最古而文多異字宋晁以道古文易撏撦爲之如郭忠恕薛季宣古文尚書之比

國朝之治周易者未有過於徵士惠棟者也而其挍刊雅雨堂李鼎祚周易集解與自著周易述其改字多有似是而非者葢經典相沿已久之本無庸突爲擅易況師說之不同他書之引用未便據以改久沿之本也但當錄其說於考證而

已元於周易注疏舊有挍正各本今更取唐宋元明經本經注本單疏本經注疏合本讎挍各刻同異屬元和生員李銳筆之為書九卷別挍略例一卷陸氏釋文一卷而不取他書妄改經文以還王弼孔穎達陸德明之舊謹列目錄如左阮元記

引據各本目錄

單經本

唐石經凡九卷附略例開成二年刻今在陝西西安府

單注本

岳本宋岳珂刻凡十卷今據　武英殿重刊五經本

古本　巳下二本據七經孟子考文補遺

足利本

單疏本

宋本　據錢遵王校本索錢跋有單疏本一單注本二注疏本一今不復能識別但稱錢校本

注疏本

影宋鈔本　據餘姚盧文弨傳校明錢保孫求赤校本今稱錢本

宋本　據七經孟子考文補遺

十行本　凡九卷附音義一卷無略例

閩本　凡九卷附略例一卷音義一卷

監本　與閩本同

毛本凡九卷無略例音義

周易兼義上經乾傳第一

國子祭酒上護軍曲阜縣開國子臣孔穎達奉　勑撰　正義

王弼注

☰☰ 乾下乾上　乾元亨利貞〔疏〕正義曰乾者此卦之名謂之卦者易緯云卦者掛也言縣掛物象以示於人故謂之卦但二畫之體雖象陰陽之氣未成萬物之象未得成卦必三畫以象三才寫天地雷風水火山澤之象乃謂之卦也故繫辭云八卦成列象在其中矣是也但初有三畫雖有萬物之象於萬物變通之理猶有未盡故更重之而有六畫備萬物之形象窮天下之能事故六畫成卦也此乾卦本以象天天乃積諸陽氣而成天故此卦六爻皆陽畫成卦也此既象天何不謂之天而謂之乾者天者定體之名乾者體用之稱故說卦云乾健也言天之體以健為用聖人作易本以教人欲使人法天之用不法天之體故名乾不名天也天以健為用者運行不息應化无窮此天之自然之理故聖人當法此自然之象而施人事亦當應物成務云為不已終日乾乾无時懈倦所以因天象以教人事於物象言之則純陽也天也於人

事言之則君也爻也以其居尊故在諸卦之首爲易理之初但聖人名卦體例不同或則以物象而爲卦名者若否泰剝頤鼎之屬是也或以象之所用而爲卦名者即乾坤之屬是也如此之類多矣雖取物象乃以人事而爲卦名者即家人歸妹謙履之屬是也所以如此不同者但物有萬象人有萬事若執一事不可包萬物之象若限局一象不可總萬有之事故名有隱顯辭有踳駁不可一例求之不可一類取之故繫辭云上下无常剛柔相易不可爲典要韓康伯注云不可立定準是也元亨利貞者是乾之四德也子夏傳云元始也亨通也利和也貞正也言此卦之德有純陽之性自然能以陽氣始生萬物而得元始亨通能使物性和諧各有其利又能使物堅固貞正得終此卦自然令物有此四種使得其所故謂之四德言聖人亦當法此卦而行善道以長萬物物得生存而爲元也又當以嘉美之事會合萬物令使開通而爲亨也又當以義協和萬物使物各得其理而爲利也又當以貞固幹事使物各得其正而爲貞也是以聖人法乾而行此四德故曰元亨利貞其委曲條例備在文言

初九潛龍勿用 文言備矣 疏 正義曰居第一之位故稱初以其陽爻故稱九潛者隱伏之名龍者變化之物言天之自然之氣起於建子之月陰氣始盛陽氣潛在地下故言初九潛龍也此自然之象聖人作法言

於此潛龍之時小人道盛聖人雖有龍德於此時唯宜潛藏勿可施用故言勿用張氏云以道未可行故稱勿用以誡之於此小人道盛之時若其施用則為小人所害寡不敵衆弱不勝強禍害斯及故誡勿用若漢高祖生於暴秦之世唯隱居為泗水亭長是勿用也諸儒皆以為舜始漁於雷澤舜之時當堯之世堯君在上不得為小人道盛此潛龍始起在建子之月於義恐非也第一位言初第六位當言終第六位言上第一位當言下所以文不同者莊氏云下言初則上有末義故大過彖云棟橈本末弱是上有末義六言上則初當言下故小象云潛龍勿用陽在下也則是初有下義互文相通義或然也且第一言初者欲明萬物積漸從无入有所以言初不言一與下也六言上者欲見位居卦上故不言六與末也此初九之等是乾之六爻之辭但乾卦是陽生之世故六爻所述皆以聖人出處託之其餘卦六爻各因象明義隨義而發不必皆論聖人他皆倣此謂之爻者繫辭云爻也者效此者也聖人畫爻以倣效萬物之象先儒云後代聖人以易占事之時先用蓍以求數得數以定爻累爻而成卦因卦以生辭則蓍為爻卦之本爻卦為蓍之末今案說卦云聖人之作易也幽贊於神明而生蓍三天兩地而倚數觀變於陰陽而立卦發揮於剛柔而生爻繫辭云成天下之亹亹者莫大乎蓍龜是故天生神物聖人則之又易乾鑿度云垂

皇策者犧據此諸文皆是用蓍以求卦先儒之說理當然矣然陽爻稱九陰爻稱六其說有二一者乾體有三畫坤體有六畫陽得兼陰故其數九陰不得兼陽故其數六二者老陽數九老陰數六老陰老陽皆變周易以變者爲占故杜元凱注襄九年傳遇艮之八及鄭康成注易皆稱周易以變者爲占故稱九稱六所以老陽數九老陰數六者以揲蓍之數九遇揲則得老陽六遇揲則得老陰其少陽稱七少陰稱八義亦準此張氏以爲陽數有七有九陰數有八有六但七爲少陽八爲少陰質而不變爲爻之本體九爲老陽六爲老陰文而從變故爲爻之別名且七既爲陽爻其畫已長今有九之老陽不可復畫爲陽所以重錢避少陽七數故稱九也八爲陰數而畫陰爻今六爲老陰不可復畫陰爻故交其錢避八而稱六但易含萬象所託多塗義或然也

九二見龍在田利見大人

出潛離隱故曰見龍處於地上故曰在田。德施周普居中不偏雖非君位君之德也初則不彰三則乾乾四則或躍上則過亢利見大人唯二五焉

【疏】九二至利見大人○正義曰陽處二位故曰九二陽氣發見故曰見龍田是地上可營爲有益之處陽氣發在地上故曰在田且一之與二俱爲地道二在一上所以稱田見龍在田是自然之象利見大人以人事託之言龍見在田之時猶似聖人久潛稍出雖非

君位而有君德故天下衆庶利見九二之大人故先儒云若夫
子教於洙泗利益天下有人君之德故稱大人案文言云九二
德博而化又云君德也王弼注云雖非君位君之德也是九
二有人君之德所以稱大人也輔嗣又云利見大人唯二五焉
是二之與五俱是大人爲天下所利見也而褚氏張氏同鄭康
成之說皆以爲九二利見九五之大人其義非也且大人之云
不專在九五與九二故訟卦云利見大人又蹇卦利見大人此
大人之文施處廣矣故輔嗣注謂九二也是大人非專九五○
注處於地上至唯二五焉○正義曰處於地上故曰在田者先
儒以爲重卦之時重於上下兩體故初與四相應二與五相應
三與上相應是上下兩體論天地人各別但易含萬象爲例非
一及其六位則一二爲地道三四爲人道五上爲天道二在一
上是九二處其地上所田食之處唯在地上所以稱田也觀輔
嗣之注意唯取地上稱田諸儒更廣而稱之言田之耕稼利益
及於萬物盈滿有益於人猶若聖人益於萬物故稱田也德施
周普者下小象文謂周而普徧居中不偏者九二居在下卦之
中而於上於下其心一等是居中不偏也不偏則周普也雖非
君位者二爲大人已居二位是非君位也君之德者以德施周
普也文言云德博而化又云君德也是九二有人君之德也初
則不彰者謂潛隱不彰顯也三則乾乾者危懼不安也四則或

一　三

躍者謂進退懷疑也上則過亢過謂過甚亢謂亢極利見大人唯二五焉者言範模乾之一卦故云唯二五焉於別卦言之非唯二五而已故訟卦蹇卦並云利見大人所以施處廣非唯二五也諸儒以爲九二當太蔟之月陽氣發見則九三爲建辰之月九四爲建午之月九五爲建申之月爲陰氣始殺不宜稱飛龍在天上九爲建戌之月羣陰既盛上九不得言與時偕極於此時陽氣僅存何極之有諸儒此說於理稍乖此乾之陽氣漸生似聖人漸出宜據十一月之後至建巳之月已來此九二當據建丑建寅之間於時地之萌牙初有出者卽是陽氣發見之義乾卦之象其應然也但陰陽二氣共成歲功故陰興之時仍有陽在陽生之月尚有陰存所以六律六吕陰陽相間取象論義與此不殊乾之初九則與復卦不殊乾之九二又與臨卦无別何以復臨二卦與此不同者但易論象復臨二卦既有羣陰見象於上卽須論卦之象義各自爲文此乾卦初九九二只論居位一爻无羣陰見象故但自明當爻之地爲此與臨復不同

九三君子終日乾乾夕惕若厲无咎 處下體之極居上體之下在不中之位履重剛之險上不在天未可以安其尊也下不在田未可以寧其居也純脩下道則居上之德廢純脩上道則處下之禮曠故終日乾乾至于夕惕猶若厲也居上不驕在下不

憂因時而惕不失其幾雖危而勞可以無咎處下卦之極愈於
上九之亢亢故竭知力而後免於咎也乾三以處下卦之上故免
亢龍之悔坤三以處下卦之上故免龍戰之災疏九三君子至夕惕若厲无咎○正義曰以陽居三位故稱九三以居
不得中故不稱大人陽而得位故稱君子在憂危之地故終日
乾乾言每恒終竟此日健健自強勉力不有止息夕惕者謂終
竟此日後至向夕之時猶懷憂惕若厲者若如也厲危也言尋
常憂懼恒如傾危乃得无咎謂既能如此戒愼則无罪咎如其
不然則有咎故繫辭云无咎者善補過也此一爻因陽居九三
之位皆以人事明其象○注處下體之極至免龍戰之災○正
義曰處下體之極者極終也三是上卦之下下體之極故云極
也又云居上體之下者四五與上是上體三居四下未入上體
但居上體之下四則已入上體但居其上體之下故九四注云
居上體之下與此別也云履重剛之險者上下皆有陽爻剛強
好爲險難故云履重剛之險云上不在天未可以安其尊者若
在天位其尊自然安處在上卦之下雖在下卦之上其尊未安
故云未可以安其尊也下不在田未可以寧其居者田是所居
之處又是中和之所既不在田故不得安其居純脩下道則居
上之德廢者言若純脩下道以事上卦則已居下卦之上其德
廢壞言其太卑柔也純脩上道則處下之禮曠者曠謂空曠言

已純脩居下卦之上道以自驕矜則處上卦之下其相終竟空曠夕惕猶若厲也者言雖至於夕恒懷惕懼猶如未夕之前當若厲也案此卦九三所居之處實有危厲又文言云雖危无咎是實有危也據其上下文勢若字宜為語辭但諸儒並以若為如如似有厲是實无厲也理恐未盡今且依如解之因時而惕不失其幾者因時謂因可憂之時故文言云因時而惕又云知至至之可與幾也是因時而惕不失其幾也雖危而勞者若厲是雖危終日乾乾是而勞也故竭知力而後免於咎者王以九三與上九相並九三處下卦之極其位猶卑故竭知力而得免咎也上九在上卦之上其位極尊雖竭知力不免亢極言下勝於上卑勝於尊

九四或躍在淵无咎

去下體之極居上體之下乾道革之時也上不在天下不在田中不在人履重剛之險而无定位所處斯誠進退无常之時也近乎尊位欲進其道迫乎在下非躍所及欲靜其居居非所安持疑猶豫未敢決志用心存公進不在私疑以為慮不謬於果故无咎也

疏

九四或躍在淵无咎○正義曰或疑也躍跳躍也言九四陽氣漸進似若龍體欲飛猶疑或也躍於在淵未即飛也此自然之象猶若聖人位漸尊高欲進於王位猶豫遲疑在於故位未即進也云无咎者以其遲疑進退不即果敢以取尊位故无咎也若其貪利務進時未可行而行則物

所不與故有咎也若周西伯內執王心外率諸侯以事紂也○注去下體之極至无咎也○正義曰去下體之極者離下體入上體但在下體之上故云去下體之極注九三云處下體之極彼仍處九三與此別也云乾道革之時者革變也九四去下體入上體是乾道革之時云上不在天下不在田中不在人者易之爲體三與四爲人道人近在下不近於上故九四云中不在人異於九三也云而无定位所處者九四以陽居陰上既不在於天下復不在於地中又不當於人上下皆无定位所處也斯誠進退无常之時者文言云上下无常進退无恒是也欲進其道追乎在下非躍所及者謂欲進已聖道而居王位但逼迫於下羣衆未許非已獨躍所能進及也欲靜其居居非所安持疑猶豫未敢決志者謂志欲靜其居處百姓既未離禍患須當拯救所以不得安居故遲疑猶豫未敢決斷其志而苟進也用心存公進不在私者本爲救亂除患不爲於已是進不在私也疑以爲慮不謬於果者謬謂謬錯果謂果敢若不思慮苟欲求進當錯謬於果敢之事而致敗亡若疑惑以爲思慮則不錯謬於果敢之事其錯謬者若宋襄公與楚人戰而致敗亡是也

九五飛龍在天利見大人

不行不躍而在乎天非飛而何故曰飛龍也龍德在天則大人之路亨也夫位以德興德以位敘以至德而處盛位萬物之覩

不亦宜乎【疏】九五至利見大人○正義曰言九五陽氣盛至於天故云飛龍在天此自然之象猶若聖人有龍德飛騰而居天位德備天下為萬物所瞻覩故天下利見此居王位之大人○注龍德在天○正義曰龍德在天則大人之路亨謂若聖人有龍德居在天位則大人道路得亨通猶若文王拘在羑里是大人道路未亨也夫位以德興者位謂王位以聖德之人能興王位也德以位敘者謂有聖德之人得居王位乃能敘其聖德若孔子雖有聖德而无其位是德不能以位敘也

上九亢龍有悔【疏】正義曰上九亢陽之至大而極盛故曰亢龍此自然之象以人事言之似聖人有龍德上居天位久而亢極物極則反故有悔也純陽雖極未至大凶但有悔吝而已繫辭云悔吝者言乎其小疵也故鄭引堯之末年四凶在朝是以有悔未大凶也凡悔之為文既是小疵不單稱悔也必以餘字配之其悔若在則言有悔謂當有此悔則此經是也其悔若无則言悔亡言其悔已亡也若恒卦九二悔亡是也其悔雖亡或是更取他文結之若復卦初九不遠復无祇悔之類是也但聖人至極終始无虧故文言云知進退存亡而不失其正者其唯聖人乎是知大聖之人本無此悔但九五天位有大聖而居者亦有非大聖而居者不能不有驕亢故聖人設法以戒之也

用九見羣龍

无首吉九天之德也能用天德乃見羣龍之義焉夫以剛健而居人之首則物之所不與也以柔順而為不正則佞邪之道也故乾吉在无首坤利在永貞。**疏**用九見羣龍无首吉○正義曰用九見羣龍者此一句說乾元能用天德也九天德也若體乾元聖人能用天德則見羣龍之義以无首為吉故曰用九見羣龍无首吉也○注九天之德○正義曰九天之德者言六爻俱九乃共成天德非是一爻之九則為天德也

彖曰大哉乾元萬物資始乃統天雲行雨施品物流形大明終始六位時成時乘六龍以御天乾道變化各正性命天也者形之名也健也者用形者也夫形也者物之累也有天之形而能永保无虧為物之首統之者豈非至健哉大明乎終始之道故六位不失其時而成升降无常隨時而用處則乘潛龍出則乘飛龍故曰時乘六龍也乘變化而御大器靜專動直不失大和豈非正性命之情者邪

疏彖曰大哉乾元至各正性命○正義曰夫子所作彖辭統論一卦之義或說其卦之德或說其卦之義或說其卦之名故畧例云彖者何也統論一卦之體明其所由之主案褚氏莊氏並云彖斷

也斷定一卦之義所以名爲彖也但此彖釋乾與元亨利貞之德但諸儒所說此彖分解四德意各不同今案莊氏之說於理稍密依而用之大哉乾元萬物資始乃統天者此三句總釋乾與元也乾是卦名元是乾德之首故以元德配乾釋之大哉乾元者陽氣昊大乾體廣遠又以元大始生萬物故曰大哉乾元萬物資始者釋其乾元稱大之義以萬象之物皆資取乾元而各得始生不失其宜所以稱大也乃統天者以其至健而爲物始以此乃能統領於天天是有形之物以其至健能總統有形是乾元之德也雲行雨施品物流形者此二句釋亨之德也言乾能用天之德使雲氣流行雨澤施布故品類之物流布成形各得亨通无所壅蔽是其亨也大明終始六位時成者此二句總結乾卦之德也以乾之爲德大明曉乎萬物終始之道始則潛伏終則飛躍可潛則潛可飛則飛是明達乎始終之道故六爻之位依時而成若其不明終始之道應潛而飛應飛而潛應生而殺應殺而生六位不以時而成也時乘六龍以御天者此二句申明乾元乃統天之義言乾之爲德以依時乘駕六爻之陽氣以控御於天體六龍卽六位之龍也以所居上下言之謂之六位也陽氣升降謂之六龍也上文以至健元始總明乾德故云乃統天也此名乘駕六龍各分其事故云以御天也乾道變化各正性命者此二句更申明乾元資始之義道體无形自

然使物開通謂之爲道言乾卦之德自然通物故云乾道也變謂後來改前以漸移改謂之變也化謂一有一无忽然而改謂之爲化言乾之爲道使物漸變者使物卒化者各能正定物之性命性者天生之質若剛柔遲速之別命者人所稟受若貴賤天壽之屬是也○注天也者形之名也至豈非正性命之情者邪○正義曰夫形也者物之累也凡有形之物以形爲累是含生之屬各憂性命而天地雖復有形常能永保无虧爲物之首豈非統用之者至極健哉若非至健何能使天形无累見其无累則知至健也乘變化而御大器者乘變化則乘潛龍飛龍之屬是也而御大器大器謂天也乘此潛龍飛龍而控御天體所以運動不息故云而御大器也靜專動直不失大和者謂乾之爲體其靜住之時則專一不轉移也其運動之時正直不傾邪也故上繫辭云夫乾其靜也專其動也直是以大生焉韓康伯注云專專一也直剛正也不失大和則下文保合大和是也豈非正性命之情者邪以乾能正定物之性命故云豈非正性命之情者邪謂物之性命各有情非天之情也天本无情何情之有而物之性命各有情也所稟生者謂之性隨時念慮謂之情无識无情今據有識而言故稱曰情也夫子爲彖之體斷明一卦之義體例不同莊氏以爲凡有一十二體今則畧舉大綱不可事事繁說莊氏云彖者發首則歎美卦者則此乾彖云大哉

乾元坤卦彖云至哉坤元以乾坤德大故先歎美之乃後詳說其義或有先疊文解義而後歎者則豫卦歎云豫之時義大矣哉之類是也或有先釋卦名之義後以卦名結之者則同人彖云柔得位得中而應乎乾曰同人大有彖云柔得尊位大中而上下應之曰大有之例是也或有特疊卦名而稱其卦者則同人彖云同人曰同人於野亨注云同人於野亨利涉大川非二之所能也是乾之所行故特曰同人曰此等之屬爲文不同唯同人之彖特稱同人曰注文別釋其餘諸卦之彖或詳或畧或先或後故上下參差體例不同或難其解或易畧解若一一比並曲生節例非聖人之本趣恐學者之徒勞心不曉也今皆畧而不言必有其義於卦下而具說

保合大和乃利貞 不和而剛暴。〔疏〕正義曰此二句釋利貞也純陽剛暴若无和順則物不得利又失其正以能保安合會大和之道乃能利貞於萬物言萬物得利而貞正也

首出庶物萬國咸寧 萬國所以寧各以有君也〔疏〕正義曰自上已來皆論乾德自然養萬物之道此二句論聖人上法乾德生養萬物言聖人爲君在衆物之上最尊高於物以頭首出於衆物之上各置君長以領萬國故萬國皆得寧也人君位實尊高故於此云首出於庶物者也志須卑下故前經云无首吉也但前文說乾用

天德其事既詳故此文聖人以人事象乾於文略也以此言之聖人亦當令萬物資始統領於天位而雲行雨施布散恩澤使兆庶衆物各流布其形又大明乎盛衰終始之道使天地四時貴賤高下各以時而成又任用羣賢以奉行聖化使物各正性命此聖人所以象乾而立化

象曰天行健君子以自强不息（疏）

象曰天行健至自强不息○正義曰此大象也十翼之中第三翼總象一卦故謂之大象但萬物之體自然各有形象聖人設卦以寫萬物之象今夫子釋此卦之所象故言象曰天有純剛故有健用今畫純陽之卦以比擬之故謂之象象在彖後者彖詳而象略也是以過半之義思在彖而不在象有由而然也天行健者行者運動之稱健者强壯之名乾是衆健之訓今大象不取餘健爲釋偏說天者萬物壯健皆有衰怠唯天運動日過一度蓋運轉混沒未曾休息故云天行健健是乾之訓也順者坤之訓也坤則云地勢坤此不言天行乾而言健者劉表云詳其名也然則天是體名乾則用名健是其訓三者並見最爲詳悉所以尊乾異於他卦凡六十四卦說象不同或總舉象之所由不論象之實體又總包六爻不顯上體下體則乾坤二卦是也或直舉上下二體者若雲雷屯也天地交泰也天地不交否也雷電噬嗑也雷風恒也雷雨作解也風雷益也雷電皆至豐

也洊雷震也隨風巽也習坎坎也明兩作離也兼山艮也麗澤
兌也凡此一十四卦皆總舉兩體而結義也取兩體俱成或有
直舉兩體上下相對者天與水違行訟也上天下澤履也天與
火同人也上火下澤睽也凡此四卦或取兩體相違或取兩體
相合或取兩體上下相承而為卦也故兩體相對而俱言也雖
上下二體共成一卦或直指上體而為文者若雲上於天需也
風行天上小畜也火在天上大有也雷出地奮豫也風行地上
觀也山附於地剝也澤滅木大過也雷在天上大壯也明出地
上晉也風自火出家人也澤上於天夬也澤上於地萃也風行
水上渙也水在火上既濟也火在水上未濟也凡此十五卦皆
先舉上象而連於下亦意取上象以立卦名也亦有雖意在上
象而先舉下象以出上象者地上有水比也澤上有地臨也山
上有澤咸也山上有火旅也木上有水井也木上有火鼎也山
上有木漸也澤上有雷歸妹也山上有水蹇也澤上有水節也
澤上有風中孚也山上有雷小過也凡此十二卦皆先舉下象
以出上象亦意取上象共下象而成卦也或先舉上象而出下
象義取下象以成卦義者山下出泉蒙也地中有水師也山下
有風蠱也山下有火賁也天下雷行无妄也山下有雷頤也天
下有山遯也山下有澤損也天下有風姤也地中有山謙也澤
中有雷隨也地中生木升也澤中有火革也凡此十三卦皆先

舉上體後明下體也其上體是天天與山則稱下也若上體是地地與澤則稱中也或有雖先舉下象稱在上象之下者若雷在地中復也天在山中大畜也明入地中明夷也澤无水困也是先舉下象而稱在上象之下亦義取下象以立卦也所論之例者皆大判而言之其間委曲各於卦下別更詳之先儒所云此等象辭或有實象或有假象實象者若地上有水比也地中生木升也皆非虛故言實也假象者若天在山中風自火出如此之類實无此象假而為義故謂之假也雖有實象假象皆以義示人總謂之象也天行健者謂天體之行晝夜不息周而復始无時虧退故云天行健此謂天之自然之象君子以自強不息此以人事法天所行言君子之人用此卦象自彊勉力不有止息言君子者謂君臨上位子愛下民通天子諸侯兼公卿大夫有地者凡言君子義皆然也但位尊者象卦之義多也位卑者象卦之義少也但須量力而行各法其卦也所以諸卦並稱君子若卦體之義唯施於天子不兼包在下者則言先王也若比卦稱先王以建萬國豫卦稱先王以作樂崇德觀卦稱先王以省方觀民設教噬嗑稱先王以明罰勑法復卦稱先王以至日閉關无妄稱先王以茂對時育萬物渙卦稱先王以享于帝立廟泰卦稱后以財成天地之道姤卦稱后以施命誥四方稱后兼諸侯也自外卦並稱君子

潛龍勿用

陽在下也見龍在田德施普也終日乾乾反復
道也。以上言之則不驕以下言之則不憂反覆皆道也【疏】潛龍勿用至反覆道也正義曰自此以下至盈
不可久是夫子釋六爻之象辭謂之小象以初九陽潛地中故
云陽在下也經言龍而象言陽者明經之稱龍則陽氣也此一
爻之象專明天之自然之氣也見龍在田德施普者此以人事
言之用龍德在田似聖人已出在世道德恩施能普偏也比初
九勿用是其周普也若比九五則猶狹也終日乾乾反復道者
此亦以人事言之君子終日乾乾自彊不息故反之與覆皆合
其道反謂進反在上也處下卦之上能不驕逸是反能合道也
覆謂從上倒覆而下居上卦之下能不憂懼是覆能合道也。
或躍在淵進无咎也飛龍在天大人造也亢龍
有悔盈不可久也【疏】或躍在淵至盈不可久也。正義曰或躍在淵進无咎者此亦人事
言之進則跳躍在上退則潛處在淵猶聖人疑或而在於貴位
也心所欲進意在於公非是爲私故進无咎也飛龍在天大人
造者此亦人事言之飛龍在天猶聖人之在王位造爲也唯大
人能爲之而成就也姚信陸績之屬皆以造爲造至之造今案

象辭皆上下爲韻則姚信之義其讀非也亢龍有悔盈不可久者此亦人事言之九五是盈也盈而不已則至上九地致亢極有悔恨也故云盈不可久也但此六爻象辭第一爻言陽在下是舉自然之象明其餘五爻皆有自然之象舉初以見末五爻並論人事則知初爻亦有人事互文相通也

用九天德不可爲首也〔疏〕正義曰此一節釋經之用九之象辭經稱用九故象更疊云用九云天德不可爲首者此夫子釋辭也九是天之德也天德剛健當以柔和接待於下不可更懷尊剛爲物之首故云天德不可爲首也

文言曰元者善之長也亨者嘉之會也利者義之和也貞者事之幹也君子體仁足以長人嘉會足以合禮利物足以和義貞固足以幹事君子行此四德者故曰乾元亨利貞〔疏〕文言曰至乾元亨利貞○正義曰文言者是夫子第七翼也以乾坤其易之門戶邪其餘諸卦及爻皆從乾坤而出義理深奥故特作文言以開釋之莊氏云文謂文飾以乾坤德大故特文飾以爲文言今

謂夫子但贊明易道申說義理非是文飾華彩當謂釋二卦之經文故稱文言從此至元亨利貞明乾之四德爲第一節從初九曰潛龍勿用至動而有悔明六爻之義爲第二節自潛龍勿用下至天下治也論六爻之人事爲第三節自潛龍勿用陽氣潛藏至乃見天則論六爻自然之氣爲第四節自乾元者至天下平也此一節復說乾元之四德之義爲第五節自君子以成德爲行至其唯聖人乎此一節更廣明六爻之義爲第六節今各依文解之此第一節論乾之四德也元者善之長也此已下論乾之四德但乾之爲體是天之用凡天地運化自然而爾因无而生有也无爲而自爲天本无心豈造元亨利貞之德也天本无名豈造元亨利貞之名也但聖人以人事託之謂此自然之功爲天之四德垂教於下使後代聖人法天之所爲故立天四德以設教也莊氏云第一節元者善之長者謂天之體性生養萬物善之大者莫善施生元爲施生之宗故言元者善之長也亨者嘉之會者嘉美也言天能通暢萬物使物嘉美之會聚故云嘉之會也利者義之和者言天能利益庶物使物各得其宜而和同也貞者事之幹者言天能以中正之氣成就萬物使物皆得幹濟莊氏之意以此四句明天之德也而配四時元是物始於時配春春爲發生故下云體仁仁則春也亨是通暢萬物於時配夏故下云合禮禮則夏也利爲和義於時配秋秋既

物成各合其宜貞爲事幹於時配冬冬既收藏事皆幹了也於
五行之氣唯少土也上則分王四季四氣之行非土不載故不
言也君子體仁足以長人者自此已下明人法天之行此四德
言君子之人體包仁道況愛施生足以尊長於人也仁則善也
謂行仁德法天之元德也嘉會足以合禮者言君子能使萬物
嘉美集會足以配合於禮謂法天之亨也利物足以和義者言
君子利益萬物使物各得其宜足以和合於義法天之利也貞
固足以幹事者言君子能堅固貞正令物得成使事皆幹濟此
法天之貞也施於王事言之元則仁也亨則禮也利則義也貞
則信也不論智者行此四事並須資於知且乾鑿度云水土二
行兼信與知也故略而不言也君子行此四德者故曰乾元亨
利貞以君子之人當行此四種之德是以文王作易稱元亨利
貞之德欲使君子法之但行此四德則與天同功非聖人不可
唯云君子者但易之爲追廣爲垂法若限尚聖人恐不逮餘下
故總云君子使諸侯公卿之等悉皆行之但聖人行此四德能
盡其極也君子行此四德各量力而爲多少各有其分但乾卦
象天故以此四德皆爲大德但陰陽合會二象相成皆能有德
非獨乾之一卦是以諸卦之中亦有四德但餘卦四德有劣於
乾故乾卦直云四德更无所言欲見乾之四德无所不包其餘
卦四德之下則更有餘事以四德狹劣故以餘事繫之仰坤卦

之類是也亦有四德之上即論餘事若革卦云巳日乃孚元亨利貞悔亡也由乃孚之後有元亨利貞乃得悔亡也有四德者即乾坤屯臨隨无妄革七卦是也亦有其卦非善而有四德者以其卦凶故有四德乃可也故隨卦有元亨利貞乃得无咎是也四德具者其卦未必善也亦有三德者即離咸萃兌渙小過凡六卦就三德之中爲文不一或總稱三德於上更別陳餘事於下若離咸之屬是也就三德之中上下不一離則云利貞亨由利貞乃得亨也亦有先云亨更陳餘事乃始云利貞者以有餘事乃得利貞故也有二德者大有蠱漸大畜升困中孚凡七卦此二德或在事上言之或在事後言之由後有事乃致此二德故也亦有一德者若蒙師小畜履泰謙噬嗑賁復大過震豐節既濟未濟凡十五卦皆一德也並是亨也或多在事上言之或在事後言履卦云履虎尾不咥人亨由有事乃得亨以前所論德者皆於經文挺然特明德者乃言之也其有因事相連而言德者則不數之也若需卦云需有孚光亨貞吉雖有亨貞二德連事起文故不數也遯卦云亨小利貞雖有三德亦不數也旅卦云旅小亨旅貞吉雖有亨貞二德亦連他事不數也比卦云原筮元永貞无咎否卦云否之匪人不利君子貞雖有貞字亦連他文言之又非本卦德亦不數之同人云同人于野亨坎卦云有孚維心亨損卦云无咎可貞此等雖有一德皆連事而

言之故亦不數所以然者但易含萬象事義非一隨時曲變不可爲典要故也其有意義各於卦下詳之亦有卦善而德少者若泰與謙復之類雖善唯一德也亦有全无德者若豫觀剝晉蹇解夬姤井艮歸妹凡十一卦也大略唯有凶卦无德者若剝蹇夬姤之屬是也亦有卦善而无德者晉解之屬是也各於卦下詳之凡四德者亨之與貞其德特行若元之與利則配連他事其意以元配亨以利配貞雖配他事爲文元是元大也始首也利是利益也合和也以當分言之各是其一德也唯配亨貞俱爲四德元雖配亨亦配他事故比卦云元永貞坤六五黃裳元吉是也利亦非獨利貞亦所利餘事多矣若利涉大川利建侯利見大人利君子貞如此之屬是利字所施處廣故諸卦謂他事之利不數以爲德也此四德非唯卦下有之亦於爻下有之但爻下其事稍少故黃裳元吉及何天之衢亨小貞吉大貞凶此皆於爻下言之其利則諸爻皆有

初九曰潛龍勿用何謂也子曰龍德而隱者也不易乎世不爲世俗所移易也〔疏〕初九曰至不易乎世○正義曰此第二節釋初九爻辭也初九曰潛龍勿用何謂也者此夫子釋經初九爻辭故言初九曰方釋其義假設問辭故言潛龍勿用何謂也子曰龍德而隱者也此夫子以人事釋潛龍之

義聖人有龍德隱居者也不易乎世者不移易其心在於世俗雖逢險難不易本志也不成乎名遯世无悶不見是而无悶樂則行之憂則違之確乎其不可拔潛龍也

疏不成乎名至潛龍也○正義曰不成乎名者言自隱默不成就於令名使人知也遯世无悶者謂逃遯避世雖逢无道心无所悶不見是而无悶者言舉世皆非雖不見善而心亦无悶上云遯世无悶心處僻陋不見是而无悶此因見世俗行惡是亦无悶故再起无悶之文樂則行之憂則違之者心以爲樂已則行之心以爲憂已則違之確乎其不可拔者身雖逐物推移隱潛避世心志守道確乎堅實其不可拔此是潛龍之義也

九二曰見龍在田利見大人何謂也子曰龍德而正中者也庸言之信庸行之謹閑邪存其誠善世而不伐德博而化易曰見龍在田利見大人君德也

疏九二曰至君德也○正義曰此釋九二爻辭子曰龍德而正中者九二居中不偏然不如

九五居尊得位故但云龍德而正中者也庸言之信庸行之謹者庸謂中庸庸常也從始至末常言之信實常行之謹慎閑邪存其誠者言防閑邪惡當自存其誠實也善世而不伐者謂爲善於世而不自伐其功德博而化者言德能廣博而變化於世俗初爻則全隱遯避世二爻則漸見德行以化於俗也若舜漁於雷澤陶於河濱以器不窳民漸化之是也易曰見龍在田利見大人君德者以其異於諸爻故特稱易曰見龍在田未是君位但云君德也

九三曰君子終日乾乾夕惕若厲无咎何謂也子曰君子進德脩業忠信所以進德也脩辭立其誠所以居業也知至至之可與幾也知終終之可與存義也處一體之極是至也居一卦之盡是終也處事之至而不犯咎知至者也故可與成務矣處終而能全其終知終者也夫進物之速者義不若利存物之終者利不及義故靡不有初鮮克有終夫可與存義者其唯知終者乎。

【疏】九三曰至存義也○正義曰此釋九三爻辭也子曰君子進德脩業者德謂德行業謂功業九三所以終日乾乾者欲進益道德脩營功業故

終日乾乾匪懈也進德則知至將進也脩業則知終存義也忠信所以進德者復解進德之事推忠於人以信待物人則親而尊之其德日進是進德也脩辭立其誠所以居業者辭謂文教誠謂誠實也外則脩理文教內則立其誠實內外相成則有功業可居故云居業也上云進德下復云進德上云脩業下變云居業者以其間有脩辭之文故避其脩文而云居業且功業宜云居也知至至之可與幾者九三處一體之極方至上卦之下是至也既居上卦之下而不。凶咎是知至也既能知是將至則是識幾知理可與共論幾事幾者去无入有有理而未形之時此九三既知時節將至知理欲到可與共營幾也知終終之可與存義者居一體之盡而全其終竟是知終也既能知此終竟是終盡之時可與保存其義義者宜也保全其位不有失喪於事得宜九三既能知其自全故可存義然九三雖是一爻或使之欲進知幾也或使之欲退存義也一進一退其意不同以九三處進退之時若可進則進可退則退兩意並行。注處一體之極至其唯知終者乎。正義曰處一體之極是至也者莊氏云極即至也三在下卦之上是至極褚氏云一體之極是至者是下卦已極將至上卦之下至謂至上卦也下云在下位而不憂注云知夫至至故不憂此以人事言之既云下位明知在上卦之下欲至上卦故不憂是知將至上卦若莊氏之說直云下

卦上極是至極儻无上卦之體何可至也何須與幾也是知至者據上卦爲文莊說非也處事之至而不犯咎是知至者謂三近上卦事之將至能以禮知屆而不觸犯上卦之咎則是知事之將至故可與成務者務謂事務既識事之先幾可與以成其事務與猶許也言可許之事不謂此人共彼相與也進物之速者義不若利者利則隨幾而發見利則行也義者依分而動不妄求進故進物速疾義不知利由義靜而利動故也存物之終者利不及義者保全已成之物不妄興動故利不及義也故靡不有初鮮克有終者見利則行不顧在後是靡不有初不能守成其業是鮮克有終

是故居上位而不驕在下位而不憂 居下體之上在上體之下明夫終敝故不驕也知夫至至故不憂也

【疏】是故居上位而不驕在下位而不憂○正義曰是故居上位而不驕者謂居下體之上位而不驕也以其知終故不敢懷驕慢在下位而不憂者處上卦之下故稱下位以其知事將至務幾欲進故不可憂也○注明夫終敝故不驕也至故不憂也○正義曰明夫終敝故不驕者解知終也知夫至至故不憂者解知至也前經知至在前知終在後此經先解知終後解知至者隨文便而言之也

故乾乾因其時而惕雖危无咎矣 惕怵

惕之謂也處事之極失時則廢懈。怠則曠故因其時而惕雖危无咎。【疏】故乾乾至无咎矣。正義曰九三以此之故恒乾乾也因其已終已至之時而心懷惕懼雖危不寧以其知終知至故无咎。注處事之極至解怠則曠。正義曰處事之極失時則廢者謂三在下卦之上體是處事之極至也至失時不進則幾務廢闕所以乾乾須進也懈怠則曠者既處事極極則終也當保守已終之業若懈怠驕逸則功業空曠所以乾乾也失時則廢解知至也懈怠則曠解知終也

九四曰或躍在淵无咎何謂也子曰上下无常非爲邪也進退无恒非離羣也君子進德脩業欲及時也故无咎【疏】九四曰至故无咎。正義曰此明九四爻辭也子曰上下无常非爲邪者上而欲躍下而欲退是无常也意在於公非是爲邪也進退无恒非離羣者何氏云所以進退无恒者時使之然非苟欲離羣也何氏又云言上下者據位也進退者據爻也所謂非離羣者言雖進退无恒猶非羣衆而行和光俯仰並同於衆非是卓絕獨離羣也君子進德脩業欲及時者進德則欲上欲進也脩業則欲下欲退也進者棄位欲躍是進德之謂也退者仍退在淵是脩業之謂也

其意與九三同但九四欲前進多於九三故云欲及時也九三則不云及時但可與言幾而已

九五曰飛龍在天利見大人何謂也子曰同聲相應同氣相求水流溼火就燥雲從龍風從虎聖人作而萬物覩本乎天者親上本乎地者親下則各從其類也

〔疏〕九五曰至各從其類也○正義曰此明九五爻之義飛龍在天者言天能廣感衆物衆物應之所以利見大人因大人與衆物感應故廣陳衆物相感應以明聖人之作而萬物瞻覩以結之也同聲相應者若彈宮而宮應彈角而角動是也同氣相求者若天欲雨而礎柱潤是也此二者聲氣相感也水流溼火就燥者此二者以形象相感水流於地先就溼處火焚其薪先就燥處此同氣水火皆无識而相感先明自然之物故發初言之也雲從龍風從虎者龍是水畜雲是水氣故龍吟則景雲出是雲從龍也虎是威猛之獸風是震動之氣此亦是同類相感故虎嘯則谷風生是風從虎也此二句明有識之物感无識故以次言之漸就有識而言也聖人作而萬物覩者此二句正釋飛龍在天利見大人之義聖人作則

飛龍在天也萬物覩則利見大人也陳上數事之名本明於此是有識感有識也此亦同類相感聖人有生養之德萬物有生養之情故相感應也本乎天者親上本乎地者親下者在上雖陳感應唯明數事而已此則廣解天地之間共相感應之義莊氏云天地絪緼和合二氣共生萬物然萬物之體有感於天氣偏多者有感於地氣偏多者故周禮大宗伯有天産地産大司徒云動物植物本受氣於天者是動物含靈之屬天體運動含靈之物亦運動是親附於上也本受氣於地者是植物无識之屬地體凝滯植物亦不移動是親附於下也則各從其類者言天地之間共相感應各從其氣類此類因聖人感萬物以同類故以同類言之其造化之性陶甄之器非唯同類相感亦有異類相感者若磁石引針琥珀拾芥蠶吐絲而商弦絶銅山崩而洛鍾應其類煩多難一一言也皆冥理自然不知其所以然也感者動也應者報也皆先者為感後者為應非唯近事則相感亦有遠事遙相感者若周時獲麟乃為漢高之應漢時黄星後為曹公之兆感應之事應非片言可悉今意在釋理故略舉大綱而已

上九曰亢龍有悔何謂也子曰貴而无位高而无民下无陰也【疏】正義曰此明上九爻辭也子曰貴而无位者以上九非位而上九居之是无位

也高而无民者六爻皆无陰是无民也賢人在下位而无輔賢人雖在下而當位不爲之助。〔疏〕正義曰賢人雖在下位不爲之輔助也是以動而有悔也處上卦之極而不當位故盡陳其闕也獨立而動物莫之與矣乾文言首不論乾而先說元下乃曰乾何也夫乾者統行四事者也君子以自強不息行此四者故首不論乾而下曰乾元亨利貞。餘爻皆說龍至於九三獨以君子爲目何也夫易者象也象之所生生於義也有斯義然後明之以其物故以龍敘乾以馬明坤隨其事義而取象焉是故初九九二龍德皆應其義故可論龍以明之也至於九三乾。乾夕惕非龍德也明以君子當其象矣統而舉之乾體皆龍別而敘之各隨其義。〔疏〕是以動而有悔也。正義曰聖人設戒居此之時不可動作也。注夫乾者統行四事者也。正義取夫乾者統行四事者也君子以自強不息行此四者注意以乾爲四德之主文言之首不先說乾而先說四德者故自發問而釋之以乾體當分无功唯統行此四德之事行此四德乃是乾之功故文言先說君子以自強不息行此四德者故先言之發首不論乾也但能四德既備乾功自成故下始云乾元亨利貞潛龍勿用下也見龍在田時舍也終日

乾乾行事也或躍在淵自試也飛龍在天上治也亢龍有悔窮之災也乾元用九天下治也此一章全以人事明之也九陽也陽剛直之物也夫能全用剛直放遠善柔非天下至理未之能也故乾元用九則天下治也夫識物之動則其所以然之理皆可知也龍之爲德不爲妄者也潛而勿用何乎必窮處於下也見而在田必以時之通舍也以爻爲人以位爲時人不妄動則時皆可知也文王明夷則主可知矣仲尼旅人則國可知矣

【疏】潛龍勿用至天下治也○正義曰此一節是文言第三節說六爻人事所治之義潛龍勿用下也者言聖人於此潛龍之時在卑下也見龍在田時舍者舍謂通舍九二以見龍在田是時之通舍也終日乾乾行事者言行此知至知終之事也或躍在淵自試者言聖人逼近五位不敢果決而進唯漸漸自試意欲前進遲疑不定故云自試也飛龍在天上治者言聖人居上位而治理也亢龍有悔窮之災者言位窮而致災災則悔也非爲大禍災也乾元用九天下治者易經上稱用九用九之文總是乾德又乾字不可獨言故舉元德以配乾也言此乾元用九德而天下治九五止是一爻觀見事狹但云上治乾元總包六爻觀見事濶故云天下治也○

注此一章全以人事至國可知矣○正義曰此一章全以人事明之者下云陽氣潛藏又云乃位乎天德又云乃見天則此一章但云天下治是皆以人事說之也夫能全用剛直放遠善柔非天下至理未之能也者以乾元用九六爻皆陽是全用剛直放遠善柔謂放棄善柔之人善能柔諂貌恭心很使人不知其惡識之爲難此用九純陽者是全用剛直更无餘陰柔善之人堯尚病之故云非天下之至理未之能也夫識物之動則其所以然之理皆可知者此欲明在下龍潛見之義故張氏云識物之動謂龍之動也則其所以然之理皆可知者謂識龍之所以潛所以見然此之理皆可知也龍之爲德不爲妄者言龍靈異於他獸不妄舉動可潛則潛可見則見是不虛妄也見而在田必以時之通舍者經唯云時舍也注云必以時之通舍者則輔嗣以通解舍舍是通義也初九潛藏不見九二既見而在田是時之通舍之義也以爻爲人以位爲時者爻居其位猶若人遇其時故文王明夷則主可知矣臣則時也謂當時无道故明傷也仲尼旅人則國可知矣國亦時也若見仲尼羇旅於人則知國君无道令其羇旅出外引文王仲尼者明龍潛龍見之義

潛龍勿用陽氣潛藏見龍在田天下文明終日乾乾與時偕行與天時俱不息。

〔疏〕潛龍勿用至與時偕行○正義曰此一節是文言第四節明六爻天氣之義天下文明者陽氣在田始生萬物故天下有文章而光明也與時偕行者此以天道釋爻象也所以九三乾乾不息終日自戒者同於天時生物不息言與時偕行也偕俱也諸儒以為建辰之月萬物生長不有止息與天時而俱行若以不息言之是建寅之月三陽用事三當生物之初生物不息同於天時生物不息故言與時偕行也

或躍在淵乾道乃革飛龍在天乃位乎天德亢龍有悔與時偕極與時運俱終極

〔疏〕或躍在淵至與時偕極○正義曰乾道乃革者去下體入上體故云乃革也乃位乎天德者位當天德之位言九五陽居於天照臨廣大故云天德也

乾元用九乃見天則此一章全說天氣以明之也九剛直之物。唯乾體能用之。用純剛以觀天天則可見矣

〔疏〕正義曰乃見天則者陽是剛亢之物能用此純剛唯天乃然故云乃見天則

乾元者始而亨者也利貞者性情也不為乾元何能通物之始不性其情何能久行其正是故始而亨者必乾元也利而正者必性情也

〔疏〕乾元者至性情也○正義曰此

一節是第五節復明上初章及乾四德之義也乾元者始而亨者也以乾非自當分有德以元亨利貞爲德元是四德之首故夫子恆以元配乾而言之欲見乾元相將之義也以有乾之元德故能爲物之始而亨通也此解元亨二德也利貞者性情也者所以能利益於物而得正者由性制於情也○注不爲乾元至必性情也○正義曰乾之元氣其德廣大故能徧通諸物之始若餘卦元德雖能始生萬物德不周普故云不爲乾元何能通物之始其實坤元亦能通諸物之始以此文言論乾元之德故注連言乾元也不性其情何能久行其正者性者天生之質正而不邪情者性之欲也言若不能以性制情使其情如性則不能久行其正其六爻發揮之義案略例云爻者言乎變者也故合散屈伸與體相乖形躁好靜質柔愛剛體與情反質與願違是爻者所以明情故六爻發散旁通萬物之情輔嗣之意以初爲无用之地上爲盡末之境其居位者唯二三四五故繫辭唯論此四爻初上雖无正位統而論之爻亦始末之位故乾彖云六位時成二四爲陰位陰居爲得位陽居爲失位三五爲陽位陽居爲得位陰居爲失位略例云陽之所求者陰也陰之所求者陽也一與四二與五三與上若一陰一陽爲有應若俱陰俱陽爲无應此其六爻之大略其義具於繫辭於此略言之

乾始能以美利利天下

不言所利大矣哉大哉乾乎剛健中正純粹精也六爻發揮旁通情也時乘六龍以御天也雲行雨施天下平也〔疏〕乾始能以美利至天下平也。正義曰乾始能以美利利天下不言所利大矣哉者此復說始而亨利貞之義乾始謂乾能始生萬物解元也能以美利利天下解利也謂能以生長美善之道利益天下也不復說亨貞者前文亨既連始貞又連利舉始舉利則通包亨貞也不言所利大矣哉者若坤卦云利牝馬之貞及利建侯利涉大川皆言所利之事此直云利貞不言所利之事欲見无不利也非唯止一事而已故云不言所利大矣哉其實此利為无所不利此貞亦无所不貞是乾德大也大哉乾乎剛健中正純粹精者此正論乾德不兼通元也故直云大哉乾乎剛健中正謂純陽剛健其性剛強其行勁健中謂二與五也正謂五與二也故云剛健中正六爻俱陽是純粹也純粹不雜是精靈故云純粹精也六爻發揮旁通情者發謂發越也揮謂揮散也言六爻發越揮散旁通萬物之情也時乘六龍以御天者重取乾象之文以贊美此乾之義雲行雨施天下平者言天下普得其利而均平不偏陂君子以成德

為行日可見之行也潛之為言也隱而未見行而未成是以君子弗用也【疏】君子以成德為行至君子弗用也○正義曰此一節是文言第六節更復明六爻之義此節明明初九爻辭周氏云上第六節乾元者始而亨者也是廣明乾與四德之義此君子以成德為行亦是第六節明六爻之義總屬第六節不更為第七節義或當然也君子以成德為行者明初九潛龍之義故先開此語也言君子之人當以成就道德為行令其德行彰顯使人日可見其德行之事此君子之常也不應潛隱所以今日潛者以時未可見故須潛也潛之為言也隱而未見行而未成此夫子解潛龍之義此經中潛龍之言是德之幽隱而未宜見所行之行未可成就是以君子弗用者德既幽隱行又未成是君子於時不用以逢衆陰未可用也周氏云德出於己在身內之物故云成行被於人在外之事故云為行下又即云行而未成是行亦稱成周氏之說恐義非也成德為行者言君子成就道德以為其行其成德為行未必文相對君子學以聚之問以辯之。以君德而處下體資納於物者也【疏】正義曰此復明九二之德君子學以聚之者九二從微而進未在君位故且習學以畜其德問

以辯之者學有未了更詳問其事以辯決於疑也寬以居之仁以行之易曰見龍在田利見大人君德也〔疏〕正義曰寬以居之者當用寬裕之道居處其位也仁以行之者以仁恩之心行之被物易曰見龍在田利見大人君德者既陳其德於上然後引易本文以結之易之所云是君德寬以居之仁以行之是也但有君德未是君位九三重剛而不中上不在天下不在田故乾乾因其時而惕雖危无咎矣〔疏〕九三至无咎矣○正義曰此明九三爻辭上之初九九二皆豫陳其德於上不發首云初九九二此九三九四則發首先言九三九四其九五全不引易文上九則發首云亢之爲言也上下不爲例者夫子意在釋經義便則言以潛見須言其始故豫張本於上三四俱言重剛不中恐其義同故並先云爻位幷重剛不中之事九五前章已備故不復引易但云大人也上九亦前章備顯故此直言亢之爲言也案初九云潛之爲言上爻云亢之爲言獨二爻云言者褚氏以初上居无位之地故稱言也其餘四爻是有位故不云言義或然也重剛者上下俱陽故重剛也不中者不在二五之位故不中也上不在天

謂非五位下不在田謂非二位也故乾乾因其時而惕雖危无咎矣者居危之地以乾乾夕惕戒懼不息得无咎也

九四重剛而不中上不在天下不在田中不在人故或之或之者疑之也故无咎

疏九四至故无咎　正義曰此明九四爻辭也其重剛不中上不在天下不在田申與九三同也中不在人者三之與四俱為人道但人道之中人下近於地上遠於天九三近二是下近於地正是人道故九三不云中不在人九四則上近於天下遠於地非人所處故特云中不在人故或之者以其上下无定故心或之也或之者疑之也者此夫子釋經或字經稱或是疑惑之辭欲進欲退猶豫不定故疑之也九三中雖在人但位卑近下向上為難故危惕其憂深也九四則陽德漸盛去五彌近前進稍易故但疑惑憂則淺也

夫大人者與天地合其德與日月合其明與四時合其序與鬼神合其吉凶先天而天弗違後天而奉天時天且弗違而況於人乎況於鬼神乎

疏 夫大人者至況於鬼神乎○正義曰此明九五爻辭但上節明大人與萬物相感此論大人之德无所不合廣言所合之事與天地合其德者莊氏云謂覆載也與日月合其明者謂照臨也與四時合其序者若賞以春夏刑以秋冬之類也與鬼神合其吉凶者若福善禍淫也先天而天弗違者若在天時之先行事天乃在後不違是天合大人也後天而奉天時者若在天時之後行事能奉順上天是大人合天也天且弗違而況於人乎況於鬼神乎者夫子以天且不違遂明大人之德言尊而遠者尚不違況小而近者可有違乎況於人乎況於鬼神乎

亢之爲言也知進而不知退知存而不知亡知得而不知喪其唯聖人乎知進退存亡而不失其正者其唯聖人乎

疏 亢之爲言也至其唯聖人乎○正義曰此明上九之義也知進而不知退知存而不知亡知得而不知喪者言此上九所以亢極有悔者正由有此三事若能三事備知雖居上位不至於亢也此設誡辭莊氏云進退據心存亡據身得喪據位其唯聖人乎知進退存亡者言唯聖人乃能知進退存亡也何不云得喪者得喪輕於存亡舉重略輕也而不失其正者其唯聖人乎者

聖人非但只知進退存亡又能不失其正道其唯聖人乎此經再稱其唯聖人乎者上稱聖人爲知進退存亡發文下稱其唯聖人乎者爲不失其正發文言聖人非但知進退存亡又能不失其正故再發聖人之文也

☷坤下
☷坤上

坤。元亨利牝馬之貞坤貞之所利利於牝馬也馬在下而行者也而又牝爲順之至也至順而後乃亨故唯利於牝馬之貞。

疏 坤元亨利牝馬之貞。正義曰此一節是文王於坤卦之下陳坤德之辭蓋乾坤合體之物故乾後次坤言地之爲體亦能始生萬物各得亨通故云元亨與乾同也利牝馬之貞者此與乾異乾之所貞利於萬事爲貞此唯云利牝馬之貞坤是陰道當以柔順爲貞正借柔順之象以明柔順之德也牝對牝爲柔馬對龍爲順還借此柔順以明柔道故云利牝馬之貞牝馬外物自然之象此亦聖人因坤元亨利牝馬之貞自然之德以垂教也不云牛而云馬者牛雖柔順不能行地无疆无以見坤廣生之德馬雖比龍爲劣所行亦能廣遠象地之廣育。注至順而後乃亨至唯利於牝馬之貞。正義曰至順而後乃亨故唯利於牝馬之貞者案牝馬是至順牝馬在元亨之下在貞之上應云至順而後乃貞今云至順而後乃亨倒取上文者輔嗣之意下句既云牝馬之貞避此貞文故云乃亨但亨貞相將之

物故云至順之貞亦是至順之亨此坤德以牝馬至順乃得貞也下文又云東北喪朋去陰就陽乃得貞吉上下義反者但易含萬象一屈一伸此句與乾相對不可純剛敵乾故利牝馬下句論凡所交接不可純陰當須剛柔交錯故喪朋吉也

君子有攸往先迷後得主利西南得朋東北喪朋安貞吉

西南致養之地與坤同道者也故曰得朋東北反西南者也故曰喪朋陰之爲物必離其黨之於反類而後獲安貞吉

疏 君子有攸往至安貞吉○正義曰君子有攸往者以其柔順利貞故君子利有所往先迷後得主利者以其至柔當待唱而後和凡有所爲若在物之先卽迷惑若在物之後卽得主利以陰不可先唱猶臣不可先君卑不可先尊故也西南得朋者此假象以明人事西南坤位是陰也今以陰詣陰乃得朋俱是陰類不獲吉也猶人旣懷陰柔之行又向陰柔之方是純陰柔弱故非吉也東北喪朋安貞吉者西南旣爲陰東北反西南卽爲陽也以柔順之道往詣於陽是喪失陰朋故得安靜貞正之吉以陰而兼有陽故也若以人事言之象人臣離其黨而入君之朝女子離其家而入夫之室莊氏云先迷後得主利者唯據臣事君也得朋喪朋唯據婦適夫也其褊狹非復弘通之道。○注西南致養之地至後獲安貞吉○正義

曰坤位居西南說卦云坤也者地也萬物皆致養焉坤既養物若向西南與坤同道也陰之爲物必離其黨之於反類而後獲安貞吉者若二女同居其志不同必之於陽是之於反類乃得吉也凡言朋者非唯人爲其黨性行相同亦爲其黨假令人是陰柔而之剛正亦是離其黨

彖曰至哉坤元萬物資生乃順承天坤厚載物德合无疆含弘光大品物咸亨牝馬地類行地无疆。地之所以得无疆者以卑順行之故也乾以龍御天坤以馬行地

〔疏〕彖曰至行合无疆。正義曰至哉坤元至德合无疆此五句總明坤義及二德之首也但元是坤德之首故連言之猶乾之元德與乾相通共文也至哉坤元者歎美坤德故云至哉至謂至極也言地能生養至極與天同也但天亦至極包籠於地非但至極又大於地故乾言大哉坤言至哉萬物資生者言萬物資地而生初稟其氣謂之始成形謂之生乾本氣初故云資始坤據成形故云資生乃順承天者乾是剛健能統領於天坤是陰柔以和順承平於天坤厚載物德合无疆者以其廣厚故能載物有此生長之德合會无疆凡言无疆者其有二義一是廣博无疆二是長久无疆也自此已上論坤元之氣也含弘光大品

物咸亨者包含以厚光著盛大故品類之物皆得亨通但坤比元即不得大名若比衆物其實大也故曰含弘光大者也此二句釋亨也牝馬地類行地无疆者以其柔順故云地類以柔順爲體終无禍患順行地无疆不復窮已此二句釋利貞也故上文云利牝馬之貞是也

柔順利貞君子攸行先迷失道後順得常西南得朋乃與類行東北喪朋乃終有慶安貞之吉應地无疆

地也者形之名也坤也者用地者也夫用雄必爭二主必危有地之形與剛健爲耦而以永保无疆用之者不亦至順乎若夫行之不以牝馬利之不以永貞方而又剛柔而又圓求安難矣

〔疏〕柔順利貞至應地无疆○正義曰柔順利貞君子攸行者重釋利貞之義是君子之所行兼釋前文君子有攸往先迷失道者以陰在是之先失其爲陰之道後順得常者以陰在物之後陽唱而陰和乃得主利是後順得常西南得朋乃與類行者以陰而造坤位是乃與類俱行東北喪朋乃終有慶者以陰而詣陽初雖離羣乃終久有慶善也安貞之吉應地无疆者安謂安靜貞謂貞正地體安靜而貞正人若得靜而能正即得其吉應合地之无疆是慶善之事也○注行之不以牝馬至求

安難矣○正義曰行之不以牝馬牝馬謂柔順也利之不以永貞永貞謂貞固剛正也言坤既至柔順而利之即不兼剛正也方而又剛者言體既方正而性又剛强即太剛也所以須牝馬也柔而又圓者謂性既柔順體又圓曲謂太柔也故須永貞也若其坤无牝馬又无永貞求安難矣云永貞者是下用六爻辭也東北喪朋去陰就陽是利之永貞

象曰地勢坤地形不順其勢順〔疏〕○正義曰地勢方直是不順也其勢承天是其順也

君子以厚德載物〔疏〕正義曰君子用此地之厚德容載萬物言君子者亦包公卿諸侯之等但厚德載物隨分多少非如至聖載物之極也

初六履霜堅冰至始於履霜至于堅冰所謂至柔而動也剛陰之爲道本於卑弱而後積著者也故取履霜以明其始陽之爲物非基於始以至於著者也故以出處明之則以初爲潛〔疏〕初六履霜堅冰至○正義曰初六陰氣之微似若初寒之始但履踐其霜微而積漸故堅冰乃至義所謂陰道初雖柔順漸漸積著乃至堅剛凡易者象也以物象而明人事若詩之比喻也或取天地陰陽之象以明義者若乾之潛龍見龍坤之履霜堅冰龍戰之屬是也或取萬物雜象以明義者若屯之六三即鹿无虞六四乘馬班如之屬是也如此之類易中多矣或直以人事不

取物象以明義者若乾之九三君子終日乾乾坤之六三含章可貞之例是也聖人之意可以取象者則取象也可以取人事者則取人事也故文言注云至於九三獨以君子爲目者何也乾乾夕惕非龍德也故以人事明之是其義也 **象曰履霜堅冰。陰始凝也。馴致其道至堅冰也**〔疏〕象曰履霜堅冰至至堅冰也。正義曰夫子所作象辭元在六爻經辭之後以自卑退不敢干亂先聖正經之辭及至輔嗣之意以爲象者本釋經文宜相附近其義易了故分爻之辭象各附其當爻下言之猶如元凱注左傳分經之年與傳相附陰始凝也者釋履霜之義言陰氣始凝結而爲霜也馴致其道至堅冰也者馴猶狎順也若鳥獸馴狎然言順其陰柔之道習而不已乃至堅冰也褚氏云履霜者從初六至六三堅冰者從六四至上六陰陽之氣无爲故積馴履霜必至於堅冰以明人事有爲不可不制其節度故於履霜而逆以堅冰爲戒所以防漸慮微慎終于始也 **六二直方大不習无不利。**居中得正極於地質任其自然而物自生不假修營而功自成故不習焉而无不利〔疏〕六二至无不利正義曰。文言云直其正也二得其位極地之質故亦同地也俱包三德生物不邪謂之直也地體安靜是其方也无物不載是

其大也既有三德極地之美自然而生不假修營故云不習无不利物皆自成无所不利以此爻居中得位極於地體故盡極地之義此因自然之性以明人事居在此位亦當如地之所爲注居中得正○正義曰居中得正極於地質者質謂形質地之形質直方又大此六二居中得正是盡極地之體質也所以直者言氣至即生物由是體正直之性其運動生物之時又能任其質性直而且方故象云六二之動直以方也

象曰六二之動直以方也動而直方任其質也〔疏〕象曰至直以方也○正義曰言六二之體所有動任其自然之性故云直以方也○注動而直方正義曰是質以直方動又直方是質之與行內外相副物有內外不相副者故略例云形躁好靜質柔愛剛此之類是也

不習无不利地道光也〔疏〕正義曰言所以不假修習物无不利猶地道光大故也

六三含章可貞或從王事无成有終三處下卦之極而不疑於陽應斯義者也不爲事始須唱乃應待命乃發含美而可正者也故曰含章可貞也有事則從不敢爲首故曰或從王事也不爲事主順命而終故曰无成有終也〔疏〕六三至无成有終○正義曰含章可貞者六三處下卦之極而能不被疑於陽

章美也既居陰極能自降退不爲事始唯內含章美之道待命乃行可以得正故曰含章可貞或從王事无成有終者言六三爲臣或順從於王事故不敢爲事之首主成於物故云无成唯上唱下和奉行其終故云有終○注三處下卦之極○正義曰三處下卦之極者欲見三雖陰爻其位尊也不疑於陽者陰之尊極將與陽敵體必被陽所忌今不被疑於陽言陽不害也應斯義者斯此也若能應此義唯行含章可貞已下之事乃應斯義此爻全以人事明之

象曰含章可貞以時發也或從王事知光大也 知慮光大故不擅其美

疏 象曰至知光大也○正義曰含章可貞以時發者夫子釋含章之義以身居陰極不敢爲物之首但內含章美之道待時而發是以時發也或從王事知光大者釋无成有終也既隨從王事不敢主成物始但奉終而行是知慮光大不自擅其美唯奉於上

六四括囊无咎无譽 處陰之卦以陰居陰履非中位无直方之質不造陽事无含章之美括結否閉賢人乃隱施愼則可非泰之道

疏 六四至无譽○正義曰括結也囊所以貯物以譬心藏知也閉其知而不用故曰括囊功不顯物故曰无譽不與物忤故曰无咎○注不造陽事至非泰之道○正義曰不造陽事无含章之美者

六三以陰居陽位是造爲陽事但不爲事始待唱乃行是陽事猶在故云含章章卽陽之美也今六四以陰處陰內无陽事是不造陽事无含章之美當括結否閉之時是賢人乃隱唯施謹愼則可非通泰之道也 象曰括囊无咎愼不害也 疏 正義曰愼不害者釋所以括囊无咎之義以其謹愼不與物競故不被害也○

六五黃裳元吉 黃中之色也裳下之飾也坤爲臣道美盡於下夫體无剛健而能極物之情通理者也以柔順之德處於盛位任夫文理者也垂黃裳以獲元吉非用武者也極陰之盛不至疑陽以文在中美之至也 疏 六五黃裳元吉○正義曰黃是中之色裳是下之飾坤爲臣道五居君位是臣之極貴者也能以中和通於物理居於臣職故云黃裳元吉元大也以其德能如此故得大吉也○注黃中之色○正義曰黃中之色裳下之飾者左氏昭十二年傳文也裳下之飾則上衣比君下裳法臣也垂黃裳以獲元吉非用武者以體无剛健是非用威武也以內有文德通達物理故象云文在中也

象曰黃裳元吉文在中也 用黃裳而獲元吉以文在中也 疏 正義曰釋所以黃裳元吉之義以其文德在中故也既有中和又奉臣職通達文理故云文在其中言不用威武也

上

六龍戰于野其血玄黃陰之爲道卑順不盈乃全其美盛而不已固陽之地陽所不堪故戰于野〔疏〕上六至其血玄黃○正義曰以陽謂之龍上六是陰之至極陰盛似陽故稱龍焉盛而不已固陽之地陽所不堪故陽氣之龍與之交戰即說卦云戰乎乾是也戰於卦外故曰于野陰陽相傷故其血玄黃○注盛而不已○正義曰盛而不已固陽之地者固爲占固陰去則陽來陰乃盛而不去占固此陽所生之地故陽氣之龍與之交戰

象曰龍戰于野其道窮也用六利永貞用六之利利永貞也〔疏〕正義曰用六利永貞者此坤之六爻總辭也言坤之所用用此衆爻之六六是柔順不可純柔故利在永貞永長也貞正也言長能貞正也

象曰用六永貞以大終也能以永貞大終者也〔疏〕正義曰以大終者釋永貞之義既能用此柔順長守貞正所以廣大而終也若不用永貞則是柔而又圓即前注云求安難矣此永貞即坤卦之不安貞吉是也

文言曰坤至柔而動也剛至靜而德方。動之方直不爲邪也柔而又圓消之道也其德至靜德必方也〔疏〕正義曰此一節是第一節明坤之德也自

積善之家以下是第二節也分釋六爻之義坤至柔而動也剛者六爻皆陰是至柔也體雖至柔而運動也剛柔而積漸乃至堅剛則上云履霜堅冰是也又地能生物初雖柔弱後至堅剛而成就至靜而德方者地體不動是至靜生物不邪是德能方正

後得主而有常含萬物而化光坤道其順乎承天而時行

疏 正義曰後得主而有常者陰主卑退若在事之後不爲物先卽得主也此陰之恒理故云有常含萬物而化光者自明象辭含弘光大言含養萬物而德化光大也坤道其順乎承天而時行者言坤道柔順承奉於天以量時而行卽不敢爲物之先恒相時而動

積善之家必有餘慶積不善之家必有餘殃臣弒其君子弒其父非一朝一夕之故其所由來者漸矣由辯之不早辯也易曰履霜堅冰至蓋言順也

疏 積善之家至蓋言順也○正義曰此一節明初六爻辭也積善之家必有餘慶積不善之家必有餘殃者欲明初六其惡有漸故先明其所行善惡事由久而積漸

故致後之吉凶其所由來者漸矣者言弑君弑父非一朝一夕率然而起其禍患所從來者積漸久遠矣由辯之不早辯者臣子所以久包禍心由君父欲辯明之事不早分辯故也此戒君父防臣子之惡蓋言順者言此履霜堅冰至蓋言順習陰惡之道積微而不已乃致此弑害稱蓋者是疑之辭凡萬事之起皆從小至大從微至著故上文善惡並言今獨言弑君弑父有漸者以陰主柔順積柔不已乃終至禍亂故特於坤之初六言之欲戒其防柔弱之初又陰爲弑害故寄此以明義

直其正也方其義也君子敬以直內義以方外敬義立而德不孤直方大不習无不利則不疑其所行也○

疏 直其正也至所行也○正義曰此一節釋六二爻辭直其正者經稱直是其正也方其義者經稱方是其義也義者宜也於事得宜故曰義君子敬以直內者覆釋直其正也言君子用敬以直內內謂心也用此恭敬以直內理義以方外者用此義事以方正外物言君子法地正直而生萬物皆得所宜各以方正然即前云直其正也方其義也下云義以方外即此應云正以直內改云敬以直正者欲見正則能敬故變正爲敬也敬義立而德不孤者身有敬義以接於人

則人亦敬義以應之是德不孤也直則不邪正則謙恭義則與物無競方則凝重不躁既不習無不利則所行不須疑慮故曰不疑其所行

陰雖有美含之以從王事弗敢成也地道也妻道也臣道也地道無成而代有終也

疏陰雖有美至有終也○正義曰此一節明六三爻辭言陰雖有美含之以從王事者釋含章可貞之義也言六三之陰雖有美道包含之德苟或從王事不敢為主先成之也地道也妻道也臣道也者欲明坤道處卑待唱乃和故歷言此三事皆卑應於尊下順於上也地道無成而代有終者其地道卑柔无敢先唱成物必待陽始先唱而後代陽有終也

天地變化草木蕃。天地閉賢人隱易曰括囊无咎无譽蓋言謹也。

疏天地變化至蓋言謹也○正義曰此一節明六四爻辭天地變化謂二氣交通生養萬物故草木蕃滋天地閉賢人隱者謂二氣不相交通天地否閉賢人潛隱天地通則草木蕃明天地閉草木不蕃天地閉賢人隱明天地通則賢人出互而相通此乃括囊无咎故賢人隱屬天地閉也蓋言謹者謹謂謹慎蓋言賢人君子於此之時須謹慎也

君子黃中通理正位居體美在其中而暢於四支發於事業美之至也〔疏〕君子至美之至也○正義曰此一節明六五爻辭也黃中通理者以黃居中兼四方之色奉承臣職是通曉物理也正位居體者居中得正是正位也處上體之中是居體也黃中通理是美在其中有美在於中必通暢於外故云暢於四支四支猶人手足比于四方物務也外內俱善能宣發於事業所營謂之事事成謂之業美莫過之故云美之至也陰疑於陽必戰辯之不早疑盛乃動故必戰〔疏〕正義曰此一節明上六爻辭陰疑於陽必戰者陰盛為陽所疑陽乃發動欲除去此陰陰既強盛不肯退避故必戰也為其嫌於无陽也為其嫌於非陽而戰故稱龍焉〔疏〕正義曰上六陰盛似陽為嫌純陰非陽故稱龍以明之猶未離其類也猶未失其陰類為陽所滅故稱血焉猶與陽戰而相傷故稱血〔疏〕正義曰上六雖陰盛似陽然猶未能離其陽類故為陽所傷而見成也夫玄黃者天地之雜也天玄而地黃〔疏〕正義曰釋

其血玄黃之義莊氏云上六之爻兼有天地雜氣所以上六被傷其血玄黃也天色玄地色黃故血有天地之色今輔嗣注云猶與陽戰而相傷是言陰陽俱傷也恐莊氏之言非王之本意今所不取也

䷂震下坎上 屯元亨利貞 剛柔始交是以屯也不交則否故屯乃大亨也大亨則無險故利貞○

疏 正義曰屯難也剛柔始交而難生初相逢遇故云屯難也以陰陽始交而為難因難物始大通故元亨也萬物大亨乃得利益而貞正故利貞也但屯之四德劣於乾之四德故屯乃元亨亨乃利貞乾之四德無所不包此即勿用有攸往又別言利建侯不如乾之無所不利此已上說屯之自然之四德聖人當法之 勿用有攸往 往益屯也 利建侯 得主則定○

疏 正義曰勿用有攸往利建侯者以其屯難之世世道初創其物未寧故宜利建侯以寧之此二句釋人事也

彖曰屯剛柔始交而難生動乎險中大亨貞 始於險難至於大亨而後全正故曰屯元亨利貞

疏 彖曰至大亨貞○正義曰屯剛柔始交而難生者此一句釋屯之名以剛柔二氣始欲相交未相通感情意未得故難生也若剛柔已交之後物皆通泰非復難也唯初始交

時而有難故云剛柔始交而難生動乎險中大亨貞者此釋四德也坎爲險震爲動震在坎下是動於險中初動險中故屯難動而不已將出於險故得大亨貞也大亨即元亨也不言利者利屬於貞故直言大亨貞

雷雨之動滿盈雷雨之動乃得滿盈皆剛柔始交之所爲

疏雷雨之動滿盈○正義曰周氏云此一句覆釋亨也但屯有二義一難也一盈也上既以剛柔始交釋屯難也此又以雷雨二象解盈也言雷雨二氣初相交動以生養萬物故得滿盈即是亨之義也覆釋亨者以屯難之世不宜亨通恐亨義難曉故特釋之此已下說屯之自然之象也○注雷雨之動乃得滿盈○正義曰雷雨之動乃得滿盈者周氏褚氏云釋亨也萬物盈滿則亨通也皆剛柔始交之所爲者雷雨之動亦陰陽始交也萬物盈滿亦陰陽而致之故云皆剛柔始交之所爲也若取屯難則坎爲險則上云動乎險中是也若取亨通則坎爲雨震爲動此云雷雨之動是也隨義而取象其義不一

天造草昧宜建侯而不寧屯體不寧故利建侯也屯者天地造始之時也造物之始始於冥昧故曰草昧也處造始之時所宜之善莫善建侯也

疏天造草昧至不寧○正義曰釋利建侯也草謂草創昧謂冥昧言天造萬物於草創之始如在冥昧之時也于此草昧之時王

者當法此屯卦宜建立諸侯以撫恤萬方之物而不得安居于事此二句以人事釋屯之義○注屯體不寧○正義曰屯體不寧者以此屯遇險難其體不寧故宜建侯也造物之始始於冥昧者造物之始卽天造草昧也草謂草創初始之義始於冥昧者言物之初造其形未著其體未彰故在幽冥闇昧也

象曰雲雷屯君子以經綸

君子經綸之時〔疏〕正義曰經謂經緯綸謂綱綸言君子法此屯象有爲之時以經綸天下約束於物故云君子以經綸也姚信云綸謂綱也以織綜經緯此君子之事非其義也劉表鄭玄云以綸爲淪字非王本意也

初九磐桓

處屯之初動則難生不可以進故磐桓也處此時也其利安在不唯居貞建侯乎夫

利居貞利建侯

息亂以靜守靜以侯安民在正弘正在謙屯難之世陰求於陽弱求於強民思其主之時也初處其首而又下焉爻備斯義宜其得民也〔疏〕初九至利建侯○正義曰磐桓不進之貌處屯之初動卽難生故磐桓也不可進唯宜利居處貞正亦宜建立諸侯○注息亂以靜至得民也○正義曰息亂以靜者解利居貞也守靜以侯者解利建侯也安民在正者解貞也弘正在謙者取象其以貴下賤也言弘大此屯正在於謙也陰求於陽弱求於強者解大得民也

象曰雖磐

桓志行正也不可以進故磐桓也非為寊安乘成務也故雖磐桓志行正也疏象曰至志行正也○正義曰言初九雖磐桓不進非苟求宴安志欲以靜息亂故居處貞也非是苟貪逸樂唯志行守正也○注非為宴安棄成務○正義曰非為宴安棄成務者言已止為前進有難故磐桓且住非是苟求宴安棄此所成之務而不為也舍身雖住但欲以靜息亂也

以貴下賤大得民也陽貴而陰賤也疏正義曰貴謂陽也賤謂陰也言初九之陽在二陰之下是以貴下賤屯難之世民思其主之時既能以貴下賤所以大得民心也

六二屯如邅如乘馬班如匪寇婚媾女子貞不字十年乃字志在乎五不從於初屯難之時正道未行與初相近而不相得困於侵害故屯邅也時方屯難正道未通涉遠而行難可以進故曰乘馬班如也寇謂初也无初之難則與五婚矣故曰匪寇婚媾也志在於五不從於初故曰女子貞不字也屯難之世勢不過十年者也十年則反常反常則本志斯獲矣故曰十年乃字疏六二至十年乃字○正義曰屯如邅如者屯是屯難邅是邅迴如是語辭也言六二欲應於九五即畏初九逼之不敢前進故屯如邅如也乘馬班如者子夏

傳云班如者謂相牽不進也馬季長云班班旋不進也言二欲乘馬往適於五正道未通故班旋而不進也匪寇婚媾者寇謂初也言二非有初九與已作寇害則得其五爲婚媾矣馬季長云重婚曰媾鄭玄云媾猶會也女子貞不字者貞正也女子謂六二也女子以守貞正不受初九之愛字訓愛也十年乃字者十年難息之後即初不害已也乃得往適於五受五之字愛十者數之極數極則復故云十年也

象曰六二之難乘剛也十年乃字反常也

疏 正義曰六二之難乘剛也者釋所以屯如邅如也有畏難者以其乘陵初剛不肯從之故有難也十年乃字反常者謂十年之後屯難止息得反常者謂反常道即二適于五是其得常也已前有難不得行常十年難息得反歸於常以適五也此爻因六二之象以明女子婚媾之事即其餘人事亦當法此猶如有人逼近於強雖遠有外應未敢苟進被近者所陵經久之後乃得與應相合是知萬事皆象於此非唯男女而已諸爻所云陰陽男女之象義皆倣於此

六三即鹿無虞惟入于林中君子幾不如舍往吝

三既近五而無寇難四雖比五其志在初不妨己路可以進而无屯邅也見路之易不揆其志五應在二往必不納何異無虞

以從禽乎雖見其禽而無其虞徒入于林中其可獲乎【疏】六三幾辭也夫君子之動豈取恨辱哉故不如舍往吝窮也至舍往吝○正義曰即鹿無虞者即就也虞謂虞官如人之田獵欲從就於鹿當有虞官助已商度形勢可否乃始得鹿若无虞官即虛入于林木之中必不得鹿故云唯入于林中此是假物爲喻今六三欲往從五如就鹿也五自應二今乃不自揆度彼五之情納已以否是無虞也即徒往向五五所不納是徒入于林中君子幾不如舍者幾辭也夫君子之動自知可否豈取恨辱哉見此形勢即不如休舍也言六三不如舍此求五之心勿往也往吝者若往求五即有悔吝也○注見路之易不揆其志○正義曰見路之易不揆其志者三雖比四四不害已身夫屯邅是路之平易即意欲向五而不預先揆度五之情意納已以否是無虞也獵人先遣虞官商度鹿之所有猶若三欲適五先遣人測度五之情意幾爲語辭不爲義也知此幾不爲事之幾微凡幾微者乃從无向有其事未見乃爲幾也今即鹿無虞是已成之事事已顯者故不得爲幾微之義

象曰即鹿无虞以從禽也君子舍之往吝窮也【疏】正義曰即鹿无虞以從禽者言即鹿當有虞官即有鹿也若无虞官以從逐于禽亦不可得也君子舍之往吝窮者君子見此之時

當舍而不往若往則有悔吝窮苦也六四乘馬班如求婚媾往吉无不利二雖比初執貞不從不害巳志者也求與合好往必見納矣故曰往吉无不利疏正義曰六四應初故乘馬也慮二妨巳路故初時班如旋也二既不從於初故四求之爲婚必得媾合所以往吉无不利象曰求而往明也見彼之情狀疏正義曰言求初而往婚媾明識初與二之情狀知初納巳知二不告巳志是其明矣九五屯其膏小貞吉大貞凶處屯難之時居尊位之上不能恢弘博施无物不與拯濟微滯亨于群小而繫應在二屯難其膏非能光其施者也固志同好不容他間小貞之吉大貞之凶疏九五屯其膏至大貞凶○正義曰屯其膏者膏謂膏澤恩惠之類言九五既居尊位當恢弘博施唯繫應在二而所施者褊狹是屯難其膏小貞吉大貞凶者貞正也出納之吝謂之有司是小正爲吉若大人不能恢弘博施是大正爲凶○注固志同好不容他間○正義曰固志同好不容他間者間者廁也五應在二是堅固其志在于同好不容他人間廁其間也象曰屯其膏施未光也上六乘馬班如泣血漣如

處險難之極下无應援進無所適雖比於五五屯其膏不與相得居不獲安行无所適窮困闇厄无所委仰故泣血漣如

疏 正義曰處險難之極而下无應援若欲前進即无所之適故乘馬班如窮困闇厄无所委仰故泣血漣如 象曰泣血漣如何可長也 疏 正義曰何可長者言窮困泣血何可久長也

䷃ 坎下艮上 蒙亨匪我求童蒙童蒙求我初筮告再三瀆瀆則不告 筮筮者決疑之物也童蒙之來求我欲決所惑也決之不一不知所從則復惑也故初筮則告再三則瀆瀆蒙也能爲初筮其唯二乎以剛處中能斷夫疑者也 疏 蒙亨至瀆則不告○正義曰蒙者微昧闇弱之名物皆蒙昧唯願亨通故云蒙亨匪我求童蒙求我者物既闇弱而意願亨通即明者不求於闇即匪我師德之高明往求童蒙之闇但闇者求明明者不諮於闇故云童蒙求我也初筮告者初者發始之辭筮者決疑之物童蒙既來求我我當以初始一理剖決告之再三瀆瀆則不告者師若遲疑不定或再或三是褻瀆瀆則不告童蒙來問本為決疑師若以廣深二義再三之言告之則童蒙聞之轉亦瀆亂故不如不告也自此以上解蒙亨之義順此上事乃得亨也故亨文在此事之上

也不云元者謂時當蒙弱未有元也○注初筮告○正義曰初筮則告者童蒙既來求我我當以初心所念所筮之義一理而剖告之再三則瀆瀆蒙也者若以棄此初本之意而猶豫遲疑岐頭別說則童蒙之人聞之褻瀆而煩亂也故再三則瀆瀆蒙也能爲初筮其唯二乎者以彖云初筮告以剛中者剛而得中故知是二也

利貞

蒙之所利乃利正也夫明莫若聖昧莫若蒙蒙以養正乃聖功也然則養正以明失其道矣

疏 利貞○正義曰貞正也言蒙之爲義利以養正故彖云蒙以養正乃聖功也若養正以明即失其道也○注然則養正以明失其道○正義曰然則養正以明失其道者言人雖懷聖德若隱默不言人則莫測其淺深不知其大小所以聖德彌遠而難測矣若彰顯其德苟自發明即人知其所爲識其淺深故明夷注云明夷莅衆顯明於外巧所避是也此卦繫辭皆以人事明之

彖曰蒙山下有險險而止蒙

退則困險進則閡山不知所適蒙之義也

疏 正義曰山下有險者坎在艮下是山下有險艮爲止坎上遇止是險而止也恐進退不可故蒙昧也此釋蒙卦之名

蒙亨以亨行時中也。

時之所願惟願亨也以亨行之得時中也

疏 正義曰疊蒙亨之義言居蒙之時人皆願亨若以亨道行之于時則

得中也故云時中也

匪我求童蒙童蒙求我志應也我謂非童蒙者也非童蒙者即陽也凡不識者求問識者識者不求所告闇者求明明者不諮於闇故蒙之為義匪我求童蒙童蒙求我也童蒙之來求我志應故也

疏正義曰以童蒙闇昧之志而求應會明者故云志應也

初筮告以剛中也謂二也二為衆陰之主也无剛失中何由得初筮之告乎

再三瀆瀆則不告瀆蒙也蒙以養正聖功也

疏正義曰再三瀆瀆則不告瀆蒙者所以再三不告恐瀆亂蒙者自此以上彖辭總釋蒙亨之義蒙以養正聖功也者能以蒙昧隱默自養正道乃成至聖之功此一句釋經之利貞

象曰山下出泉蒙山下出泉未知所適蒙之象也

疏正義曰山下出泉未有所適之處是險而止故蒙昧之象也

君子以果行育德果行者初筮之義也育德者養正之功也

疏正義曰君子當發此蒙道以果決其行告示蒙者則初筮之義育德謂隱默懷藏不自彰顯以育養其德果行育德者自相違錯若童蒙來問則果行也尋常處衆則育德是不相須也

初六發蒙利用刑人

用說桎梏以往吝處蒙之初二照其上故蒙發也蒙發疑明刑說當也以往吝刑不可長

疏 初六至以往吝。正義曰：發蒙者，以初近於九二，二以陽處中而明能照闇，故初六以能發去其蒙也。利用刑人用說桎梏者，蒙既發去，无所疑滯，故利用刑戮于人，又利用說去罪人桎梏，以蒙既發去，疑事顯明，刑人說桎梏皆得當。在足曰桎，在手曰梏。小雅云：杻謂之梏，械謂之桎。以往吝者，若以正道而往，即其事益善矣；若以刑人之道出往，往之即有鄙吝。

象曰利用刑人以正法也刑人之道道所惡也以正法制故刑人也

疏 正義曰：且刑人之道乃賊害於物，是道之所惡，以利用刑人者，以正其法制，不可不刑矣。故刑罰不可不施於國，鞭扑不可不施於家。案此經刑人說人二事，象直云利用刑人一者，但舉刑重故也。

九二包蒙吉納婦吉子克家以剛居中章蒙所歸包而不距則遠近咸至故包蒙吉也婦者配己而成德者也體陽而能包蒙以剛而能居中以此納配物莫不應故納婦吉也處于卦內以剛接柔親而得中能幹其任施之於子克家之義

疏 九二至子克家。正義曰：包謂包含。九二以剛居中，童蒙悉來歸己，九二能含容而不距，皆與之決疑，故得吉也。九二以剛居中，陰來應之，婦謂

配也故納此匹配而得吉也此爻在下體之中能包蒙納婦任內理中幹了其任卽是子孫能克荷家事故云子克家也○注親而得中○正義曰親而得中者言九二居下卦之中央上下俱陰以己之陽迎接上下二陰陰陽相親故云親而得中也能幹其任者旣能包蒙又能納匹是能幹其任

象曰子克家剛柔節也【疏】正義曰以陽居於卦內接待羣陰是剛柔相接故克幹家事也

六三勿用取○女見金夫不有躬无攸利

童蒙之時陰求於陽晦求於明各求發其昧者也六三在下卦之上上九在上卦之上男女之義也上不求三而三求上女先求男者也女之爲體正行以待命者也見剛夫而求之故曰不有躬也施之於女行在不順故勿用取女而无攸利【疏】六三至无攸利○正義曰勿用取女者女謂六三言勿用取此六三之女所以不須者此童蒙之世陰求於陽是女求男之時也見金夫者謂上九以其剛陽故稱金夫此六三之女自往求見金夫女之爲禮正行以待命而嫁今先求於夫是爲女不能自保其躬固守貞信乃非禮而動行既不順若欲取之无所利益故云不有躬无攸利也

象曰勿用取○女行不順也【疏】正義曰釋勿用取女之義所以勿用取此女者

以女行不順故也**六四困蒙吝**獨遠於陽處兩陰之中闇莫之發故曰困蒙也困於蒙昧不能比賢以發其志亦以鄙矣故曰吝也【疏】正義曰此釋六四爻辭也六四在兩陰之中去九二既遠无人發去其童蒙故曰困于蒙昧而有鄙吝**象曰困蒙之吝獨遠實也**陽稱實也【疏】象曰至獨遠實也○正義曰獨遠實者實謂九五之陽也九二以陽故稱實也六三近九二六五近上九又應九二唯此六四既不近二又不近上故云獨遠實也○注陽實也○正義曰陽主生息故稱實陰主消損故不得言實

六五童蒙吉以夫陰質居於尊位不自任察而委於二付物以能不勞聰明功斯克矣故曰童蒙吉【疏】正義曰言六五以陰居於尊位其應在二二剛而得中五則以事委任於二不勞己之聰明猶若童稚蒙昧之人故所以得吉也**象曰童蒙之吉順以巽也**委物以能不先不為順以巽也【疏】象曰至順以巽也正義曰順以巽也釋童蒙之吉巽以順也猶委物於二順謂心順巽謂貌順故褚氏云順者心不違也巽者外迹相卑下也○注委物以能至順以巽也○正義曰委物以能謂委付事物與有能之人謂委二也不先不為者五雖居尊位而專委任於二不在二先而首唱

是順於二也不爲者謂不自造爲是委任二也不先於二是心順也不自造爲是貌順也上九擊蒙不利爲寇利禦寇。處蒙之終以剛居上能擊去童蒙以發其昧者也故曰擊蒙也童蒙願發而已能擊去之合上下之願故莫不順也爲之扞禦則物咸附之若欲取之則物咸叛矣故不利爲寇利禦寇也疏正義曰處蒙之終以剛居上能擊去衆陰之蒙合上下之願故莫不順從也若因物之來即欲取之而爲寇害物皆叛矣故不利爲寇也若物從外來爲之扞禦則物咸附之故利用禦寇也象曰利用禦寇上下順也疏正義曰所宜利爲物禦寇者由上下順從故也言此爻既能發去衆蒙以合上下之願又能爲之禦寇故上下彌更順從也

周易兼義卷之一

太子少保江西巡撫阮元栞

周易注疏校勘記卷一　阮元撰盧宣旬摘錄

國子祭酒上護軍曲阜縣開國子臣孔穎達奉　勑撰

定　閩本同錢本亦同惟勑撰定三字在次行與國子並非　毛本國上有唐字監本刪去結銜作唐孔穎達撰定

夫易者象也　十行本自此巳下行行頂格錢本同閩監毛本首行頂格次行以後並上空一格

業資凡聖　閩監本同毛本足利本寫本凡作九

輔嗣之注若此　錢本閩監本同毛本注作註○按漢唐宋人經注字無作註者

欲取改新之義　閩監毛本同寫本新作辛

今既奉勑刪定　十行本勑字提行下同錢本同閩監毛本不提行毛本勑改敕

考察其事　閩監毛本同錢本寫本察作案

周易正義卷第一 閩監毛本同錢本無此七字但有八論二字

第一論易之三名 第二論重卦之人 此八論題目十行本作四行分上下兩排閩監毛本同錢本作八行

第一論易之三名 十行本頂格錢本同閩監毛本並上空一格八論並同

正義曰夫易者 十行本自此已下行行頂格錢本同閩監毛本首行頂格次行已後並上空一格八論並同

天以爛明 閩監毛本同寫本爛作烱

其易之蘊邪 閩監毛本同錢本蘊作縕

上下無常 閩監毛本同錢本無作无下同

崔覲劉貞簡等 閩監毛本同寫本簡上有周字

故易者所以斷天地盧文弨云案乾鑿度本作繼天地此斷字疑誤

以爲伏羲畫卦閩監毛本同盧文弨云當作重卦畫字誤

未有彖繇閩毛本同監本繇作䌛○按籀者正字也繇者叚借字䌛爲俗字

周易兼義上經乾傳第一閩監本同毛本第上有卷字○經釋文岳本考文引古本足利本題周易上經乾傳第一錢本考文所據宋本題周易注疏卷第一按兼義字乃合刻注疏者所加取兼并正義之意也蓋其始注疏無合一之本南北宋之間以疏附於經注者謂之某經兼義至其後則直謂之某經注疏此變易之漸也又十行本閩監毛本其第七卷題云周易兼義卷第七周易繫辭上第七八卷九卷同則此第一至第六卷亦當先標周易兼義卷第幾後標周易上下經某傳第幾庶前後畫一釋文云第亦作弟

國子祭酒上護軍曲阜縣開國子臣孔穎達奉勑撰

正義　王弼注宋本無正義二字閩監毛本作魏王弼注唐孔穎達正義又監本義誤善又釋

文王弼注本亦作王輔嗣注今本或無注字師說無者非石經岳本並作王弼注

☰☰乾下乾上**乾元亨利貞** 石經岳本宋本古本足利本並如此連寫閩監毛本以☰☰及乾下乾上四字爲一行乾元以下提行頂格非是又十行本自此盡卦未連注疏行行頂格其每爻及彖象文言等不復提行另起與石經合錢本每卦分作數節每節首行頂格次行以後上空一格閩監毛本與錢本同

天乃積諸陽氣而成天 閩監毛本同浦鏜云下天字疑衍

欲使人法天之用 閩監毛本同錢本使人二字作以

文言備矣 凡注文十行本雙行夾注岳本古本足利本同閩監毛本改爲單行上加注字錢本注文上有注云二字按考文大過下引宋本注云音相過之過則宋本與錢本同

他皆倣此 錢本閩監本同宋本倣作放毛本誤倣

其畫已長 閩監毛本同浦鏜云長當陽字誤

所以重錢宋本同閩監毛本錢改體下故交其錢同按火珠林始以錢代蓍故謂之重錢交錢改體非是

故曰在田岳本閩監毛本同古本下有也字下故免龍戰之災下坤利在永貞下故六位不失其時而成下其唯知終者乎下雖危无咎下不為之助下而下曰乾元亨利貞下各隨其義下與天時俱不息下與時運俱終極下剛直之物下唯乾體能用之下並同

四則或躍岳本閩監毛本同古本足利本或作惑非

九二至利見大人閩監毛本同錢本宋本無此七字山井鼎云經傳下疏更引經文者宋板刊去直云正義曰以下皆然

且二之與二錢本宋本同閩監毛本一改初下二在一上同

且大人之云閩監毛本同宋本云作文

注處於地上至唯二五焉 閩監毛本同錢本宋本作出潛至五焉較今本為省文後多類此茲不悉出

矣上下兩體 閩監毛本同錢本無矣字宋本作是○補案是字是也

是九二處其地上所田食之處 閩本同宋本其作於監毛本田誤由

觀輔嗣之注焉 閩監毛本同錢本宋本焉作意○補案意字是也

謂周而普獨 閩監毛本同錢本宋本獨作徧○補案徧字是也

言範模乾之一卦 閩監毛本同錢本宋本範模作比據

地之萌牙 閩監毛本同李鼎祚集解亦作牙錢本作芽○按古多以牙為芽

其相終竟空曠 閩監毛本同錢本宋本相作禮○補案禮字是也注則處下之禮曠可證

當若厲也 閩監毛本同宋本當作常○補案常字是也

王以九三與上九相並　宋本同閩監毛本王作正

或躍在淵　岳本閩監毛本同石經淵字諱缺末畫釋文出或躍古本或作惑注及象文言同

而无定位所處　岳本閩監毛本同足利本所作可釋文所處一本作可處

躍於在淵　閩監毛本同錢本宋本作躍在於淵

猶豫遲疑　閩監毛本同下同宋本遲作持與注合

百姓既未離禍患　盧文弨云未字衍文

非飛而何　閩監毛本同岳本宋本古本足利本而作如

以柔順而爲不正　岳本閩監毛本同古本足利本下有之主二字

正義曰夫子所作象辭　按自此以下錢本揔在注各以有君也之下蓋每一節末下接

正義又釋經都畢然後釋注錢按單疏本注疏本亦同

十行本閩監毛本每節內每段分屬雖便讀者究失舊

第後皆準此

明其所由之主　閩監本同毛本由作繇按毛作繇者避所諱或諱作由後不悉出

此名乘駕六龍　閩監毛本同宋本名作明

正直不傾邪也　閩監毛本同錢本上有則字

何情之有　閩監毛本同浦鏜云情當正誤

則豫卦歎云　閩監毛本同錢本歎作彖是也

或難其解　閩監毛本同宋本其作具是也

不和而剛暴　岳本閩監毛本同古本足利本暴上有則字下有也字

大利之道　閩監毛本同錢本宋本利作和是也

以頭首出於衆物之上　宋本閩本同監毛本以作似

君子以自強不息岳本同石經初刻彊後改強釋文出自強閩監毛本作彊

乾則用名閩監毛本同錢本則作是

潛龍勿用陽在下也閩監毛本提行另起錢本不提行

反復道也石經岳本閩監毛本同古本足利本道上有之字一本無也字釋文復本亦作覆

反復皆道也岳本閩監毛本同古本足利本皆下有合字

大人造也石經岳本閩監毛本同釋文亦作造云劉歆父子作聚按造聚聲相近

退在潛處在淵閩監毛本同宋本上在作則

文言曰自此至卦末並文言也錢本皆不提行

君子體仁石經岳本閩監毛本同釋文體仁京房荀爽董遇本作體信

利物足以和義石經岳本閩監毛本同釋文利物孟喜京荀陸績作利之

若限尙聖人　閩監毛本同錢本宋本尙作局是也

或在事後言　閩監毛本同錢本宋本言作者

亦於爻下有之　閩監毛本同宋本有作言是也

此第二節釋初九爻辭也　盧文弨云當云此文言第二節此釋初九爻辭也觀下疏自明

不成乎名　石經岳本閩監毛本同釋文出不成名云一本作不成乎名按疏云不成就於令名以於字釋經文乎字則正義本與石經合

確乎其不可拔　石經岳本閩監毛本同古本下有者字

心處僻陋　盧文弨云心疑身之誤

可與幾也　石經岳本閩監毛本同古本足利本與下有言字

存物之終若〔補〕案若當作者

而不凶咎 閩監本同錢本宋本不下有犯字○按毛本作而不犯咎

懈怠則曠 岳本閩監毛本同釋文出解息○按古多以解爲懈

故因其時而惕 岳本閩監毛本同集解故下有乾乾二字

至失時不進 閩監毛本同錢本宋本至作若是也

猶非羣衆而行 閩監毛本同錢本宋本非作依是也

聖人作而萬物覩 石經岳本閩監毛本同釋文作馬融作起

而礎柱潤 閩監毛本同宋本作而柱礎潤是也

感應之事應 錢本閩監毛本同宋本下應作廣是也

以上九非位而上九居之 盧文弨云當作上非九位而九居之

以馬明坤　宋本閩監毛本同錢本明作敘

正義取夫乾者　補毛本取作曰案所改是也

不先說乾　十行本不字空閩監毛本如此錢本宋本不作應

非天下至理　岳本閩監毛本同古本理作治按集解作非天下之至治

其六爻發揮之義　山井鼎云從此已下解下文者乃誤在此但宋板每章通爲一節間不雜疏故無此誤

六爻發揮　石經岳本閩監毛本同釋文揮本亦作輝

下又卽云　閩監毛本同宋本又作文

問以辯之　石經岳本同閩監毛本辯誤辨釋文出以辯

故或之　石經岳本閩監毛本同古本或作惑非下句同

故心或之也 閩監毛本同宋本或作惑

其唯聖人乎 石經岳本閩監毛本同釋文王肅本作愚人後結始作聖人○按王肅本大非此經依釋文所載無末五字者是最古本此是倒裝文法故曰其唯聖人乎知進退存亡而不失其正者如檀弓誰與哭者即哭者誰與

坤 石經岳本閩監毛本同釋文本又作巛巛今字也錢本宋本此卦前題周易注疏卷第二

故唯利於牝馬之貞 岳本閩監毛本同古本下有也字下故曰得朋下故曰喪朋下坤以馬行地下其勢順下故不言焉而无不利下故不擅其美下非泰之道下故戰于野下故必戰下為陽所滅下故稱血下並同

蓋乾坤合體之物 閩監毛本同宋本蓋作但是也

乾之所貞 十行本閩監本貞字缺毛本如此錢本宋本作利

牝對牝為柔 補 毛本下牝字作牡案所改是也

馬雖比龍爲劣　十行本閩監本比字缺毛本如此

所而亦能廣遠　閩監本缺所字毛本作鈍屬上句非也錢本宋本而作行是

今以陰詣陰乃得朋　十行本閩監本乃字缺毛本如此錢本宋本作是

其褊狹非復宏通之道　十行本閩監本缺復字毛本如此宋本作易錢本無此字又錢本宋本其下有理字

行地无疆　石經岳本閩監毛本同釋文疆或作壃下及注同

彖曰至行合无疆　補案合當作地

及二德之首也　閩監毛本同宋本二作元

與乾相通共文也　十行本通字模糊閩監毛本如此錢本宋本作連是也

以和順承平於天　閩監毛本同錢本宋本平作奉是也

包含以厚　閩監毛本同錢本宋本以作宏是也

但坤比元　閩監毛本同錢本宋本元作乾

順行地无疆　閩監毛本同錢本宋本順作故是也

應地无疆　石經岳本同閩監毛本无誤無

夫用雄必爭　補岳本監本毛本用作兩是也閩本作用缺夫字十行本夫雄字筆畫舛誤今正

重釋利貞之善　十行本之下一字筆畫舛誤閩監毛本如此錢本宋本作義

以陰在是之先　錢本宋本是作物閩監毛本作事

人得主利　閩本同錢本宋本人作乃監毛本主誤生

人若得靜而能正　閩監本同錢本宋本毛本若作君

正義曰地勢方直　閩監毛本同宋本勢作體錢本此疏在君子厚德載物節後正義曰上標

並地形不順其勢順七字

義所謂陰道　閩監毛本同錢本宋本義下有取字是也

履霜堅冰陰始凝也　岳本閩監毛本同石經初刻無也字後增古本足利本冰下有至字

不敢于亂先聖正經之辭　閩毛本同錢本監本于作干是也

故分爻之辭象　閩監毛本同錢本宋本辭象作象辭

而逆以堅冰爲戒　宋本同閩監毛本逆誤遂

不假脩營而功自成　岳本閩監毛本同古本上有故字○按古本多不可信

正義曰文言云　閩監毛本同宋本文言云上有直方大不習无不利者九字山井鼎云宋板爻象連爲一節經文終乃有疏每卦爲然如此篇地道光也下始有疏故疏字下無六二至无不利六字直作正義曰直方大不習无不利者文言云云云云今本斷章裁句與宋板稍異

功不顯物故曰无譽不與物忤故曰无咎　集解作不與物忤故无咎

功名不顯故无譽也

曰其謹愼　錢本宋本曰作由閩監毛本作施字

固爲占固　浦鏜云爲當作謂

文言曰坤至柔而動也剛　石經岳本閩監毛本同釋文出坤至柔云本或有文言曰者

至靜而德方　岳本閩監毛本同石經德下旁添也字按旁添字並後人妄增不可信

其所由來者漸矣由辯之不早辯也　石經岳本閩監本同毛本由作繇釋文辯荀作變

直方大不習无不利則不疑其所行也　石經岳本閩監毛本同釋文出上十四字無也字云張璠本此上有易曰衆家皆無

故事得宜 閩監毛本同錢本宋本故作於

名以方正 閩監毛本同錢本宋本名作各是也

既云義以方外 十行本閩監本缺既字毛本如此錢本宋本作下是也

改云敬以直正者 補案正當作內

草木蕃 石經岳本閩監毛本同古本下有茂字不必從

蓋言謹也 石經岳本閩監毛本同古本無也字

陰疑於陽必戰 石經岳本閩監毛本同釋文疑荀虞姚信蜀才本作凝

爲其嫌於无陽也 石經岳本閩監毛本同古本無也字釋文嫌鄭作謙荀虞陸董作嗛○按鄭作謙當云鄭作溓說詳釋文

然猶未能離其陽類 閩監本同毛本陽作陰

而見成也　閩本同錢本宋本成作滅監毛本作血

天地之雜也　石經岳本閩監毛本同古本雜下有色字

屯

故利貞　岳本閩監毛本同古本下有也字下故曰屯元亨利貞乃得滿盈下皆剛始交之所爲下君子經綸之時下故曰十年乃字下大貞之凶下不與相得下故泣血漣如下並同

得王則定　王主之誤岳本閩監毛本不誤釋文則定本亦作則寧古本下有也字

一盈也　閩監毛本同錢本宋本一作二

其義不一　閩監毛本同錢本宋本義作例

君子以經綸　岳本閩監毛本同石經綸字漫滅釋文出經論云本亦作綸

綸謂綱綸　閩監毛本同錢本宋本綱作繩是也

姚信云綸謂綱也 閩監毛本同錢本宋本綱作緯

磐桓 石經岳本閩監毛本同釋文磐本亦作盤又作槃

志行正也 石經岳本閩監毛本同古本無也字下大得民也同

但欲以靜息亂也 錢本宋本同閩本但誤柏監毛本誤恒

乘馬班如匪寇婚媾 石經岳本閩監毛本同釋文班鄭本作般媾馬本作冓本或作構者非

數極則復 閩監毛本同錢本宋本復作變是也

即鹿無虞 補石經岳本閩監毛本無作无案无字是也釋文鹿王肅作麓

君子幾不如舍 石經岳本閩監毛本同釋文幾鄭作機

往吝窮也 岳本閩監毛本同古本往作无

故不得爲幾微之義 閩監毛本同宋本義作幾

何長也 補各本作何可長也此十行本原脫可字案正義曰何可長者又曰何可久長也是何下當有可字今補

蒙

童蒙求我 石經岳本閩監毛本同考文引古本蒙下有來字

此卦繫辭 閩監毛本同錢本宋本繫作繇

以亨行時中也 石經岳本閩監毛本同古本足利本時上有得字一本也作矣按此得字蓋涉注文而衍

童蒙求我 石經岳本閩監毛本同釋文一本作來求我○案惠棟周易古義引呂覽勸學篇注易曰匪我求童蒙童蒙來求我王念孫云注云童蒙之來求我又蔡邕處士圈叔則碑童蒙來求彪之用文是漢魏時經文多有來字

君子當發此蒙道 閩監毛本同宋本發作法

小雅云 錢本宋本閩監毛本小作爾○按爾字誤小爾雅唐人多作小雅文選注亦然

出往往之 閩監毛本同宋本下往作行

故刑人也　岳本閩監毛本同古本刑上有利字

包蒙吉　岳本閩監毛本同石經包作苞釋文出苞蒙按此據宋本釋文若通志堂本則亦改爲包矣古經典包容字多从艸

克家之義　岳本閩監毛本同古本下有也字下而无攸利下故曰童蒙吉下並同

王氏曰　閩監毛本同錢本宋本作正義曰是也

勿用取女　石經岳本閩監毛本同釋文取本又作娶下及注同

所以不須者　閩監毛本同宋本須下有取字

困蒙吝　石經岳本閩監毛本同古本吝作咎象注同山井鼎云非

擊蒙不利爲寇利禦寇　石經岳本閩監毛本同釋文擊馬鄭作繫古本禦上有用字注同

爲之扞禦　岳本閩監毛本同釋文禦本又作衛

止

周易兼義上經需傳卷第二

國子祭酒上護軍曲阜縣開國子臣孔穎達奉勅撰正義

王弼注

☰☵乾下坎上需有孚光亨貞吉利涉大川〔疏〕正義曰此需卦繫辭也需者待也物初蒙稚待養而成无信即不立所待唯信也故云需有孚言需之爲體唯有信也光亨貞吉者若能有信即需道光明物得亨通于正則吉故云光亨貞吉也利涉大川者以剛健而進即不患於險乾德乃亨故云利涉大川

彖曰需須也險在前也剛健而不陷其義不困窮矣需有孚光亨貞吉位乎天位以正中也謂五也位乎天位用其中正以此待物需道畢矣故光亨貞吉〔疏〕彖曰需須也至以正中也○正義曰此釋需卦繫辭需須也險在前者釋需卦之名也是需待之義故云需須也險在前釋所以需待由險難在前故有待乃進也剛健而不陷其義不困窮

矣者解需道所以得亨由乾之剛健前雖遇險而不被陷滯是其需待之義不有困窮矣故得光亨貞吉由乾之德也需有孚光亨貞吉位乎天位以正中者此疊出需卦繫辭然後釋之也言此需體非但得乾之剛彊而不陷又由中正之力也以九五居乎天子之位又以陽居陽正而得中故能有信光明亨通而貞吉也剛健而不陷只由二象之德位乎天位以正中是九五之德也凡卦之爲體或直取象而爲卦德者或直取爻而爲卦德者或以兼象兼爻而爲卦德者此卦之例是也○注謂五也孚光亨貞吉○正義曰需道畢矣者凡需待之義先須於信後乃光明亨通於物而貞吉能備此事是須道終畢五即居於天位以陽居尊中則不偏正則无邪以此待物則所爲皆成故需道畢矣

利涉大川往有功也乾德獲進往輒亨也

〔疏〕利涉大川往有功也○正義曰釋利涉大川之義以乾剛健故行險有功也○注乾德至亨也○正義曰前云剛健而不陷此云往有功剛健即乾也故乾德獲進往而有功即是往輒亨通也此雖釋利涉大川兼釋上光亨之義由是光亨乃得利涉大川故於利涉大川乃明亨也

象曰雲上於天需君子以飲食宴樂童蒙已發盛德光亨飲食宴樂其在茲乎

〔疏〕象曰至飲食宴樂○正義曰坎既爲

險又爲雨今不言險雨者此象不取險難之義也故不云險也雨是已下之物不是須待之義故不云雨也不言天上有雲而言雲上於天者若是天上有雲无以見欲雨之義故云雲上於天若言雲上於天是天之欲雨待時而落所以明需大惠將施而盛德又亨故君子於此之時以飲食宴樂

初九需于郊利用恒无咎居需之時最遠於難能抑其進以遠險待時雖不應幾可以保常也〔疏〕正義曰但難在於坎初九去難既遠故待時在於郊郊者是境上之地亦去水遠也利用恒无咎者恒常也遠難待時以避其害故宜利保守其常所以无咎猶不能見幾速進但得无咎而已

象曰需于郊不犯難行也利用恒无咎未失常也〔疏〕正義曰不犯難行者去難既遠故不犯難而行未失常者不敢速進遠難待時是未失常也○

九二需于沙小有言終吉將近於難故曰需於沙也不至致寇故曰小有言也近不逼難遠不後時履健居中以待其會雖小有言以吉終也〔疏〕正義曰沙是水傍之地去水漸近待時于沙故難稍近雖不致寇而小有言以相責讓近不逼難遠不後時但履健居中以待其會雖小有責讓之言而終得其吉也

象曰

需于沙衍在中也雖小有言以終吉也〔疏〕正義曰需于沙衍在中者衍謂寬衍去難雖近猶未逼于難而寬衍在其中也故雖小有言以吉終也

九二需于泥致寇至以剛逼難欲進其道所以招寇而致敵也猶有須焉不陷其剛寇之來也自我所招敬慎防備可以不敗〔疏〕正義曰泥者水傍之地泥溺之處逼近於難欲進其道難必害已故致寇至猶且遲疑而需待時雖即有寇至亦未為禍敗也

象曰需于泥災在外也自我致寇敬慎不敗也〔疏〕正義曰災在外者釋需于泥之義言為需雖復在泥泥猶居水之外即災在身外之義未陷其剛之義故可用需以免自我致寇敬慎不敗者自由也由我欲進而致寇來已若敬慎則不有禍敗也

六四需于血出自穴凡稱血者陰陽相傷者也陰陽相近而不相得陽欲進而陰塞之則相害也穴者陰之路也處坎之始居穴者也九三剛進四不能距見侵則辟順以聽命者也故曰需于血出自穴也〔疏〕六四需于血出自穴○正義曰需于血者謂陰陽相傷故有血也九三之陽而欲上進此六四之陰而塞其路兩相妨害故稱血言待時于血猶待時於難中

也出自穴者穴卽陰之路也而處坎之始是居穴者也三來逼己四不能距故出此所居之穴以避之但順以聽命而得免咎也故象云需于血順以聽命也○注凡稱血者至出自穴也○正義曰凡稱血者陰陽相傷者也卽坤之上六其血玄黃是也穴者陰之路也者凡孔穴穿道皆是幽隱故云陰之路也處坎之始居穴者坎是坎險若處坎之上卽是出穴者也處坎之始是居穴者也但易含萬象此六四一爻若以戰鬬言之其出則爲血也若以居處言之其處則爲穴也穴之與血各隨事義也

象曰需于血順以聽也 九五需于酒食貞吉 需之所須以待達也已得天位暢其中正无所復須故酒食而已獲貞吉也 〔疏〕正義曰需于酒食貞吉者五既爲需之主已得天位无所復需但以需待酒食以遞相宴樂而得貞吉

象曰酒食貞吉以中正也 〔疏〕正義曰釋酒食貞吉之義言九五居中得正需道亨通上下无事也

上六入于穴有不速之客三人來敬之終吉 六四所以出自穴者以不與三相得而塞其路不辟則害故不得不出自穴而辟之也至於上六處卦之終非塞路者也與三爲應三來之己乃爲己援故无畏害之辟而乃

有入穴之固也三陽所以不敢進者須難之終也難終則至不待召也已居難終故自來也處无位之地以一陰而爲三陽之主故必敬之而後終吉〔疏〕上六至敬之終吉○正義曰上六入于穴者上六陰爻故亦稱穴也上六與三相應三來之已不爲禍害乃得爲己援助故上六无所畏忌乃入于穴而居也有不速之客三人來者速召也不須召喚之客有三人自來三人謂初九九二九三此三陽務欲前進但畏于險難不能前進其難既通三陽務欲上升不須召喚而自來故云有不速之客三人來也敬之終吉者上六居无位之地以一陰而爲三陽之主不可怠慢故須恭敬此三陽乃得終吉

象曰不速之客來敬之終吉雖不當位未大失也

處无位之地不當位者也敬之則得終吉故雖不當位未大失也〔疏〕正義曰雖不當位未大失者釋敬之終吉之義言已雖不當位而以一陰爲三陽之主若不敬之則有凶害今由已能敬之雖不當位亦未有大失言初時雖有小失終久乃獲吉故云未大失也且需之一卦須待難通其於六爻皆假他物之象以明人事待通而亨須待之義且凡人萬事或有去難遠近須出須處法此六爻即萬事盡矣不可皆以人事曲細比之易之諸爻之例並皆放此

䷅ 坎下乾上 訟有孚窒惕中吉 窒謂窒塞也皆惕然後可以獲中吉 【疏】正義曰窒塞也惕懼也凡訟者物有不和情相乖爭而致其訟凡訟之體不可妄興必有信實被物止塞而能惕懼中道而止乃得吉也

終凶利見大人不利涉大川 【疏】正義曰終凶者訟不可長若終竟訟事雖復窒惕亦有凶也利見大人者物既有訟須大人決之故利見大人也不利涉大川者以訟不可長若以訟而往涉危難必有禍患故不利涉大川

彖曰訟上剛下險險而健訟訟有孚窒惕中吉剛來而得中也終凶訟不可成也利見大人尚中正也不利涉大川入于淵也 凡不和而訟无施而可涉難特甚焉唯有信而見塞懼者乃可以得吉也猶復不可終中乃吉也不閉其源使訟不至雖每不枉而訟至終竟此亦凶矣故雖復有信而見塞懼猶不可以爲終也故曰訟有孚窒惕中吉終凶也无善聽者雖有其實何由得明而令有信塞懼者得其中吉必有善聽之主焉其在二乎以剛而來正夫羣小斷不失中應斯任也 【疏】彖曰訟上剛下

險至入于淵也正義曰此釋繇辭之義訟上剛下險險而健訟
者上剛卽乾也下險卽坎也猶人意懷險惡性又剛健所以訟
也此二句因卦之象以顯有訟之所由案上需須也以釋卦之
名此訟卦不釋訟名者訟義可知故不釋也諸卦其名難者則
釋之其名易者則不釋之他皆倣此訟有孚窒惕中吉剛來而
得中者先疊出訟之繇辭以剛來而得中者釋所以訟得其有
孚窒惕中吉者言中九二之剛來向下體而處下卦之中爲訟
之主而聽斷獄訟故訟者得其有孚窒惕中吉也終凶訟不可
成者釋終凶之義以爭訟之事不可使成故終凶也利見大人
尚中正者釋利見大人之義所以於訟之時利見此大人者以
時方鬬爭貴尚居中得正之主而聽斷之不利涉大川入于淵
者釋不利涉大川之義若以訟事往涉于川卽必墜于深淵而
陷于難也○注凡不和而訟至應斯任也○正義曰无施而可
者言若性好不和又與人鬬訟卽无處施設而可也言所往之
處皆不可也涉難特甚焉者言好訟之人習常施爲已卽不可
若更以訟涉難其不可特甚焉故云涉難特甚焉中乃吉者謂
此訟事以中途而止乃得吉也前注云可以獲中吉謂獲中止
之吉不閉其源使訟不至者若能謙虛退讓與物不競卽此是
閉塞訟之根源使訟不至也今不能如此是不閉塞訟源使訟
得至也雖每不枉而訟至終竟者謂雖每訴訟陳其道理不有

枉曲而訟至終竟此亦凶矣象曰天與水違行訟君子以作事
謀始聽訟吾猶人也必也使無訟乎无訟在於謀始謀始在
於作制契之不明訟之所以生也物有其分起契之過
職不相監爭何由興訟之所以起契之過也故有德司契而不責於人〔疏〕天與水違行訟至作事謀始○正義曰天道西轉水
流東注是天與水相違而行相違而行象人彼此兩相乖戾故
致訟也不云水與天違行者凡訟之所起必剛健在先以為訟
始故云天與水違行也君子以作事謀始者物既有訟言君子
當防此訟源凡欲興作其事先須謀慮其始若初始分職分明
不相干涉即終无所訟也○注聽訟至不責於人○正義曰訟
之所以起契之過者凡鬬訟之起只由初時契要之過謂作契
要不分明有德司契者言上之有德司主契要而能使分明以
斷於下亦不須責在下之人有爭訟也有德司契之文出老子
經也初六不永所事小有言終吉處訟之始訟不可終故不永所事然後乃
吉凡陽唱而陰和陰非先唱者也四召而應見犯乃訟
處訟之始不為訟先雖不能不訟而了訟必辯明矣〔疏〕初六
至小有言終吉○正義曰不永所事者永長也不可長久為鬬
訟之事以訟不可終也小有言終吉者言終吉者言初六應于

九四然九四剛陽先來非理犯己初六陰柔見犯乃訟雖不能不訟是不獲已而訟也故小有言以處訟之始不爲訟先故終吉○注處訟之始至必辯明也○正義曰處訟之始者始入訟境言訟事尚微故云處訟之始也不爲訟先者言已是陰柔待唱乃和故云不爲訟先也

象曰不永所事訟不可長也雖小有言其辯明也〔疏〕正義曰訟不可長者釋不永所事以訟不可長故不長此鬬爭之事其辯明者釋小有言以訟必辯析分明四雖初時犯已已能辯訟道理分明故初時小有言也

九二不克訟歸而逋其邑人三百戶无眚以剛處訟不能下物自下訟上宜其不克若能以懼歸竄其邑乃可以免災邑過三百非爲竄也竄而據強災未免也〔疏〕九二至三百戶无眚○正義曰不克訟者克勝也以剛處訟不能下物自下訟上與五相敵不勝其訟言訟不得勝也歸而逋其邑者訟既不勝怖懼還歸逋竄其邑若其邑強大則大都偶國非逋竄之道人三百戶无眚者若其邑狹少唯三百戶乃可也三百戶者鄭注禮記云小國下大夫之制又鄭注周禮小司徒云方十里爲成九百夫之地溝渠城郭道路三分去其一餘六百夫又以田有不易有一易有再易定受田

三百家卽此三百戶者一成之地也鄭注云不易之田歲種之一易之田休一歲乃種再易之地休二歲乃種言至薄也苟自藏隱不敢與五相敵則无眚災○注以剛處訟至災未免也○正義曰若能以懼歸竄其邑乃可免災者如此注意則經稱其邑二字連上爲句人三百戶合下爲句**象曰不克訟歸逋竄也自下訟上患至掇也**○疏正義曰歸逋竄者釋歸而逋邑以訟之不勝故退歸逋竄也患至掇者掇猶拾掇也自下訟上悖逆之道故禍患來至若手自拾掇其物言患必來也故王肅云若手拾掇物然**六三食舊德貞厲終吉或從王事无成**體夫柔弱以順於上不爲九二自下訟上不見侵奪保全其有故得食其舊德而不失也居爭訟之時處兩剛之閒而皆近不相得故曰貞厲柔體不爭繫應在上衆莫能傾故曰終吉上壯爭勝難可忤也故或從王事不敢成也疏六三食舊德至王事无成○正義曰食舊德者六三以陰柔順從上九不爲上九侵奪故保全己之所有故食其舊日之德祿位貞厲者貞正也厲危也居爭訟之時處兩剛之閒故須貞正自危厲故曰貞厲然六三柔體不爭係應在上衆莫能傾故終吉也或從王事无成者三應於上上則壯而又勝故六

三或從上九之王事不敢觸忤无敢先成故云无成
象曰食舊德從上吉也
疏
正義曰從上吉者釋所以食舊德以順從上九故得其吉食舊德也
九四不克訟
初辯明也
疏
正義曰九四既非理陵犯於初初能分辯道理故九四訟不勝也
復即命渝安貞吉
處上訟下可以改變者也故其咎不大若能反從本理變前之命安貞不犯不失其道為仁猶○己故吉從之
疏
復即命渝安貞吉○正義曰復即命渝者復反也即就也九四訟既不勝若能反就本理變前與初爭訟之命能自渝變休息不與初訟故云復即命渝安貞吉者既能反從本理渝變往前爭訟之命即得安居貞吉○注處上訟下至故吉從之○正義曰若能反從本理者釋復即之義復反也即從也本理謂原本不與初訟之理當反從此原本不爭之理故云反從本理變前之命者解命渝也渝變也但倒經渝字在命上故云變前之命前命者謂往前共初相訟之命也今乃變之也安貞不犯者謂四安居貞正不復犯初故云安貞不犯為仁由己故吉從之者為仁由己論語文初不犯己己莫陵於初是為仁義之道自由於己故云為仁由己
象曰復即命渝安貞不失也
疏
正義曰安貞不失者釋復

卽命渝之義以其反理變命故得安貞之吉不失其道

九五訟元吉處得尊位爲訟之主用其中正以斷枉直中則不過正則不邪剛无所溺公无所偏故訟元吉

疏九五訟元吉。正義曰處得尊位中而且正以斷獄訟故得元吉也○注處得尊位至故訟元吉○正義曰處得尊位爲訟之主者居九五之位當爭訟之時是主斷獄訟者也然此卦之內斷獄訟之人凡有二主案上注云善聽之主其在二乎是二爲主也此注又云爲訟之主用其中正以斷枉直是五又爲主也一卦兩主者凡諸卦之內如此者多矣五是其卦尊位之主餘爻是其卦爲義之主猶若復卦初九是復卦之主復義在于初九也六五亦居復之尊位爲復卦尊位之主如此之例非一卦也所以然者五居尊位猶若天子總統萬機與萬物爲主故諸卦皆五居尊位諸爻則偏主一事猶若六卿春官主禮秋官主刑之類偏主一事則其餘諸爻各主一事也卽六卿總歸於天子諸卦之爻皆以九五爲尊位也若卦由五位五又居尊正爲一主也若比之九五之類是也今此訟卦二旣爲主五又爲主皆有斷獄之德其五與二爻其義同然也故俱以爲主也案上象辭剛來而得中今九五象辭云訟元吉以中正也知象辭剛來得中非據九五也輔嗣必以爲九二者凡上下二象在於下象者則稱來故賁卦云柔來而文剛是離下艮上而

稱柔來今此云剛來而得中故知九二也且凡云來者皆據異類而來九二在二陰之中故稱來九五在外卦又三爻俱陽不得稱來若於爻辭之中亦有從下卦向上卦稱來也故需上六有不速之客三人來謂下卦三陽來然需上六陰爻陽來詣之亦是往非類而稱來也以斷枉直者枉曲也凡二人來訟必一曲一直此九五聽訟能斷定曲直者故云以斷枉直

象曰訟元吉以中正也 疏 正義曰以中正也者釋元吉之義所以訟得大吉者以九五處中而得正位中則不有過差正則不有邪曲中正爲德故元吉

上九或錫之鞶帶終朝三褫之 處訟之極以剛居上訟而得勝者也以訟受錫榮何可保故終朝之間褫帶者三也

疏 正義曰或錫之鞶帶者上九以剛居上是訟而得勝者也若以謙讓蒙錫則可長保有若因訟而得勝雖或錫與鞶帶不可長久終一朝之間三被褫脫故云終朝三褫之

象曰以訟受服亦不足敬也 疏 正義曰釋終朝三褫之義以其因訟得勝受此錫服非德而受亦不足可敬故終朝之間三被褫脫也凡言或者或之言有也言或有如此故言或則上云或從王事无成及坤之六三或從王事无成之類是也鞶帶謂大帶也故杜元凱桓二年傳鞶厲

旅纔注云磐大帶也此訟一卦及爻辭並以人事明之唯不利涉大川假外物之象以喻人事

☵坎下☷坤上 **師貞丈人吉无咎** 丈人嚴莊之稱也為師之正丈人乃吉也興役動衆无功罪也故吉乃无咎也〔疏〕師貞丈人吉无咎。正義曰。師衆也貞正也丈人謂嚴莊尊重之人言為師之正唯得嚴莊丈人監臨主領乃得吉无咎若不得丈人監臨之衆不畏懼不能齊衆必有咎害。注丈人嚴戒之稱也至乃无咎也。正義曰興役動衆无功罪者監臨師旅當以威嚴則有功勞乃得无咎若其不以威嚴師必无功而獲其罪故云興役動衆无功罪也

彖曰師衆也貞正也能以衆正可以王矣剛中而應行險而順以此毒天下而民從之吉又何咎矣 毒猶役也〔疏〕彖曰至又何咎矣。正義曰師衆也貞正也能以衆正乃以王矣者此釋師卦之名并明用師有功之義但師訓既多或訓為法或訓為長恐此師名取法之與長故特明之師訓為衆也貞為正也貞之為正其義已見於此復云見正者欲見齊衆必須以正故訓貞為正也與下文為首引之勢故云能以衆正可以王矣剛中而應者剛中謂

九二而應謂六五行險而順者行險謂下體坎也而順謂上體坤也若剛中而无應或有應而不剛中或行險而不柔順皆不可行師得吉也以此毒天下而民從之吉又何咎矣者毒猶役也若用此諸德使役天下之衆人必從之以得其吉又何无功而咎責乎自剛中以下釋丈人吉无咎也言丈人能備此諸德也

象曰地中有水師君子以容民畜衆

疏 正義曰君子以容民畜衆者言君子法此師卦容納其民畜養其衆若爲人除害使衆得寧此則容民畜衆也又爲師之主雖尚威嚴當赦其小過不可純用威猛於軍師之中亦是容民畜衆之義所以象稱地中有水欲見地能包水水又衆大是容民畜衆之象若其不然或當云地在水上或云上地下水或云水上有地今云地中有水蓋取容畜之義也

初六師出以律否臧凶

爲師之始齊師者也齊衆以律失律則散故師出以律律不可失失律而臧何異於否失令有功法所不赦故師出不以律否臧皆凶

疏 初六師出至否臧凶○正義曰初六師出以律者律法也初六爲師之始是整齊師衆者也既齊整師衆使師出之時當須以其法制整齊之故云師出以律也否臧凶者若其失律行師无問否之與臧皆爲凶也否謂破敗臧謂有功然否爲破敗即是凶也何須

更云否臧凶者本意所明雖臧亦凶臧文旣單故以否配之欲盛言臧凶不可單言故云否之與臧皆爲凶也○注爲師之始至否臧皆凶○正義曰爲師之始齊師者也者以師之初爻故云爲師之始在師之首先唱發始是齊整師衆者也失律而臧何異於否者若棄失法律不奉法而行雖有功而臧何異於否也失令有功法所不赦者解何異於否之義令則法律也若失此法令雖有功勞軍法所不容赦故云何異於否然閫外之事將軍所載臨事制宜不必皆依君命何得有功法所不赦者凡爲師之體理非一端量事制宜隨時進退此則將軍所制隨時施行若苟順私情故違君命犯律觸法則事不可赦耳

象曰師出以律失律凶也【疏】正義曰失律凶者釋師出以律之義言所以必須以律者以其失律則凶反經之文以明經義

九二在師中吉无咎王三錫命○以剛居中而應於上在師而得其中者也承上之寵爲師之主任人之重无功則凶故吉乃无咎也行師得吉莫善懷邦邦懷衆服錫莫重焉故乃得成命○【疏】九二至王三錫命○正義曰在師中吉者以剛居中而應於五是在師中吉也无咎者承上之寵爲師之主任大役重无功則凶故吉乃无咎王三錫命者以其有功故王三加錫命○注以剛居中至故乃得成

命。正義曰在師而得中者觀注之意以在師中爲句其吉字屬下觀象之文在師中吉承天寵者則似吉字屬上此吉之一字上下兼該故注文屬下象文屬上但象略其无咎之字故吉屬師中也故乃得成命者案曲禮云三賜不及車馬一命受爵再命受服三命受車馬三賜三命而尊之得成故乃得成命也

象曰在師中吉承天寵。也王三錫命懷萬邦也

疏 正義曰承天寵者釋在師中吉之義也正謂承受五之恩寵故中吉也懷萬邦也者以其有功能招懷萬邦故被王三錫命也

六三師或輿尸凶

以陰處陽以柔乘剛進則无應退无所守以此用師宜獲輿尸之凶

疏 六三師或輿尸凶。正義曰以陰處陽以柔乘剛進无所應退无所守以此用師或有輿尸之凶。注以陰處陽至輿尸之凶。正義曰退无所守者倒退而下乘二之剛已又以陰居陽是退无所守

象曰師或輿尸大无功也

疏 正義曰大无功也者釋輿尸之義以其輿尸則大无功也

六四師左次无咎

得位而无應无應不可以行得位則可以處故左次之而无咎也行師之法欲右背高故左次之

疏 六四師左次无咎。正義曰六四得位而无應无應

不可以行得位則可以處故云師左次无咎故師在高險之左以次止則无凶咎也○注行師之法至故左次之○正義曰行師之法欲右背高者此兵法也故漢書韓信云兵法欲右背山陵前左水澤

象曰左次无咎未失常也雖不能有獲足以不失其常也【疏】正義曰未失常者釋无咎之義以其雖未有功未失常道

六五田有禽利執言无咎長子帥師弟子輿尸貞凶處師之時柔得尊位陰不先唱柔不犯物犯而後應往必得直故田有禽也物先犯己故可以執言而无咎也柔非軍帥陰非剛武故不躬行必以授也授不得王則衆不從故長子帥師可也弟子之凶故其宜也【疏】六五田有禽至輿尸貞凶○正義曰田有禽利執言者柔得尊位陰不先唱柔不犯物犯而後應往必得直故往即有功猶如田中有禽而來犯苗若往獵之則无咎過也人之修田非禽之所犯王者守國非叛者所亂禽之犯苗則可獵取叛人亂國則可誅之此假他象以喻人事故利執言无咎已不直則有咎已今得直故可以執此言往問之而无咎也長子帥師弟子輿尸貞凶者以已是柔不可爲軍帥已又是陰身非剛武不可以親行故須役任長子弟子之等若任役長子則可以帥師若任用弟子則軍必破

敗而輿尸是爲正之凶莊氏云長子謂九二德長於人弟子謂六三德劣於物今案象辭云長子帥師以中行也是九二居中也弟子輿尸使不當也謂六三失位也○注至往必得直○正義曰往必得直者見犯乃得欲往征之則於理正直故云往必得直

象曰長子帥師以中行也弟子輿尸使不當也

上六大君有命開國承家小人勿用 處師之極師之終也大君之命不失功也開國承家以寧邦也小人勿用非其道也

疏 上六大君有命至小人勿用○正義曰大君有命者上六處師之極是師之終竟也大君謂天子也言天子爵命此上六若其功大使之開國爲諸侯若其功小使之承家爲卿大夫小人勿用者言開國承家須用君子勿用小人也

象曰大君有命以正功也小人勿用必亂邦也

疏 正義曰大君有命以正功也者正此上六之功也小人勿用必亂邦也者若用小人必亂邦國故不得用小人也

☷坤下 ☵坎上 **比吉原筮元永貞无咎不寧方來後夫**

凶【疏】正義曰比吉者謂能相親比而得其吉原筮元永貞无咎者欲相親比必能原窮其情筮決其意唯有元大永長貞正乃得无咎元永貞者謂兩相親比皆須永貞不寧方來者此是寧樂之時若能與人親比則不寧之方皆悉歸來後夫凶者夫語辭也親比貴速若及早而來人皆親已故在先者吉若在後而至者人或疏已親比不成故後夫凶或以夫爲丈夫謂後來之人也彖曰比吉也比輔也下順從也原筮元永貞无咎以剛中也處比之時將原筮以求无咎其唯元永貞乎夫群黨相比而不以元永貞則凶邪之道也若不遇其主則雖永貞而猶未足免於咎也使永貞而无咎者其唯九五乎【疏】彖曰至以剛中也○正義曰比吉也者釋親比爲善言相親比而得吉也比輔也者釋比所以得吉由比者人來相輔助也下順從者在下之人順從於上是相輔助也謂衆陰順從九五也自此以上釋比名爲吉之義原筮元永貞无咎以剛中者釋原筮元永貞无咎之義所以得如此者以九五剛而處中故使比者皆得原筮元永貞无咎也○注處比之時至其唯九五乎○正義曰將原筮以求无咎其唯元永貞乎者原謂原窮比者根本筮謂筮決求比之情以求久長无咎其唯元永貞乎元大也永長也爲己有大長貞正

乃能原筮相親比之情得久長而无咎謂彼此相親比也若不遇其主則雖永貞而猶未足免於咎者若不逢遇明主則彼此相求比者雖各懷永貞而猶未足免離於咎雖有永貞而无明主照察不被上知相親涉於朋黨故不免咎也使永貞而无咎者其唯九五乎者使比者得免咎保永貞久而无咎其唯九五乎以九五爲比之主剛而處中能識比者之情意故使比者得保永貞无凶咎也

不寧方來上下應也 上下无陽以分其民五獨處尊莫不歸之上下應之既親且安安則不安者託焉故不寧方所以來上下應故也夫无者求有有者不求所與危者求安安者不求所保火有其炎寒者附之故已苟安焉則不寧方來矣〔疏〕正義曰釋不寧方來之義以九五處中故上下羣陰皆來應之於此之時陰往比陽羣陰未得其所皆未寧也

後夫凶其道窮也 將合和親而獨在後親成則誅是以凶〔疏〕後夫凶其道窮也○正義曰釋後夫凶他悉親比已獨也〔疏〕後來比道窮困无人與親故其凶也此謂上六也○注將合和親至是以凶也○正義曰親成則誅者彼此相比皆速來爲親親道已成已獨在後而來衆則嫌其離貳所以被誅而凶也

象曰地上有水比先王以建萬國親諸侯 萬國

以比建諸侯以比親〔疏〕正義曰建萬國親諸侯非諸侯以下之所爲故特云先王也建萬國謂割土而封建之親諸侯謂爵賞恩澤而親友之萬國據其境域故曰建也諸侯謂其君身故云親也地上有水猶域中有萬國使之各相親比猶地上有水流通相潤及物故云地上有水比也

初六有孚比之无咎有孚盈缶終來有它吉

處比之始爲比之首者也夫以不信爲比之首則禍莫大焉故必有孚盈缶然後乃得免比之咎故曰有孚比之无咎也處比之首應不在一心无私吝則莫不比之著信立誠盈溢乎質素之器則物終來无衰竭也親乎天下著信盈缶應者豈一道而來故必有他吉也〔疏〕初六有孚至有他吉○正義曰有孚比之无咎者處比之始爲比之首若无誠信禍莫大焉必有誠信而相親比終始如一爲之誠信乃得无咎有孚盈缶終來有他吉者身處比之首應不在一心无私吝莫不比之有此孚信盈溢質素之缶以此待物物皆歸向從始至終尋常恒來非唯一人而已更有他人並來而得吉故云終來有他吉也此假外象喻人事也○注應不在一心无私吝○正義曰應不在一者初六无應是應不在一故心无私吝也若心有偏應卽私有愛吝也以應不在一故心无私吝也

象曰比之初六有

它吉也**六二比之自內貞吉**處比之時居中得位而繫應在五不能來它故得其自內貞吉而已〔疏〕正義曰比之自內貞吉者居中得位係應在五不能使它悉來唯親比之道自在其內獨與五應但貞吉而已不如初六有它吉也**象曰比之自內不自失也**〔疏〕正義曰不自失者釋比之自內之義不自失其所應之偶故云比之自內不自失也**六三比之匪人**四自外比二為五應近不相得遠則无應所與比者皆非已親故曰比之匪人**象曰比之匪人不亦傷乎**〔疏〕正義曰比之匪人不亦傷乎者言六三所比皆非已親之人四自外比二為五應近不相得遠又无應是所欲親比皆非其親是以悲傷也**六四外比之貞吉**外比於五復得其位比不失賢處不失位故貞吉也〔疏〕正義曰六四上比於五欲外比也居得其位比不失賢所以貞吉凡下體為內上體為外六四比五故云外比也**象曰外比於賢以從上也**〔疏〕正義曰九五居中得位故稱賢也五在四上四往比之是以從上也**九五顯比王用三驅失前**

禽邑人不誠吉。為比之主而有應在二顯比者也比而顯之則所親者狹矣夫无私於物唯賢是與
則去之與來皆无失也夫三驅之禮禽逆來趣已則舍之背已而走則射之愛於來而惡於去也故其所施常失前禽也以顯
比而居上位用三驅之道者也故曰王用三驅失前禽也用其中正征討有常伐不加邑動必討叛邑人无虞故不誠也雖不
得乎大人之吉是顯比之吉也此可以為上之使非為上之道也〔疏〕九五顯比至邑人不誠吉○正義曰五應於二顯明
比道不能普徧相親是比道狹也王用三驅失前禽者此假田
獵之道以喻顯比之事凡三驅之禮禽向己者則舍之背己者
則射之是失於前禽也顯比之道與己相應者則親之與己不
相應者則疎之與三驅田獵愛來惡去相似故云王用三驅失
前禽也言顯比之道似於此也邑人不誠吉者雖不能廣普親
比於自己相親之處不妄加討罰所以己邑之人不須防誠而
有吉也至于邑人不誠而為吉非是大人弘闊之道不可為大
人之道但可為大人之使○注為比之主至非為上之道○正
義曰去之與來皆无失者若比道弘闊不偏私於物唯賢是親
則背己去者與來向己者皆悉親附无所失也言去亦不失來
亦不失夫三驅之禮者先儒皆云三度驅禽而射之也三度則
已今亦從之去則射之褚氏諸儒皆以為三面著人驅禽必知

三面者禽唯有背己向己趣己故左右及於後皆有驅之愛於來而惡於去者來則舍之是愛於來也去則射之是惡於去也故其所施常失前禽者言獨比所應則所比為失如三驅所施愛來憎去則失在前禽也用其中正征討有常伐不加邑動必討叛者此九五居中得正故云用其中正也心既中正不妄喜怒故征伐有常也所伐之事不加親己之邑與師動衆必欲討其叛逆五以其顯比親者伐所不加也叛者必欲征伐也云雖不得乎大人之吉是顯比之吉者以象云顯比之吉其比狹也若大人之吉則比道弘通也可以為上之使非為上之道者九五居上之位若為行如此身雖為王止可為上使之人非是為王之道故云非為上之道

象曰顯比之吉位正中也舍逆取順失前禽也邑人不誡上使中也〔疏〕顯比之吉至上使中也○正義曰顯比之吉位在中者所以顯比得吉者以所居之位正而且中故云顯比之吉舍逆取順失前禽也者禽逆來向己者則舍之而不害禽順去背己而走者則射而取之是失前禽也邑人不誡上使中也者釋邑人不誡之義所以己邑之人不須防誡止由在上九五之使得其中正之人伐不加邑動必討叛不橫加无罪止由在上使中也中謂九五也此九五雖不得為王者

之身堪爲王者之使以居中位故云上使中也

上六比之无首凶

无首後已處卦之終是後夫也親道已成无所與終爲時所棄宜其凶也〔疏〕正義曰无首凶者謂无能爲頭首它人皆比已獨在後是親比於人无能爲頭首也它人皆比親道已成己獨在後衆人所棄宜其凶也

象曰比之无首无所終也

〔疏〕正義曰无所終者釋比之无首既不能爲比之初首被人所棄故无能與之共終也

☰ 乾下巽上 小畜亨

不能畜大止健剛志故行是以亨〔疏〕正義曰但小有所畜唯畜九三而已初九九二猶剛健得行是以剛志上得亨通故云小畜亨也若大畜乾在於下艮在於上艮是陽卦又能止物能止此乾之剛健所畜者大故稱大畜此卦則巽在於上乾在於下巽是陰柔性又和順不能止畜在下之乾唯能畜止九三所畜狹小故名小畜

密雲不雨自我西郊

〔疏〕正義曰密雲不雨者若陽之上升陰能畜止兩氣相薄則爲雨也今唯能畜止九二其氣被畜但爲密雲初九九二猶自上通所以不能爲雨也自我西郊者所聚密雲由在我之西郊去我既遠潤澤不能行也但聚在西郊而已

象曰小畜柔得位而上下

應之曰小畜謂六四也成卦之義在此爻也體无二陰以分其應故上下應之也既得其位而上下應之三不能陵小畜之義〔疏〕正義曰柔得位謂六四也以陰居陰故稱得位此卦唯有一陰上下諸陽皆來應之故曰小畜此釋小畜卦名也言此卦之畜六四唯畜其下九三初九九二猶不能擁畜而云上下應之者若細別而言小畜之義唯當畜止在下三陽猶不能畜盡但畜九三而已若大判而言之上下五陽總應六四故云上下應之其四雖應何妨總不能畜止剛健也健而巽剛中而志行乃亨密雲不雨尚往也自我西郊施未行也小畜之勢足作密雲乃自我西郊未足以爲雨也何由知未能爲雨夫能爲雨者陽上薄陰陰能固之然後烝而爲雨今不能制初九之復道固九二之牽復九三更以不能復爲劣也下方尚往施豈得行故密雲而不能爲雨尚往故也何以明之去陰能固之然後乃雨乎上九獨能固九三之路故九三不可以進而與說輻也能固其路而安於上故得既雨既處若四五皆能若上九之善畜則能雨明矣故舉一卦而論之能爲小畜密雲而已陰苟不足以固陽則雖復至盛密雲自我西郊故不能雨也雨之未下即施之未行也象至論一卦之體故曰密雲不雨

象各言一爻之德故曰既雨既處也【疏】健而巽至施未行也○正義曰健而巽剛中而志行乃亨者內既剛健而外遜柔順剛發於外不被排抑而志意得行以此言之故剛健之志乃得亨通此釋亨也密雲不雨尚往者所以密雲不雨者不能畜止諸陽初九九二猶得上進陰陽氣通所以不雨釋密雲不雨也自我西郊施未行者釋自我西郊之義所以密雲不雨從我西郊而積聚者猶所施潤澤未得流行周偏故不覆國都但遠聚西郊也然雲在國都而不雨亦是施未行也必云在西郊者若在國都雨雖未落猶有覆蔭之施不得云施未行今言在西郊去施遠也○注小畜之勢至既雨既處也○正義曰九三更以不能復為劣者初九既得復道九二可牽以獲復皆得剛健生通則是陰不能固陽而九三劣弱又不能自復則是陽不薄陰是以皆不雨也且小畜之義貴於上往而九三不能自復更為劣弱故言九三更不能復為劣也能固其路而安於上者謂上九能閉固九三之道路不被九三所陵得安於上所以既雨既處也故舉一卦而論之能為小畜密雲而已者此明卦之與爻其義別也但卦總二象明上體不能閉固下體所以密雲不能為雨爻則止明一爻之事上九能固九三所以上九而有雨也所以卦與爻其義異也諸卦多然若比卦云比吉上六則云比之无首凶也復卦云復亨上六云迷復凶也此皆卦之與

爻義相違反它皆倣此

象曰風行天上小畜君子以懿文德未能行其施者故可以懿文德而已〔疏〕正義曰君子以懿文德者懿美也以於其時施未得行喻君子之人但修美文德待時而發風爲號令若風行天下則施附於物不得云施未行也今風在天上去物既遠無所施及故曰風行天上凡大象君子所取之義或取二卦之象而法之者若地中有水師君子以容民畜衆取卦象包容之義若履卦象云上天下澤履君子以辯上下取上下尊卑之義如此之類皆取二象君子法以爲行也或直取卦名因其卦義所有君子法之須合卦義行事者若訟卦云君子以作事謀始防其所訟之源不取天與水違行之象若小畜君子以懿文德不取風行天上之象餘皆倣此

初九復自道何其咎吉處乾之始以升巽初四爲已應不距已者也以陽升陰復自其道順而无違何所犯咎得義之吉。〔疏〕正義曰處乾之始以升巽初四爲已應以陽升陰反復於上自用已道四則順而无違於已无咎故云復自道何其咎吉

象曰復自道其義吉也〔疏〕正義曰其義吉者以陽升陰以剛應柔其義於理吉也

九二牽復吉處乾之中以升巽五五非畜極非固已者

也雖不能若陰之不違〔疏〕正義曰牽謂牽連復謂反復二欲可牽以獲復是以吉也〔疏〕往五五非止畜之極不閉固於已可自牽連反復於上而得吉也**象曰牽復在中亦不自失也**〔疏〕正義曰既彊牽連而復在下卦之中以其得中不被閉固亦於已不自有失解牽復吉也**九三輿說輻夫妻反目**上為畜盛不可牽。征以斯而進故必說輻也已為陽極上為陰長畜於陰長不能自復方之夫妻反目之義也〔疏〕正義曰九三欲復而進上九固而止之不可以行故車輿說其輻夫妻反目者上九體巽為長女之陰今九三之陽被長女閉固不能自復夫妻乖戾故反目相視**象曰夫妻反目不能正室也**〔疏〕正義曰不能正室者釋夫妻反目之義以九三之夫不能正上九之室故反目也此假象以喻人事也**六四有孚血去惕出无咎**夫言血者陽犯陰也四乘於三近不相得三務於進而已隔之將懼侵克者也上亦惡三而能制焉志與上合共同斯誠三雖逼已而不能犯故得血去懼除保无咎也〔疏〕六四至无咎。正義曰六四居九三之上乘陵於三三既務進而已固之懼三害已故有血也畏三侵陵故惕懼也但上九亦憎惡九三

六四與上九同志共惡於三三不害己故得其血去除其惕出散信能血去懼除乃得无咎。注夫言血者至无咎也。正義曰夫言血者陽犯陰也者謂此卦言血陽犯陰也夫者發語之端非是總之辭故需六四云需於血注云凡稱血者陰陽相傷也則稱血者非唯陽犯陰也

象曰有孚惕出上合志也疏正義曰釋惕出之意所以惕出者由己與上九同合其志共惡於三也

九五有孚攣。如富以其鄰處得尊位不疑於二來而不距二牽已攣不爲專固有孚攣如之謂也以陽居陽處實者也居盛處實而不專固富以其鄰者也疏正義曰有孚攣如者五居尊位不疑於二來而不距二既牽挽而來已又攀攣而迎接志意合同不有專固相逼是有信而相牽攣也如語辭非義類富以其鄰者五是陽爻即必富實心不專固故能用富以與其鄰鄰謂二也

象曰有孚攣如不獨富也疏正義曰不獨富也者釋攣如之義所以攀攣於二者以其不獨自專同於富欲分與二也

上九既雨既處尚德。載婦貞厲月幾望君子征凶處小畜之極能畜者也陽不獲亨故既雨也剛不能侵故既處也體巽處上剛

不敢犯尚德者也爲陰之長能畜剛健德積載者也婦制其夫臣制其君雖貞近危故曰婦貞厲也陰之盈盛莫盛於此故曰月幾望也滿而又進必失其道陰疑於陽必見戰伐雖復君子以征必凶故曰君子征凶

疏 上九既雨既處至君子征凶○正義曰既雨既處者九三欲進已能固之陰陽不通故已得其雨也既處者三不能侵不憂危害故已得其處也尚德載者體巽處上剛不敢犯爲陰之長能畜正剛健慕尚此德之積聚而運載也故云尚德載也言慕尚此道德之積載也婦貞厲者上九制九三是婦制其夫臣制其君雖復貞正而近危厲也月幾望者婦人之制夫猶如月在望時盛極以敵日也幾辭也已從上釋故於此不復言也君子征凶者陰疑於陽必見戰伐雖復君子之行而亦凶也○注處小畜之極至君子征凶○正義曰處小畜之極能畜者也又已處小畜盛極是閉畜者也陽不獲亨故既雨也者陽若亨通則不雨也所以卦係辭云小畜亨密雲不雨今九三之陽被上九所固不獲亨通故既雨也

象曰既雨既處德積載也君子征凶有所疑也

夫處下可以征而无咎者唯泰也則然坤本體下又順而弱不能敵剛故可以全其類征而吉也自此以往則其進各有難矣夫巽雖不能若艮之善畜猶不肯爲坤之順從也故可得少進

不可盡陵也是以初九九二其復則可至於九三則與說輻也夫大畜者畜之極也畜而不已畜極則通是以其畜之盛在於四五至于上九道乃大行小畜積極而後乃能畜是以四五可以進而上九說征之輻〔疏〕象曰既雨既處至有所疑也○正義曰既雨既處德積載者釋既雨既處之義言所以得既雨既處者以上九道德積聚可以運載使人慕尚故云既雨既處也君子征凶有所疑者釋君子征凶之義言所以征凶者陰氣盛滿被陽有所疑忌必見戰伐故征凶也○注夫處下至說征之輻○正義曰夫巽雖不能若艮之善畜者謂巽不能如大畜艮卦在上善畜下之乾也巽雖不能如艮之善畜故其畜小也猶不肯爲坤之順從者謂猶不肯如泰卦坤在於上順從乾也故可得少進者謂初九九二得前進也不可盡陵者九三欲陵上九被上九所固是不可得盡陵也畜而不已畜極則通是以其畜之盛在于四五至于上九道乃大行者此論大畜義也大畜畜而不已謂之大畜四爻五爻是畜之盛極而不休已畜極則通四五畜道既極至於上九无可所畜故上九道乃大行无所畜也小畜積極而後乃能畜者小畜之道既微積其終極至於上九乃能畜也謂畜九三也是以四五可以進者四雖畜初五雖畜二畜道既弱故九二可以進上九說征之輻者上九畜之積極故能說此九三征行之輻案九三但有說輻无征

之文而王氏言上九說征之輻者輿之有輻可以征行九三爻有征義今輿輻既說則是說征之輻因上九征凶之文征則行也爻雖不言於義必有言輻者鄭注云謂輿下縛木與軸相連鉤心之木是也子夏傳云輻車劇也

䷉兌下乾上履虎尾不咥人亨 疏 正義曰履卦之義以六三爲主六三以陰柔履踐九二之剛履危者也猶如履虎尾爲危之甚不咥人亨者以六三在兌體兌爲和說而應乾剛雖履其危而不見害故得亨通猶若履虎尾不見咥齧于人此假物之象以喻人事

彖曰履柔履剛也說而應乎乾是以履虎尾不咥人亨 凡彖者言乎一卦之所以爲主也成卦之體在六三也履虎尾者言其危也三爲履主以柔履剛履危者也履虎尾有不見咥者以其說而應乎乾也乾剛正之德者也不以說行夫佞邪而以說應乎乾宜其履虎尾不見咥而亨 疏 彖曰履柔履剛也至不咥人亨○正義曰履柔履剛者言履卦之義是柔之履剛六三陰爻在九二陽爻之上故云柔履剛也履謂履踐也此釋履卦之義說而應乎乾是以履虎尾不咥人亨者釋不咥人亨之義六三在兌體兌爲和說應於上九上九在乾體兌自和說應乎乾剛以說應剛无所見害是以履

踐虎尾不咥害于人而得亨通也若以和說之行而應於陰柔則是邪佞之道由以說應於剛无得吉也**剛中正履帝位而不疚光明也**言五之德〔疏〕正義曰剛中正履帝位者謂九五也以剛處中得其正位居九五之尊是剛中正履帝位也而不疚光明者能以剛中而居帝位不有疚病由德之光明故也此一句贊明履卦德義之美於經无所釋也**象曰上天下澤履君子以辯上下定民志**〔疏〕正義曰天尊在上澤卑處下君子法此履卦之象以分辯上下尊卑以定正民之志意使尊卑有序也但此履卦名合二義若以爻言之則在上履踐於下六三履九二也若以二卦上下之象言之則履禮也在下以禮承事於上此象之所言取上下二卦卑承尊之義故云上天下澤履但易合萬象反覆取義不可定為一體故也**初九素履往无咎**處履之初為履之始履道惡華故素乃无咎處履以素何往不從必獨行其願物无犯也〔疏〕正義曰處履之始而用質素故往而无咎若不以質素則有咎也**象曰素履之往獨行願也**〔疏〕正義曰獨行願者釋素履之往它人尚華已獨質素則何咎也故獨行所願則物无犯也**九**

二履道坦坦幽人貞吉履道尚謙不喜處盈務在致誠惡夫外飾者也而二以陽處陰履於謙也居內履中隱顯同也履道之美於斯爲盛故履道坦坦无險厄也在幽而貞宜其吉〔疏〕九二至幽人貞吉。正義曰履道坦坦者坦坦平易之貌九二以陽處陰履於謙退已能謙退故履道坦坦者易无險難也幽人貞吉者既无險難故在幽隱之人守正得吉。注履道尚謙至宜其吉。正義曰履道尚謙者言履踐之道貴尚謙退然後乃能踐物履又爲禮故尚謙也居內履中隱顯同者履道尚謙不喜處盈然以陽處陰尚於謙德居內履中以信爲道不以居外爲榮處內爲屈若居在外亦能履中謙退隱之與顯在心齊等故曰隱顯同也在幽而貞宜其吉者以其在內卦之中故云在幽也謙而得中是貞正也在幽能行此正故曰宜其吉

象曰幽人貞吉中不自亂也〔疏〕正義曰中不自亂者釋幽人貞吉以其居中不以危險而自亂也既能謙退幽居何有危險自亂之事

六三眇能視跛能履履虎尾咥人凶武人爲于大君居履之時以陽處陽猶曰不謙而況以陰居陽以柔乘剛者乎故以此爲明眇目者也以此爲行跛足者也以此履危見咥者也志在剛健不

修所履欲以陵武於人爲于大君行未能免於凶而志存于五頑之甚也【疏】六三眇能視至武人爲于大君。正義曰眇能視跛能履者居履之時當須謙退今六三以陰居陽而又失其位以此視物猶如眇目自爲能視不足爲明也以此履踐猶如跛足自爲能履不足與之行也履虎尾咥人凶者以此履虎尾咥齧於人所以凶也武人爲于大君者行此威武加陵於人欲自爲於大君以六三之微欲行九五之志頑愚之甚

象曰眇能視不足以有明也跛能履不足以與行也咥人之凶位不當也武人爲于大君志剛也【疏】象曰眇能視至武人爲于大君志剛也。正義曰不足以有明者釋眇能視物目既隆眇假使能視無多明也不足以與行者解跛能履足既蹇跛假使能履行不能遠故云不足以與行也位不當者釋咥人之凶所以被咥見凶者緣居位不當爲以陰處陽也志剛者釋武人爲于大君所以陵武於人欲爲大君以其志意剛猛以陰而處陽是志意剛也

九四履虎尾愬愬終吉逼近至尊以陽承陽處多懼之地故曰履虎尾愬愬也然以陽居陰以謙爲本雖處危懼終獲其志故終吉也【疏】正義曰履

虎尾愬愬者逼近五之尊位是履虎尾近其危也以陽承陽處嫌隙之地故愬愬危懼也終吉者以陽居陰意能謙退故終得其吉也

象曰愬愬終吉志行也疏正義曰志行者釋愬愬終吉初雖愬愬終得其吉以謙志得行故終吉也

九五夬履貞厲得位處尊以剛決正故曰夬履貞厲也履道惡盈而五處尊是以危疏正義曰夬履者夬者決也得位處尊以剛決正履道行正故夬履也貞厲者厲危也履道惡盈而五以陽居尊故危厲也

象曰夬履貞厲位正當也疏正義曰位正當者釋夬履貞厲之義所以夬履貞厲者以其位正當處在九五之位不得不決斷其理不得不有其貞厲以位居此地故也

上九視履考祥其旋元吉禍福之祥生乎所履處履之極履道成矣故可視履而考祥也居極應說高而不危是其旋也履道大成故元吉也疏正義曰視履考祥者祥謂徵祥上九處履之極履道已成故視其所履之行善惡得失考其禍福之徵祥其旋元吉者旋謂旋反也上九處履之極下應兌說高而不危是其不墜於履而能旋反行之履道大成故元吉也

象曰元吉在上大有慶也疏正義曰大

有慶者解元吉在上之義既以元吉而在上九是大有福慶也以有福慶故在上元吉也

☷☰ 乾下坤上 泰小往大來吉亨〔疏〕正義曰陰去故小往陽長故大來以此吉而亨通此卦亨通之極而四德不具者物既太通多失其節故不得以為元始而利貞也所以象云財成輔相故四德不具

彖曰泰小往大來吉亨則是天地交而萬物通也上下交而其志同也內陽而外陰內健而外順內君子而外小人君子道長小人道消也〔疏〕彖曰泰小往大來至小人道消也○正義曰泰小往大來吉亨則是天地交而萬物通者釋此卦小往大來吉亨名為泰也所以得名為泰者也○由天地氣交而生養萬物物得大通故云泰也上下交而其志同者此以人事象天地之交上謂君也下謂臣也君臣交好故志意和同內陽而外陰內健而外順則內陽外順則外陰內陽外陰據其象內健外順明其性此說泰卦之德也陰陽言爻健順言卦此就卦爻釋小往大來吉亨也內君子而外小人君子道長小人道消者更就人事之中釋小往大

來吉亨也

象曰天地交泰后以財成天地之道輔相天地之宜以左右民泰者物大通之時也上下大通則物失其節故財成而輔相以左右民也〔疏〕象曰天地交泰至以左右民。正義曰后以財成天地之道者由物皆通泰則上下失節后君也於此之時君當翦財成就天地之道輔相天地之宜者相助也當輔助天地所生之宜以左右民者左右助也以助養其人也天地之道者謂四時也冬寒夏暑春生秋殺之道若氣相交通則物失其節物失其節則冬溫夏寒秋生春殺君當財節成就使寒暑得其常生殺依其節此天地自然之氣故云天地之道也天地之宜者謂天地所生之物各有其宜若大司徒云其動物植物及職方云揚州其貢宜稻麥雍州其貢宜黍稷若天氣大同則所宜相反故人君輔助天地所宜之物各安其性得其宜據物言之故稱宜也此卦言后者以不兼公卿大夫故不云君子也兼通諸侯故不得直言先王欲見天子諸侯俱是南面之君故特言后也

初九拔茅茹以其彙征吉茅之爲物拔其根而相牽引者也茹相牽引之貌也三陽同志俱志在外初爲類首己舉則從若茅茹也上順而應不爲違距進皆得志故以其類征吉〔疏〕正義曰拔

茅茹者初九欲往於上九二九三皆欲上行已去則從而似拔茅舉其根相牽茹也以其彙者彙類也以類相從征吉者征行也上坤而順下應於乾己去則納故征行而吉

象曰拔茅征吉志在外也

疏 正義曰志在外者釋拔茅征吉之義以其三陽志意皆在於外己行則從而似拔茅征行而得吉此假外物以明義也

九二包荒用馮河不遐遺朋亡得尚于中行 體健居中而用乎泰能包含荒穢受納馮河者也用心弘大无所遐棄故曰不遐遺也无私无偏存乎光大故曰朋亡也如此乃可以得尚于中行尚光配也中行謂五

疏 正義曰包荒用馮河者體健居中而用乎泰能包含荒穢之物故云包荒也用馮河者无舟渡水馮陵于河是頑愚之人此九二能包含容受故曰用馮河也不遐遺者遐遠也遺棄也用心弘大无所疏遠棄遺於物朋亡者得中无偏所在皆納无私於朋黨之事亡无也故云朋亡也得尚於中行者中行謂六五也處中而行以九二所爲如此尚配也得配六五之中也

象曰包荒得尚于中行以光大也

疏 正義曰釋得尚中行之義所以包荒得配此六五之中者以无私无偏存乎光大之道故此包荒皆假外物以明義

也　九三无平不陂无往不復艱貞无咎勿恤其孚于食有福

乾本上也坤本下也而得泰者降與升也而三處天地之際將復其所處復其所處則上守其尊下守其卑是故无往而不復也无平而不陂也處天地之將閉平路之將陂時將大變世將大革而居不失其正動不失其應艱而能貞不失其義故无咎也信義誠著故不恤其孚而自明也故曰勿恤其孚于食有福也

疏　九三无平不陂至于食有福○正義曰无平不陂者九三處天地相交之際將各分復其所處乾體初雖在下今將復歸於上坤體初雖在上今欲復歸於下是初始平者必將有險陂也初始往者必將有反復也无有平而不陂无有往而不復者猶若元在下者而不在上元在下者而不歸下也艱貞无咎者已居變革之世應有危殆只爲已居得其正動有其應艱難貞正乃得无咎勿恤其孚于食有福者憂恤也孚信也信義先以誠著故不須憂其孚信也信義自明故於食祿之道自有福慶也○注將復其所處至于食有福也○正義曰將復其所處者以泰卦乾體在下此九三將棄三而向四是將復其乾之上體所處也泰卦坤體在上此六四今將去四而歸向初復其坤體所處也處天地之將閉平路之將陂者天將處上地將處下閉而不通是天地

之將閉也所以往前通泰路无險難自今已后時所否閉路有傾危是平路之將陂也此因三之向四是下欲上也則上六將歸於下是上欲下也故云復其所處也信義誠著者以九三居不失正動不失應是信義誠著也故不恤其孚而自明者解於食有福以信義自明故飲食有福

象曰无往不復天地際也天地將各分復之際

【疏】正義曰天地際者釋无往不復之義而三處天地交際之處天體將上地體將下故往者將復平者將陂

六四翩翩。不富以其鄰不戒以孚乾樂上復坤樂下復四處坤首不固所居見命則退故曰翩翩也坤爻皆樂下已退則從故不待富而用其鄰也莫不與已同其志願故不待戒而自孚也

【疏】正義曰六四翩翩者四主坤首而欲下復見命則退故翩翩而下也不富以其鄰者以用也鄰謂五與上也今己下復衆陰悉皆從之故不待財富而用其鄰不戒以孚者鄰皆從己共同志願不待戒告而自孚信以從己也

象曰翩翩不富皆失實也不戒以孚中心願也

【疏】正義曰皆失實者解翩翩不富之義猶衆陰皆失其本實所居之處今既見命翩翩樂動不待財富並悉從之故云皆失實也不戒以孚中心

願者解不戒以孚之義所以不待六四之戒告而六五上六皆以孚信者由中心皆願下復故不待戒而自孚也

六五帝乙歸妹以祉元吉婦人謂嫁曰歸泰者陰陽交通之時也女處尊位履中居順降身應二感以相與用中行願不失其禮帝乙歸妹誠合斯義履順居中行願以祉盡夫陰陽交配之宜故元吉也

疏六五至以祉元吉。正義曰帝乙歸妹者女處尊位履中居順降身應二感以相與用其中情行其志願不失於禮爻備斯義者唯帝乙歸嫁于妹而能然也故作易者引此帝乙歸妹以明之也以祉元吉者履順居中得行志願以獲祉福盡夫陰陽交配之道故大吉也。注婦人謂嫁曰歸。正義曰婦人謂嫁曰歸隱二年公羊傳文也

象曰以祉元吉中以行願也

疏正義曰中以行願者釋以祉元吉之義正由中順行其志願故得福而元吉也

上六城復于隍勿用師自邑告命貞吝居泰上極各反所應泰道將滅上下不交卑不上承尊不下施是故城復于隍卑道崩也勿用師不煩攻也自邑告命貞吝否道已成命不行也

疏上六城復于隍至自邑告命貞吝。正義曰城復于隍者居泰上極各反所應泰道將滅上下不交卑不

上承尊不下施猶若城復于隍也子夏傳云隍是城下池也城之爲體由基土陪扶乃得爲城今下不陪扶城則隕壞以此崩倒反復於隍猶君之爲體由臣之輔翼今上下不交臣不扶君君道傾危故云城復于隍此假外象以喻人事勿用師者謂君道已傾不煩用師也自邑告命貞吝者否道已成物不順從唯於自己之邑而施告命下既不從故貞吝○注卑道崩也○正義曰卑道崩也者卑道向下不與上交卑之道崩壞不承事於上也

象曰城復于隍其命亂也

疏 正義曰其命亂者釋城復于隍之義若教命不亂臣當輔君猶土當扶城由其命錯亂下不奉上猶上不陪城使復于隍故云其命亂也

䷋ 坤下乾上 否之匪人不利君子貞大往小來

疏 正義曰否之匪人者言否閉之世非是人道交通之時故云匪人不利君子貞者由小人道長君子道消故不利君子爲正也陽氣往而陰氣來故云大往小來陽主生息故稱大陰主消耗故稱小

象曰否之匪人不利君子貞大往小來則是天地不交而萬物不通

也上下不交而天下无邦也内陰而外陽内柔而外剛内小人而外君子小人道長君子道消也【疏】正義曰上下不交而天下无邦者與泰卦反也泰卦云上下交而其志同此應云上下不交則其志不同也非但其志不同上下乖隔則邦國滅亡故變云天下无邦也内柔而外剛者欲取否塞之義故内至柔弱外禦剛彊所以否閉若欲取通泰之義則云内健外順各隨義爲文故此云剛柔不云健順象曰天地不交否君子以儉德辟難不可榮以祿【疏】正義曰君子以儉德辟難者言君子於此否塞之時以節儉爲德辟其危難不可榮華其身以居祿位此此若據諸侯公卿言之辟其羣小之難不可重受官賞若據王者言之謂節儉爲德辟其陰陽已運之難不可重自榮華而驕逸也初六拔茅茹以其彙貞吉亨居否之初處順之始爲類之首者也順非健也何可以征居否之時動則入邪三陰同道皆不可進故茅茹以類貞而不諂則吉亨【疏】正義曰拔茅茹者以居否之初處順之始未可以動動則入邪不敢前進三陰

皆然猶若拔茅牽連其根相茹也已若不進餘皆從之故云拔茅茹也以其彙者以其同類共皆如此貞吉亨者守正而居志在於君乃得吉而亨通

象曰拔茅貞吉志在君也 志在於君故不苟進

疏 正義曰志在君者釋拔茅貞吉之義所以居而守正者以其志意在君不敢僥詔苟進故得吉亨也此假外物以明人事

六二包承小人吉大人否亨 居否之世而得其位用其至順包承於上小人路通內柔外剛大人否之其道乃亨

疏 正義曰包承者居否之世而得其位用其志順包承於上小人吉者否閉之時小人路通故於小人爲吉也大人否亨者若大人用此包承之德能否閉小人之吉其道乃亨

象曰大人否亨不亂羣也

疏 正義曰此釋所以大人否亨之意良由否閉小人防之以得其道小人雖盛不敢亂羣故言不亂羣也

六三包羞 俱用小道以承其上而但不當所以包羞也

象曰包羞位不當也

疏 正義曰包羞者言羣陰俱用小人之道包承於上以失位不當所包承之事唯羞辱已

九四有命无咎疇離祉 夫處否而不可以有命者以所應者小人也有命於小人則消君子

之道者也今初志在君處乎窮下故可以有命无咎而疇麗福也疇謂初也疏正義曰有命无咎者九四處否之時其陰爻皆是小人若有命於小人則君子道消也今初六志在於君守正不進處于窮下今九四有命命之故无咎疇離祉者疇謂疇匹謂初六也離麗也麗謂附著也言九四命初身既无咎初既被命附依祉福言初六得福也

象曰有命无咎志行也疏正義曰釋有命无咎之義所以九四有命得无咎者由初六志意得行守正而應於上故九四之命得无咎

九五休否大人吉其亡其亡繫于苞桑居尊得位能休否道者也施否於小人否之休也唯大人而後能然故曰大人吉也處君子道消之時已居尊位何可以安故心存將危乃得固也疏九五休否至繫于包桑○正義曰休否者休美也謂能行休美之事於否塞之時能施此否閉之道遏絕小人則是否之休美者也故云休否大人吉者唯大人乃能如此而得吉也若其凡人則不能其亡其亡繫于苞桑者在道消之世居於尊位而遏小人必近危難須恒自戒慎其意常懼其危亡言丁寧戒慎如此也繫于苞桑者苞本也凡物繫于桑之苞本則牢固也若能其亡其亡以自戒慎則有繫于苞桑之固无傾危也○注心存將危○正義曰

心存將危解其亡其亡之義身雖安靜心意常存將有危難但念其亡其亡乃得固者卽繫于苞桑也必云苞桑者取會韻之義又桑之爲物其根衆也衆則牢固之義

象曰大人之吉位正當也【疏】正義曰釋大人吉之義言九五居尊得位正所以當遏絕小人得其吉

上九傾否先否後喜先傾後通故後喜也始以傾爲否後得通乃喜【疏】正義曰處否之極否道已終此上九能傾毀其否故曰傾否也先否後喜者否道未傾之時是先否之道否道已傾之後其事得通故曰後有喜也

象曰否終則傾何可長也【疏】正義曰釋傾否之義否道已終通道將至故否之終極則傾損其否何得長久故云何可長也

䷌ 離下乾上 同人于野亨利涉大川利君子貞【疏】正義曰同人謂和同於人于野亨者野是廣遠之處借其野名喻其廣遠言和同於人必須寬廣无所不同用心无私處非近狹遠至于野乃得亨進故云同人于野亨與人同心足以涉難故曰利涉大川也與人和同義涉邪僻故利君子貞也此利涉

大川假物象以明人事象曰同人柔得位得中而應乎乾曰同人二爲同人之主〔疏〕正義曰此釋所以能同於人之義柔得位得中者謂六二也上應九五是應於乾也同人曰同人于野亨利涉大川乾行也所以乃能同人于野亨利涉大川非二之所能也是乾之所行故特曰同人曰〔疏〕同人曰至乾行也○正義曰釋同人于野亨利涉大川之義所以能如此者由乾之所行也言乾能行此德非六二之所能也故特云同人曰乃云同人于野亨與諸卦别也○注故特曰同人曰○正義曰故特曰同人曰者謂卦之象辭發首卽疊卦名以釋其義則以例言之此發首應云同人于野亨爲主别云同人曰者是其義有異此同人卦名以六二爲主故同人卦名繫屬六二故稱同人曰猶言同人卦曰也同人于野亨利涉大川雖是同人卦下之辭不關六二之義故更疊同人于野亨之文乃是乾之所行也文明以健中正而應君子正也行健不以武而以文明用之相應不以邪而以中正應之君子正也故曰利君子貞也〔疏〕正義曰此釋君子貞也此以二象明之故云文明以健中正而應謂六二九五皆居中得正而又相應是

君子之正道也故云君子正也若以威武而爲健邪僻而相應則非君子之正也

唯君子爲能通天下之志 君子以文明爲德 疏 唯君子爲能通天下之志○正義曰此更贊明君子貞正之義唯君子之人於同人之時能以正道通達天下之志故利君子之貞○注君子以文明爲德○正義曰若非君子則用威武今卦之下體爲離故彖云文明又云唯君子能通天下之志是君子用文明爲德也謂文理通明也

象曰天與火同人 天體在上而火炎上同人之義也 疏 正義曰天體在上火又炎上取其性同故云天與火同人

君子以類族辨物 君子小人各得所同 疏 正義曰族聚也言君子法此同人以類而聚也辨物謂分辨事物各同其黨使自相同不間雜也

初九同人于門无咎 居同人之始爲同人之首者也无應於上心无係吝通夫大同出門皆同故曰同人于門也出門同人誰與爲咎 疏 正義曰同人于門者居同人之首无應於上心无係吝含弘光大和同於人在於門外出門皆同故云无咎也

象曰出門同人又誰咎也 疏 正義曰又誰咎者釋出門同人无咎之義言既心无係吝出門逢人皆同

則誰與爲過咎

六二同人于宗吝應在乎五唯同於主過主。則吝用心褊狹鄙吝之道

【疏】正義曰係應在五而和同於人在於宗族不能弘闊是鄙吝之道故象云吝道也

象曰同人于宗吝道也

九三伏戎于莽升其高陵三歲不興居同人之際履下卦之極不能包弘上下通夫大同物黨相分欲乖其道貪於所比據上之應其敵剛健非力所當故伏戎于莽不敢顯亢也升其高陵望不敢進量斯勢也三歲不能興者也三歲不能興則五道亦以成矣安所行焉

【疏】九三伏戎于莽至三歲不興。正義曰伏戎于莽者九三處下卦之極不能包弘上下通夫大同欲下據六二上與九五相爭也但九五剛健九三力不能敵故伏潛兵戎於草莽之中升其高陵三歲不興者唯升高陵以望前敵量斯勢也縱令更經三歲亦不能興起也。注不能包弘上下至安所行焉。正義曰不能包弘上下通夫大同者初九出門皆同无所係著是包弘上下通夫大同今九三欲下據六二奪上之應是不能包弘也物黨相分者謂同人之時物各有黨類而相分別也二則與五相親與三相分別也欲乖其道貪於所比據上之應者言此九三欲乖其同人之道不以類相從不知二之從五直以苟貪與二之比近

而欲取之據上九五之應也。象曰伏戎于莽敵剛也三歲不興安行也安辭也〔疏〕正義曰伏戎于莽敵剛者釋伏戎于莽之義以其當敵九五之剛不敢顯亢故伏戎于莽三歲不興安行者釋三歲不興之義雖經三歲猶不能興起也安語辭也猶言何也既三歲不興五道亦已成矣何可行也故云安行也〇此假外物以明人事

九四乘其墉弗克攻吉處上攻下力能乘墉者也履非其位以與人爭二自五應三非犯己攻三求二尤而效之違義傷理衆所不與故雖乘墉而不克也不克則反反則得吉也不克乃反其所以得吉困而反則者也〔疏〕正義曰乘其墉者履非其位與人闘爭與三爭二欲攻於三既是上體力能顯亢故乘上高墉欲攻三也弗克攻吉者三欲求二其事已非四又效之以求其二違義傷理衆所不與雖復乘墉不能攻三也吉者既不能攻三能反自思愆以從法則故得吉也此爻亦假物象也

象曰乘其墉義弗克也其吉則困而反則也〔疏〕正義曰乘其墉義弗克也者釋不克之義所以乘墉攻三不能克者以其違義衆所不從故云義不克也其吉則困而反則者釋其吉之義所以得其吉者九四則以不克困

苦而反歸其法則故得吉也　九五同人先號咷而後笑大師克相遇象曰柔得位得中而應乎乾曰同人然則體柔居中衆之所與執剛用直衆所未從故近隔乎二剛未獲厥志是以先號咷也居中處尊戰必克勝故後笑也不能使物自歸而用其彊直故必須大師克之然後相遇也【疏】正義曰同人先號咷者五與二應用其剛直衆所未從故九五共二欲相和同九三九四與之競二也五未得二故志未和同於二故先號咷也而後笑者處得尊位戰必克勝故後笑也大師克相遇者不能使物自歸已用其剛直必以大師與三四戰克乃得與二相遇此爻假物象以明人事　象曰同人之先以中直也大師相遇言相克也【疏】正義曰同人之先以中直者解先號咷之意以其用中正剛直之道物所未從故先號咷也但象略號咷之字故直云同人之先以中直也大師相遇言相克者釋相遇之義所以必用大師力能相遇也以其用大師與三四相伐而得克勝乃與二相遇故言相克也　上九同人于郊无悔郊者外之極也處同人之時最在於外不獲同志而遠於內爭故雖无悔吝亦未得其志【疏】上九同人于郊无悔○正

義曰同人于郊者處同人之極最在於外雖欲同人人必疎已
不獲所同其志未得然雖陽在于外遠於內之爭訟故无悔吝
也○注不獲同志至未得其志○正義曰不獲同志者若彼此
在內相同則獲其同志意也若已爲郊境之人而與相同人未
親已是不獲同志也遠于內爭者以外而同不於室家之內
是遠于內爭也以遠內爭故无悔吝以在外郊故未得志也象

曰同人于郊志未得也

凡處同人而不泰焉則必用師
矣不能大通則各私其黨而求
利焉楚人亡弓不能亡楚愛國愈甚益爲它
災是以同人不弘剛健之爻皆至用師也

疏

象曰同人于
郊志未得也
正義曰釋同人于郊之義同人在郊境遠處與人疎遠和同之
志猶未得也○注凡處同人至用師也○正義曰凡處同人而
不泰焉則必用師矣者王氏注意非止上九一爻乃總論同人
一卦之義去初上而言二有同宗之吝三有伏戎之禍四有不
克之困五有大師之患是處同人之世无大通之志則必用師
矣楚人亡弓不能亡楚愛國愈甚益爲它災者案孔子家語弟
子好生篇云楚昭王出游亡烏號之弓左右請求之王曰楚人
亡弓楚得之又何求焉孔子聞之曰惜乎其志不大也不曰人
亡之人得之何必楚也昭王名軫哀六年吳伐陳楚救陳在城
父卒此愛國而致它災也引此者證同人不弘皆至用師矣○

䷍乾下離上 大有元亨不大通何由得大有乎大有則必元亨矣【疏】正義曰柔處尊位羣陽並應大能所有故稱大有既能大有則其物大得亨通故云大有元亨

彖曰大有柔得尊位大中而上下應之曰大有處尊以柔居中以大體无二陰以分其應上下應之靡所不納大有之義也【疏】正義曰釋此卦稱大有之義大中者謂六五處大以中柔處尊位是其大也居上卦之內是其中也

其德剛健而文明應乎天而時行是以元亨德應於天則行不失時矣剛健不滯文明不犯應天則大時行無違是以元亨【疏】其德剛健至是以元亨○正義曰釋元亨之義剛健謂乾也文明謂離也應乎天而時行者褚氏莊氏云六五應乾九二亦與五爲體故云應乎天也德應於天則行不失時與時無違雖萬物皆得亨通故云是以元亨注剛健不滯至是以元亨○正義曰剛健不滯者剛健則物不擁滯也文明不犯者文則明察而不犯於物也應天則大者能應於天則盛大也時行無違者以時而行物无違也以有此諸事故大通而元亨也

象曰火在天上大有君子以遏惡揚善

順天休命大有包容之象也故遏惡揚善成物之性順天休命順物之命【疏】正義曰君子以遏惡揚善者大有包容之義故君子象之亦當包含遏匿其惡褒揚其善順奉天德休美物之性命巽順含容之義也不云天在火下而云火在天上者天體高明火性炎上是照耀之物而在於天上是光明之甚无所不照亦是包含之義又為揚善之理也。

初九无交害匪咎艱則无咎以夫剛健為大有之始不能履中滿而不溢術斯以往後害必至其欲匪咎艱則无咎也【疏】初九至艱則无咎。正義曰以夫剛健為大有之始不能履中謙退雖无交切之害久必有凶其欲匪咎能自艱難其志則得无咎故云无交害匪咎艱則无咎也。注不能履中至无咎也。正義曰不能履中滿而不溢者初不在二位是不能履中在大有之初是盈滿身行剛健是溢也注云不能履中滿而不溢也

象曰大有初九无交害也九二大車以載任重而不危【疏】九二大車以載。正義曰大車以載者體是剛健而又居中身被委任其任重也能堪受其任不有傾危猶若大車以載物也此假外象以喻人事。注任重而不危。正義曰釋大車以載之意大車謂牛車也載物既多故云任重車材彊壯故不有傾

危也有攸往无咎健不違中為五所任任重不危致遠不泥故可以往而无咎也疏正義曰堪當重任故有所往无咎者以居失其位嫌有凶咎故云无咎也象曰大車以載積中不敗也疏正義曰積中不敗者釋大車以載之義物既積聚身有中和堪受所積之聚在身上上不至於敗也九三公用亨于天子小人弗克處大有之時居下體之極乘剛健之上而履得其位與五同功威權之盛莫此過焉公用斯位乃得通乎天子之道也小人不克害可待也疏九三至小人弗克○正義曰公用亨于天子者九三處大有之時居下體之極乘剛健之上履得其位與五同功五為王位三既與之同功則威權之盛莫盛於此乃得通乎天子之道故云公用亨于天子小人弗克者小人德劣不能勝其位必致禍害故云小人不克也○注與五同功至莫此過焉○正義曰與五同功者繫辭云三與五同功此云與五同功謂五為王位三既能與五之同功則威權與五相似故云威權之盛莫此過焉象曰公用亨于天子小人害也九四匪其彭无咎既失其位而上近至尊之威下比分權之臣其為懼也可謂危矣唯

夫有聖知者乃能免斯咎也三雖至盛五不可舍能
辯斷數專心承五常匪其旁則无咎矣旁謂三也 疏 九四匪其
彭无咎○正義曰匪其彭无咎者匪非也彭旁也謂九三在九
四之旁九四若能專心承五非取其旁九四言不用三也如此
乃得无咎也既失其位上近至尊之威下比分
權之臣可謂危矣能棄三歸五故得无咎也 象曰匪其
彭无咎明辯晢也 明猶才也 疏 正義曰明辯晢也者釋匪其彭无咎之義明猶才也九四
所以能去其旁之九三者由九四才性
辯而晢知能斟酌事宜故云明辯晢也 六五厥孚交如威
如吉 君尊以柔處大以中无私於物上下應之信以發志故其孚交如也夫不私於物物亦公焉不疑於物物亦誠
焉既公且信何難何備不言而教行何為而
不威如為大有之主而不以此道吉可得乎 疏 正義曰六五厥孚交如者
厥其孚也孚信也交謂交接也如語辭也六五居尊以柔處大以
中无私於物上下應之故其誠信物來交接故云厥孚交如也
威如吉者威畏也既誠且信不言而教行所為
之處人皆畏敬故云威如以用此道故得吉也 象曰厥孚
交如信以發志也威如之吉易而无備也 疏 正義

曰信以發志者釋厥孚交如之義由已誠信發起其志故上下應之與之交接也威如之吉易而无備者釋威如之吉之義所以威如得吉者以已不私於物唯行簡易无所防備物自畏之故云易而无備也

上九自天祐之吉无不利大有豐富之世也處大有之上而不累於位志尚乎賢者也餘爻皆乘剛而已獨乘柔順也五爲信德而已履焉履信之謂也雖不能體柔而以剛乘柔思順之義也居豐有之世而不以物累其心高尚其志尚賢者也爻有三德盡夫助道故繫辭具焉

疏上九至无不利○正義曰釋所以大有上九而得吉者以有三德從天已下悉皆祐之故云自天祐之○注不累於位至盡夫助道○正義曰不累於位志尚乎賢者既居豐富之時應須以富有爲累也旣居无位之地不以富有縈心是不繫累於位旣能清靜高絜是慕尚賢人行也爻有三德者五爲信德而已履焉履信之謂是一也以剛乘柔思順之義是二也不以物累於心高尚其志尚賢者是三也爻有三德盡夫助道者天尚祐之則无物不祐故云盡夫助道也

象曰大有上吉自天祐也

☶艮下☷坤上謙亨君子有終疏正義曰謙者屈躬下物先人後已以此待物則所在

皆通故曰亨也小人行謙則不能長久唯君子有終也然案謙卦之象謙爲諸行之善是善之最極而不言元與利貞及吉者元是物首也利貞是幹正也於人既爲謙退何可爲之首也以謙下人何以幹正於物故不云元與利貞也謙必獲吉其吉可知故不言之況易經之體有吉理可知而不言吉者即此謙卦之繇及乾之九五利見大人是吉理分明故不云吉也諸卦言吉者其義有嫌者爻兼善惡也若行事有善則吉乃隨之若行事有惡則不得其吉諸稱吉者嫌其不吉故稱吉也若坤之六五及泰之六五並以陰居尊位若不行此事則无吉若行此事則得其吉故並稱元吉其餘皆言吉事亦倣此亦有大人爲吉於小人爲凶若否之九五云休否大人吉是也或有於小人爲吉大人爲凶若屯之九五小貞吉大貞凶及否之六三包承小人吉之類是也亦有其吉灼然而稱吉者若大有上九自天祐之吉无不利之類是也但易之爲體不可以一爲例今各隨文解之義具諸卦之下今謙卦之繇其吉可知也既不云吉何故初六六二及九三並云吉者謙卦是總諸六爻其善既大故不須云吉也六爻各明其義其義有優劣其德既不嫌其不吉故須言吉以明之也

彖曰謙亨天道下濟而光明地道卑而上行天道虧盈而益謙地

道變盈而流謙鬼神害盈而福謙人道惡盈而好謙謙尊而光卑而不可踰君子之終也疏彖曰乎君子之終也○正義曰謙亨天道下濟而光明地道卑而上行者釋亨義也欲明天地上下交通坤體在上故言地道卑而上行也其地道既上行天地相對則天道下濟也且艮爲陽卦又爲山天之高明今在下體亦是天道下濟之義也下濟者謂降下濟生萬物也而光明者謂三光垂耀而顯明也地道卑而上行者地體卑柔而氣上行交通於天以生萬物也天道虧盈而益謙者從此已下廣說謙德之美以結君子能終之義也虧謂減損減損盈滿而增益謙退若日中則昃月盈則食是虧減其盈盈者虧減則謙者受益也地道變盈而流謙者丘陵川谷之屬高者漸下下者益高是改變盈者流布謙者也鬼神害盈而福謙者驕盈者被害謙退者受福是害盈而福謙也人道惡盈而好謙者盈溢驕慢皆以惡之謙退恭巽悉皆好之謙尊而光卑而不可踰者尊者有謙而更光明盛大卑謙而不可踰越是君子之所終也言君子能終其謙之善事又獲謙之終福故云君子之終也象曰地中有山謙君子以裒多益寡稱物

平施多者用謙以爲裒少者用謙以爲益隨物而與施不失平也【疏】象曰至稱物平施　正義曰裒多者君子若能用此謙道則裒益其多言多者得謙物更裒聚彌益多也故云裒多即謙尊而光也是尊者得謙而光大也益寡者謂寡者得謙而更進益即卑而不可踰也是卑者得謙而更增益不可踰越也稱物平施者稱此物之多少均平而施物之先多者而得其施也物之先寡者而亦得其施也故云稱物平施也此謙卦之象以山爲主是於山爲謙於地爲不謙應言山在地中今乃云地中有山者意取多之與少皆得其益似地中有山以包取其物以與於人故變其文也○注多者用謙至不失平也　正義曰多者用謙以爲裒者爾雅釋詁云裒聚也於先多者其物雖多未得積聚以謙故益其物更多而積聚故云多者用謙以爲裒也少者用謙以爲益者其物先少今既用謙而更增益故云用謙以爲益也隨物而與者多少俱與隨多隨少而皆與也施不失平者多者亦得施恩少者亦得施恩是施不失平也言君子於下若有謙者官之先高則增之榮秩位之先卑亦加以爵祿隨其官之高下考其謙之多少皆因其多少而施與之也

初六謙謙君子用涉大川吉處謙之下謙之謙者也能體謙謙其唯君子用涉大難物无害也【疏】正義曰謙謙君子者能體

謙謙唯君子者能之以此涉難其吉宜也用涉大川假象言也

象曰謙謙君子卑以自牧也牧養也〔疏〕正義曰卑以自牧者牧養也解謙謙君子之義恒以謙卑自養其德也

六二鳴謙貞吉鳴者聲名聞之謂也得位居中謙而正焉〔疏〕正義曰鳴謙者謂聲名也處正得中行謙廣遠故曰鳴謙正而得吉也

象曰鳴謙貞吉中心得也〔疏〕正義曰中心得者鳴聲中吉以中和為心而得其所鳴謙得中吉也

九三勞謙君子有終吉處下體之極履得其位上下无陽以分其民衆陰所宗尊莫先焉居謙之世何可安尊上承下接勞謙匪解是以吉也〔疏〕正義曰勞謙君子者處下體之極履得其位上下无陽以分其民上承下接勞倦於謙也唯君子能終而得吉也

象曰勞謙君子萬民服也〔疏〕正義曰萬民服者釋所以勞謙之義以上下羣陰象萬民皆來歸服事須引接故疲勞也

六四无不利撝謙處三之上而用謙焉則是自上下下之義也承五而用謙順則是上行之道也盡乎奉上下下之道故无不利指撝皆謙不違則也〔疏〕正義曰无不利者處三之

上而用謙焉則是自上下下之義承五而用謙順則是上行之道盡乎奉上下下之道故无所不利也象曰无不利撝謙不違則也疏正義曰指撝皆謙不違則者釋无不利撝謙之義所以指撝皆謙者以不違法則動合於理故无所不利也六五不富以其鄰利用侵伐无不利居於尊位用謙與順故能不富而用其鄰也以謙順而侵伐所伐皆驕逆也疏正義曰不富以其鄰者以用也凡人必將財物周贍鄰里乃能用之六五居於尊位用謙與順鄰自歸之故不待豐富能用其鄰也利用侵伐无不利者居謙履順必不濫罰无罪若有驕逆不服則須伐之以謙得衆故利用侵伐无不利者也象曰利用侵伐征不服也上六鳴謙利用行師征邑國最處於外不與內政故有名而已志功未得也處外而履謙順可以邑一國而已疏正義曰鳴謙者上六最處於外不與內政不能於實事而謙但有虛名聲聞之謙故云鳴謙志欲立功未能遂事其志未得既在外而行謙順唯利用行師征伐外旁國邑而已不能立功在內也象曰鳴謙志未得也可用行

師征邑國也 夫吉凶悔吝生乎動者也動之所起興於利者也故飲食必有訟訟必有衆起未有居衆人之所惡而爲動者所害處不競之地而爲爭者所奪是以六爻雖有失位无應乘剛而皆无凶咎悔吝者以謙爲主也謙尊而光卑而不可踰信矣哉

疏 象曰鳴謙至征邑國也○正義曰志未得者釋鳴謙之義也所以但有聲鳴之謙不能實爭立功者以其居在於外其內立功之志猶未得也可用行師征邑國者釋行師征邑國之意經言利用象攻利爲可者言內志雖未得猶可在外興行軍師征邑國也○注動之所起興於利者也○正義曰動之所起興於利者凡人若不見利則心无所動今動之所以起者見利乃動故云興於利也飲食必有訟訟必有衆起者欲明爲利乃有動動而致訟訟則起兵故序卦需爲飲食飲食必有訟故需卦之後次訟卦也爭訟必興兵故訟卦之後次師卦也

☷☳坤下震上 **豫利建侯行師** 疏 正義曰謂之豫者取逸豫之義以和順而動動不違衆衆皆說豫故謂之豫也動而衆說故可利建侯也以順而動不加无罪故可以行師也无四德者以逸豫之事不可以常行時有所爲也縱恣寬暇之事不可長行以經邦訓俗故无元亨也逸豫非幹正之道故不云利貞也莊氏云建侯即元亨也行

師卽利貞也案屯卦元亨利貞之後別云利建侯則建侯非元亨也恐莊氏說非也彖曰豫剛應而志行順以動豫豫順以動故天地如之而況建侯行師乎天地以順動故日月不過而四時不忒。聖人以順動則刑罰清而民服豫之時義大矣哉疏彖曰豫剛應而志行至大矣哉。○正義曰豫剛應而志行順以動豫者剛謂九四也應謂初六也既陰陽相應故志行也此就爻明豫義順以動坤在下是順也震在上是動也以順而動故豫也此以上二象明豫義也自此已上釋豫卦之理也豫順以動故天地如之而況建侯行師乎者此釋利建侯行師也若聖人和順而動合天地之德故天地亦如聖人而爲之也天地尊大而遠神之難者猶尚如之況於封建諸侯行師征伐乎難者旣從易者可知若建侯能順動則人從之行師能順則衆從之天地以順動故日月不過而四時不忒自此以下廣明天地聖人順動之功也若天地以順而動則日月不有過差依其晷度四時不有忒變寒暑以時聖人以順動則刑罰清而民服者聖人能以理順而動則不赦有罪不

臨无辜故刑罰清也刑罰當理故人服也豫之時義大矣哉者歎美爲豫之善言於逸豫之時其義大矣此歎卦也凡言不盡意者不可煩文其說且歎之以示情使後生思其餘蘊得意而忘言也然歎卦有三體一直歎時如大過之時大矣哉之例是也二歎時幷用如險之時用大矣哉之例是也三歎時幷義豫之時義大矣哉之例是也夫立卦之體各象其時時有屯夷事非一揆故爻來適時有凶有吉人之生世亦復如斯或逢治世或遇亂時出處存身此道豈小故曰大矣哉也然時運雖多大體不出四種者一者治時頤養之世是也二者亂時大過之世是也三者離散之時解緩之世是也四者改易之時革變之世是也故舉此四卦之時爲歎餘皆可知言用者謂適時之用也雖知居時之難此事不小了來如以何而用之耳故坎睽蹇之時宜用君子小人勿用用險取濟不可爲常斟酌得宜是用時之大略舉險難等三卦餘從可知矣又言義者姤卦注云凡言義者不盡於所見中有意謂者也是其時皆有義也略明佚樂之世相隨相遇之日隱遯羈旅之時凡五卦其義不小則餘卦亦可知也今所歎者十二卦足以發明大義恢弘妙理者也凡于象之末歎云大哉者凡一十二卦若豫旅遯姤凡四卦皆云時義案姤卦注云凡言義者不盡於所見中有意謂以此言之則四卦卦各未盡其理其中更有餘意不可盡申故總云義也

隨之一卦亦言義但與四卦其文稍別四卦皆云時義隨卦則隨時之義者非但其中別有義意又取隨逐其時故變云隨時之義大矣哉睽蹇坎此三卦皆云時用案睽卦注云睽離之時非小人之所能用蹇卦亦云非小人之所能用此二卦言大矣哉者則是大人能用故云大矣哉其中更无餘義唯大人能用故云用不云義也坎卦時用則與睽蹇稍別故注云非用之常用有時也謂坎險之事時之須用利益乃大與睽蹇時用文同而義異也解之時革之時頤之時大過之時此四卦直云時不云義與用也案解卦注難解之時非治難時故不言用體盡於解之名无有幽隱故不曰義以此注言之直云時者尋卦之名則其意具盡中間更无餘義故不言義其卦名之事事已行了不須別有所用故解革及頤事已行了不須言用唯大過稱時注云君子有為之時與解革頤其理稍別大過是有用之時亦直稱時者取大過之名其意即盡更无餘意故直稱時不云義又略不云用也

象曰雷出地奮豫先王以作樂崇德殷薦之上帝以配祖考

〔疏〕正義曰案諸卦之象或云雲上于天或云風行天上以類言之今此應云雷出地上乃云雷出地奮豫者雷是陽氣之聲奮是震動之狀雷既出地震動萬物被陽氣而生各皆逸豫故曰雷

出地奮豫也先王以作樂崇德者雷是鼓動故先王法此鼓動而作樂崇盛德業樂以發揚盛德故也殷薦之上帝者用此殷盛之樂薦祭上帝也象雷出地而向天也以配祖考者謂以祖考配上帝用祖用考若周夏正郊天配靈威仰以祖后稷配也配祀明堂五方之帝以考文王也故云以配祖考也

初六鳴豫凶處豫之初而特得志於上樂過則淫志窮則凶豫何可鳴〔疏〕正義曰鳴豫者處豫之初而獨得應於四逸豫之甚是聲鳴于豫但逸樂之極過則淫荒獨得於樂所以凶也

象曰初六鳴豫志窮凶也〔疏〕正義曰釋鳴豫之義而初時鳴豫後則樂志窮盡故為凶也

六二介于石不終日貞吉處豫之時得位履中安夫貞正不求苟豫者也順不苟從豫不違中是以上交不諂下交不瀆明禍福之所生故不苟說辯必然之理故不改其操介如石焉不終日明矣〔疏〕正義曰介于石者得位履中安夫貞正不苟求逸豫上交不諂下交不瀆知幾事之初始明禍福之所生不苟求逸豫守志耿介似於石然見幾之速不待終竟一日去惡修善恒守正得吉也

象曰不終日貞吉以中正也〔疏〕正義曰釋貞吉之義所以見其惡事即能離去不待終日守正吉者

以比六二居中守正順不苟從豫不違中故不須待其一日終守貞吉也

六三盱豫。悔遲。有悔

居下體之極處兩卦之際履非其位承動豫之主若其睢盱而豫悔亦生焉遲而不從豫之所疾位非所據而以從豫進退離悔宜其然矣

疏 正義曰盱豫悔者六三履非其位上承動豫之主盱謂睢盱睢盱者喜說之貌若睢盱之求豫則悔吝也遲有悔者居豫之時若遲停不求於豫亦有悔也

象曰盱豫有悔位不當也

疏 正義曰解其盱豫有悔之義以六三居不當位進退不得其所故盱豫有悔但象載經文多從省略經有盱豫有悔遲有悔兩文具載象唯云盱豫有悔不言遲者略其文也故直云盱豫舉其欲進略云有悔舉其遲也

九四由豫。大有得。勿疑朋盍簪。

處豫之時居動之始獨體陽爻衆陰所從莫不由之以得其豫故曰由豫大有得也夫不信於物物亦疑焉故勿疑則朋合疾也盍合也簪疾也

疏 正義曰由豫大有得者處豫之時居動之始獨體陽爻爲衆陰之所從莫不由之以得其豫故云由豫也大有得者衆陰皆歸是大有所得勿疑朋盍簪者盍合也簪疾也若能不疑於物以信待之則衆陰羣朋合聚而疾來也

象曰由豫大有

得志大行也〔疏〕正義曰釋由豫大有之意衆陰既由之而豫大有所得是志意大同也六五貞疾恒不死四以剛動爲豫之主專權執制非己所乘故不敢與四爭權而又居中處尊未可得亡是以必常至于貞疾恒不死而已〔疏〕正義曰四以剛動爲豫之主專權執制非己所乘故不敢與四專權而又居中處尊未可得亡滅之是以必常至於貞疾恒得不死而已象曰六五貞疾乘剛也恒不死中未亡也〔疏〕正義曰六五貞疾乘剛者解貞疾之義以乘九四之剛故正得其疾恒不死也中未亡者以其居中處尊未可亡滅之也上六冥豫成有渝无咎處動豫之極極豫盡樂故至于冥豫成也過豫不已何可長乎故必渝變然後无咎〔疏〕正義曰處動豫之極極豫盡樂乃至於冥昧之豫而成就也如俾晝作夜不能休已滅亡在近有渝无咎者渝變也若能自思改變不爲冥豫乃得无咎也象曰冥豫在上何可長也

周易兼義卷第二

清嘉慶二十年重栞
宋本十三經注藏本校

太子少保江西巡撫阮元栞

周易注疏挍勘記卷二　阮元撰盧宣旬摘錄

需

此需卦係辭也　閩監毛本同錢本宋本係作繫

位乎天位　岳本閩監毛本同釋文出位乎石經乎作于

雲上於天　石經岳本閩監毛本同釋文王肅本作雲在天上

利用恒无咎未失常也　石經岳本閩監毛本同釋文出利用恒未失常也云本亦有无咎者

需于沙　石經岳本閩監毛本同釋文沙鄭作沚○按說文沙亦作沚與沚字形似

以終吉也　閩本同石經岳本監毛本作以吉終也按終與中韻作終吉者非足利本以誤也

自我致寇　石經岳本閩監毛本同釋文寇鄭王肅本作戎古本亦作戎按陸云鄭王作戎則輔嗣本不作戎可知考文引古本多不足據

穴之與位閩監毛本同宋本位作血

酒食貞吉石經岳本閩監毛本同古本足利本上有需字

訟

有孚窒惕中吉石經岳本閩監毛本同釋文窒馬作咥王注或在惕字上或在下皆通在中吉下者非

言中九二之剛閩監毛本同宋本中作由

已且不可閩監毛本同宋本且作自

起契之過職不相監閩本同岳本監毛本監作濫釋文亦作濫宋本古本足利本無上四字岳本同

若其邑狹少宋本閩本同監毛本少作小

再易之地休二歲宋本同閩監毛本地改田○按作地與大司徒注合毛本上文不易之地

而易之地皆改作田

愚至掇也　石經岳本閩監毛本同釋文掇鄭本作惙

爲仁猶己　補　案注作猶正義作由由猶古字通

也知彖辭剛來得中　閩監毛本同錢本宋本也作何

戎錫之鞶帶終朝三褫之　石經岳本閩監毛本同釋文鞶王肅作槃帶亦作帶褫釋文云鄭本作拕

鞶厲旒纓　孫志祖云今左傳旒作游

師　此卦前錢本宋本題周易注疏卷第三錢挍本同按錢挍本起此已前缺

丈人嚴莊之稱也　岳本閩監毛本同集解也上有有軍正者四字錢挍本凡注文上並有注云二字

无功罪也 岳本閩監毛本同集解作无功則罪

師貞丈人吉无咎○正義曰 閩監毛本同錢抜本作正義曰師貞丈人吉无咎者

按錢抜正義每卦分數段錄辭下一段象曰下一段象曰下一段六爻下六段或彖象下共一段並在經注之末釋經在前釋注在後其釋經者皆引經文不標起止釋注者標起止所標起止較今本為省文後皆放此

言為師之正 錢本宋本同閩監毛本正誤主

注丈人嚴戒之稱也 (補)毛本戒作莊

王三錫命 石經岳本閩監毛本同釋文錫鄭本作賜

以剛居中而應於上五 岳本閩監毛本同古本足利本上作

故乃得成命乃成也 岳本閩監毛本同古本下有也字一本作故

承天寵也 石經岳本閩監毛本同釋文寵王肅作龍

田有禽石經岳本閩監毛本同釋文禽徐本作擒○按徐本俗字也

捨不得王閩監毛本王作止岳本宋本古本足利本作主

故其宜也閩監毛本同岳本宋本古本足利本故作固

比

則不寧方來矣閩監毛本同岳本作則不寧之方皆來矣

終來有它吉石經岳本錢本宋本古本足利本同閩監毛本它作他下象傳同釋文出有它云本亦作他○按它他古今字

比之匪人石經岳本閩監毛本同釋文匪人王肅本作匪人凶

二爲五應閩監毛本同岳本宋本古本足利本應作貞按內卦爲貞作貞是也

王用三驅釋文云鄭作敺

邑人不誡　岳本閩監毛本同石經初刻作戒後改下句同

非爲上道也（補）岳本錢本宋本足利本作非爲上之道古本作非爲上之道也案正義標起止作非爲上之道又曰非爲上之道者又故云非爲上之道則正義本作非爲上之道是也

今亦從之去則射之　盧文弨云此八字乃衍文

五以其顯比親者　閩監毛本同錢本宋本五作二

无首後巳（補）毛本巳作也

小畜　石經岳本閩監毛本同釋文本又作蓄

去陰能固之（補）案去當作夫形近之譌

然後乃雨乎上九獨能固九三之路　岳本宋本閩本古本足利本同監毛本乎改今屬下句非也

彖至論一卦之體　閩本同岳本監毛本至作全

得義之吉　岳本閩監毛本同古本作得其義之吉者也一本無其字足利本作得其義之吉

輿說輻　石經岳本閩監毛本同釋文輻本亦作輹

不可牽征　岳本閩監毛本同古本可下有以字足利本有不字

三不害已已也　閩監毛本同錢本宋本作三不能害已是也

非是總凡之辭　宋本閩本同監本凡作咎毛本作爲並非

有孚攣如　石經岳本閩監毛本同釋文攣子夏傳作戀

不有專固相逼　浦鏜云有當作爲

尙德載　石經岳本閩監毛本同古本載上有積字按此蓋因下文相涉而衍

月幾望　石經岳本閩監毛本同釋文幾子夏傳作近

能畜止剛健　閩監毛本正作止是也監本健作食誤

能畜者也又　閩監毛本同宋本又作者是也

惟泰也則然　岳本閩監毛本同釋文一本作然則讀卽以也字絶句古本足利本作然則采釋文

无可所畜　宋本同閩監毛本作无所可畜

履

有不見咥者　閩監毛本同岳本宋本古本足利本有作而

无得吉也　補案无當故字之譌

履帝位而不疚　石經岳本閩監毛本同釋文疚陸本作疾

此一句　閩監毛本同錢本宋本一作二

但易合萬象　補毛本合作含案含字是也

不喜處盈閩監毛本同岳本錢本宋本古本喜作憙釋文出不憙

者易无險難也〔補〕案上文坦坦平易之貌此者字當作平

不脩所履岳本閩監毛本同釋文脩本又作循

欲行九五之志盧文弨云志當作事

愬愬終吉石經岳本閩監毛本同釋文愬愬馬本作虩虩○案愬愬虩虩並訓恐懼說文引亦作虩與馬本同

而五處尊閩監毛本同岳本宋本古本足利本尊作實盧文弨云實謂陽也

視履考祥石經岳本閩監毛本同釋文祥本亦作詳

是其不墜於履閩毛本同監本履作禮下履道大成同

泰此卦前石經題周易上經泰傳第二釋文岳本古本足利本同

物既太通宋本太作大閩監毛本作泰

止由天地氣交　閩監毛本同宋本止作正

后以財成天地之道　石經岳本閩監毛本同釋文財作裁

揚州其貢宜稻麥雍州其貢宜黍稷　按二貢字周禮並作穀

以其彙征吉　石經岳本閩監毛本同古本征作往釋文彙古文作𦎔董作夤江聲云據類篇當云古文作𦎔

而相牽引者也　岳本閩監毛本同古本無牽字

征行而得吉　閩監毛本同錢本宋本征作往

包荒　岳本閩監毛本同石經初刻同後改苞下象傳及否卦包承包羞同釋文苞本又作包荒本亦作㐬

猶若元在下者　閩監毛本同錢本宋本元作无下元在上者同

憂恤也　閩監毛本同宋本作恤憂也是也

象曰无往不復　石經岳本閩監毛本同釋文出象曰无平不陂云一本作无往不復古本象曰下有无平

不皦四字

翩翩石經岳本閩監毛本同釋文出篇篇云子夏傳作翩翩向本同古文作偏偏

故不待富而用其鄰也岳本閩監毛本同古本待作得

猶衆陰皆失其本實所居之處錢本宋本同閩監毛本猶誤由

女處尊位岳本閩監毛本同釋文女處本亦作交處

城復于隍石經岳本閩監毛本同釋文隍子夏傳作堭姚作湟

由基土陪扶宋本閩本同監毛本陪作培下同

否

以居倖位閩監毛本同錢本宋本倖作祿集解同

辟其陰陽已運之難閩監毛本同宋本集解已作厄

故茅茹以類　閩監毛本同岳本古本足利本茅上有拔字

拔茅貞吉　石經岳本閩監毛本同古本茅下有茹字

用其志順　〔補〕案志當依注作至

疇離祉　石經岳本閩監毛本同釋文鄭作古𠷎字

疇離位者　〔補〕案位當依經文作祉

繫于苞桑　岳本閩監毛本同石經初刻作包後改苞是也古本無于字非

居尊得位　閩監毛本同岳本宋本古本足利本得作當

但念其亡其亡　閩監毛本同錢本宋本但作恒

同人

義涉邪僻　錢本宋本閩監本同毛本義誤易

爲主別云同人曰者 閩監毛本主作之錢本宋本作今此同人于野亨之上別云同人曰者無爲主二字

過主則否 岳本閩本古本足利本同監毛本主誤上

用心偏狹 十行本偏字左旁缺閩監毛本如此岳本作徧釋文出徧狹

物黨相分 岳本閩監毛本同釋文物或作朋古本黨下有而字

以其當□九五之剛 閩本同監毛本無缺非錢本宋本當下是敵字

乘其墉 石經岳本閩監毛本同釋文墉鄭作庸

以與人爭二自五應 岳本閩監毛本同集解作與三爭二二自應五

不克則反反則得吉也 岳本閩監毛本同釋文一本作反則得得則吉也

而應乎乾 岳本閩監毛本同古本乎作于

欲功於三 補 案功當作攻形近之譌毛本正作攻

力能相遇也 閩監毛本同宋本力作乃

不能亡楚 岳本宋本閩本古本足利本同監毛本亡誤忘疏同

楚得之 宋本同閩監毛本作楚人得之○按今本家語有人字

不曰人亡之 宋本同閩監毛本之作弓○按今本家語作弓

大有 此卦前錢本錢校本宋本題周易注疏卷第四

六五應乾九二 錢本閩監毛本同宋本無乾字

亦與五爲體 閩監毛本同錢本宋本作九二在乾體

與時無違雖萬物皆得亨通 閩監毛本無作无錢本宋本作以時而行則萬物大得亨通

文則明察而不犯於物也 閩監毛本同宋本則作埋察而作察則錢本亦作察則

成物之性順天休命順物之命 閩監毛本同岳本宋本作成物之美順夫天德休物之命古本足利本與岳本同唯夫作奉一本無奉字

巽順含容之義也 閩監毛本同錢本宋本巽順作皆取

火性炎上是照耀之物 閩監毛本同錢本宋本作火又在上火是照耀之物

注云不能履中滿而不溢也 閩監毛本同錢本宋本注作故是作故無也字按注作故是也

大車以載 石經岳本閩監毛本同釋文車蜀才作輿

故云小人不克也 錢本宋本同閩監毛本不作弗

三旣能與五之同功 盧文弨云五衍文

匪其彭　石經岳本閩監毛本同釋文彭子夏作旁虞作尪

唯夫有聖知者　岳本閩監毛本同釋文出至知

非取其旁九四言不用三也　盧文弨云九四二字衍文

明辯晳也　石經岳本同閩本辯監毛本辯晳作辨晳古本無也字釋文晳王廙作晰又作晢字鄭本作遰陸本作逝虞作折凡俗本作晳者誤

與之交接也　補宋交當交字之譌毛本正作交

履信之謂也　岳本閩監毛本同集解之謂二字作者

居豐有之世　岳本閩監毛本同集解有作富世作代

而不以物累其心　集解作物不累心

謙　石經岳本閩監毛本同釋文子夏作嗛

況易經之體 閩監毛本同宋本況作凡

天道虧盈而益謙 石經岳本閩監毛本同釋文虧盈馬本作毀盈

鬼神害盈而福謙 石經岳本閩監毛本同釋文而福京本作而富

卑謙而不可踰越 集解作卑者有謙而不踰越盧文弨云論語疏所引正同

是君子之所終也言君子能終其謙之善事又獲謙之終福故云君子之終 集解無所字事作而無福上終字之作有

君子以裒多益寡 岳本閩監毛本同石經裒作褎釋文裒鄭荀董蜀才作捊

鳴者聲名聞之謂也 岳本閩監毛本同釋文出名者聲名聞之謂也

利用侵伐 石經岳本閩監毛本同釋文侵王廙作寢

征邑國 石經岳本閩監毛本同釋文出征國云本或作征邑國者非

可用行師征邑國也石經岳本閩監毛本同古本可作利

未有居衆人之所惡而爲動者所害郭京云而乃不字之誤盧文弨謂而下脫不字耳

不能實爭立功者閩監毛本同錢本宋本爭作事

豫

而四時不忒石經岳本閩監毛本同釋文忒京作貸

行師能順閩監毛本同錢本宋本下有動字

不監无辜〔補〕毛本監作濫

又略不云用也閩監本同毛本又作文

殷薦之上帝石經岳本閩監毛本同釋文殷京作隱薦本又作藨同本或作廌非

介于石石經岳本閩監毛本同釋文介古文作砎馬作扴

相守正得吉也補閩本明監本正作善錢本宋本相作恒案恒字是也

盱豫悔遲有悔岳本閩監毛本同石經遲作遟餘並同古本豫下有有字釋文盱子夏作紆京作汙姚作盱

由豫大有得勿疑朋盍簪石經岳本閩監毛本同釋文由馬作猶簪古文作貸京作撍馬作臧荀作宗虞作戠蜀才本依京

非已所乘閩監毛本同宋本作非合已之所乘錢本亦有之字○按盧文弨云非合猶言不當也

周易注疏校勘記卷二

周易兼義上經隨傳卷第三

國子祭酒上護軍曲阜縣開國子臣孔穎達奉勅撰正義

王弼注

䷐震下兌上 **隨元亨利貞无咎**【疏】隨元亨利貞无咎○正義曰元亨者於相隨之世必大得亨通若其不大亨通則无以相隨逆於時也利貞者相隨之體須利在得正隨而不正則邪僻之道必須利貞也无咎者有此四德乃无咎以苟相從涉於朋黨故必須四德乃无咎也凡卦有四德者或其卦當時之義即有四德如乾坤屯臨无妄此五卦之時即能四德備具其隨卦以惡相隨則不可也有此四德乃无咎无此四德則有咎也與前五卦其義稍別其革卦已日乃孚有四德若不已日乃孚則无四德與乾坤屯臨无妄隨其義又別若當卦之時其卦雖美未有四德若行此美方得在後始致四德者於卦則不言其德也若謙泰及復之等德義既美行之不已久必致此四德但當初之時其德未具故卦不顯四德也其諸卦之三德已下其意大略亦然也

彖曰隨剛來而下柔動而

說隨大亨。貞无咎。而天下隨時。隨時之義大矣
哉震剛而兌柔也以剛下柔動而之說乃得隨也爲隨而不大
通逆於時也相隨而不爲利正災之道也故大通利貞乃得
无咎也爲隨而令大通利貞得於時也得時則天下隨之矣隨
之所施唯在於時也時異而不隨否之道也故隨時之義大矣
哉【疏】彖曰至大矣哉。正義曰隨剛來而下柔動而說隨者
此釋隨卦之義所以致此隨者由剛來而下柔剛謂震
也柔謂兌也震處兌下是剛來下柔震動而兌說既能下人動
則喜說所以物皆隨從也大亨貞无咎而天下隨時者以有大
亨貞正无有咎害而天下隨之以正道相隨故隨之者廣若不
以大亨貞无咎而以邪僻相隨則天下不從也隨時之義大矣
哉若以元亨利貞則天下隨從即隨之義意廣大矣哉謂隨之
初始其道未弘終久義意而美大者特云隨時者謂隨其時節
之義謂此時宜行元亨利貞故云隨時也。注震剛而兌至大
矣哉。正義曰爲隨而不大通逆於時也物既相隨之時若王
者不以廣大開通使物閉塞是違逆於隨從之時也相隨而不
爲利正災之道者凡物之相隨多曲相朋附不能利益於物守
其正直此則小人之道長災禍及之故云災之道也隨之所施
唯在於時者釋隨時之義言隨時施設唯在於得時若能大通

利貞是得時也若不能大通利貞是失時也時異而不隨否之道者凡所遇之時體无恒定或值不動之時或值相隨之時舊來恒往今須隨從時既殊異於前而不使物相隨則是否塞之道當須可隨則隨逐時而用所利則大故云隨時之義大矣哉

象曰澤中有雷隨君子以嚮晦入宴息。澤中有雷動說之象也物皆說隨可以无爲不勞明鑒故君子嚮晦入宴息也〔疏〕象曰至宴息。正義曰說卦云動萬物者莫疾乎雷說萬物者莫說乎澤故注云澤中有雷動說之象也君子以嚮晦入宴息者明物皆說豫相隨不勞明鑒故君子象之鄭玄云晦宴也猶人君既夕之後入於宴寢而止息

初九官有渝貞吉出門交有功居隨之始上无其應无所偏係動能隨時意无所主者也隨不以欲以欲隨宜者也故官有渝變隨不失正也出門无違何所失哉〔疏〕初九至有功。正義曰官有渝者官謂執掌之職人心執掌與官同稱故人心所主謂之官渝變也此初九既无其應无所偏係可隨則隨是所執之志有能渝變也雖正是從故貞吉也出門交有功者所隨不以私欲故見善則往隨之以此出門交獲其功。注居隨之始至何所失哉。正義曰言隨不以欲以欲隨宜者若有其應則有私欲以无偏應是所隨

之事不以私欲有正則從是以欲隨其所宜也

象曰官有渝從正吉也出門交有功不失也〔疏〕正義曰官有渝從正吉者釋官有渝之義所執官守正能隨時渝變以見貞正則往隨從故云從正吉出門交有功不失者釋交有功之義以所隨之處不失正道故出門即有功也

六二係小子失丈夫陰之爲物以處隨世不能獨立必有係也居隨之時體於柔弱而以乘夫剛動豈能秉志違於所近隨此失彼弗能兼與五處已上初處已下故曰係小子失丈夫也〔疏〕六二至失丈夫○正義曰小子謂初九也丈夫謂九五也初九處卑故稱小子五居尊位故稱丈夫六二既是陰柔不能獨立所處必近係屬初九故云係小子既屬初九則不得往應於五故云失丈夫也

象曰係小子弗兼與也〔疏〕正義曰釋係小子之意既隨此初九則失彼九五丈夫是不能兩處兼有故云弗兼與也

六三係丈夫失小子隨有求得利居貞陰之爲物以處隨世不能獨立必有係也雖體下卦二已據初將何所附故舍初係四志在丈夫四俱无應亦欲於已隨之則得其所求矣故曰隨有求得也應非其正以係於人何可以妄

曰利居貞也初處已下四處〔疏〕六三係丈夫至利居貞○正
已上故曰係丈夫失小子也〔疏〕義曰六三陰柔近於九四是
係於丈夫也初九既被六二之所據六三不可復往從之是失
小子也隨有求得者三從往隨於四四亦更无他應已往隨於
四四不能逆已是三之所隨有求而皆得也利居貞者已非其
正以係於人不可妄動唯利在俱處守正故云利居貞也○注
四俱无應至小子也○正義曰四居无應者三既无應四亦无
應是四與三俱无應也此六二六三因陰陽之象假丈夫小子
以明人事餘无義也**象曰係丈夫志舍下也**下謂初也〔疏〕正義曰釋係丈夫之
義六三既係九四之丈夫志意則舍下之初九也**九四隨有獲貞凶有孚在**
道以明何咎處說之初下據二陰三求係已不距則獲故曰隨有獲也居於臣地履非其位以擅其民
失於臣道違正者也故曰貞凶體剛居說而得民心能幹其事而成其功者也雖爲常義志在濟物心有公誠著信在道以明
其功何咎之有〔疏〕九四至何咎○正義曰隨有獲者處說之初下據二陰三求係已不距則獲故曰隨有獲也貞凶者
居於臣地履非其位以擅其民失其臣道違其正理故貞凶也有孚在道以明何咎者體剛居說而得民心雖違常義志在濟

物心存公誠著信在於正道有功以明更有何咎故云有孚在道以明何咎也象曰隨有獲其義凶也有孚在道明功也疏正義曰隨有獲其義凶者釋隨有獲貞凶之意九四既有六三六二獲得九五之民爲臣而擅君之民失於臣義是以宜其凶也有孚在道明功者釋以明何咎之義既能著信在于正道是明立其功故无咎也九五孚于嘉吉履正居中而處隨世盡隨時之宜得物之誠故嘉吉也疏正義曰嘉善也履中居正而處隨世盡隨時之義得物之誠信故獲美善之吉也象曰孚于嘉吉位正中也上六拘係之乃從維之王用亨于西山隨之爲體陰順陽者也最處上極不從者也隨道已成而特不從故拘係之乃從也率土之濱莫非王臣而爲不從王之所討也故維之王用亨于西山也兌爲西方山者途之險隔也處西方而爲不從故王用通于西山疏象曰至于西山○正義曰最處上極是不隨從者也隨道已成而特不從故須拘係之乃始從也維之王用亨于西山者若欲維係此上六王者必須用兵通于西山險難之處乃得拘係也山謂險阻兌處西方故謂西山今有不從必須維係

此乃王者必須用兵通於險阻之道非是意在好刑故曰王用亨于西山**象曰拘係之上窮**
也處于上極故窮也〔疏〕正義曰釋拘係之義所以須拘係者以其在上而窮極不肯隨從故也

䷑巽下艮上**蠱元亨利涉大川先甲三日後甲三日**

〔疏〕蠱元亨至後甲三日。正義曰蠱者事也有事營爲則大得亨通有爲之時利在拯難故利涉大川也先甲三日後甲三日者甲者創制之令既在有爲之時不可因仍舊令用創制之令以治於人人若犯者未可卽加刑罰以民未習故先此宣令之前三日殷勤而語之又如此宣令之後三日更丁寧而誥之其人不從乃加刑罰也其褚氏何氏周氏等並同鄭義以爲甲者造作新令之日甲前三日取改過自新故用辛也甲後三日取丁寧之義故用丁也今案輔嗣注甲者創制之令不云創制之日又巽卦九五先庚三日後庚三日輔嗣注申命令謂之庚輔嗣又云甲庚皆申命之謂則輔嗣不以甲爲創制之日而諸儒不顧輔嗣注旨妄作異端非也**象曰蠱剛上而柔下**上剛可以斷制下柔可以施令**巽而止蠱**既巽又止不競爭也有事而无競爭之患故可以有爲也〔疏〕彖曰至止蠱。正義

曰剛上而柔下巽而止蠱者此釋蠱卦之名并明稱蠱之義也以上剛能制斷下柔能施令巽順止靜故可以有爲也褚氏云蠱者惑也物既惑亂終致損壞當須有事也有爲治理也故序卦云蠱者事也謂物蠱必有事非謂訓蠱爲事義當然也

蠱元亨而天下治也有爲而大亨非天下治而何也【疏】正義曰釋元亨之義以有爲而得元亨是天下治理也**利涉大川往有事也先甲三日後甲三日終則有始天行也**蠱者有事而待能之時也可以有爲其在此時矣物已說隨則待夫作制以定其事也進德修業往則亨矣故元亨利涉大川也甲者創制之令也創制不可責之以舊故先之三日後之三日使令治。而後乃誅也因事申令終則復始若天之行用四時也【疏】正義曰利涉大川往有事也者釋利涉大川也蠱者有爲之時拯拯危難往當有事故利涉大川此則假外象以喻危難也先甲三日後甲三日終則有始天行者釋先甲三日後甲三日之義也民之犯令告之已終更復從始告之殷勤不已若天之行四時既終更復從春爲始象天之行故云天行也。注蠱者至四時也。正義曰蠱者有事待能之時者物既蠱壞須有事營爲所作之事非賢能不可故經云幹父之

蠱幹則能也甲者創制之令者甲爲十日之首創造之令爲在後諸令之首故以創造之令謂之爲甲故漢時謂令之重者謂之甲令則此義也創制不可責之以舊者以人有犯令而致罪者不可責之舊法有犯則刑故須先後三日殷勤語之使曉知新令而後乃專誅謂兼通責讓之罪非尊謂誅殺也

象曰山下有風蠱君子以振民育德 蠱者有事而待能之時也故君子以濟民養德也〔疏〕正義曰必云山下有風者風能遙動散布潤澤今山下有風取君子能以恩澤下振於民育養以德振民象山下有風育德象山在上也

初六幹父之蠱有子考无咎厲終吉 處事之首始見任者也以柔巽之質幹父之事能承先軌堪其任者也故曰有子也任爲事首能堪其事考乃无咎也故曰有子考无咎也當事之首是以危也能堪其事故終吉〔疏〕初六至厲終吉○正義曰幹父之蠱者處事之首以柔巽之質幹父之事堪其任也有子考无咎者有子既能堪任父事考乃无咎也以其處事之初若不堪父事則考有咎也厲終吉者厲危也既爲事初所以危也能堪其事所以終吉也

象曰幹父之蠱意承考也 幹事之首時有損益不可盡承故意承而已

疏正義曰釋幹父之蠱義▲堪幹父事不可小大損益一依父命當量事制宜以意承考而已對文父沒稱考若散而言之生亦稱考若康誥云大傷厥考心是父在稱考此避幹父之文故變云考也

九二幹母之蠱不可貞 疏居於內中宜幹母事故曰幹母之蠱也婦人之性難可全正宜屈已剛既幹且順故曰不可貞也幹不失中得中道也 疏正義曰居內處中是幹母事也不可貞者婦人之性難可全正宜屈已剛不可固守貞正故云不可貞也

象曰幹母之蠱得中道也 疏正義曰得中道者釋幹母之蠱義難不能全正猶不失在中之道故云得中道也

九三幹父之蠱小有悔无大咎 以剛幹事而无其應故有悔也履得其位以正幹父雖小有悔終无大咎 疏正義曰幹父之蠱小有悔者以剛幹事而无其應故小有悔也无大咎者履得其位故終无大咎也

象曰幹父之蠱終无咎也

六四裕父之蠱往見吝 體柔當位幹不以剛而以柔和能裕先事者也然无其應往必不合故曰往見吝 疏象曰至見吝○正義曰裕父之蠱者體柔當位幹不以剛而以柔和能容

裕父之事也往見吝者以其無應所往之處見其鄙吝故往未得也象曰裕父之蠱往未得也六五幹父之蠱用譽以柔處尊用中而應承先以斯用譽之道也疏象曰至用譽○正義曰幹父之蠱用譽者以柔處尊用中而應以此承父用有聲譽象曰幹父用譽承以德也以柔處中不任威力也疏正義曰釋幹父用譽之義奉承父事唯以中和之德不以威力故云承以德也上九不事王侯高尚其事最處事上而不累於位不事王侯高尚其事也疏正義曰最處事上不復以世事爲心不係累於職位故不承事王侯但自尊高慕尚其清虛之事故云高尚其事也象曰不事王侯志可則也疏正義曰釋不事王侯之義身既不事王侯志則清虛高尚可法則也

䷒兌下坤上臨元亨利貞至于八月有凶疏臨元亨至有凶

○正義曰案序卦云臨大也以陽之浸長其德壯大可以監臨於下故曰臨也剛既浸長說而且順又以剛居中有應於外大

得亨通而利正也故曰元亨利貞也至于八月有凶者以物盛必衰陰長陽退臨爲建丑之月從建丑至于七月建申之時三陰既盛三陽方退小人道長君子道消故八月有凶也以盛不可終保聖人作易以戒之也

彖曰臨剛浸而長說而順剛中而應大亨以正天之道也

陽轉進長陰道日消君子日長小人日憂大亨以正之義

[疏]彖曰至天之道也○正義曰臨剛浸而長說而順者此釋卦義也凡諸卦之例說而順之下應以臨字結之此無臨字者以其剛中而應亦是臨義故不得於剛中之上而加臨也剛中而應大亨以正天之道者天道以剛居中而下與地相應使物大得亨通而利正故乾卦元亨利貞今此臨卦其義亦然故云天之道也

至于八月有凶消不久也

八月陽衰而陰長小人道長君子道消也故曰有凶

[疏]至于八月不久也○正義曰證有凶之義以其陽道既消不可常久故有凶也但復卦一陽始復剛性尚微又不得其中故未有元亨利貞泰卦三陽之時三陽在下而成乾體乾下坤上象天降下地升上上下通泰物通則失正故不具四德唯此卦二陽浸長陽浸壯大特得稱臨所以四德具也然陽長之卦每卦皆應八月有凶但此卦名臨是盛大之義

故於此卦特戒之耳君以類言之則陽長之卦至其終末皆有凶也○注八月至有凶○正義曰云八月者何氏云從建子陽生至建未爲八月褚氏云自建寅至建酉爲八月今案此注云小人道長君子道消宜據否卦之時故以臨卦建丑而至否卦建申爲八月也

象曰澤上有地臨君子以教思无窮容保民无疆相臨之道莫若說順也不恃威制得物之誠故物无違也是以君子教思无窮容保民无疆也

疏 象曰至无疆○正義曰澤上有地者欲見地臨於澤在上臨下之義故云澤上有地也君子以教思无窮者君子於此臨卦之時其下莫不喜說和順在上但須教化思念无窮已也欲使教恒不絕也容保民无疆者容謂容受也保安其民无有疆境象地之闊遠故云无疆也

初九咸臨貞吉咸感也感應也有應於四感以臨者也四履正位而已應焉志行正者也以剛感順志行其正以斯臨物正而獲吉也

疏 正義曰咸感也有應於四感之而臨志行得正故貞吉也

象曰咸臨貞吉志行正也

疏 正義曰咸臨貞吉志行正者釋咸臨貞吉之義四既履得正位已往與之相應是已之志意行而歸正也

九二咸臨吉无不利

有應在五感以臨者也剛勝則柔危而五體柔非能同斯志者也若順於五則剛德不長何由得吉无不利乎全與相違則失於感應其得感臨吉无不利必未順命也 疏 正義曰咸臨吉者咸感也有應於五是感以臨而得其吉也无不利者二雖與五相應二體是剛五體是柔兩雖相感其志不同若純用剛往則五所不從若純用柔往又損已剛性必須商量事宜有從有否乃得无不利也 象曰咸臨吉无不利未順命也 疏 正義曰未順命者釋无不利之義未可盡順五命須斟酌事宜有從有否故得无不利也則君臣上下獻可替否之義也 六三甘臨无攸利既憂之无咎 甘者佞邪說媚不正之名也履非其位居剛長之世而以邪說臨物宜其无攸利也若能盡憂其危改脩其道剛不害正故咎不長 疏 正義曰甘臨者謂甘美諂佞也履非其位居剛長之世而以邪說臨物故无攸利也既憂之无咎者既盡也若能盡憂其危則剛不害正故无咎也 象曰甘臨位不當也既憂之咎不長也 疏 正義曰既憂之咎不長者能盡憂其事改過自脩其咎則止不復長久故无咎也 六四至臨无咎 處順應陽不忌

剛長而乃應之履得其位盡其至者也剛勝則柔危柔不失正乃得无咎也【疏】正義曰履順應陽不畏剛長而已應之履得其位能盡其至極之善而爲臨故云至臨以柔不失正故无咎也

象曰至臨无咎位當也【疏】正義曰釋无咎之義以六四以陰所居得正柔不爲邪位當其處故无咎也

六五知臨大君之宜吉處於尊位履得其中能納剛以禮用建其正不忌剛長而能任之委物以能而不犯焉則聰明者竭其視聽知力者盡其謀能不爲而成不行而至矣大君之宜如此而已故曰知臨大君之宜吉也【疏】正義曰處於尊位履得其中能納剛以禮用建其正不忌剛長而能任之故聰明者竭其視聽知力者盡其謀能是知爲臨之道大君之所宜以吉也

象曰大君之宜行中之謂也【疏】正義曰釋大君之宜所以得宜者止由六五處中行此中和之行致得大君之宜故言行中之謂也

上六敦臨吉无咎處坤之極以敦而臨者也志在助賢以敦爲德雖在剛長剛不害厚故无咎也【疏】正義曰敦厚也上六處坤之上敦厚而爲臨志在助賢以敦爲德故云敦臨吉雖在剛長而志行敦厚剛所以不害故无咎也

象曰

敦臨之吉志在內也疏正義曰釋敦臨吉之義雖在上卦之極志意恆在於內之二陽意在助賢故得吉也

䷓坤下巽上觀盥而不薦有孚顒若王道之可觀者莫盛乎宗廟宗廟之可觀者莫盛於盥也至薦簡略不足復觀故觀盥而不觀薦也孔子曰禘自既灌而往者吾不欲觀之矣盡夫觀盛則下觀而化矣故觀至盥則有孚顒若也疏觀盥而至顒若○正義曰觀者王者道德之美而可觀也故謂之觀觀盥而不薦者可觀之事莫過宗廟之祭盥其禮盛也薦者謂既灌之後陳薦籩豆之事故云觀盥而不薦也有孚顒若者孚信也但下觀此盛禮莫不皆化悉有孚信而顒然故云有孚顒若○注王道之可觀至有孚顒若也○正義曰盡夫觀盛則下觀而化者觀盛謂觀盥禮盛則休而止是觀其大不觀其細此是下之效上因觀而皆化之矣故觀至盥則有孚顒若者顒是嚴正之貌若為語辭言下觀而化皆孚信容貌儼然也

彖曰大觀在上下賤而上貴也疏正義曰謂大為在下所觀唯在於上由在上既貴故在下大觀今大觀在於上順而巽中正以觀天下觀

盥而不薦有孚顒若下觀而化也觀天之神道而四時不忒聖人以神道設教而天下服矣統說

觀之為道不以刑制使物而以觀感化物者也神則無形者也不見天之使四時而四時不忒不見聖人使百姓而百姓自服也

疏順而巽至天下服矣○正義曰順而和巽居中得正以觀於天下謂之觀也此釋觀卦之名觀盥而不薦有孚顒若下觀而化者釋有孚顒若之義本由在下觀效在上而變化故有孚顒若也觀天之神道而四時不忒者此盛名觀卦之美言觀盥與天之神道相合觀此天之神道而四時不有差忒神道者微妙无方理不可知目不可見不知所以然而然謂之神道而四時之節氣見矣豈見天之所為不知從何而來邪蓋四時流行不有差忒故云觀天之神道而四時不忒也聖人以神道設教而天下服矣者此明聖人用此天之神道以觀設教而天下服矣天既不言而行不為而成聖人法則天之神道本身自行善垂化於人不假言語教戒不須威刑恐逼在下自然觀化服從故云天下服矣

象曰風行地上觀先王以省方觀民設教

疏正義曰風行地上者風主號令行於

地上猶如先王設教在於民上故云風行地上觀也先王以省方觀民設教者以省視萬方觀看民之風俗以設於教非諸侯以下之所為故云先王也

初六童觀小人无咎君子吝處於觀盛而最遠德美體於陰柔不能自進无所鑒見故曰童觀巽順而已無所能為小人之道也故曰小人无咎君子處大觀之時而為童觀不亦鄙乎

疏 正義曰童觀者處於觀時而最遠朝廷之美觀是柔弱不能自進无所鑒見唯如童稚之子而觀之為小人无咎君子吝者為此觀看趣在順從而已無所能為於小人行之纔得无咎若君子行之則鄙吝也

象曰初六童觀小人道也

六二闚觀利女貞處在於內無所鑒見體性柔弱從順而已猶有應焉不為全蒙所見者狹故曰闚觀居觀得位柔順寡見故曰利女貞婦人之道也處大觀之時居中得位不能大觀廣鑒闚觀而已誠可醜也

疏 象曰至利女貞○正義曰闚觀利女貞者既是陰爻又處在卦內性又柔弱唯闚竊而觀如此之事唯利女之所貞非丈夫所為之事也○注處在於內至誠可醜也○正義曰猶有應焉不為全蒙者六二以柔弱在內猶有九五剛陽與之為應則為有闚竊不為全蒙童蒙如初六也故能闚而外觀此童觀闚觀皆讀為去聲也

象曰闚觀女貞亦可醜也六三觀我生進退居下體之極處二卦之際近不比尊遠不童觀觀風者也居此時也可以觀我生進退也【疏】象曰至進退○正義曰觀我生進退者我生我身所動出三居下體之極是有可進之時又居上體之下復是可退之地遠則不為童觀近則未為觀國居在進退之處可以自觀我之動出也故時可則進時不可則退觀風相幾未失其道故曰觀我生進退也道得名生者道是開通生利萬物故繫辭云生生之謂易是道為生也象曰觀我生進退未失道也【疏】正義曰○處進退之時以觀進退之幾未失道也六四觀國之光利用賓于王居觀之時最近至尊觀國之光者也居近得位明習國儀者也故曰利用賓于王也【疏】正義曰最近至五是觀國之光利用賓于王者居在親近而得其位明習國之禮儀故曰利用賓于王庭也象曰觀國之光尚賓也【疏】正義曰釋觀國之光義以居近至尊之道志意慕尚為王賓也九五觀我生君子无咎居於尊位為觀之主宣弘大化光于四表觀之極者也上之化下猶風之靡草

故觀民之俗以察己之百姓有罪在予一人君子風著已乃无咎上爲觀主將欲自觀乃觀民也【疏】正義曰九五居尊爲觀之主四海之內由我而觀而教化善則天下有君子之風教化不善則天下著小人之俗故則民以察我道有君子之風著則无咎也故曰觀我生君子无咎也

象曰觀我生觀民也【疏】正義曰謂觀民以觀我故觀我卽觀民也

上九觀其生君子无咎觀我生自觀其道也觀其生爲民所觀者也不在於位最處上極高尚其志爲天下所觀者也處天下所觀之地可不愼乎故君子德見乃得无咎生猶動出也【疏】上九至无咎○正義曰觀其生者最處上極高尚其志生亦道也爲天下觀其已之道故云觀其生也君子无咎者既居天下可觀之地可不愼乎故君子謹愼乃得無咎也○注觀我生至動出也○正義曰生猶動出者或動或出是生長之義故云生猶動出六三九五皆云觀我生上九云觀其生此等云生皆爲動出故於卦主主總明之也

象曰觀其生志未平也將處異地爲衆觀不爲平易和光流通志未平也【疏】正義曰釋觀其生之義以特處異地爲衆所觀不爲平易和光流通志未與世俗均平世無危懼之憂我有符同之慮故曰志未平也

䷔ 震下離上

噬嗑亨利用獄　噬齧也嗑合也凡物之不親由有間也物之不齊由有過也有間與過齧而合之所以通也刑克以通獄之利也

疏 正義曰噬嗑亨者噬齧也嗑合也物在於口則隔其上下若齧去其物上下乃合而得亨也此卦之名假借口象以爲義以喻刑法也凡上下之間有物間隔當須用刑法去之乃得亨通故云噬嗑亨也利用獄者以刑除間隔之物故利用獄也

彖曰頤中有物曰噬嗑　頤中有物齧而合之噬嗑之義也

疏 正義曰此釋噬嗑名也案諸卦之彖先標卦名乃復言曰某卦曰同人曰大有曰小畜之類是也此發首不疊卦名者若義幽隱者先出卦名後更以卦名結之若其義顯露則不先出卦名則此頤中有物曰噬嗑之類其事可知故不先出卦名此乃夫子因義理文勢隨義而發不爲例也

噬嗑而亨　有物有間不齧不合无由亨也

疏 正義曰釋亨義由噬嗑而得亨也

剛柔分動而明雷電合而章　剛柔分動不溷乃明雷電並合不亂乃章皆利用獄之義

疏 剛柔分動至合而章 正義曰釋利用獄之義剛柔既分不相溷雜故動而顯明也雷電既合而不錯亂故事得彰著明而且著可以斷獄剛柔分謂震剛在下離柔在上

剛柔云分雷電云合者欲見明之與動各是一事故剛柔云分也明動雖各一事相須而用故雷電云合但易之爲體取象既多若取分義則云震下離上若取合義則云離震合體共成一卦也此釋二象利用獄之義也○注剛柔分動至用獄之義○正義曰雷電並合不亂乃章者象文雖云雷電合注云不亂乃章者不亂之文以其上云剛柔分剛柔分則是不亂故云雷電並合不亂乃章也

柔得中而上行雖不當位利用獄也謂五也能爲齧合而通必有其主五則是也上行謂所之在進也凡言上行皆所之在貴也雖不當位不害用獄也

疏柔得中至用獄也○正義曰此釋爻有利用獄之義陰居五位是柔得中也而上行者既居上卦意在向進故云上行其德如此雖不當位者所居陰位猶利用獄也○注謂五也至不害用獄也○正義曰凡言上行皆所之在貴者輔嗣此注恐畏之適五位則是上行故於此明之凡言上行但所之在進皆曰上行不是雖向五位乃稱上行也故謙卦彖云地道卑而上行坤道體在上故總云上行不止也又損卦彖云損下益上曰上行是減下云益上卦謂之上行是亦不據五也然則此云上行及晉卦彖卦上行既在五位而又稱上行則似若王者雖見在尊位猶意在欲進仰慕三皇五帝可貴之道故稱上行者也

象

曰雷電噬嗑先王以明罰勑法。疏正義曰雷電噬嗑者但噬嗑之象其象在口雷電非噬嗑之體但噬嗑象外物既有雷電之體則雷電欲取明罰勑法可畏之義故連云雷電也

初九屨校滅趾。无咎居无位之地以處刑初受刑而非治刑者也凡過之所始必始於微而後至於著罰之所始必始於薄而後至於誅過輕戮薄故屨校滅趾桎其行也足懲而已故不重也過而不改乃謂之過小懲大誡乃得其福故无咎也校者以木絞校者也即械也校者取其通名也疏初九至无咎○正義曰屨校滅趾者屨謂著而屨踐也校謂所施之械也處刑之初居无位之地是受刑之人非治刑之主凡過之所始必始於微積而不已遂至於著罰之所始必始於薄刑薄刑之不已遂至於誅在刑之初過輕戮薄必校之在足足為懲誡故不復重犯故校之在足已沒其趾桎其小過誡其大惡過而能改乃是其福雖復滅趾可謂无咎故言屨校滅趾无咎也

象曰屨校滅趾。不行也過止於此疏正義曰釋屨校滅趾之義猶著校滅沒其趾也小懲大誡故罪過止息不行也

六二噬膚滅鼻无咎噬齧也齧者刑克之謂也處中得位所刑者當故曰噬膚也乘剛而

刑未盡順道噬過其分故滅鼻也刑得所疾故雖滅鼻而无咎也膚者柔脆之物也【疏】正義曰六二處中得位是用刑者所刑中當故曰噬膚膚是柔脆之物以喻服罪受刑之人也乘剛而刑未盡順道噬過其分故至滅鼻言用刑大深也无咎者用刑得其所疾謂刑中其理故无咎也

象曰噬膚滅鼻乘剛也【疏】正義曰乘剛者釋噬膚滅鼻之義以其乘剛故用刑深也

六三噬腊肉遇毒小吝无咎

處下體之極而履非其位以斯食物其物必堅豈唯堅乎將遇其毒噬以喻刑人腊以喻不服毒以喻怨生然承於四而不乘剛雖失其正刑不侵順故雖遇毒小吝无咎【疏】正義曰噬腊肉者腊是堅剛之肉也毒者苦惡之物也三處下體之上失政刑人人不服若齧其腊肉非但難齧亦更生怨咎猶噬腊而難入復遇其毒味然也三以柔不乘剛刑不侵順道雖有遇毒之吝於德亦无大咎故曰噬腊肉遇毒小吝无咎也

象曰遇毒位不當也【疏】正義曰位不當者謂處位不當也

九四噬乾胏得金矢利艱貞吉。

雖體陽爻為陰之主履不獲中而居其非位以斯噬物物亦不服故曰噬乾胏也金剛也矢直也噬乾胏而得剛直可以利於艱貞

之吉未足以盡通理之道也【疏】正義曰噬乾胏者乾胏是臠肉之乾者履不獲中居其非位以斯治物物亦不服猶如噬乾胏然也得金矢者金剛也矢直也雖刑不能服物而能得其剛直也利艱貞吉者既得剛直利益艱難守貞正之吉猶未能光大通理之道故象云未光也

象曰利艱貞吉未光也。六五噬乾肉得黃金貞厲无咎

乾肉堅也黃中也金剛也以陰處陽以柔乘剛以噬於物物亦不服故曰噬乾肉也然處得尊位以柔乘剛而居於中能行其戮者也履不正而能行其戮剛勝者也噬雖不服得中而勝故曰噬乾肉得黃金也已雖不正而刑戮得當故雖貞厲而无咎也【疏】象曰至貞厲无咎○正義曰噬乾肉者乾肉堅也以陰處陽以柔乘剛以此治罪於人人亦不服如似噬乾肉也得黃金者黃中也金剛也以居於中是黃也以柔乘剛是金也既中而行剛能行其戮剛勝者也故曰得黃金也貞厲无咎者已雖不正刑戮得當故雖貞正自危而无咎害位雖不當而用刑得當故象云得當也

象曰貞厲无咎得當也。上九何校滅耳凶

處罰之極惡積不改者也罪非所懲故刑及其首至于滅耳及首非誠滅耳非懲凶莫甚焉【疏】象曰至滅耳凶

正義曰何校滅耳凶者何謂檐何處罰之極惡積不改故罪及其首何檐枷械滅沒於耳以至誅殺以其聰之不明積惡致此故象云聰不明也○注處罰之極至凶莫甚焉○正義曰罪非所懲者言其惡積既深尋常刑罪非能懲誡故云罪非所懲也及首非誡滅耳非懲者若罪未及首猶可誡懼歸善也罪已及首性命將盡非復可誡故云及首非誡也校既滅耳將欲刑殺非可懲改故云滅耳非懲也

象曰何校滅耳聰不明也聰不明故不慮惡積至于不可解也

䷕離下艮上 賁亨小利有攸往〔疏〕正義曰賁飾也以剛柔二象交相文飾也賁亨者以柔來文剛而得亨通故曰賁亨也小利有攸往者以剛上文柔不得中正故不能大有所往故云小利有攸往也

彖曰賁亨柔來而文剛故亨分剛上而文柔故小利有攸往剛柔不分文何由生故坤之上六來居二位柔來文剛之義也柔來文剛居位得中是以亨乾之九二分居上位分剛上而文柔之義也剛上文柔不得中位不若柔來文剛故小利有攸往。〔疏〕彖曰至有攸往○正義曰

賁亨柔來而文剛故亨者此釋賁亨之義不直言賁連云賁亨者由賁而致亨事義相連也若大哉乾元以元連乾者也柔來而文剛故亨柔來文剛以文相飾是賁義也相飾卽有爲亨故云賁亨亨之下不重以賁字結之者以亨之與賁相連而釋所以亨下不得重結賁字分剛上而文柔故小利有攸往釋小利有攸往義乾體在下今分乾之九二上向文飾坤之上六是分剛上而文柔也棄此九二之中往居无位之地棄善從惡往无大利故小利有攸往也○注剛柔不分至小利有攸往○正義曰坤之上六何以來居二位不居於初三乾之九二何以分居上位不居於五者乾性剛亢故以已九二居坤極坤性柔順不爲順首故以已上六下居乾之二位也且若柔不分居乾二剛不分居坤極則不得文明以止故也又陽本在上陰本在下應分剛而下分柔而上何因分剛向上分柔向下者今謂此本泰卦故也若天地交泰則剛柔得交若乾上坤下則是天地否閉剛柔不得交故分剛而上分柔而下也

天文也剛柔交錯而成文焉天之文也〔疏〕正義曰天之爲體二象剛柔剛柔交錯成文是天文也

文明以止人文也止物不以威武而以文明人之文也

〔疏〕正義曰文明離也以止艮也用此文明之道裁止於人是人之文德之教此賁卦之象既有天文人文欲廣美天文

人文之義聖人用之以治於物也

觀乎天文以察時變觀乎人文以化成天下。觀天之文則時變可知也觀人之文則化成可爲也【疏】正義曰觀乎天文以察時變者言聖人當觀視天文剛柔交錯相飾成文以察四時變化若四月純陽用事陰在其中靡草死也十月純陰用事陽在其中薺麥生也是觀剛柔而察時變也觀乎人文以化成天下者言聖人觀察人文則詩書禮樂之謂當法此教而化成天下也

象曰山下有火賁君子以明庶政无敢折獄處賁之時止物以文明不可以威刑故君子以明庶政而无敢折獄【疏】正義曰山下有火賁者欲見火上照山有光明文飾也又取山含火之光明象君子內含文明以理庶政故云山有火賁也以明庶政者用此文章明達以治理庶政也无敢折獄者勿得直用果敢折斷訟獄

初九賁其趾舍車而徒在賁之始以剛處下居於无位棄於不義安夫徒步以從其志者也故飾其趾舍車而徒義弗乘之謂也【疏】正義曰在賁之始以剛處下居於无位之地乃棄於不義之車而從有義之徒步故云舍車而徒以其志行高絜不苟就輿乘是以義不肯乘故象云義弗乘也

象

曰舍車而徒義弗乘也六二賁其須得其位而无應三亦无應俱无應而比焉近而相得者也須之爲物上附者也循其所履以附於上故曰賁其須也（疏）正義曰賁其須者須是上須於面六二常上附於三若似賁飾其須也循其所履以附於上與上同爲興起故象云與上興也象曰賁其須與上興也九三賁如濡如永貞吉處下體之極居得其位與二相比俱履其正和合相潤以成其文者也既得其飾又得其潤故曰賁如濡如也永保其貞物莫之陵故曰永貞吉也（疏）正義曰賁如濡如者賁如華飾之貌濡如潤澤之理居得其位與二相比和合文飾而有潤澤故曰賁如濡如其美如此長保貞吉物莫之陵故象云永貞之吉終莫之陵也象曰永貞之吉終莫之陵也六四賁如皤如白馬翰如匪寇婚媾有應在初而閡於三爲己寇難二志相感不獲通亨欲靜則疑初之應欲進則懼三之難故或飾或素內懷疑懼也鮮絜其馬翰如以待雖履正位未敢果其志也三爲剛猛未可輕犯匪寇乃婚終无尤也（疏）象曰永貞之吉至匪寇婚媾正義曰賁如皤如者皤是素

白之色六四有應在初欲往從之三爲已難故已猶豫或以文絜故賁如也或守質素故皤如也白馬翰如者但鮮絜其馬其色翰如徘徊待之未敢輒進也匪寇婚媾者若非九三爲己寇害乃得與初爲婚媾也

象曰六四當位疑也匪寇婚媾終无尤也

疏 正義曰六四當位疑者以其當位得與初爲應但礙於三故遲疑也若不當位則與初非應何須欲往而致遲疑也匪寇婚媾終无尤者釋匪寇婚媾之義若待匪有寇難乃爲婚媾則終无尤過若犯寇難而爲婚媾則終有尤也

六五賁于丘園束帛戔戔。吝終吉。

處得尊位爲飾之主飾之盛者也施飾於物其道害也施飾丘園盛莫大焉故賁于束帛丘園乃落賁于丘園。帛乃戔戔用莫過儉泰而能約故必吝焉乃得終吉也

疏 六五賁于丘園至終吉。正義曰賁于丘園者丘園是質素之處六五處得尊位爲飾之主若能施飾在於質素之處不華侈費用則所束之帛戔戔衆多也吝終吉者初時儉約故是其吝也必儉約之吝乃得終吉而有喜也故象云六五之吉有喜也○注處得尊位至乃得終吉也○正義曰爲飾之主飾之盛者若宮室輿服之屬五爲飾主若施設華飾在於輿服宮館之物則大道損害也施飾丘園盛莫大焉

者丘謂丘墟園謂園圃唯草木所生是質素之處非華美之所若能施飾每事質素與丘園相似盛莫大焉故賁于束帛丘園乃落者束帛財物也舉束帛言之則金銀珠玉之等皆是也若賁飾於此束帛珍寶則素質之道乃隕落故云丘園乃落也賁于丘園帛乃戔戔者設飾在於丘園質素之所不費財物束帛乃戔戔衆多也諸儒以爲若賁飾束帛不用聘士則丘園之上乃落也若賁飾丘園之士與之故束帛乃戔戔也諸家注易多爲此解但今案輔嗣之注全无聘賢之意且爻之與象亦无待士之文輔嗣云用莫過儉泰而能約故必吝焉乃得終吉此則普論爲國之道不尚華侈而貴儉約也若從先師唯用束帛招聘丘園以儉約待賢豈其義也所以漢聘隱士或乃用羔鴈玄纁蒲輪駟馬豈止束帛之間而云儉約之事今觀注意故爲此解耳

象曰六五之吉有喜也上九白賁无咎處飾之終飾終反素故在其質素不勞文飾而无咎也以白爲飾而无患憂得志者也

〔疏〕正義曰白賁无咎者處飾之終飾終則反素故在其質素不勞文飾故曰白賁无咎也守志任真得其本性故象云上得志也言居上得志也**象曰**

白賁无咎上得志也

☷☶坤下艮上剝不利有攸往疏正義曰剝者剝落也今陰長變剛剛陽剝落故稱剝也小人既長故不利有攸往也彖曰剝剝也柔變剛也不利有攸往小人長也順而止之觀象也君子尚消息盈虛天行也坤順而艮止也所以順而止之不敢以剛止者以觀其形象也強亢激拂觸忤以隕身身既傾焉功又不就非君子之所尚也疏彖曰至天行也○正義曰剝剝也者釋剝卦名爲剝不知何以稱剝故釋云剝者解剝之義是陰長解剝於陽也柔變剛者釋所以此卦名剝之意也不利有攸往小人道長者此釋不利有攸往之義小人道長世既闇亂何由可進往則遇災故不利有攸往也順而止之觀象者明在剝之時世既无道君子行之不敢顯其剛直但以柔順止約其上唯望君上形象量其顏色而止也君子尚消息盈虛天行者解所以在剝之時順而止之觀其顏色形象者須量時制變隨物而動君子通達物理貴尚消息盈虛道消之時行消道也道息之時行盈道也在虛之時行虛道也若值盈息之時存身避害危行言遜也若值盈息之時極言正諫建事立功也天行謂逐時消息盈虛乃天道之所行也春夏始生之時天氣盛

大秋冬嚴殺之時天氣消滅故云天行也○注坤順而艮止也至君子之所尚也○正義曰非君子之所尚者不逆時消息盈虛於无道之時剛亢激拂觸忤以隕身身既傾隕功又不就非君子之所尚也

象曰山附於地剝上以厚下安宅 厚下者牀不見剝也安宅者物不失處也厚下安宅治剝之道也

疏 正義曰山附於地剝者山本高峻今附於地卽是剝落之象故云山附於地剝也上以厚下安宅者剝之爲義從下而起故在上之人當須豐厚於下安物之居以防於剝也

初六剝牀以足蔑貞凶 牀者人之所以安也剝牀以足猶云剝牀之足也蔑猶削也剝牀之足滅下之道也下道始滅剛隕柔長則正削而凶來也

疏 正義曰剝牀以足者牀者人之所以安處也在剝之初剝道從下而起剝牀之足言牀足已剝也下道始滅也蔑貞凶者蔑削也貞正也下道既蔑則以侵削其貞正所以凶也

象曰剝牀以足以滅下也

疏 正義曰釋剝牀以足之義牀在人下足又在牀下今剝牀之足是盡滅於下也

六二剝牀以辨蔑貞凶 蔑猶甚極之辭也辨者足之上也剝道浸長故剝其辨也稍近於牀轉欲滅物之所處長柔而削正以斯爲德

物所棄也〔疏〕六二至蔑貞凶○正義曰剝牀以辨者辨謂牀身之下牀足之上足與牀身分辨之處也今剝落侵上乃至於辨是漸近人身故云剝牀以辨也蔑貞凶者蔑削也削除中正之道故凶也初六蔑貞但小削而已六二蔑貞是削之甚極故更云蔑貞凶也長此陰柔削其正道以此為德則物之所棄故象云未有與也言无人與助之也○注蔑猶甚極至物所棄也○正義曰蔑猶甚極之辭者初既稱蔑二又稱蔑蔑上復蔑此為蔑甚極故云蔑猶甚極之辭也蔑謂微蔑物之見削則微蔑也故以蔑為削稍近於牀轉欲蔑物之處者物之所處謂牀也今剝道既至於辨在牀體下畔之間是將欲滅牀故云轉欲滅物之所處也

象曰剝牀以辨未有與也　六三剝之无咎

與上為應羣陰剝陽我獨協焉雖處於剝可以无咎〔疏〕正義曰六三與上九為應雖在剝陽之時獨能與陽相應雖失位處剝而无咎也

象曰剝之无咎失上下也

注上下各有二陰而三獨應於陽則失上下也〔疏〕正義曰釋所以无咎之義上下羣陰皆悉剝陽也己獨能違失上下之情而往應之所以无咎也

六四剝牀以膚凶

初二剝牀民所以安未剝其身也至四剝道浸長牀既剝盡以

乃[illegible]身小人遂盛物將失身豈唯削正靡所不凶【疏】正義曰阿道浸長剝牀已盡乃至人之膚體物皆失身所以凶也

象曰剝牀以膚切近災也【疏】正義曰切近災者其災已至故云切近災也

六五貫魚以宮人寵无不利處剝之時居得尊位爲剝之主者也剝之爲害小人得寵以消君子者也若能施寵小人於宮人而已不害於正則所寵雖衆終无尤也貫魚謂此衆陰也駢頭相次似貫魚也【疏】正義曰貫魚以宮人寵者處得尊位爲剝之主剝之爲害小人得寵以消君子貫魚者謂衆陰也駢頭相次似若貫穿之魚此六五若能處待衆陰但以宮人之寵相似宮人被寵不害正事則終无尤過无所不利故云无不利故象云終无尤也

象曰以宮人寵終无尤也

上九碩果不食君子得輿小人剝廬處卦之終獨全不落故果至于碩而不見食也君子居之則爲民覆蔭小人用之則剝下所庇也【疏】正義曰碩果不食者處卦之終獨得完全不被剝落猶如碩大之果不爲人食也君子得輿者若君子而居此位能覆蔭於下使得全安是君子居之則得車輿也若小人居之下无庇蔭在下之人被

剝徹廬舍也象曰君子得輿民所載也小人剝廬終不可用也疏正義曰君子得輿民所載者釋得輿之義若君子居處此位養育其民民所仰載也小人剝廬終不可用者言小人處此位爲君剝徹民之廬舍此小人終不可用爲君也

☷☳震下坤上復亨出入无疾朋來无咎反復其道七日來復利有攸往疏正義曰復亨者陽氣反復而得亨通故云復亨也出入无疾者出則剛長入則陽反理會其時故无疾病也朋來无咎者朋謂陽也反復衆陽朋聚而來則无咎也若非陽衆來則有咎以其衆陽之來故无咎也反復其道七日來復者欲速反之與復而得其道不可過遠唯七日則來復乃合於道也利有攸往者以陽氣方長往則小人道消故利有攸往也象曰復亨剛反動而以順行是以出入无疾入則爲反出則剛長故无疾疾猶病也朋來无咎朋謂陽也疏象曰至无咎。正義曰復亨者以陽復則亨故以亨連復而釋之也剛反動而以順行者既上釋復亨之義又下釋出入无疾

朋來无咎之理故云是以出入无疾朋來无咎也**反復其道七日來復**陽氣始剝盡至來復時凡七日〔疏〕正義曰陽氣始剝盡謂陽氣始於剝盡之後至陽氣來復時凡經七日觀注之意陽氣從剝盡之後至於反復凡經七日其注分明如褚氏莊氏並云五月一陰生至十一月一陽生凡七月而云七日不云月者欲見陽長須速故變月言日今輔嗣云剝盡至來復是從盡至來復經七日也若從五月言之何得云始盡也又臨卦亦是陽長而言八月今復卦亦是陽長何以獨變月而稱七日觀注之意必謂不然亦用易緯六日七分之義同鄭康成之說但於文省略不復具言案易緯稽覽圖云卦氣起中孚故離坎震兌各主其一方其餘六十卦卦有六爻爻別主一日凡主三百六十日餘有五日四分日之一者每日分為八十分五日分為四百分四分日之一又為二十分是四百二十分六十卦分之六七四十二卦別各得七分是每卦得六日七分也剝卦陽氣之盡在於九月之末十月當純坤用事坤卦有六日七分坤卦之盡則復卦陽來是從剝盡至陽氣來復隔坤之一卦六日七分舉成數言之故輔嗣言凡七日也反復者則出入之義反謂入而倒反復謂旣反之後復而向上也**天行也**以天之行反覆不過七日復之不可遠也〔疏〕正義曰反復其道七日來

復天行者以天行釋反復其道七日來復之義言反之與復得合其道唯七日而來復不可久遠也此是天之所行也天之陽氣絕滅之後不過七日陽氣復生此乃天之自然之理故曰天行也**利有攸往剛長也**往則小人道消也〔疏〕正義曰以剛長釋利有攸往之義也**復其見天地之心乎**復者反本之謂也天地以本爲心者也凡動息則靜靜非對動者也語息則默默非對語者也然則天地雖大富有萬物雷動風行運化萬變寂然至无是其本矣故動息地中乃天地之心見也若其以有爲心則異類未獲具存矣〔疏〕復。見天地之心乎○正義曰復其見天地之心乎者此贊明復卦之義天地養萬物以靜爲心不爲而物自爲不生而物自生寂然不動此天地之心也此復卦之象動息地中雷在地下息而不動靜寂之義與天地之心相似觀此復象乃見天地之心也天地非有主之宰何得有心以人事之心託天地以示法爾○注復者反本之謂也至未獲具存矣○正義曰復者反本之謂也者往前離本處而去今更反於本處是反本之謂也天地以本爲心者本謂靜也言天地寂然不動是以本爲心者也凡動息則靜靜非對動者也天地之動靜爲其本動爲其末言靜時多也動時少也若暫時而動止息則歸靜是靜非對動言靜之爲本自然而有

非對動而生靜故曰靜非對動者也語息則默默非對語者語則聲之動默則口之靜是不語之時恒常默也非是對語有默以動靜語默而无別體故云非對也云天地雖大富有萬物雷動風行運化萬變者此言天地之動也言寂然至无是其本矣者凡有二義一者萬物雖運動於外而天地寂然至无於其內也外是其末內是其本言天地无心也二者雖雷動風行千化萬變若其雷風止息運化停住之後亦寂然至无也若其以有爲心則異類未獲具存者凡以无爲心則物我齊致親疏一等則不害異類彼此獲寧若其以有爲心則我之自我不能普及於物物之自物不能普賴於我物則被害故未獲具存也

象曰雷在地中復先王以至日閉關商旅不行后不省方

方事也冬至陰之復也夏至陽之復也故爲復則至於寂然大靜先王則天地而行者也動復則靜行復則止事復則无事也

疏

象曰至后不省方○正義曰雷在地中復者雷是動物復卦以動息爲王故曰雷在地中先王以至日閉關者先王象此復卦以二至之日閉塞其關也商旅不行於道路也后不省方者方事也后不省視其方事也以地掩閉於雷故關門掩閉商旅不行君后掩閉於事皆取動息之義○注方事也至事復則无事也○正義曰方事者恐方是因

方境域故以方爲事也言至日不但不可出行亦不可省視事也冬至陰之復夏至陽之復者復謂反本靜爲動本冬至一陽生是陽動用而陰復於靜也夏至一陰生是陰動用而陽復於靜也動復則靜行復則止事復則无事者動而反復則歸靜行而反復則歸止事而反復則歸于无事也

初九不遠復无祇悔元吉 最處復初始復者也復之不速遂至迷凶不遠而復幾悔而反以此修身患難遠矣錯之於事其殆庶幾乎故元吉也

〔疏〕正義曰不遠復者最處復初是始復者也既在陽復卽能從而復之是迷而不遠卽能復也无祇悔元吉者韓氏云祇大也既能速復是无大悔所以大吉

象曰不遠之復以脩身也

〔疏〕正義曰釋不遠之復也所以不遠速復者以能脩正其身有過則改故也

六二休復吉 得位處中最比於初上无陽爻以疑其親陽爲仁行在初之上而附順之下仁之謂也既處中位親仁善鄰復之休也

〔疏〕正義曰得位處中最比於初陽爲仁行已在其上附而順之是降下於仁是休美之復故云休復吉也以其下仁所以吉也故象云休復之吉以下仁也

象曰休復之吉以下仁也

六三頻復厲无咎 頻頻蹙之貌也處下體之終雖

愈於上六之迷已失復遠矣是以蹙也蹙而求復未至於迷故雖危无咎也復道宜速蹙而乃復義雖无咎它來難保[疏]象曰休復之吉至无咎○正義曰頻復者頻謂頻蹙六三處下體之上去復稍遠雖勝於上六迷復猶頻蹙而復復道宜速謂蹙而求復也去復猶近雖有危厲於義无咎故象云義无咎也注頻蹙之貌至它來難保○正義曰義雖无咎它來難保者去復未甚大遠於義雖復无咎謂以道自守得无咎也若自守之外更有他事而來則難可保此无咎之吉也所以象云義无咎守常之義得无咎也

象曰頻復之厲義无咎也

六四中行獨復 四上下各有二陰而處厥中履得其位而應於初獨得所復順道而反物莫之犯故曰中行獨復也

[疏]象曰至中行獨復○正義曰中行獨復者處於上卦之下上下各有二陰已獨應初居在衆陰之中故云中行獨自應初故云獨復從道而歸故象云以從道也

象曰中行獨復以從道也

六五敦復无悔 居厚而履中居厚則无怨履中則可以自考雖不足以及休復之吉守厚以復悔可免也

[疏]正義曰敦復无悔者處坤之中是敦厚於復故云敦復既能履中又能自考成其行既居敦厚物无所怨雖不及六二之休復猶得

免於悔吝故云无悔也象曰敦復无悔中以自考也疏正義曰釋无悔之義以其處中能自考其身故无悔也

上六迷復凶有災眚用行師終有大敗以其國君凶至于十年不克征最處復後是迷者也以迷求復故曰迷復也用之行師難用有克也終必大敗用之於國則反乎君道也大敗乃復量斯勢也雖復十年修之猶未能征也疏上六迷復凶至不克征○正義曰迷復凶者最處復後是迷闇於復以迷求復所以凶也有災眚者闇於復道必无福慶唯有災眚也用行師終有大敗者所爲既凶故用之行師必无克勝唯終有大敗也以其國君凶者以用也用此迷復於其國內則反違君道所以凶也至于十年不克征者師敗國凶量斯形勢雖至十年猶不能征伐以其迷闇不復而反違於君道故象云迷復之凶反君道也象曰迷復之凶反君道也

䷘震下乾上无妄元亨利貞其匪正有眚不利有攸往疏正義曰无妄者以剛爲內主動而能健以此臨下物皆无敢詐僞虛妄俱行實理所以大得亨通利於貞

正故曰元亨利貞也其匪正有眚不利有攸往者物既无妄當以正道行之若其匪依正道則有眚災不利有所往也

彖曰无妄剛自外來而爲主於內謂震也動而健震動而乾健也【疏】正義曰以此卦象釋能致无妄之義以震之剛從外而來爲主於內震動而乾健故能使物无妄也

剛中而應謂五也【疏】正義曰明爻義能致无妄九五以剛處中六二應之是剛中而應剛中則能制斷虛實有應則物所順從不敢虛妄也

大亨以正天之命也剛自外來而爲主於內動而愈健剛中而應威剛方正私欲不行何可以妄使有妄之道滅无妄之道成非大亨利貞而何剛自外來而爲主於內則柔邪之道消矣動而愈健則剛直之道通矣剛中而應則齊明之德著矣故大亨以正也天之教命何可犯乎何可妄乎是以匪正則有眚而不利有攸往也【疏】大亨以正天之命也○正義曰釋元亨利貞之義威剛方正私欲不行何可以妄此天之教命也天道純陽剛而能健是乾德相似故云天之命也既是天命豈可犯乎○注剛自外來至不利有攸往也○正義曰云使有妄之道滅无妄之道成者妄謂虛妄矯詐不循正理若无剛中之主柔弱邪僻則物皆詐妄是有妄之道興也今遇剛中

之主威嚴剛正在下畏威不敢詐妄是有妄之道滅无妄之道成

其匪正有眚不利有攸往无妄之往何之矣天命不祐行矣哉

匪正有眚不求改以從正而欲有所往居不可以妄之時而欲以不正有所往將欲何之天命之所不祐竟矣哉

（疏）其匪正有眚至天命不祐行矣哉○正義曰其匪正有眚不利有攸往无妄之往何之矣者此釋匪正有眚不利有攸往之義也无妄之往何之矣上之之是語辭下之是適也身既非正在无妄之世欲有所往何所之適矣故云无妄之往何之矣天命不祐行矣哉者身既非正欲有所往犯違天命則天命不祐助也必竟行矣哉言終竟行此不祐之事也○注匪正有眚至不祐竟矣哉○正義曰竟矣哉者竟謂終竟言天所不祐終竟行矣哉

象曰天下雷行物與无妄

與辭也猶皆也天下雷行物皆不可以妄也

（疏）正義曰天下雷行者雷是威恐之聲今天下雷行震動萬物物皆驚肅无敢虛妄故云天下雷行物皆无妄也

先王以茂對時育萬物

茂盛也物皆不敢妄然後萬物乃得各全其性對時育物莫盛於斯也

（疏）正義曰茂盛也對當也言先王以此无妄盛事當其无妄之時

育養萬物也此唯王者其德乃耳非諸侯已下所能故不云君
子而言先王也案諸卦之象直言兩象卽以卦名結之若雷在
地中復今云无妄應云天下雷行无妄今云物與无妄者欲見萬
物皆无妄故加物與二字也其餘諸卦未必萬物皆與卦名同
義故直顯象以卦結之至如復卦唯陽氣
復非是萬物皆復舉復一卦餘可知矣 **初九无妄往吉**
體剛處下以貴下賤行 疏 正義曰體剛居下以貴下賤所行
不犯妄故往得其志 教化不爲妄動故往吉而得志也

象曰无妄之往得志也六二不耕穫不菑畬則
利有攸往 不耕而穫不菑而畬代終已成而不造也不擅其美乃盡臣道故利有攸往 疏 象曰至利
有攸往。正義曰不耕穫不菑畬者六二處中得位盡於臣道
不敢創首唯守其終猶若田農不敢發首而耕唯在後穫刈而
已不敢菑發新田唯治其菑熟之地皆是不爲其始而成其末
猶若爲臣之道不爲事始而代君有終也則利有攸往者爲臣
如此則利有攸往若不如此則往而无利也 **象曰不耕穫未富也** 疏 正義曰釋
不耕而穫之義不敢前耕但守後穫者未敢以耕耕之與穫俱
爲己事唯爲後穫不敢先耕事旣闕初不擅其美故云未富也

六三无妄之災或繫之牛行人之得邑人之災
以陰居陽行違謙順是无妄之所以爲災也牛者稼穡之資也
二以不耕而穫利有攸往而三爲不順之行故或繫之牛是有
司之所以爲獲彼人之所以爲災
也故曰行人之得邑人之災也
疏 六三至人之災○正義
曰无妄之世邪道不行
六二。陰居陽位失其正道行違謙順而乖臣範故无妄之所以
爲災矣牛者稼穡之資六三僭爲耕事行唱始之道而爲不順
王事之行故有司或繫其牛制之使不妄造故曰或繫之牛也
行人者有司之義也有司繫得其牛是行人制之得功故曰行
人之得彼居三者是處邑之人僭爲耕事
受其災罰故曰行人之得邑人之災也
象曰行人得牛
邑人災也
疏 正義曰釋行人之得義也以行人所得謂得
牛也此則得牛彼則爲災故云邑人災也
九四可貞无咎
處无妄之時以陽居陰以剛乘柔履於謙
順比近至尊故可以任正固有所守而无
咎
也
疏 正義曰以陽居陰以剛乘柔履於謙順上近至尊
可以任正固有所守而无咎故曰可貞无咎也
象
曰可貞无咎固有之也
疏 正義曰釋可貞无咎之義
所以可執貞正言堅固有

所執守故曰无咎也**九五无妄之疾勿藥有喜**居得尊位爲无妄之主者也下皆无妄害非所致而取藥焉疾之甚也非妄之災勿治自復非妄而藥之則凶故曰勿藥有喜

（疏）正義曰无妄之疾者凡禍疾所起由有妄而來今九五居得尊位爲无妄之主下皆无妄而偶然有此疾害故云无妄之疾也勿藥有喜者若疾自己招或寒暑飲食所致當須治療若其自然之疾非己所致疾當自損勿須藥療而有喜也此假病象以喻人事猶若人主而剛正自修身无虛妄下亦无虛妄而遇逢凶禍若堯湯之厄災非己招但順時修德勿須治理必欲除去不勞煩天下是有喜也然堯遭洪水使鯀禹治之者雖知災未可息必須順民之心鯀之不成以災未息也禹能治救災欲盡也是亦自然之災勿藥有喜之義也

象曰无妄之藥不可試也藥攻有妄者也而反攻无妄故不可試也

（疏）正義曰解勿藥有喜之義若有妄致疾其藥可用若身既无妄自然致疾其藥不可試也若其試之恐更益疾也言非妄有災不可治也若必欲治之則勞煩於下害更甚也此非宜施於人主至於凡人之事亦皆然也若己之无罪忽逢禍患此乃自然之理不須憂勞救護亦恐反傷其性

上九无妄行有眚无攸利處不

可妄之極唯宜靜保其身而已故不可以行也疏正義曰處不可妄之極唯宜靜保其身若動行必有災眚无所利也位處窮極動則致災故象云无妄之行窮之災也

象曰无妄之行窮之災也

䷙乾下艮上大畜利貞不家食吉利涉大川疏正義曰謂之大畜者乾健上進艮止在上止而畜之能畜止剛健故曰大畜象云能止健大正也是能止健故為大畜也小畜則巽在乾上以其巽順不能畜止乾之剛故云小畜也此則艮能止之故為大畜也利貞者人能止健非正不可故利貞也不家食吉者已有大畜之資當須養順賢人不使賢人在家自食如此乃吉也利涉大川者豐則養賢應於天道不憂險難故利涉大川

象曰大畜剛健篤實輝光日新其德凡物既厭而退者弱也既榮而隕者薄也夫能輝光日新其德者唯剛健篤實也疏正義曰言大畜剛健篤實者此釋大畜之義剛健謂乾也乾體剛性健故言剛健也篤實謂艮也艮體靜止故稱篤實也輝光日新其德者以其剛健篤實之故故能輝耀光榮日日增新其德若无剛健則劣弱也必既厭而退若无篤實則虛薄也必既榮而隕何能久有輝光日新其德乎○注凡物既厭至剛

健篤實也○正義曰凡物既厭而退者弱也者釋經剛健也若不剛健則見厭被退能剛健則所爲日進不被厭退也既榮而隕者薄也者釋經篤實也凡物暫時榮華而即損落者由體質虛薄也若能篤厚充實則恒保榮美不有損落也

剛上而尚賢 謂上九也處上而大通剛來而不距尚賢之謂也【疏】剛上而尚賢○正義曰剛上謂上九也乾剛向上上九不距是貴尚賢也○注謂上九至尚賢之謂也○正義曰謂上九也者言上九之德見乾之上進而不距逆是貴尚賢也處上而大通者釋上九何天之衢亨是處上通也既處於上下應於天有大通之德也剛來而不距者以有大通既見乾來而不距逆是尚賢之義也

能止健大正也 健莫過乾而能止之非夫大正未之能也【疏】正義曰釋利貞義所以艮能止乾之健者德能大正故能止健也

不家食吉養賢也利涉大川應乎天也 有大畜之實以之養賢令賢者不家食乃吉也尚賢制健大正應天不憂險難故利涉大川也【疏】不家食吉至應乎天也○正義曰不家食吉養賢者釋不家食吉所以不使賢者在家自食而獲吉也以在上有大畜之實養此賢人故不使賢者在家自食也利涉大川應乎天者以貴尚賢人大正應天可踰越險難故利涉

大川也。注有大畜之實至利涉大川也。正義曰尚賢制健者謂上九剛來不距尚賢之謂也艮能畜剛制健之謂也故上經云剛上而尚賢王注云謂上九也又云能止健大正也王注云健莫過乾而能止之非夫大正未之能也則是全論艮體明知尚賢謂上九也制健謂艮體也大正應天者謂艮也故前文云能止健大正也止健是艮也應天者上體之艮應下體之乾故稱應天也此取上卦下卦而相應非謂一陰一陽而相應也

象曰天在山中大畜君子以多識前言往行以畜其德物之可畜於懷令德不散盡於此也

疏象曰至以畜其德。正義曰天在山中者欲取德積於身中故云天在山中也君子以多識前言往行以畜其德者君子則此大畜物既大畜德亦大畜故多記識前代之言往賢之行使多聞多見以畜積己德故云以畜其德也。注物之可畜至盡於此也。正義曰物之可畜於懷令其道德不有棄散者唯貯藏前言往行於懷可以令德不散也唯此而已故云盡於此也

初九有厲利已四乃畜已未可犯也故進則有厲已則利也

疏正義曰初九雖有應於四四乃抑畜於己己今若往則有危厲唯利休已不須前進則不犯禍凶也故象云不犯災也

象曰有

厲利已不犯災也處健之始未果其健者故能利已

九二輿說輹五處畜盛未可犯也遇斯而進故輿說輹也居得其中能以其中不爲馮河死而无悔遇難能止故无尤也

疏正義曰九二與六五相應五處畜盛未可犯也若遇斯而進則輿說其輹車破敗也以其居中能遇難而止則无尤過故象云中无尤也以其居中能自止息故无尤也此輿說輹亦假象以明人事也

象曰輿說輹中无尤也

九三良馬逐利艱貞曰閑輿衛利有攸往凡物極則反故畜極則通初二之進值於畜盛故不可以升至於九三升于上九而上九處天衢之亨塗徑大通進无違距可以馳騁故曰良馬逐也履當其位進得其時在乎通路不憂險厄故利艱貞也閑閡也衛護也進得其時雖涉艱難而无患也輿雖遇閑而故衛也與上合志故利有攸往也

疏正義曰九三良馬逐者初二之進值於畜盛不可以升至於九三升于上九而上九處天衢之亨塗徑大通進无違距故九三可以良馬馳逐也利艱貞者履當其位進得其時在乎通路不憂險厄故宜利艱難而貞正也若不值此時雖平易守正而尚不可況艱難而欲行正乎曰閑輿衛者進得其時涉難无患雖曰有人欲

閑閑車輿乃是防衛見護也故云曰閑輿衛也利
有攸往者與上合志利有所往故象曰上合志也**象曰利有**
攸往上合志也六四童牛之牿元吉處艮之始履得其位能止健初
距不以角柔以止剛剛不敢犯抑銳之**疏**正義曰童牛之牿
始以息强爭豈唯獨利乃將有喜也者處艮之始履得
其位能抑止剛健之初距此初九不須用角故用童牛牿止其
初也元吉者柔以止剛剛不敢犯以息彊爭所以大吉而有喜
也故象云元吉有喜也**象曰六四元吉有喜也六五豶豕之**
牙吉豕牙橫猾剛暴難制之物謂二也五處得尊位爲畜之主二剛而進能豶其牙柔能制健禁暴抑盛豈唯能固
其位乃將有慶也**疏**象曰至豶豕之牙吉○正義曰豶豕之牙者豕牙謂九二也二既剛陽似豕牙之橫猾九二欲
進此六五處得尊位能豶損其牙故云豶豕之牙柔能制剛禁
暴抑盛所以吉也非唯獨吉乃終久有慶故象云六五之吉有
慶也○注豕牙橫猾至將有慶○正義曰能豶其牙者觀注
意則豶是禁制損去之名褚氏云豶除也除其牙也然豶之爲
除爾雅無訓案爾雅云豶大防則豶是隄防之義此豶其牙謂
防止其牙古字假借雖豕傍土邊之異其義亦通豶其牙謂止

其牙也

象曰六五之吉有慶也上九何天之衢亨處畜之極畜極則通大畜以至於大亨之時何辭也猶云何畜乃天之衢亨也【疏】正義曰何天之衢亨者何謂語辭猶云何畜也處畜極之時更何所畜乃天之衢亨无所不通也故象云何天之衢道大行也何氏云天衢既通道乃大亨

象曰何天之衢道大行也

䷚震下艮上頤貞吉觀頤自求口實【疏】正義曰頤貞吉者於頤養之世養此貞正則得吉也觀頤者頤養也觀此聖人所養物也自求口實者觀其自養求其口中之實也

象曰頤貞吉養正則吉也觀頤觀其所養也自求口實觀其自養也天地養萬物聖人養賢以及萬民頤之時大矣哉【疏】象曰至大矣哉○正義曰頤貞吉養正則吉者釋頤貞吉之義頤養也貞正也所養得正則有吉也其養正之言乃兼二義一者養此賢人是其養正故下云聖人養賢以及萬民二者謂養身得正故象云

愼言語節飲食以此言之則養正之文兼養賢及自養之義也觀頤觀其所養也者釋觀頤之義也言在下觀視在上頤養所養何人故云觀頤觀其所養也自求口實觀其自養者釋自求口實之義也謂在下之人觀此在上自求口中之實是觀其自養則是在下觀上乃有二義若所養是賢及自養有節則是其德盛也若所養非賢及自養乖度則其德惡也此卦之意欲使所養得也不欲所養失也天地養萬物者自此已下廣言頤卦所養事大故云天地養萬物也聖人養賢以及萬民者先須養賢乃得養民故云養賢以及萬民也聖人但養賢人使治衆衆皆獲安有如虞舜五人周武十人漢帝張良齊君管仲此皆養得賢人以爲輔佐政治世康兆庶咸說此則聖人養賢以及萬民之養也頤之時大矣哉者以象釋頤義於理既盡更无餘意故不云義所以直言頤之時大矣哉以所養得廣故云大矣哉

象曰山下有雷頤君子以愼言語節飲食言飲食猶愼而節之而況其餘乎【疏】正義曰山止於上雷動於下頤之爲用下動上止故曰山下有雷頤人之開發言語咀嚼飲食皆動頤之事故君子觀此頤象以謹愼言語裁節飲食先儒云禍從口出患從口入故於頤養而愼節也

初九舍爾靈龜觀我朵頤凶

朶頤者嚼也以陽處下而爲動始不能令物由己養動而求養者也夫安身莫若不競修己莫若自保守道則福至求祿則辱來居養賢之世不能貞其所履以全其德而舍其靈龜之明兆羨我朶頤而躁求離其致養之至道闚我寵祿而競進凶莫甚焉

〔疏〕初九至觀我朶頤凶。○正義曰靈龜謂神靈明鑒之龜兆以喻己之明德也朶頤謂朶動之頤以嚼物喻貪婪以求食也初九以陽處下而爲動始不能使物賴己而養而更自動求養是舍其靈龜之明兆觀我朶頤而躁求是損己廉靜之德行其貪竊之情所以凶也不足可貴故象云亦不足貴也注朶頤者嚼也至凶莫甚焉。○正義曰朶頤者嚼也者朶是動義如手之捉物謂之朶也今動其頤故知嚼也不能令物猶己養者若道德弘大則己能養物是物由己養今身處无位之地又居震動之始是動而自求養也離其致養之至道闚我寵祿而競進者若能自守廉靜保其明德則能致君上所養今不能守廉靜是離其致養之至道反以求其寵祿而競進也

象曰觀我朶頤亦不足貴也

六二顛頤拂經于丘頤征凶養下曰顛拂違也經猶義也丘所履之常也處下體之中无應於上反而養初居下不奉上而反養下故曰顛頤拂經于丘也以此而養未見其福也以此而行未見有

與故曰頤貞凶〔疏〕正義曰顛倒也拂違也經義也丘所履之常處也六二處下體之中无應於上反倒下養初故曰顛頤下常奉上是義之常處也今不奉於上而反養於下是違此經義於常之處故云拂經于丘也頤征凶者征行也若以此而養所行皆凶故曰頤征凶也

象曰六二征凶行失類也類皆上養而二處下養初〔疏〕正義曰頤養之體類皆養上也今此獨養下是所行失類也

六三拂頤貞凶十年勿用无攸利履夫不正以養於上納上以諂者也拂養正之義故曰拂頤貞凶也處頤而爲此行十年見棄者也立行於斯无施而利〔疏〕正義曰拂頤貞凶者拂違也履夫不正以養上九是自納於上以諂媚者也違養正之義故曰拂頤貞而有凶也爲行如此雖至十年猶勿用而見棄也故曰十年勿用立行於此故无所利也

象曰十年勿用道大悖也〔疏〕正義曰釋十年勿用之義以其養上以諂媚則於正道大悖亂解十年勿用見棄也

六四顛頤吉虎視耽耽其欲逐逐无咎體屬上體居得其位而應於初以上養下得頤之義故曰顛頤吉也下交不可以瀆故虎視耽耽威而不猛不

惡而嚴養德施賢何可有利故其欲逐逐尚敦實也修此二者然後乃得全其吉而无咎觀其自養則履正察其所養則養陽頤爻之貴斯爲盛矣【疏】六四顛頤吉至无咎○正義曰顛頤吉者體屬上體居得其位而應於初以上養下得養之宜所以吉也虎視眈眈者以上養下不可褻瀆恒如虎視眈眈然威而不猛也其欲逐逐者既養於下不可有求其情之所欲逐逐然尚於敦實也无咎者若能虎視眈眈其欲逐逐雖復顛頤養下則得吉而无咎也○注體屬上體至斯爲盛矣○正義曰覩其自養則履正者以陰處陰四自處其身是觀其自養則能履正道也察其所養則養陽者六四下養於初是觀其所養初是陽爻則能養養陽也

象曰顛頤之吉上施光也

【疏】正義曰釋顛頤吉之義上謂四也下養於初是上施也能威而不猛如虎視眈眈又寡欲少求其欲逐逐能爲此二者是上之所施有光明也然六二顛頤則爲凶六四顛頤得爲吉者六二身處下體而又下養所以凶也六四身處上體又應於初陰而應陽又能威嚴寡欲所以吉也

六五拂經居貞吉不可涉大川

以陰居陽拂頤之義也行則失類故宜居貞也无應於下而比於上故可守貞從上得頤之吉雖得居貞之吉處頤違謙難未可涉也【疏】正義曰拂違也

經義也以陰居陽不有謙退乖違於頤養之義故言拂經也居貞吉者行則失類居貞吉也不可涉大川者處頤違謙患難未解故不可涉大川故居貞吉也 象曰居貞之吉順以從上也 疏 正義曰釋居貞之義以五近上九以陰順陽親從於上故得居貞吉也 上九由頤厲吉利涉大川 以陽處上而履四陰陰不能獨爲主必宗於陽也故莫不由之以得其養故曰由頤爲衆陰之主不可瀆也故厲乃吉有似家人悔厲之義貴而无位是以厲也高而有民是以吉也爲養之主物莫之違故利涉大川也 疏 正義曰由頤者以陽處上而履四陰陰不能獨爲其主必宗事於陽也衆陰莫不由之以得其養故曰由頤也厲吉者爲衆陰之主不可褻瀆嚴厲乃吉故曰厲吉也利涉大川者爲養之主无所不爲故利涉大川而有慶也故象云大有慶也 象曰由頤厲吉大有慶也

䷛ 巽下兌上 大過 疏 大過○正義曰過謂過越之過非經過之過此衰難之世唯陽爻乃大能過越常理以拯患難也故曰大過以人事言之猶若聖人過越常理以拯患難也○注音相過之過○正義曰相過者謂相過越之

甚也非謂相過從之過故象云澤滅木是過越之甚也四陽在中二陰在外以陽之過越之甚也 **棟撓利有攸往亨** 〔疏〕正義曰棟撓者謂屋棟也本之與末俱撓弱以言衰亂之世始終皆弱也利有攸往亨者此遭衰難聖人利有攸往以拯患難乃得亨通故云利有攸往亨也 **彖曰大過大者過也** 大者乃能過也 〔疏〕正義曰釋大過之義也大者過謂盛大者乃能過其分理以拯難也故於二爻陽處陰位乃能拯難也亦是過甚之義 **棟撓本末弱也** 初為本而上為末也 〔疏〕正義曰釋棟撓義以大過本末俱弱故屋棟撓弱也似若衰難之時始終弱 **剛過而中** 謂二也居陰過也處二中也拯弱興衰不失其中也 **巽而說行** 巽而說行以此救難難乃濟也 **利有攸往乃亨** 危而弗持則將安用故往乃亨 〔疏〕正義曰剛過而中巽而說行利有攸往乃亨者此釋利有攸往乃亨義剛過而中謂二也以陽處陰是剛之過極之甚則陽來拯此陰難是過極之甚也巽而說行者既以巽順和說而行難乃得濟故利有攸往得亨也故云乃亨 **大過之時大矣哉** 是君子有為之時也 〔疏〕正義曰此廣說大過之美言當此大過之時唯君子

有爲拯難其功甚矣故曰大矣哉也

象曰澤滅木大過君子以獨立不懼遯世无悶

此所以爲大過非凡所及也

【疏】正義曰澤滅木者澤體處下木體處上澤无滅木之理今云澤滅木者乃是澤之甚極而至滅木是極大過越之義其大過之卦有二義也一者物之自然大相過越常分即此澤滅木是也二者大人大過越常分以拯患難則九二枯楊生稊老夫得其女妻是也君子以獨立不懼遯世无悶者明君子於衰難之時卓爾獨立不有畏懼隱遯於世而无憂悶欲有遯難之心其操不改凡人遇此則不能然唯君子獨能如此是其過越之義

初六藉用白茅无咎

以柔處下過而可以无咎其唯慎乎

【疏】正義曰以柔處下心能謹慎薦藉於物用絜白之茅言以絜素之道奉事於上也无咎者既能謹慎如此雖遇大過之難而无咎也以柔道在下所以免害故象云柔在下也

象曰藉用白茅柔在下也

九二枯楊生稊老夫得其女妻无不利

稊者楊之秀也以陽處陰能過其本而救其弱者也上无其應心无持吝處過以此无衰不濟也故能令枯楊更生稊老夫更得少妻拯弱興衰莫盛斯爻故

无不利也老過則枯少過則稚以老分少則稚者長以稚分老則枯者榮過以相與之謂也大過至衰而已至壯以至壯輔至衰應斯義也

【疏】象曰藉用白茅至无不利○正義曰枯楊生稊者枯謂枯槁稊謂楊之秀者九二以陽處陰能過其本分而救其衰弱上无其應心无特吝處大過之時能行此道无有衰者不被拯濟故衰者更盛猶若枯槁之楊更生少壯之稊枯老之夫得其少女爲妻也无不利者謂拯弱興衰莫盛於此以斯而行无有不利也○注稊者楊之秀也至應斯義也○正義曰稊者楊柳之穗故云楊之秀也以陽處陰能過其本而救其弱者若以陽處陽是依其本分今以陽處陰是過越本分拯救陰弱也老過則枯少過則稚者老之太過則枯槁少之太過則幼稚也以老分少則稚者長者謂老夫減老而與女妻女妻得之而更益長故云以老分少則稚者長也以稚分老則枯者榮者謂女妻減少而與老夫老夫得之似若槁者而更得生稊故云則枯者榮也云大過至衰而已至壯以至壯輔至衰應斯義者此大過之卦本明至壯輔至衰不論至衰減至壯故輔嗣此注特云以至壯輔至衰也象曰過以相與者因至壯而輔至衰似女妻而助老夫遂因云老夫減老而與少猶若至衰減衰而與壯也其實不然也

象曰老夫女妻過以相與也

【疏】正義曰釋

老夫女妻之義若老夫而有老妻是依分相對今老夫而得女妻是過分相與也老夫得女妻是女妻以少而與老夫老夫得少而更壯是女妻過分而與夫也女妻而得少夫是依分相對今女妻得老夫是老夫減老而與少女妻既得其老則益長是老夫過分而與妻也故云過以相與象直云老夫女妻不云枯楊生稊者枯楊則是老夫也生稊則女妻也其意相似故象略而不言

九三棟橈凶居大過之時處下體之極不能救危拯弱以隆其棟而以陽處陽自守所居又應於上係心在一宜其淹弱而凶衰也【疏】正義曰居大過之時處下體之極以陽居陽不能救危拯弱唯自守而已獨應於上係心在一所以凶也心既褊狹不可以輔救衰難故象云不可以有輔也

象曰棟橈之凶不可以有輔也

九四棟隆吉有它吝體屬上體以陽處陰能拯其弱不爲下所橈者也故棟隆吉也而應在初用心不弘故有它吝也【疏】正義曰棟隆吉者體居上體以陽處陰能拯救其弱不爲下所橈故得棟隆起而獲吉也有它吝者以有應在初心不弘闊故有它吝也

象曰棟隆之吉不橈乎下也【疏】正義曰釋棟隆之吉以其能拯於難不被橈乎在下故得棟隆吉九

四應初行又謙順能拯於難然唯只拯初初謂下也下得其拯猶若所居屋棟隆起下必不橈若何得之不被橈乎在下但經文云棟橈彖釋棟橈者本末弱也以屋棟橈弱而偏則屋下榱柱亦先弱柱爲本棟爲末觀此彖辭是足見其義故子産云棟折榱崩僑將壓焉以屋棟橈折則壞柱亦同崩此則義也

九五枯楊生華老婦得其士夫无咎无譽處得尊位而以陽處陽未能拯危處得尊位亦未有橈故能生華不能生稊能得夫不能得妻處棟橈之世而爲无咎无譽何可長哉故生華不可久士夫誠可醜也

疏九五枯楊生華至无咎无譽

正義曰枯楊生華者處得尊位而以陽居陽未能拯危不如九二枯楊生稊但以處在尊位唯得枯楊生華而已言其衰老雖被拯救其益少也又似年老之婦得其彊壯士夫婦已衰老夫又彊大亦是其益少也所拯難處少纔得无咎而已何有聲譽之美故无咎无譽也○注處得尊位至誠可醜也○正義曰處得尊位亦未有橈者以九三不得尊位故有棟橈今九五雖與九三同以陽居陽但九五處得尊位功雖未廣亦未有橈弱若其橈弱不能拯難不能使枯楊生華也以在尊位微有拯難但其功狹少但使枯楊生華而已不能生稊也能得夫不能得妻者若拯難功闊則老夫得其女妻是得少之甚也今既拯難功

狹但能使老婦得士夫而已不能使女妻言老婦所得利益薄少皆爲拯難功薄故所益少也

象曰枯楊生華何可久也老婦士夫亦可醜也〔疏〕正義曰枯楊生華何可久者枯槁之楊被拯纔得生華何可長久尋當衰落也老婦士夫亦可醜也者婦當少稚於夫今年老之婦而得彊壯士夫亦可醜辱也此言九五不能廣拯衰難但使枯楊生華而已但使老婦得其士夫而已拯難狹劣故不得長久誠可醜辱言不如九二也

上六過涉滅頂凶无咎 處大過之極過之甚也涉難過甚故至于滅頂凶志在救時故不可咎也〔疏〕正義曰處大過之極是過越之甚也以此涉危難乃至於滅頂言涉難深也既滅其頂所以凶也无咎者所以涉難滅頂至于凶亡本欲濟時拯難意善功惡无可咎責此猶龍逄比干憂時危亂不懼誅殺直言深諫以忤无道之主遂至滅亡其意則善而功不成復有何咎責此亦過涉滅頂凶无咎之象故象云不可咎言不可害於義理也

象曰過涉之凶不可咎也 雖凶无咎不害義也

☵☵ 坎下坎上 習坎 坎險陷之名也習謂便習之〔疏〕正義曰坎是險陷之名習者便習之義險難之

事非經便習不可以行故須便習於坎事乃得用故云習坎也案諸卦之名皆於卦上不加其字此坎卦之名特加習者以坎爲險難故特加習名習有二義一者習重也謂上下俱坎是重疊有險險之重疊乃成險之用也一者人之行險先須使習其事乃可得通故云習也

有孚維心亨剛正在內有孚者也陽不外發而在乎內心亨者也

【疏】有孚維心亨○正義曰有孚者亨信也由剛正在內故有信也維心亨者陽不發外而在於內是維心亨言心得通也○注剛正在內至心亨者也○正義曰剛正在內者謂陽在中也因心剛正則能有誠信故云剛正在內有孚者也陽不外發而在乎內心亨者也若外陽內陰則內心柔弱故不得亨通今以陽在於內陽能開通故維其在心之亨也

行有尚內亨外闇內剛外順以此行險行有尚也

【疏】行有尚○正義曰內亨外闇內剛外柔以此行險事可尊尚故云行有尚也○注內亨外闇至行有尚也○正義曰內亨外闇者內陽故內亨外陰故外闇以亨通之性而往謂陰闇之所能通於險故行可貴尚也

彖曰習坎重險也坎以險爲用故特名曰重險言習坎者習重乎險也

【疏】彖曰習坎重險也○正義曰釋習坎之義言習坎者習行重險險難也若險難不重不爲至險不須便習亦可濟也今險難既

重是險之甚者若不便習不可濟也故注云習坎者習重險也注坎以險爲用至習乎重險也○正義曰言習坎者習乎重險也者言人便習於坎止是便習重險便習之語以釋習名兩坎相重謂之重險又當習義是一習之名有此兩義

水流而不盈行險而不失其信 險陷之釋故水流而不能盈也處至險而不失剛中行險而不失其信者習○坎○之謂也

疏 水流而不盈至不失其信○正義曰此釋重險習坎之義水流而不盈謂險陷既極坑穽特深水雖流注不能盈滿言險之甚也釋重險之義也行險而不失其信謂行此至險能守其剛中不失其信也此釋習坎及有孚之義也以能便習於險故守剛中不失其信也○注險陷之極至習坎之謂也○正義曰險陷之極故水流而不能盈者若淺岸平谷則水流有可盈滿若其崖岸險峻澗谷泄漏是水流不可盈滿是險難之極也

維心亨乃以剛中也行有尚往有功也 便習於坎而之坎地盡坎之宜故往必有功也

疏 正義曰維心亨乃以剛中也者釋維心亨義也以剛在於中故維得心亨也行有尚往有功者此釋行有尚也既便習於坎而往之險地必有其功故云行有尚往有功也

天險不可升也 不可得升故得

保其威尊疏正義曰此已下廣明險之用也言天之為險懸邈高遠不可升上此天之險也若其可升不得保其威尊故以不可升為險也

地險山川丘陵也有山川丘陵故物得以保全也疏正義曰言地以山川丘陵而為險也故使地之所載之物保守其全若无山川丘陵則地之所載之物失其性也故地以山川丘陵而為險也

王公設險以守其國國之為衛恃於險也言自天地以下莫不須險也疏正義曰言王公法象天地固其城池嚴其法令以保其國也

險之時用大矣哉非用之常用有時也疏正義曰言天地已下莫不須險險雖有時而用故其功盛大矣哉○注非國之常用有時也○正義曰若天險地險不可暫无此此謂人之設險用有時也若化洽平治內外輯睦非用險也若家國有虞須設險防難是用有時也

象曰水洊至習坎重險懸絕故水洊至也不以坎為隔絕相仍而至習乎坎也疏正義曰重險懸絕其水不以險之懸絕水亦相仍而至故謂為習坎也以人之便習于坎猶若水之洊至水不以險為難也

君子以常德行習教事至險未夷教不可廢故以常德行而習教事也習於坎然後乃能不以險

難爲困而德行不失常也故則【疏】正義曰言君子當法此便
夫習坎以常德行而習教事也習於坎不以險難爲困當
守德行而習其政教之事若能
習其教事則可便習於險也 初六習坎入于坎窞凶
習坎者習爲險難之事也最處坎。底入坎窞者也處重險而復
入坎。底。其道凶也行險而不能自濟習坎而入坎窞失道而窮
在坎底上无應援可【疏】正義曰既處坎底上无應援是習爲
以自濟是以凶也 險難之事无人應援故入於坎窞而
至凶也以其失道不能自濟故象云失道凶也 象曰習坎入坎失道凶也九
二坎有險求小得 履失其位故曰坎上无應援故曰有
險坎而有險未能出險之中也處中
而與初三相得。故可以。求小得也【疏】正義曰坎有險者履失
初三未足以爲援故曰小得也 其位故曰坎也上无應
援故曰有險既在坎難而又遇險未得出險之中故象云未出
中也求小得者以陽處中初三來附故可以求小得也初三柔
弱未足以爲大援 象曰求小得未出中也六三來之
故云求小得也
坎坎險。且枕。入于坎窞勿用 既履非其位而又處兩
坎之間出則之。坎居則

亦坎故曰來之坎坎也枕者枕枝而不安之謂也出則无之處則无安故曰險且枕也來之皆坎无所用之徒勞而已【疏】正義曰來之坎坎者履非其位而處兩坎之閒出之與居皆在於坎故云來之坎坎也險且枕者枕枝而不安之謂也出則无應所以險處則不安故且枕也入于坎窞者出入皆難故入於坎窞也勿用者不出行若其出行終必无功徒勞而已故象云終无功也

象曰來之坎坎終无功也

六四樽酒簋貳用缶納約自牖終无咎處重險而履正以柔居柔履得其位以承於五五亦得位剛柔各得其所不相犯位皆无餘應以相承比明信顯著不存外飾處坎以斯雖復一樽之酒二簋之食瓦缶之器納此至約自進於牖乃可羞之於王公薦之於宗廟故終无咎也【疏】象曰至自牖終无咎○正義曰樽酒簋貳者處重險而履得其位以承於五五亦得位剛柔各得其所皆无餘應以相承比明信顯著不假外飾處坎以此雖復一樽之酒二簋之食故云樽酒簋二也用缶者既有樽酒簋二又用瓦缶之器故云用缶也納約自牖終无咎者納此儉約之物從牖而薦之可羞於王公可薦於宗廟故云終无咎也

象曰樽酒簋貳剛柔際也剛柔相比而相親焉

際之謂也疏正義曰釋樽酒簋二義所以一樽之酒二簋之食得進獻者以六四之柔與九五之剛兩相交際而相親故得以此儉約而爲禮也

九五坎不盈祗既平无咎

爲坎之主而无應輔可以自佐未能盈坎者也坎之不盈則險不盡矣祗辭也爲坎之主盡平乃无咎故曰祗既平无咎也說既平乃无咎明九五未免於咎也疏正義曰坎不盈者爲坎之主而无應輔可以自佐險難未能盈坎猶險難未盡也故云坎不盈也祗既平无咎者祗辭也謂險難既得盈滿而平乃得无咎若坎未盈平仍有咎也

象曰坎不盈中未大也

疏正義曰釋坎不盈之義雖復居中而无其應未得光大所以坎不盈滿也

上六係用徽纆寘于叢棘三歲不得凶

險陗之極不可升也嚴法峻整難可犯也宜其囚執寘于思過之地三歲險道之夷也險終乃反故三歲不得自脩三歲乃可以求復故曰三歲不得凶也疏正義曰係用徽纆寘于叢棘者險陗之極不可升上嚴法峻整難可犯觸上六居此險陗之處犯其峻整之威所以被繫用其徽纆之繩置於叢棘謂囚執之處以棘叢而禁之也三歲不得凶者謂險道未終三歲已來不得其吉而有凶也險終乃反若能自

脩三歲後可以求復自新故象云上六失道凶三歲也言失道之凶唯三歲之後可以免也

象曰上六失道凶三歲也

䷝離下離上 **離利貞亨** 離之爲卦以柔爲正故必貞而後乃亨故曰利貞亨也

疏 離利貞亨○正義曰離麗也麗謂附著也言萬物各得其所附著處故謂之離也利貞亨者離卦之體陰柔爲主柔則近於不正不正則不亨通故利在行正乃得亨通以此故亨在利貞之下故云利貞亨○注離之爲卦至利貞亨也○正義曰離之爲卦以柔爲正者二與五俱是陰爻處於上下兩卦之中是以柔爲正

畜牝牛吉 柔處于內而履正中牝之善也外強而內順牛之善也離之爲體以柔順爲主者也故不可以畜剛猛之物而吉於畜牝牛也

疏 畜牝牛吉○正義曰柔處於內而履正中是牝之善者外強內順是牛之善者也離之爲體以柔順爲主故畜養牝牛乃得其吉若畜養剛健則不可也此云畜牝牛假象以明人事也言離之爲德須內順外強而行此德則得吉也若內剛外順則反離之道也○注柔處于內至畜牝牛也○正義曰柔處於內而履正中牝之善也者若柔不處於內似婦人而預外事若柔而不履正中則邪僻之行皆

非牝之善也若柔能處中行能履正是爲牝之善也云外強而內順牛之善者若內外俱強則失於猛害若外內俱順則失於劣弱唯外強內順於用爲善故云外強內順牛之善也離之爲體以柔順爲主故不可以畜剛猛之物者既以柔順爲主若畜剛猛之物則反其德故不可畜剛猛而畜牝牛也

彖曰離麗也 麗猶著也各得所著之宜

疏 正義曰釋離卦之名麗謂附著也以陰柔之質附著中正之位得所著之宜故云麗也

日月麗乎天百穀草木麗乎土重明以麗乎正乃化成天下柔麗乎中正故亨是以畜牝牛吉也 柔著于中正乃得通也柔通之吉極於畜牝牛不能及剛猛也

疏 日月麗乎天至是以畜牝牛吉也○正義曰日月麗乎天百穀草木麗乎土者此廣明附著之義以柔附著中正是附得宜故廣言所附得宜之事也重明以麗乎正乃化成天下者此以卦象說離之功德也幷明利貞之義也重明謂上下俱離麗乎正也者謂兩陰在內既有重明之德又附於正道所以化成天下也然陰居二位可謂爲正若陰居五位非其正位而云重明麗乎正者以五處於中正又居尊位雖非陰陽之正乃是事理之正故總云麗於

正也柔麗乎中正故亨是以牝牛吉者釋經亨義也又總釋畜牝牛吉也柔麗於中正謂六五六二之柔皆麗於中中則不偏故云中正以中正爲德故云柔麗乎中正得通故畜養牝牛而得吉也以牝牛有中正而柔順故離之象釋卦名之下乃釋卦下之義於後乃歎而美之此彖既釋卦名即廣歎爲卦之美乃釋卦下之義與諸卦不例者此乃夫子隨義則言因文之便也比既釋離名麗因廣說日月草木所麗之事然後却明卦下之義更無義例

象曰明兩作離大人以繼明照于四方繼謂不絕也明照相繼不絕曠也○**疏**正義曰明兩作離者離爲日日爲明今有上下二體故云明兩作離也案八純之卦論象不同各因卦體事義隨文而發乾坤不論上下之體直總云天行健地勢坤以天地之大故總稱上下二體也雷是連續之至水爲流注不已義皆取連續相因故震云洊雷坎云洊至也風是搖動相隨之物故云隨風巽也山澤各自爲體非相入之物故云兼山艮麗澤兌是兩物各行也今明之爲體前後各照故云明兩作離是積聚兩明乃作於離若一明暫絕其離未久必取兩明前後相續乃得作離卦之美故云大人以繼明照於四方是繼續其明乃照於四方若明不繼續則不得久爲照臨所以特云明兩作離取不絕之義也

初九履

錯然敬之无咎錯然者警慎之貌也處離之始將進而盛未在旣濟故宜慎其所履以敬爲務辟其咎也〔疏〕初九履錯然敬之无咎○正義曰履錯然者身處離初將欲前進其道未濟故其所履踐恆錯然敬慎不敢自寧故云履錯然敬之无咎若能如此恭敬則得避其禍而无咎故象云履錯之敬以避咎也○注錯然者警慎之貌也至辟其咎也○正義曰錯然者警慎之貌者是警懼之狀其心未寧故錯然也言處離之始將進而盛未在旣濟者將進而盛謂將欲前進而向盛也若位在於三則得旣濟今位在於初是未在旣濟謂功業未大故宜慎其所履恆須錯然避咎也○象曰履錯之敬以辟咎也六二黃離元吉居中得位以柔處柔履文明之盛而得其中故曰黃離元吉也〔疏〕正義曰黃者中色離者文明居中得位而處於文明故元吉也故象云得中道以其得中央黃色之道也象曰黃離元吉得中道也九三日昃之離不鼓缶而歌則大耋之嗟凶嗟憂歎之辭也處下離之終明在將沒故曰日昃之離也明在將終若不委之於人養志无爲則至於耋老有嗟凶矣故曰不鼓缶而歌則大耋之嗟凶

也〔疏〕正義曰日昃之離者處下離之終其明將沒故云日昃之離也不鼓缶而歌大耋之嗟凶者時既老耋當須委事任人自取逸樂若不委之於人則是不鼓擊其缶而爲歌則至於大耋老耋而咨嗟何可久長所以凶也故象云日昃之離何可久也

象曰日昃之離何可久也九四突如其來如焚如死如棄如處於明道始變之際昏而始曉沒而始出故曰突如其來如其明始進其炎始盛故曰焚如逼近至尊履非其位欲進其盛以炎其上命必不終故曰死如違離之義无應无承衆所不容故曰棄如也〔疏〕九四突如其來如焚如死如棄如○正義曰突如其來如者四處始變之際三爲始昏四爲始曉三爲已沒四爲始出突然而至忽然而來故曰突如其來如也焚如者逼近至尊履非其位欲進其盛以焚炎其上故云焚如也死如者既焚其上命必不全故云死如也棄如者違於離道无應无承衆所不容故云棄如是以象云无所容也

象曰突如其來如无所容也六五出涕沱若戚嗟若吉履非其位不勝所履以柔乘剛不能制下下剛而進將來害己憂傷之深至于沱嗟也然所麗在尊四爲逆首憂傷至深衆之所助

故乃沱嗟而獲吉也〔疏〕正義曰出涕沱若履非其位不勝其任以柔乘剛不能制下下剛而進將來害已憂傷之深所以出涕滂沱憂戚而咨嗟也若是語辭也吉者以所居在尊位四爲逆首已能憂傷悲嗟衆之所助所以吉也

象曰六五之吉離王公也〔疏〕正義曰此釋六五吉義也所以終得吉者以其所居在五離附於王公之位被衆所助故得吉也五爲王位而言公者此連王而言公取其便文以會韻也

上九王用出征有嘉折首獲匪其醜无咎離麗也各得安其所麗謂之離處離之極離道已成則除其非類以去民害王用出征之時也故必有嘉折首獲匪其醜乃得无咎也〔疏〕正義曰王用出征者處離之極離道既成物皆親附當除去其非類以去民害故王用出征也有嘉折首獲匪其醜者以出征罪人事必剋獲故有嘉美之功所斷罪人之首獲得匪其醜類乃得无咎也若不出征除害居在終極之地則有咎也

象曰王用出征以正邦也〔疏〕正義曰釋出征之義言所出征者除去民害以正邦國故也

周易兼義卷第三

大清嘉慶二十年重刊
宋本用文選樓藏本校

太子少保江西巡撫阮元栞

　阮元撰盧宣旬摘錄

隨

大亨貞无咎而天下隨時　石經岳本閩監毛本同石經此行十一字无咎已下七字磨改釋文大亨貞本又作大亨利貞而天下隨時王肅本作隨之古本貞上有利字

隨時之義大矣哉　石經岳本閩監毛本同釋文王肅本作隨之時義

隨時之義大矣哉若　閩監毛本同浦鏜云者誤若

釋隨時之義　閩監毛本同宋本無釋字

舊來恒往今須隨從　十行本舊字空閩監毛本如此。補舊字今依挍補栞

君子以嚮晦入宴息　石經岳本閩監毛本同釋文嚮本又作向王肅本作鄉。按嚮俗字鄉者今之向字

晦宴也　閩監毛本同宋本錢本宴作冥

官有渝　石經岳本閩監毛本同釋文官有蜀才作館有

體於柔弱　岳本宋本古本足利本同錢本閩監毛本於作分是也

四居无應者　補　案居當俱字之譌此述注四俱无應之文毛本正作俱

位正中也　石經岳本閩監毛本同釋文一本作中正

王用亨于西山也　岳本錢本宋本閩本足利本同監毛本也作者古本亨作通

今有不從　閩監毛本同錢本今作令是也

蠱

又如此宣令之後三日　閩監毛本同錢本宋本如作於

使令治而後乃誅也　閩監毛本同岳本宋本古本足利本治作洽○按正義序引注亦作洽

而後乃專誅補毛本專作誅下誅字屬下讀

非尊謂誅殺也補毛本尊作專案專字是也

君子以振民育德石經岳本閩監毛本同釋文育王肅作毓

象曰幹父用譽石經岳本閩監毛本同足利本父下有之蠱二字

臨

陽轉進長岳本閩監毛本同古本足利本進作浸

至于八月不久也補案不當作至正義標起止例如此

其得感臨吉補案感當作咸此注正述經文也無改字之例

居剛長之世岳本閩監毛本同宋本古本世作前

乃得无咎也閩監毛本同岳本宋本足利本乃作則一本無乃字

位當也 石經岳本閩監毛本同釋文本或作當位實非也

剛所以不害 盧文弨云以字衍

觀

盥而不薦 石經岳本閩監毛本同釋文本又作薦同牋練反王肅本作而觀薦

觀天之神道而四時不忒 岳本閩監毛本同石經道下旁添日月不過四字

聖人以神道設教 石經岳本閩監毛本同釋文出神道設教云一本作以神道設教按據此則釋文本無以字

不見天之使四時而四時不忒 岳本閩監毛本同古本之上衍下字而四時作而時

正義曰順而和巽 閩監毛本同錢本宋本順上有又字案此疏本與上疏相連割裂分屬故刪又字

此盛名觀卦之美 閩監毛本同錢本宋本名作明

處於觀盛而最遠德美 岳本閩監毛本盛作時德作朝是也釋文出處於觀時最遠朝美又集解載此節注作失位處下最遠朝美无所鑒見故曰童觀處大觀之時而童觀趣順而已小人爲之无可咎責君子爲之鄙吝之道與此文句多不同

巽順而已 岳本閩監毛本巽作趣釋文出趣字疏云趣在順從而已作巽非

闚觀 石經岳本閩監毛本同釋文闚本亦作窺

六二以柔弱 補毛本以作雖

則爲有闚竊不爲全蒙 補毛本上爲字作微竊作發蒙作是

象曰闚觀女貞 石經岳本閩監毛本同釋文一本有利字古本足利本女上有利字

正義曰○處進退之時以觀進退之幾未失道也 閩監毛本

○作三監毛本脫以字案處進至道也十五字岳本錢本宋本古本足利本並作注文十行本以下誤爲正義因衍正義曰三字非也

以察己之 閩監毛本同岳本宋本古本足利本之作道○按正義本作道

在于一人 閩本同岳本足利本于作乎宋本古本作余監毛本作於按乎是

故則民以察我道 閩監毛本則作觀是也

自觀其道也 閩監毛本同岳本宋本古本足利本也上有者字孫志祖云困學紀聞引道下亦有者字

故於卦主主 補毛本主主作未詳

將處異地爲衆觀 閩監毛本同岳本宋本古本足利本將作特觀上有所字

噬嗑 石經岳本此卦前題周易上經噬嗑傳第三釋文古本足利本同

有間與過 岳本閩監毛本同釋文與過一本作有過

不齧不合 岳本閩監毛本同釋文不合本又作而合古本齧下有而字一本下不作而

故事得彰著 補毛本彰作彰案彰字是也

故總云上行不止也 十行本闕故字閩監毛本如此錢本宋本止下有五字

是滅下云益上卦 補閩監毛本作是滅三而益上卦案滅字是也三而兩字猶誤當作是滅下卦益上卦此云字與次行卦字正相並互易而譌

及晉卦彖卦 補案下卦字當作云以與前行云字正相並互易而譌也

先王以明罰勑法 石經岳本閩監本同釋文出勑法毛本勑作敕

屨校滅趾 石經岳本閩監本同釋文滅止本亦作趾毛本校譌作挍下同○案止趾古今字

桎其小過 閩監毛本同浦鏜云桎當懲字誤

不行也 石經岳本閩監毛本同釋文或本作止不行也

柔脆之物也閩監毛本同岳本脆作肥釋文出肥字按脆俗肥字

失政刑人閩監毛本同錢本宋本政作正

噬乾胏石經岳本閩監毛本同釋文胏子夏作脯荀董同○按胏說文作[illegible]

利艱貞吉岳本閩監毛本同石經貞下旁添大字

而居其非位閩監毛本同岳本宋本古本足利本其非作非其孫志祖云據疏應作居非其位

居其非位以斯治物錢本宋本其非作非其閩監毛本斯下衍道字

未光也石經岳本閩監毛本同釋文出未光大也云本亦無大字

何校滅耳石經岳本閩監毛本同古本何作荷象同釋文何校本亦作荷下同

聰不明也岳本閩監毛本同古本脫也字

賁

小利有攸往 岳本閩監毛本同石經利字旁添貞字

故小利有攸住 住當作往閩監毛本不誤錢本宋本下有者字

居坤極 閩監毛本同錢本宋本上有上字

不爲順首 閩監毛本同錢本宋本順作物

觀天之文則時變可知也觀人之文則化成可爲也 閩監毛本同岳本宋本古本足利本二觀字作解古本爲作知釋文出解天音蟹下同

齊麥生也 閩監毛本同錢本宋本齊作薺是也

君子以明庶政 石經岳本閩監毛本同釋文明蜀才本作命

故云山有火賁也 補毛本作山下有火賁也案所加是也

賁其趾舍車而徒 石經岳本閩監毛本同釋文趾一本作止車鄭張本作輿

須是上須於而［補］毛本下須字作附案附字是也

賁如皤如石經岳本閩監毛本同釋文皤鄭陸作燔荀作波

欲靜則疑初之應閩監毛本同集解疑作失岳本宋本古本足利本作欽

賁于丘園束帛戔戔石經岳本閩監毛本同釋文黃本賁作世戔戔子夏傳作殘殘

賁于丘園帛乃戔戔岳本閩監毛本同宋本園作束古本足利本帛上有束字

用不士費財物宋本用不士作則不靡閩本作則不糜監毛本作則不糜

不困聘上則丘園之上乃落也［補］毛本不困作不用二上字並作士字

故在其質素閩監毛本同岳本宋本古本足利本在作任是也疏引亦當依宋本作任

剝

道消之時錢本宋本閩本同監毛本道作在下道息之時同

行盈道也閩本同監毛本上有行息道也在盈之時八字

蔑貞凶石經岳本閩監毛本同釋文蔑荀作滅

猶削也岳本閩監毛本同釋文削或作消此從荀本也下皆然

轉欲蔑物之處者閩監毛本同宋本蔑作滅處上有所字

剝之无咎石經岳本閩監毛本同釋文出剝无咎云一本作剝之无咎非

剝牀以膚石經岳本閩監毛本同釋文膚京作簠

君子得輿石經輿字漫漶岳本閩監毛本同釋文得輿京作德輿董作德車

養育其民閩監毛本同宋本其民間闕一字

復此卦前錢本題周易註疏卷第五宋本同

朋來无咎石經岳本閩監毛本同釋文朋來京作崩

反復其道 石經岳本閩監毛本同釋文反復本又作覆象并注反復皆同

欲速反之與復 閩監毛本同宋本速作使

正義曰陽氣始剝盡 閩監毛本同案此疏係釋注在釋經後錢本上標注陽氣至凡七日是也

反覆不過七日 錢本同岳本閩監毛本覆作復

復見天地之心乎 閩本同監毛本復下有其字

閉塞其關也商旅不行於道路也 盧文弨云上也字當作使屬下句

无祇悔 岳本閩監毛本同石經祇作衹釋文王肅作禔九家本作敍

遂至迷凶 岳本閩監毛本同宋本迷作遠

頻復 石經岳本閩監毛本同釋文本又作嚬鄭作顰○按鄭作顰呂東萊引作鄭作卑是也

頻蹙之貌也岳本閩監毛本同釋文出頻戚子寂反下同

已失復遠矣閩監毛本同岳本失作去

能自考其身閩監毛本同錢本宋本考下有成字

有災眚石經岳本閩監毛本同釋文出有災云本又作烖鄭作裁

无妄

无妄之道成岳本閩監毛本同古本道作德

天命不祐石經岳本閩監毛本同釋文出不佑本又作祐馬作右

天下雷行石經岳本閩監毛本同古本行誤往

其德乃耳錢本宋本閩本同監毛本耳作爾。按監毛本是也爾作如此解耳作而已解其德乃爾猶云其德乃如此爾在古音十五部耳在一部二字音義絕不相同也

不耕穫石經岳本閩監毛本同釋文云或依注作不耕而穫非下句亦然

不敢菑發新田宋本閩本同錢本監毛本菑作首○按
盧文弨云首發新田正謂菑也錢本是

唯治其菑熟之地皆是不爲其始錢本閩監毛本同宋本菑作畬始作初○
按盧文弨云菑熟之地正謂畬也錢本是

不耕穫未富也岳本閩監毛本同古本穫上有而字石經初刻亦有而字後改刪去故此行止九字

未敢以耕耕之與穫〔補〕案兩耕字當誤重宜衍一字

六二陰居陽位閩監毛本同錢本宋本二作三是也

行唱始之道宋本閩本同監毛本唱改創

大畜石經岳本閩監毛本同釋文本又作蓄

當須養順賢人閩監毛本同錢本宋本順作贍

豐則養賢　閩監毛本同錢本宋本則作財

剛健篤實輝光　閩監毛本同岳本錢本輝作煇釋文煇音輝石經煇旁火係磨改當是初刻輝後改煇○按煇輝正俗字

既見乾來而不距逆　宋本同閩監毛本見作是

而卽損落者　補　案損當作隕上既棄而隕者可證下不有損落同

未之能也　岳本閩監毛本同古本足利本未作末

君子以多識前言往行　岳本閩監毛本同釋文識劉作志石經以多字漫漶識字存下半

有厲利已　岳本閩監毛本同釋文利已夷止反或音紀姚同案音紀則字當作己石經作已

故能利己　岳本閩監毛本同案釋文利已下云注能已同此文作能利已與釋文不合古本下有也字下進無違距下大畜以至於大亨之時下並同

輿說輹 石經岳本閩監毛本同釋文輿本或作轝輹蜀才本同或作輻○按作輹是也輹者伏兔也可言說輻貫於牙轂不可言脫

良馬逐 石經岳本閩監毛本同釋文鄭本作逐逐

曰閑輿衛 石經岳本閩監毛本同釋文曰音越鄭人實反○按人實反則當爲日月字

不憂險厄 閩監毛本同岳本厄作阨釋文出險阨云本亦作厄

童牛之牿 石經岳本閩監毛本同釋文牿九家作告

剛暴難制之物 岳本閩監毛本同釋文剛暴一本作剛突

爾雅云豶大防則豶是隄防之義 補案此兩豶字當依爾雅作墳下所謂豕旁土邊之異也

頤

自求口實　補石經岳本宋本古本足利本同閩本明監本毛本實作食非也

言飲食猶愼而節之　補案言下當有語字

觀我朶頤　石經閩監毛本同釋文朶鄭同京作揣

闕我龍龜　岳本閩監毛本同釋文出而闕則其本上有而字

拂經于丘　石經岳本閩監毛本同釋文拂子夏傳作弗

未見有與　岳本閩監毛本同古本足利本有作其下有也字

其欲逐逐　石經下二字漫漶岳本閩監毛本同釋文逐逐子夏傳作攸攸荀作悠悠劉作跾

觀其自養則履正察其所養則養陽　岳本閩監毛本同集解履作養陽作賢案疏云初是陽爻則能養陽也是正義本自作陽

故可守貞從上得頤之吉　岳本閩監毛本同釋文得頤一本作得順集解作故宜居貞順

而從上則吉古本下有也字

大過 岳本錢本宋本足利本此下有注文音相過之過五字古本之過下有也字釋文出相過之過十行本閩監毛本並脫去

棟撓利有攸往 補 撓各本皆作橈是撓字誤也正義同○案九三爻辭以下經文正義亦並作橈則此特寫者誤耳

唯陽爻 宋本同閩本陽作昜監毛本作易

拯弱興衰 岳本閩監毛本同釋文弱本亦作溺下救其弱拯弱皆同

遯世无悶 石經岳本閩監毛本同釋文遯本又作遁

枯楊生稊 石經岳本閩監毛本同釋文稊鄭作荑

心无持吝 岳本閩監毛本持作特釋文特或作持

拯救陰弱也　閩監毛本同錢本宋本陰弱作弱陰

宜其淹弱而凶衰也　閩監毛本同岳本宋本古本足利本弱作溺釋文出淹溺乃歷反

若何得之不被橈乎在下　閩本若作弱監毛本若何得之作弱何得云宋本本作之

桂爲本　盧文弨云當作棟爲本

棟爲末也　閩監毛本同錢本宋本棟作榱盧文弨云榱是

不能生稊也　閩監毛本同宋本能下有使之二字

不能使女妻　閩本同宋本使作得監毛本使下亦有老夫得三字

習坎　石經岳本閩監毛本同釋文坎本亦作埳京劉作欿

案諸卦之名　案自此至故云習也錢本在行有尚也下

一者人之行險　閩監毛本同錢本宋本一作二是也

因心剛正　閩監毛本同錢本宋本因作内

故云剛正在內有孚者也　閩監本同毛本也作內

而往謂陰闇之所　〔補〕毛本謂作諸案諸字是也形近之譌

習重乎險也　閩監毛本同岳本宋本古本足利本重乎作乎重

險峭之釋　岳本閩監毛本釋作極是也古本下有也字

習坎之謂也　閩監毛本同岳本宋本坎作險古一本作其信習險謂也一本作信習險之謂也

故物得以保全也　岳本閩監毛本同足利本以作其

險雖有時而用　閩監毛本同宋本雖作難是也

水洊至　石經岳本閩監毛本同釋文洊京作臻干作荐

當守德行　閩監毛本同宋本本當作常

最處坎底岳本閩監毛本同釋文出處欿云亦作坎字求字

而復入坎底其道凶也岳本閩監毛本同古本坎作欿其上有失字足利本亦有失字

初三未足以爲援故曰小得也岳本閩監毛本同古本足利本援上有大字小上有

險且枕石經岳本閩監毛本同釋文險且古文及鄭向本作檢枕九家作玷古文作沈

出則之坎岳本閩監毛本同釋文出則之坎一本作出則亦坎誤

居則亦坎岳本閩監毛本同古二本亦作之一本亦下有之字足利本與一本同

枕枝而不安之謂也閩監毛本同岳本宋本古本足利本無枕字

勿用者不出行閩監毛本同錢本宋本不下有可字

納約自牖石經岳本閩監毛本同釋文牖陸作誘

象曰樽酒簋貳　石經岳本閩監毛本同釋文出象曰樽酒簋貳五字云一本更有貳字案此則釋文與石經不合

祇既平　閩監毛本同石經岳本祇作祗是也釋文祗京作禔

說既平乃无咎　岳本閩監毛本同古本說作謂

中未大也　石經岳本閩監毛本同集解大上有光字案疏亦云未得光大

寘于叢棘　石經岳本閩監毛本同釋文寘劉作示子夏傳作湜姚作寔張作置

險陗之極　岳本閩監毛本同古本陗作欿

離

似婦人而預外事　閩本下衍也字監毛本亦有也字似作以宋本作似錢本作以

百穀草木麗乎土　石經岳本閩監毛本同釋文乎土王肅本作地

故云柔麗乎中正以是也[補]案云柔麗乎四字毛本作萬事亨

有中正而柔順故離之象[補]案而柔順故離五字毛本作故也案諸卦是也

麗乎正也者閩監毛本同浦鏜云也當衍字

是以牝牛吉者錢本宋本同閩監毛本者誤言

此象既釋卦名十行本此象既釋卦五字闕閩監毛本如此下例者此三字麗因廣說日月草木所麗十字義更无義例五字並同○[補]今並依挍補栞

繼謂不絕也明照相繼不絕曠也此注十行本止有也明照也四字餘並闕岳本如此閩監毛本同釋文明照相繼一本無明照二字○[補]今依挍補栞

今有上下二體故云明兩作離也錢本宋本體作離案十行本此文自上至故云七字缺閩監毛本如此下體事義隨文而發七字總稱二字取連續相因五字隨風巽三字兩物二字積

聚可明四字並同○補今並依按補聚

警愼之貌也　岳本閩監毛本同集解警作儆

是警懼之狀　閩監毛本同宋本上有錯字

日昃之離不鼓缶而歌則大耋之嗟凶　閩監毛本同石經昃作昃耋作耊岳本同釋文曰昃王嗣宗本作仄鼓鄭本作擊大耋京作絰蜀才作咥之嗟荀作差下嗟若亦爾凶古文及鄭無凶字

有嗟凶矣　凶岳本宋本古本足利本同閩監毛本作而有嗟

大耋之嗟凶者　閩監毛本大上有則字

時既老耄　錢本宋本同閩監毛本時誤將

棄如　岳本閩監毛本同石經作弃如

出涕沱若戚嗟若　石經岳本閩監毛本同釋文沱荀作池一本作沲[illegible]古文若皆如此戚子夏傳作嘁

四爲逆首 岳本閩監毛本同釋文逆首本又作逆道兩得

離王公也 石經岳本閩監毛本同釋文離鄭作罹

此釋六五吉義也 閩監毛本同錢本上有象曰六五之吉離王公者十字

事必剋獲 錢本宋本同閩監毛本剋作克

所斷罪人之首 閩監毛本同錢本宋本所作折

周易兼義下經咸傳卷第四

國子祭酒上護軍曲阜縣開國子臣孔穎達奉勑撰正義

王弼注

䷞艮下兌上咸亨利貞取女吉〔疏〕咸亨至取女吉。正義曰先儒以易之舊題分自此以上三十卦為上經已下三十四卦為下經序卦至此又別起端首先儒皆以上經明天道下經明人事然韓康伯注序卦破此義云夫易六畫成卦三才必備錯綜天人以效變化豈有天道人事偏於上下哉案上經之內明飲食必有訟訟必有衆起是兼於人事不專天道既不專天道則下經不專人事理則然矣但孔子序卦不以咸繫離繫辭云二篇之策則是六十四卦舊分上下乾坤象天地咸恆明夫婦乾坤乃造化之本夫婦實人倫之原因而擬之何為不可天地各卦夫婦共卦者周氏云尊天地之道略於人事猶如三才天地為二人止為一也此必不然竊謂乾坤明天地初闢至屯乃剛柔始交故以純陽象天純陰象地則咸以明人事人物既生共相感應若二氣不交則不成於相感自然天地各一夫婦共卦此不言可悉豈宜

妄爲眾端咸亨利貞取女吉者咸感也此卦明人倫之始夫婦之義必須男女共相感應方成夫婦既相感應乃得亨通若以邪道相通則凶害斯及故利在貞正既感通以正卽是婚媾之善故云咸亨利貞取女吉也

彖曰咸感也柔上而剛下二氣感應以相與是以亨也〔疏〕正義曰柔上而剛下二氣感應以相與者此因上下二體釋咸亨之義也艮剛而兌柔若剛自在上柔自在下則不相交感无由得通今兌柔在上而艮剛在下是二氣感應以相授與所以爲咸亨也**止而說**故利貞也〔疏〕正義曰此因二卦之義釋利貞也艮止而兌說也能自靜止則不隨動欲以上行說則不爲邪諂不失其正所以利貞也**男下女**取女吉也〔疏〕正義曰此因二卦之象釋取女吉之義艮爲少男而居於下兌爲少女而處於上是男下於女也婚姻之義男先求女親迎之禮御輪三周皆是男先下於女然後女應於男所以取女得吉者也**是以亨利貞取女吉也天地感而萬物化生**二氣相與乃化生也〔疏〕是以至化生○正義曰是以亨利貞取女吉者次第釋訖總舉繇辭以結之天地感而萬物化生者以下廣明感之義也天地二氣若不感應

相與則萬物无由得應化而生聖人感人心而天下和平觀其所

感而天地萬物之情可見矣天地萬物之情見於所感也凡感之爲道不能感非類者也故引取女以明同類之義也同類而不相感應以其各亢所處也故女雖應男之物必下之而後取女乃吉也○

〔疏〕聖人至可見矣○正義曰聖人感人心而天下和平者聖人設教感動人心使變惡從善然後天下和平觀其所感而天地萬物之情可見矣者結歎咸道之廣大則包天地小則該萬物感物而動謂之情也天地萬物皆以氣類共相感應故觀其所感而天地萬物之情可見矣

象曰山上有澤咸君子以虛受人以虛受人物乃感應〔疏〕象曰至虛受人○正義曰山上有澤咸澤性下流能潤於下山體上承能受其潤以山感澤所以爲咸君子以虛受人者君子法此咸卦下山上澤故能空虛其懷不自有實受納於物无所弃遺以此感人莫不皆應

初六咸其拇處咸之初爲感之始所感在末故有志而已如其本實未至傷靜〔疏〕初六咸其拇○正義曰咸其拇者拇是足大指也體之最末初應在四俱處卦始爲感淺末取譬一身在於足指而已故曰咸其拇也○

注處咸至傷靜○正義曰六二咸道轉進所感在腓腓體動躁則成往而行今初六所感淺末則譬如拇指指雖小動未移其足以喻人心初感始有其志志雖小動未甚躁求凡吉凶悔吝生乎動者也以其本實未傷於靜故无吉凶悔吝之辭

象曰咸其拇志在外也 四屬外也〔疏〕正義曰志在外者外謂四也與四相應所感在外處於感初有志而已故云志在外也

六二咸其腓凶居吉 咸道轉進離拇升腓腓體動躁者也感物以躁凶之道也由躁故凶居則吉矣處不乘剛故可以居而獲吉〔疏〕六二至居吉○正義曰腓足之腓腸也六二應在九五咸道轉進離拇升腓腓體動躁躁以相感凶之道也由躁故凶靜居則吉故曰咸其腓凶居吉以不乘剛故可以居而獲吉○注腓體動躁○正義曰王廙云動於腓腸斯則行矣故言腓體動躁也

象曰雖凶居吉順不害也 陰而為居順之道也不躁而居順不害也〔疏〕正義曰雖者與奪之辭若既凶矣何由得居而獲吉良由陰性本靜今能不躁而居順其本性則不有災害免凶而獲吉也

九三咸其股執其隨往吝 股之為物隨足者也進不能制動退不能靜處所感在股志在隨人者也志在隨人

所執亦以賤矣用斯以往吝其宜也 象曰咸其股亦不處也志在隨人所執下也

疏 正義曰咸其股亦不處也者非但進不能制動退亦不能靜處也所執下者既志在隨人是其志意所執下賤也

九四貞吉悔亡憧憧往來朋從爾思 處上卦之初應下卦之始居體之中在股之上二體始相交感以通其志心神始感者也凡物始感而不以之於正則至於害故必貞然後乃吉吉然後乃得亡其悔也始在於感未盡感極不能至於无思以得其黨故有憧憧往來然後朋從其思也。

疏 正義曰貞吉悔亡者九四居上卦之初應下卦之始居體之中在股之上二體始相交感以通其志心神始感者也凡物始感而不以之於正則害之將及矣故必貞然後乃吉吉然後乃得亡其悔也故曰貞吉悔亡也憧憧往來朋從爾思者始在於感未盡感極惟欲思運動以求相應未能忘懷息照任夫自然故有憧憧往來然後朋從爾之所思也

象曰貞吉悔亡未感害也 未感於害故可正之得悔亡也

疏 正義曰未感害者心神始感未至於害故不可不正正而故得悔亡也

憧憧往來未光大也

疏 正義曰未

三

光大者非感之極不能无思无欲故未光大也能大感退亦不為无志其志淺末故无悔而已

九五咸其脢无悔脢者心之上口之下進不能大感退亦不為无志其志淺末故无悔而已

（疏）九五至无悔○正義曰咸其脢无悔者脢者心之上口之下也四已居體之中為心神所感五進在於四上故所感在脢脢已過心故進不能大感由在心上退亦不能无志志在淺末故无悔而已故曰咸其脢无悔也○注脢者心之上口之下○正義曰脢者心之上口之下者子夏易傳曰在脊曰脢馬融云脢背也鄭玄云脢脊肉也王肅云脢在背而夾脊說文云脢背肉也雖諸說不同大體皆在心上輔嗣以四為心神上為輔頰五在上四之間故直云心之上口之下也明其淺於心神厚於言語

象曰咸其脢志末也

（疏）正義曰志末也者末猶淺也感以心為深過心則謂之淺末矣

上六咸其輔頰舌咸道轉末故在口舌言語而已

（疏）正義曰咸其輔頰舌者馬融云輔上頷也輔頰舌者言語之具咸道轉末在於口舌言語而已故云咸其輔頰舌也

象曰咸其輔頰舌滕口說也輔頰舌者所以為語之具也咸其輔頰舌則滕口說也憧憧往來猶未光大況在滕口薄可知也

（疏）正義曰滕口說也者舊說字作滕徒登反

滕競與也所競者口无復心實故云滕口說也鄭玄又作媵以送也咸道極薄徒送口舌言語相感而已不復有志於其間王注義得兩通未知誰同其旨也

☴☳ 巽下震上 恒亨无咎利貞 恒而亨以濟三事也恒之爲道亨乃无咎也恒通无咎乃利正也

疏 恒亨至利貞○正義曰恒久也恒久之道所貴變通必須變通隨時方可長久能久能通乃无咎也恒通无咎然後利以行正故曰恒亨无咎利貞也○注三事○正義曰褚氏云三事謂无咎利貞利有攸往莊氏云三事者无咎一也利二也貞三也周氏云三事者一亨也二无咎也三利貞也注不明數故先儒各以意說竊謂注云恒而亨以濟三事者明用此恒亨濟彼三事无疑亨字在三事之中而此注云恒之爲道亨乃无咎恒通无咎乃利正也又注彖曰道得所久則常通无咎而利正也此解皆以利正相將爲一事分以爲二恐非注旨驗此注云恒之爲道亨乃无咎此以恒亨濟无咎也又云恒通无咎乃利正也此以恒亨濟利貞也下注利有攸往云各得所恒修其常道終則有始往而无違故利有攸往此以恒亨濟利有攸往也觀文驗注褚氏爲長

利有攸往 各得所恒修其常道終則有始往而无違故利有攸往也

疏

正義曰得其常道何往不利故曰利有攸往也

彖曰恆久也剛上而柔下剛尊柔卑得其序也【疏】象曰至柔下○正義曰恆久也者釋訓卦名也恆之為名以長久為義剛上而柔下者既訓恆為久因名此卦得其恆名所以釋可久之意此就二體以釋恆也震剛而巽柔震則剛尊在上巽則柔卑在下得其順序所以為恆也○注剛尊柔卑得其序也○正義曰咸明感應故柔上而剛下取二氣相交也恆明長久故剛上而柔下取尊卑得序也

雷風相與長陽長陰能相成也【疏】雷風相與○正義曰此就二象釋恆也雷之與風陰陽交感二氣相與更互而相成故得恆久也○注長陽長陰能相成也○正義曰震為長男故曰長陽巽為長女故曰長陰彖曰雷風相與雷之與風共相助成之義故褚氏云雷資風而益遠風假雷而增威是也今言長陽長陰能相成者因震為長男巽為長女遂以長陽長陰而名之作文之體也又此卦明夫婦可久之道故以二長相成如雷風之義也

巽而動動无違也【疏】正義曰此就二卦之義因釋恆名震動而巽順无有違逆所以可恆也

剛柔皆應不孤嬈也【疏】剛柔皆應○正義曰此就六爻釋恆此卦六爻剛柔皆相應和无孤嬈者故可長久也○注不孤嬈也○正義曰嬈

應也恒皆可久之道〔疏〕正義曰歷就四義釋恒名訖故更舉卦名以結之也明上四事皆可久之道故名此卦爲恒

恒亨无咎利貞久於其道也道德所久則常通无咎而利正也〔疏〕正義曰此就名釋卦之德言所以得亨无咎利貞者更无別義正以得其恒久之道故言久於其道也

天地之道恒久而不已也得其所久故不已也〔疏〕正義曰將釋利有攸往先舉天地以爲證喻言天地得其恒久之道故久而不已也

利有攸往終則有始也得其常道故終則復始往无窮也。〔疏〕正義曰舉經以結成也人用恒久之道會於變通故終則復始往无窮極同於天地之不已所以爲利也

日月得天而能久照四時變化而能久成聖人久於其道而天下化成言各得其所恒故皆能長久〔疏〕日月得天而能久照至天下化成。正義曰日月得天而能久照者以下廣明恒義上言天地之道恒久而不已也故日月得天所以亦能久照四時變化而能久成者四時更代寒暑相變所以能久生成萬物聖人久於其道而天下化成者聖人應變

隨時得其長久之道所以能光宅天下使萬物從化而成也 觀其所恒而天地萬物之情可見矣 天地萬物之情見於所恒也。〔疏〕正義曰總結恒義也 象曰雷風恒 長陽長陰合而相與可久之道也。〔疏〕正義曰雷風相與爲恒已如彖釋 君子以立不易方 得其所久故不易也〔疏〕正義曰君子立身得其恒久之道故不改易其方方猶道也 初六浚恒貞凶无攸利 處恒之初最處卦底始求深者也求深窮底令物无餘縕漸以至此物猶不堪而況始求深者乎以此爲恒凶正害德无施而利也〔疏〕初六浚恒貞凶无攸利。正義曰浚深也最處卦底故曰深也深恒者以深爲恒是也施之於仁義卽不厭深施之於正卽求物之情過深是凶正害德无施而利故曰浚恒貞凶无攸利也。注此恒之初至害德无施而利也。正義曰處卦之初故言始也最在於下故言深也所以致凶謂在於始而求深者也 象曰浚恒之凶始求深也 九二悔亡 雖失其位恒位於中可以消悔也〔疏〕正義曰失位故稱悔居中故悔亡也 象曰九二悔亡能久

中也〔疏〕正義曰能久中者處恆故能久位在於中所以消悔也

九三不恆其德○或承之羞貞吝處三陽之中居下體之上處上體之下上不至尊下不至卑中不在體體在乎恆而分无所定无恆者也德行无恆自相違錯不可致詰故或承之羞也施德於斯物莫之納鄙賤甚矣故曰貞吝也

〔疏〕九三不恆其德或承之羞貞吝○正義曰不恆其德或承之羞貞吝者九三居下體之上處上體之下雖處三陽之中又在不中之位上不全尊下不全卑執心不定德行无恆故曰不恆其德德既无恆自相違錯則爲羞辱承之所羞非一故曰或承之羞也處久如斯正之所賤故曰貞吝也○注處三陽之中至故曰貞吝也○正義曰雖在三陽之中非一體之中也不可致詰者詰問也違錯處多不足問其事理所以明其羞辱之深如論語云於予與何誅

象曰不恆其德无所容也〔疏〕正義曰无所容者謂不恆之人所往之處皆不納之故无所容也

九四田无禽恆於非位雖勞无獲也〔疏〕正義曰田者田獵也以譬有事也无禽者田獵不獲以喻有事无功也恆於非位故勞而无功也

象曰久非其位安得禽也〔疏〕正義曰恆而

夫位是久非其位田獵而无所獲是安得禽也

六五恆其德貞婦人吉夫子凶居得尊位為恆之主不能制義而係應在二用心專貞從唱而已婦人之吉夫子之凶也疏正義曰恆其德貞者六五係應在二不能傍及他人是恆常貞一其德故曰恆其德貞也婦人吉者用心專貞從唱而已是婦人之吉也夫子凶者夫子須制斷事宜不可專貞從唱故曰夫子凶也

象曰婦人貞吉從一而終也夫子制義從婦凶也疏正義曰從一而終者謂用心貞一從其貞一而自終也從婦凶者五與二相應五居尊位在震為夫二處下體在巽為婦五係於二故曰從婦凶也

上六振恆凶夫靜為躁君安為動主故安者上之所處也靜者可久之道也處卦之上居動之極以此為恆无施而得也疏正義曰振恆凶者振動也凡處於上者當守靜以制動今上六居恆之上處動之極以振為恆所以凶也

象曰振恆在上大无功也正義曰大无功者居上而以振動為恆无施而得故曰大无功也

䷠艮下乾上遯亨小利貞疏正義曰遯亨者遯者隱退逃避之名陰長之卦小人方用

君子日消君子當此之時若不隱遯避世即受其害須遯而後得通故曰遯亨小利貞者陰道初始浸長正道亦未全滅故曰小利貞。**彖曰遯亨遯而亨也**遯之為義遯乃通也**疏**正義曰遯而亨者此釋遯之所以得亨通之義小人之道方長君子非遯不通故曰遯而亨也**剛當位而應與時行也**謂五也剛當位而應非否亢也遯不否亢能與時行也。**疏**正義曰舉九五之爻釋所以能遯而致亨之由良由九五以剛而當其位有應於二非為否亢遯不否亢即是相時而動所以遯而得亨故云剛當位而應與時行也。**小利貞浸而長也**陰道欲浸而長正道亦未全滅故小利貞也。**疏**正義曰釋小利貞之義浸者漸進之名若陰德暴進即消正道良由二陰漸長而正道亦未即全滅故云小利貞也**遯之時義大矣哉****疏**正義曰歎美遯德相時度宜避世而遯自非大人照幾不能如此其義甚大故云大矣哉**象曰天下有山遯**天下有山陰長之象**疏**象曰天下有山遯。正義曰天下有山遯者山者陰類進在天下即是山勢欲上逼於天天性高遠不受於逼是遯避之象故曰天下有山遯。注天下有山至之象。正義曰精

陽爲天積陰爲地山者地之高峻今上逼於天是陰長之象○君子以遠小人不惡而嚴疏正義曰君子當此遯避之時小人進長理須遠避力不能討故不可爲惡復不可與之褻瀆故曰不惡而嚴○

初六遯尾厲勿用有攸往遯之爲義辟內而之外者也尾之爲物最在體後者也處遯之時不往何災而爲遯尾禍所及也危至而後求行難可免乎厲則勿用有攸往也○疏正義曰遯尾厲者爲遯之尾最在後遯者也小人長於內應出外以避之而最在卦內是遯之爲後也逃遯之世宜速遠而居先而爲遯尾禍所及也故曰遯尾厲也勿用有攸往者危厲既至則當固窮危行言遯勿用更有所往故曰勿用有攸往

象曰遯尾之厲不往何災也疏正義曰不往何災者象釋當遯之時宜須出避而勿用有攸往者既爲遯尾出必見執不如不往不往即无災害何災者猶言无災也與何傷何咎之義同也

六二執之用黃牛之革莫之勝說居內處中爲遯之主物皆遯己何以固之若能執乎理中厚順之道以固之也則莫之勝解○疏正義曰執之用黃牛之革莫之勝說者逃遯之世避內出外二既處中居內即非遯之人

也既非遯之人便爲所遯之土物皆弃巳而遯何以執固留之惟有中和厚順之道可以固而安之也能用此道則不能勝巳解脫而去也黄中之色以譬中和牛性順從皮體堅厚牛革以譬厚順也六二居中得位亦是能用中和厚順之道故曰執之用黄牛之革莫之勝說也

象曰執用黄牛固志也 疏 正義曰固志者堅固遯者之志使不去已也

九三係遯有疾厲畜臣妾吉 在内近二以陽附陰宜遯而繫故曰繫遯遯之爲義宜遠小人以陽附陰繫於所在不能遠害亦已憊矣宜其屈辱而危厲也繫於所在畜臣妾可也施於大事凶之道也 疏 正義曰係遯者九三无應於上與二相比以陽附陰係意在二處遯之世而意有所係故曰係遯有疾厲者遯之爲義宜遠小人既係於陰即是有疾憊而致危厲故曰有疾厲也畜臣妾吉者親於所近係在於下施之於人畜養臣妾則可矣大事則凶故曰畜臣妾吉

象曰係遯之厲有疾憊也畜臣妾吉不可大事也 疏 正義曰不可大事者釋此係遯之人以畜臣妾吉明其不可爲大事也

九四好遯君子吉小人否 處於外而有應於内君子好遯

故能舍之小人繫戀是以否也【疏】正義曰九四處在於外而有應於內處外即意欲遠遯應內則未能棄捨若好遯君子超然不顧所以得吉小人有所係戀即不能遯故曰小人否也

象曰君子好遯小人否也音臧否之否【疏】正義曰嫌讀為圮故音之也

九五嘉遯貞吉遯而得正反制於內小人應命率正其志不惡而嚴得正之吉遯之嘉也【疏】正義曰嘉遯貞吉者嘉美也五居於外得位居中是遯而得正二為已應不敢違拒從五之命率正其志遯而得正反制於內不惡而嚴得正之吉為遯之美故曰嘉遯貞吉也

象曰嘉遯貞吉以正志也【疏】正義曰以正志者小人應命不敢為邪是五能正二之志故成遯之美也

上九肥遯无不利最處外極无應於內超然絕志心无疑顧憂患不能累矰繳不能及是以肥遯无不利也【疏】上九肥遯无不利○正義曰子夏傳曰肥饒裕也四五雖在於外皆在內有應猶有反顧之心惟上九最在外極无應於內心无疑顧是遯之最優故曰肥遯遯而得肥无所不利故云无不利也注最處外極至无不利也○正義曰矰矢名也鄭注周禮結繳於矢謂之矰繳字林及說文云繳生絲縷也

象曰

肥遯无不利无所疑也

☳☰ 乾下震上 大壯利貞 疏 正義曰大壯卦名也壯者強盛之名以陽稱大陽長既多是大者盛壯故曰大壯利貞者卦德也羣陽盛大小道將滅大者獲正故曰利貞也 彖曰大壯大者壯也 大者謂陽爻小道將滅大者獲正故利貞也 疏 彖曰至壯也。正義曰大者壯也者就爻釋卦名陽爻浸長已至於四是大者盛壯故曰大者壯也。注大者謂陽爻至利貞也。正義曰釋名之下剩解利貞成大者之義也 剛以動故壯大壯利貞大者正也正大而天地之情可見矣 天地之情正大而已矣弘正極大則天地之情可見矣 疏 正義曰剛以動故壯者就二體釋卦名乾剛而震動柔弱而動即有退弱剛強以動所以成壯大壯利貞大者正也者就爻釋卦德大者獲正故得利貞正大而天地之情可見矣者因大獲正遂廣美正大之義天地之道弘正極大故正大則見天地之情不言萬物者壯大之名義歸天極故不與咸恒同也 象曰雷在天上大壯 剛以動也 疏 正義曰震雷爲威動乾天

主剛健雷在天上是剛以動所以爲大壯君子以非禮弗履壯而違禮則凶凶則失壯也故
君子以大壯而順體也疏正義曰盛極之時好生驕溢故於大壯誡以非禮勿履也初九壯于
趾征凶有孚夫得大壯者必能自終成也未有陵犯於物而得終其壯者在下而壯故曰壯于趾也居
下而用剛壯以斯而進窮凶可必也故曰征凶有孚疏正義曰壯于趾征凶有孚者趾足也初在體下有如趾足之象
故曰壯于趾也施之於人即是在下而用壯也在下用壯陵犯於物以斯而行凶其信矣故曰征凶有孚象曰壯
于趾其孚窮也言其信窮疏正義曰其孚窮者釋壯於趾者其人信其窮凶也九
二貞吉居得中位以陽居陰履謙不亢是以貞吉象曰九二貞吉以中也
疏正義曰以其居中履謙行不違禮故得正而吉也九三小人用壯君子用
罔貞厲羝羊觸藩羸其角處健之極以陽處陽用其壯者也故小人用之以爲
壯君子用之以爲羅已者也貞厲以壯雖復羝羊以之觸藩能无羸乎疏九三小人用至羸其角○正義曰罔羅罔

也羝羊羖羊也藩藩籬也羸拘纍纏繞也九三處乾之上是健之極也又以陽居陽是健而不謙也健而不謙必用其壯也小人當此不知恐懼即用以為壯盛故曰小人用壯君子當此即慮危難用之以為羅罔於已故曰君子用罔以壯為正其正必危故云貞厲也以此為正狀似羝羊觸藩也必拘羸其角矣

象曰小人用壯君子罔也

疏 正義曰言小人用以為壯者即是君子所以為羅罔也

九四貞吉悔亡藩決不羸壯于大輿之輹。

下剛而進將有憂虞而以陽處陰行不違謙不失其壯故得貞吉而悔亡也已得其壯而上陰不罔已路故藩決不羸也壯于大輿之輹无有能說其輹者可以往也

疏 正義曰大輿者大車也下剛而進將有憂虞而九四以陽處陰行不違謙居謙即不失其壯故得正吉而悔亡也故云貞吉悔亡九三以壯健不謙即被羸其角九四以謙而進謂之上行陰爻不罔已路故藩決不羸也壯于大輿之輹者言四乘車而進其輹壯大无有能脫之者故曰藩決不羸壯于大輿之輹也

象曰藩決不羸尚往也

疏 正義曰尚往者尚庶幾也言已不失其壯庶幾可以往也

六五喪羊于易无悔

居於大壯以陽

處陽猶不免咎而況以陰處陽以柔乘剛者乎羊壯也必喪其羊失其所居也能喪壯于易不于險難故得无悔二履貞吉能幹其任而已委焉則得无悔委之則難不至居之則敵寇來故曰喪羊于易

【疏】六五喪羊于易无悔○正義曰喪羊于易无悔者羊壯也居大壯之時以陽處陽猶不免咎而況以陰處陽以柔乘剛者乎違謙越禮必喪其壯羣陽方進勢不可止若於平易之時逆捨其壯委身任二不爲違拒亦剛所不害不害即无悔矣故曰喪羊于易无悔也○注居於大壯至喪羊于易○正義曰羊剛狠之物故以譬壯云必喪其羊失其所居者言違謙越禮理勢必然云能喪壯于易不於險難者二雖應已剛長則侵陰爲已寇難必喪其壯當在於平易寇難未來之時勿於險難敵寇既來之日良由居之有必喪之理故戒其預防而莊氏云經止一言喪羊而注爲兩處分用初云必喪其羊失其所居是自然應失後云能喪壯於易不於險難故得无咎自能喪其羊二理自爲矛楯竊謂莊氏此言全不識注意

象曰喪羊于易位不當也

【疏】正義曰位不當者正由處不當位故須捨其壯也

上六羝羊觸藩不能退不能遂无攸利艱則吉

有應於三故不能退懼於剛長故不能遂持疑猶豫志无所定

以斯決事未見所利雖處剛長剛不害正苟定其分固志在一以斯自處則憂患消亡故曰艱則吉也○疏上六羝羊觸藩至艱則吉○正義曰退謂退避遂謂進往有應於三疑之不已故不能退避然懼於剛長故不能遂往故云羝羊觸藩不能退不能遂也无攸利者持疑猶豫不能自決以此處事未見其利故曰无攸利也艱則吉者雖處剛長剛不害正但艱固其志不捨於三即得吉故曰艱則吉也

象曰不能退不能遂不詳也艱則吉咎不長也疏正義曰不詳也者祥者善也進退不定非爲善也故云不祥也咎不長也者能艱固其志即憂患消亡其咎不長釋所以得吉也

䷢坤下離上晉康侯用錫馬蕃庶晝日三接疏正義曰晉者卦名也晉之爲義進長之名此卦明臣之昇進故謂之晉康者美之名也侯謂昇進之臣也臣既柔進天子美之賜以車馬蕃多而衆庶故曰康侯用錫馬蕃庶也晝日三接者言非惟蒙賜蕃多又被親寵頻數一晝之間三度接見也

彖曰晉進也明出地上順而麗乎大明柔進而上行

凡言上行者所以在貴也【疏】象曰晉進也至進而上行○正義曰晉進也者以今釋古古之晉字即以進長爲義恐後世不曉故以進釋之明出地上者此就二體釋得晉名離上坤下故言明出地上明既出地漸就進長所以爲晉順而麗乎大明柔進而上行者此就二體之義及六五之爻釋康侯用錫馬已下也坤順也離麗也又爲明坤能順從而麗著於大明六五以柔而進上行貴位順而著明臣之美道也柔進而上行君上所與也故得厚賜而被親寵也**是以康侯用錫馬蕃庶晝日三接也**康美之名也順以著明臣之道也柔進而上行物所與也故得錫馬而蕃庶以訟受服則終朝三褫柔進受寵則一晝三接也【疏】是以康侯至三接也○正義曰釋訖舉經以結君寵之意也○注康美之名也至一晝三接也○正義曰舉此對釋者蓋訟言終朝晉言一晝俱不盡一日明黜陟之速所以示懲勸也**象曰明出地上晉君子以自昭明德**以顯著明自顯之道【疏】象曰至以昭明德○正義曰自昭明德者昭亦明也謂自顯明其德也周氏等爲照以爲自照已身老子曰自知者明用明以自照爲明德案王注此云以順著明自顯之道又此卦與明夷正反明夷象云君子以莅衆用晦而明王

注彼云茁衆顯明蔽僞百姓藏明於內乃得明也準此二注明王之注意以此爲自顯明德昭字宜爲昭故遙周氏等爲照誤反非注旨也

初六晉如摧如貞吉罔孚裕无咎處順之初應明之始明順之德於斯將隆進明退順不失其正故曰晉如摧如貞吉也處卦之始功業未著物未之信故曰罔孚方踐卦始未至履位以此爲足自喪其長者也故必裕之然後无咎【疏】初六晉如摧如至无咎○正義曰晉如摧如貞吉者何氏云摧退也裕寬也如辭也初六處順之初應明之始明順之德於斯將隆進則之明退則居順進之與退不失其正故曰晉如摧如貞吉也罔孚者處卦之始功業未著未爲人所信服故曰罔孚裕无咎者裕寬也方踐卦始未至履位不可自以爲足也若以此爲足是自喪其長也故必宜寬裕其德使功業弘廣然後无咎故曰裕无咎也

象曰晉如摧如獨行正也裕无咎未受命也未得履位未受命也【疏】象曰至未受命也○正義曰獨行正者獨猶專也言進與退專行其正也裕无咎未受命也者進之初未得履位未受錫命故宜寬裕進德乃得无咎

六二晉如愁如貞吉受茲介福于其王

母進而无應其德不昭故曰晉如愁如居中得位履順而正不以无應而回其志處晦能致其誠者也脩德以斯闇乎幽昧得正之吉也故曰貞吉母者處內而成德者也鳴鶴在陰則其子和之立誠於闇闇亦應之故其初愁如履貞不回則乃受玆大福于其王母也

疏 六二晉如愁如至于其王母○正義曰晉如愁如者六二進而无應於上其德不見昭明故曰進如愁如憂其不昭也貞吉者然履順居於中正不以无應而不脩其德正而獲吉故曰貞吉也受玆介福于其王母者介者大也母者處內而成德者也初雖愁如但守正不改終能受此大福於其所脩故曰受玆介福於其王母○注進而无應至于其王母也○正義曰鳴鶴在陰則其子和之者此王用中孚九二爻辭也

象曰受玆介福以中正也

六三衆允悔亡 處非其位悔也志在上行與衆同信順而麗明故得悔亡也

疏 正義曰六三處非其位有悔也志在上行與衆同信順而麗明故得其悔亡

象曰衆允之志上行也

疏 正義曰居晉之時衆皆欲進已應於上志在上行故能與衆同信也

九四晉如鼫鼠貞厲 履非其位上承於五下據三陰履非其位又負且乘无業可安志无所據以斯為進正之

危也進如鼫鼠无所守也【疏】九四晉如鼫鼠貞厲○正義曰晉如鼫鼠者鼫鼠有五能而不成伎之蟲也九四履非其位上承於五下據三陰上不許其承下不許其據以斯爲進无業可安无據可守事同鼫鼠无所成功也以斯爲進正之危也故曰晉如鼫鼠貞厲也○注履非其位至无所守也○正義曰晉如鼫鼠无所守也者蔡邕勸學篇云鼫鼠五能不成一伎王注曰能飛不能過屋能緣不能窮木能游不能度谷能穴不能掩身能走不能先人本草經云螻蛄一名鼫鼠謂此也鄭引詩云碩鼠碩鼠无食我黍謂大鼠也陸機以爲雀鼠案王以爲无所守蓋五伎者當之

象曰鼫鼠貞厲位不當也

六五悔亡失得勿恤往吉无不利柔得尊位陰爲明主能不用柔不代下任也故雖不當位能消其悔失得勿恤各有其司術斯以往无不利也【疏】象曰鼫鼠至无不利○正義曰悔亡失得勿恤往吉无不利者居不當位悔也柔得尊位陰爲明主能不自用其明以事委任於下故得悔亡既以事任下委物責成失之與得不須憂恤故曰失得勿恤也能用此道所往皆吉而无不利故曰往吉无不利也

象曰失得勿恤往有慶也【疏】正義曰有慶者委任得人非惟自得无憂亦將人所

慶說故曰有慶也
上九晉其角維用伐邑厲吉无咎貞吝
處進之極過明之中明將夷焉已在乎角而猶進之非亢如何失夫道化无爲之事必須攻伐然後服邑危乃得吉吉乃无咎用斯爲正亦以賤矣
疏
上九晉其角至貞吝○正義曰晉其角者西南隅也上九處晉之極過明之中其猶日過於中已在於角而猶進之故曰進其角也維用伐邑者在角猶進過亢不已不能端拱无爲使物自服必須攻伐其邑然後服之故云維用伐邑也厲吉无咎貞吝者兵者凶器伐而服之是危乃得吉吉乃无咎故曰厲吉无咎以此爲正亦以賤矣故曰貞吝也
象曰維用伐邑道未光也
疏
正義曰道未光也者用伐乃服雖得之其道未光大也

䷣ 離下坤上
明夷利艱貞
疏
正義曰明夷卦名夷者傷也此卦日入地中明夷之象施之於人事闇主在上明臣在下不敢顯其明智亦明夷之義也時雖至闇不可隨世傾邪故宜艱難堅固守其貞正之德故明夷之世利在艱貞
象曰明入地中明夷內文明而外柔順

以蒙大難文王以之利艱貞晦其明也內難而能正其志箕子以之【疏】彖曰明入地中至箕子以之正義曰明入地中明夷者此就二象以釋卦名故此及晉卦皆彖象同辭也內文明而外柔順以蒙大難文王以之者既釋明夷之義又須出能用明夷之人內懷文明之德撫教六州外執柔順之能三分事紂以此蒙犯大難身得保全惟文王能用之故云文王以之利艱貞晦其明也者此又就二體釋卦之德明在地中是晦其明也既處明夷之世外晦其明恐陷於邪道故利在艱固其貞不失其正言所以利艱貞者用晦其明也內難而能正其志箕子以之者既釋艱貞之義又須出能用艱貞之人內有險難殷紂將傾而能自正其志不為邪干惟箕子能用之故云箕子以之

象曰明入地中明夷君子以莅眾莅眾顯明蔽偽百姓者也故以蒙養正以明夷莅眾【疏】象曰至君子以莅眾正義曰莅眾顯明蔽偽百姓者也所以君子能用此明夷之道以臨於眾冕旒垂目黈纊塞耳无為清靜民化不欺若運其聰明顯其智慧民即逃其密網姦詐愈生豈非藏明用晦反得其明也故曰君子以莅眾用晦而明也用晦而明藏明於內乃得明也

顯明於外巧所辟也初九明夷于飛垂其翼君子于行三日不食有攸往主人有言明夷之主在於上六上六爲至闇者也初處卦之始最遠於難也遠難過甚明夷遠遯絕跡匿形不由軌路故曰明夷于飛懷懼而行行不敢顯故曰垂其翼也尚義而行故曰君子于行也志急於行飢不遑食故曰三日不食也殊類過甚以斯適人人心疑之故曰有攸往主人有言

疏初九明夷于飛至主人有言。正義曰明夷于飛者明夷是至闇之卦上六既居上極爲明夷之主云飛者借飛鳥爲喻如鳥飛翔也初九處於卦始去上六最遠是最遠於難遠難過甚明夷遠遯絕跡匿形不由軌路高飛而去故曰明夷于飛也垂其翼者飛不敢顯故曰垂其翼也君子于行三日不食者尚義而行故云君子于行志急於行饑不遑食故曰三日不食有攸往主人有言者殊類過甚以此適人人必疑怪而有言故曰有攸往主人有言

象曰君子于行義不食也

疏正義曰義不食也者君子逃難惟速故義不求食也

六二明夷夷于左股用拯馬壯吉夷于左股是行不能壯也以柔居中用夷其明進不殊類退不近難不見疑憚順以則也故可

用拯馬而壯吉也不垂其翼然後乃免也〔疏〕正義曰明夷夷于左股者左股被傷行不能壯六二以柔居中用夷其明不行剛壯之事者也故曰明夷夷于左股莊氏云言左者取其傷小則比夷右未為切也夷于左股明避難不壯不為闇主所疑猶得處位不至懷懼而行然後徐徐用馬以自拯濟而獲其壯吉也故曰用拯馬壯吉也

象曰六二之吉順以則也。順之以則故不見疑〔疏〕正義曰順以則也者言順闇主之則不同初九殊類過甚故不為闇主所疑故得拯馬之吉也

九三明夷于南狩得其大首不可疾貞。處下體之上居文明之極上為至晦入地之物也故夷其明以獲南狩得大首也南狩者發其明也既誅其主將正其民民之迷也其日固已久矣化宜以漸不可速正故曰不可疾貞〔疏〕九三明夷于南狩至不可疾貞○正義曰南方文明之所狩者征伐之類夫首謂闇君明夷于南狩得其大首者初藏明而往託狩而行至南方而發其明也九三應於上六是明夷之臣發明以征闇君而得其大首故曰明夷于南狩得其大首也不可疾貞者既誅其主將正其民民迷日久不可卒正宜化之以漸故曰不可疾貞

象曰南狩之志乃得大也。去闇主也〔疏〕

正義曰志欲除闇乃得大首是其志大得也六四入于左腹獲明夷之心于出門庭左者取其順也入于左腹得其心意故雖近不危隨時辟難門庭而已能不逆忤也疏正義曰入于左腹獲明夷之心者凡右爲用事也從其左不從其右是卑順不逆也腹者事情之地六四體柔處坤與上六相近是能執卑順入于左腹獲明夷之心意也于出門庭者既得其意雖近不危隨時避難門庭而已故曰于出門庭象曰入于左腹獲心意也疏正義曰獲心意者心有所存既不逆忤能順其正故曰獲心意也六五箕子之明夷利貞最近於晦與難爲比險莫如茲而在斯中猶闇不能沒明不可息正不憂危故利貞也疏正義曰箕子之明夷者六五最比闇君似箕子之近殷紂故曰箕子之明夷也利貞者箕子執志不回闇不能沒明不可息正不憂危故曰利貞象曰箕子之貞明不可息也疏正義曰明不可息也息滅也象稱明不可滅者明箕子能保其貞卒以全身爲武王師也上六不明晦初登于天後入于地處明夷之極是至晦者也

本其初也在乎光照轉至於晦遂入于地〔疏〕正義曰不明晦者上六居明夷之極是至闇之主故曰不明而晦本其初也其意在於光照四國其後由乎不明遂入於地謂見誅滅也象曰初登于天照四國也後入于地失則也〔疏〕正義曰失則者由失法則故誅滅也

☲☴ 離下巽上 家人利女貞 家人之義各自脩一家之道不能知家外他人之事也統而論之非元亨利君子之貞故利女貞其正在家內而已〔疏〕正義曰家人者卦名也明家內之道正一家之人故謂之家人利女貞者既脩家內之道不能知家外他人之事統而論之非君子丈夫之正故但言利女貞 彖曰家人女正位乎內 謂二也○ 男正位乎外 謂五也家人之義以內為本故先說女也〔疏〕彖曰至男正位乎外○正義曰此因二五得正以釋家人之義并明女貞之旨家人之道必須女主於內男主於外然後家道乃立今此卦六二柔而得位是女正位乎內也九五剛而得位是男正位乎外也家人以內為本故先說女也 男女正天地之大義也家人有嚴君焉父母之謂也

父父子子兄兄弟弟夫夫婦婦而家道正正家而天下定矣〔疏〕男女正至天下定矣○正義曰男女正天地之大義也者因正位之言廣明家人之義乃道均二儀非惟人事而已家人即女正於內男正於外二儀則天尊在上地卑在下同於男女正位故曰天地之大義也家人有嚴君焉父母之謂者上明義均天地此又言道齊邦國父母一家之主家人尊事同於國有嚴君故曰家人有嚴君焉父母之謂也父父子子兄兄弟弟夫夫婦婦而家道正正家而天下定矣者此歎美正家之功可以定於天下申成道齊邦國既家有嚴君即夫不失父道乃至婦不失婦道尊卑有序上下不失而後爲家道之正各正其家无家不正即天下之治定矣

象曰風自火出家人由內以相成熾也○〔疏〕正義曰巽在離外是風從火出火出之初因風方熾火既炎盛還復生風內外相成有似家人之義故曰風自火出家人也○君子以言有物而行有恒家人之道脩於近小而不妄也故君子以言必有物而口无擇言行必有恒而身无擇行〔疏〕正義曰物事也言必有事即口无擇言行必有常即身无擇行正家之義修於近小言之與行君子樞機出身

加人發邇化遠故舉言行以爲之誠言既稱物而行稱恒者發言立行皆須合於可常之事互而相足也

初九閑有家悔亡凡教在初而法在始家瀆而後嚴之志變而後治之則悔矣處家人之初爲家人之始故宜必以閑有家然後悔亡也〔疏〕正義曰治家之道在初卽須嚴正立法防閑若黷亂之後方始治之卽有悔矣初九處家人之初能防閑有家乃得悔亡故曰閑有家悔亡也

象曰閑有家志未變也〔疏〕正義曰志未變也者釋在初防閑之義所以在初防閑其家者家人志未變黷也

六二无攸遂在中饋貞吉居內處中履得其位以陰應陽盡婦人之正義无所必遂職乎中饋巽順而已是以貞吉也〔疏〕正義曰六二履中居位以陰應陽盡婦人之義也婦人之道巽順爲常无所必遂其所職主在於家中饋食供祭而已得婦人之正吉故曰无攸遂在中饋貞吉也

象曰六二之吉順以巽也〔疏〕正義曰舉爻位也言吉者明其以柔居中而得正位故能順以巽而獲吉也

九三家人嗃嗃悔厲吉婦子嘻嘻終吝以陽處陽剛嚴者也處下體之極爲一家之長者也行與其慢寧過

乎恭家與其瀆寧過乎嚴是以家人雖嗃嗃悔厲猶得其道婦子嘻嘻乃失其節也疏正義曰嗃嗃嚴酷之意也嘻嘻喜笑之貌也九三處下體之上爲一家之主以陽處陽行剛嚴之政故家人嗃嗃雖復嗃嗃傷猛悔其酷厲猶保其吉故曰悔厲吉若縱其婦子慢黷嘻嘻喜笑而无節則終有恨辱故曰婦子嘻嘻終吝也

象曰家人嗃嗃未失也婦子嘻嘻失家節也疏正義曰未失也者初雖悔厲似失於猛終无慢黷故曰未失也失家節者若縱其嘻嘻初雖歡樂終失家節也

六四富家大吉能以其富順而處位故大吉也若但能富其家何足爲大吉體柔居巽履得其位明於家道以近至尊能富其家也疏正義曰富謂祿位昌盛也六四體柔處巽得位承五能富其家者也由其體巽承尊長保祿位吉之大者也故曰富家大吉

象曰富家大吉順在位也疏正義曰順在位者所以致大吉由順承於君而在臣位故不見黜奪也

九五王假有家勿恤吉假至也履正而應處尊體巽王至斯道以有其家者也居於尊位而明於家道則下莫不化矣父父子子兄兄弟弟夫夫婦婦六親和睦交相愛樂而家道正正家而天

下定矣故王假有家則勿恤而吉〔疏〕正義曰王假有家者假至也九五履正而應處尊體巽是能以尊貴巽接於物王至此道以有其家故曰王假有家也勿恤吉者居於尊位而明於家道則在下莫不化之矣不須憂恤而得吉也故曰勿恤吉也

象曰王假有家交相愛也〔疏〕正義曰交相愛也者王既明於家道天下化之六親和睦交相愛樂也

上九有孚威如終吉處家人之終居家道之成刑于寡妻以著于外者也故曰有孚凡物以猛爲本者則患在寡恩以愛爲本者則患在寡威故家人之道尚威嚴也家道可終唯信與威身得威敬人亦如之反之於身則知施於人也〔疏〕正義曰上九處家人之終家道大成刑于寡妻以著於外信行天下故曰有孚也威被海內故曰威如威信並立上得終於家道而吉從之故曰有孚威如終吉也

象曰威如之吉反身之謂也〔疏〕正義曰反身之謂者身得人敬則敬於人明知身敬於人人亦敬已反之於身則知施之於人故曰反身之謂也

䷥ 兌下離上 **睽小事吉**〔疏〕正義曰睽者乖異之名物情乖異不可大事大事謂與役動衆

必須大同之世方可爲之小事謂飲食衣服不待衆力雖乖而可故曰小事吉也彖曰睽火動而上澤動而下二女同居其志不同行說而麗乎明柔進而上行得中而應乎剛是以小事吉事皆相違害之道也何由得小事吉以有此三德也〔疏〕彖曰睽火動而上至小事吉○正義曰睽火動而上澤動而下二女同居其志不同行者此就二體釋卦名爲睽之義同而異者也水火二物共成烹飪理應相濟今火在上而炎上澤居下而潤下无相成之道所以爲乖中少二女共居一家理應同志各自出適志不同行所以爲異也說而麗乎明柔進而上行得中而應乎剛是以小事吉者此就二體及六五有應釋所以小事得吉說而麗乎明不爲邪僻柔進而上行所之在貴得中而應乎剛非爲全弱雖在乖違之時卦爻有此三德故可以行小事而獲吉也天地睽而其事同也男女睽而其志通也萬物睽而其事類也睽之時用大矣哉睽離之時非小人之所能用也〔疏〕天地睽而其事同也至時用大矣哉○正義曰

天地睽而其事同此以下歷就天地男女萬物廣明睽義體乖而用合也天高地卑其體懸隔是天地睽也而生成品物其事則同也男女睽而其志通者男外女內分位有別是男女睽也而成家理事其志則通也萬物睽而其事類者萬物殊形各自爲象是萬物睽也而均於生長其事即類故曰天地睽而其事同也男女睽而其志通也萬物睽而其事類也睽之時用大矣哉既明睽理合同之大又歎能用睽之人其德不小睽離之時能建其用使合其通理非大德之人則不可也故曰睽之時用大矣哉也

象曰上火下澤睽君子以同而異

同於通理異於職事

〔疏〕正義曰上火下澤睽者動而相背所以爲睽也君子以同而異者佐王治民其意則同各有司存職掌則異故曰君子以同而異也

初九悔亡喪馬勿逐自復見惡人无咎

處睽之初居下體之下无應獨立悔也與人合志故得悔亡馬者必顯之物處物之始乖而喪其馬物莫能同其私必相顯也故勿逐而自復也時方乖離而位乎窮下上无應可援下无權可恃顯德自異爲惡所害故見惡人乃得免咎也

〔疏〕初九悔亡喪馬勿逐自復見惡人无咎○正義曰悔亡者初九處睽離之初居下體之下无應獨立所以悔也四亦處下无應獨立不乖於己與己合志

故得悔亡喪馬勿逐自復者時方睽離觸目乖阻馬之為物難可隱藏時或失之不相容隱不須尋求勢必自復故曰喪馬勿逐自復也見惡人无咎者處於窮下上无其應无應則無以為援窮下則无權可恃若標顯自異不能和光同塵則必為惡人所害故曰見惡人无咎見謂遜接之也

象曰見惡人以辟咎也〔疏〕象曰見惡人以辟咎也○正義曰以辟咎也者惡人不應與之相見而遜接之者以辟咎也

九二遇主于巷无咎處睽失位將无所安然五亦失位俱求其黨出門同趣不期而遇故曰遇主于巷也處睽得援雖失其位未失道也〔疏〕九二遇主于巷无咎○正義曰九二處睽之時而失其位將无所安五亦失位與已同黨同趣相求不假遠涉而自相遇適在於巷言遇之不遠故曰遇主於巷主謂五也處睽得援咎悔可亡故无咎也

象曰遇主于巷未失道也〔疏〕正義曰未失道者既遇其主雖失其位亦未失道也

六三見輿曳其牛掣其人天且劓无初有終凡物近而不相得則凶處睽之時履非其位以陰居陽以柔乘剛志在於上而不和於四二應於五則近而不相比故見輿曳輿曳者履非其位失所載

也其牛掣者滯隔所在不獲進也其人天且劓者四從上取二從下取而應在上九執志不回初雖受困終獲剛助〔疏〕六三見輿曳其牛至无初有終。正義曰見輿曳其牛掣者處睽之時履非其位以陰居陽以柔乘剛志在上九不與四合二自應五又與已乖欲載其輿被曳失已所載也欲進其牛被牽滯隔所在不能得進也故曰見輿曳其牛掣也其人天且劓无初有終者剠額為天截鼻為劓既處二四之間皆不相得其為人也四從上刑之故剠其額二從下刑之又截其鼻故曰其人天且劓而應在上九執志不回初雖受困終獲剛助故曰无初有終

象曰見輿曳位不當也无初有終遇剛也

〔疏〕象曰至有終遇剛也。正義曰位不當者由位不當故輿被曳遇剛者由遇上九之剛所以有終也

九四睽孤遇元夫交孚厲无咎

无應獨處五自應二三與已睽故曰睽孤也初亦无應特立處睽之時俱在獨立同處體下同志者也而已失位比於三五皆與已乖處无所安故求其疇類而自託焉故曰遇元夫也同志相得而无疑焉故曰交孚也雖在乖隔志故得行故雖危无咎

〔疏〕九四至交孚厲无咎。正義曰元夫謂初九也處於卦始故云元也初四俱陽而言夫者蓋是丈夫之夫非夫婦之

夫也象曰交孚无咎志行也六五悔亡厥宗噬膚往何咎非位悔也有應故。亡厥宗謂二也噬膚者齧柔也三雖比二二之所噬非妨已應者也以斯而往何咎之有往必合也〔疏〕六五悔亡至往何咎○正義曰悔亡者失位悔也有應故悔亡也厥宗噬膚往何咎者宗主也謂二也噬膚謂噬三也三雖隔二二之所噬故曰厥宗噬膚也三是陰爻故以膚爲譬言柔脆也二既噬三即五可以往而无咎矣故曰往无咎象曰厥宗噬膚往有慶也〔疏〕象曰至往有慶也○正義曰往有慶也者有慶之言善功被物爲物所賴也五雖居尊而不當位與二合德乃爲物所賴故曰往有慶也上九睽孤見豕負塗載鬼一車先張之弧後說之弧。匪寇婚媾往遇雨則吉處睽之極睽道未通故曰睽孤已居炎極三處澤盛睽之極也以文明之極而觀至穢之物睽之甚也豕失。負塗穢莫過焉至睽將合至殊將通恢詭譎怪道將爲一未至於洽。先見殊怪故。見豕負塗甚可穢也見鬼盈車吁可怪也先張之弧將攻害也後說之弧睽怪通也四剠其應故爲寇也睽志將通匪寇婚媾往不

失時睽疑亡也貴於遇雨和陰陽也陰陽既和羣疑亡也

疏 上九睽孤見豕至遇雨則吉○正義曰睽孤者處睽之極睽道未通故曰睽孤也見豕負塗者火動而上澤動而下已居炎極三處澤盛睽之極也離爲文明澤是卑穢以文明之極而觀至穢之物事同豕而爲負塗泥穢莫斯甚矣故曰見豕負塗載鬼一車先張之弧後說之弧者鬼魅盈車怪異之甚也至睽將合至殊將通未至於治先見殊怪故又見載鬼一車載鬼不言見者爲豕上有見字也見怪若斯懼來害已故先張之弧將攻害也物極則反睽極則通故後說之弧不復攻也匪寇婚媾者四剠其應故謂四爲寇睽志既通匪能爲寇乃得與二爲婚媾矣故曰匪寇婚媾也往遇雨則吉者雨者陰陽交和之道也衆異併消无復疑阻往得和合則吉從之故曰往遇雨則吉○注處睽之極至羣疑亡也○正義曰恢詭譎怪道將爲一者莊子內篇齊物論曰无物不然无物不可故爲擧筳與楹厲與西施恢詭譎怪道通爲一郭象注云夫筳橫而楹縱厲醜而西施好所謂齊者豈必齊形狀同規矩哉故擧縱橫好醜恢詭譎怪各然其所然各可其所可卽形雖萬殊而性本得同故曰道通爲一也莊子所言以明齊物故擧恢詭譎怪至異之物道通爲一得性則同王輔嗣用此文而改通爲將字者明物極則反睽極則通有似引詩斷章不必與本義同也

象曰遇雨

之吉羣疑亡也【疏】正義曰羣疑亡也者往與三合如雨之和向之見豕見鬼張弧之疑併消
釋矣故曰羣疑亡也
䷦艮下坎上蹇利西南不利東北西南地也東北山也以難之平則難解以難之
山則道窮【疏】正義曰蹇難也有險在前畏而不進故稱爲蹇西南險位平易之方東北險位阻礙之所世道多難率物
以適平易則蹇難可解若入於險阻則彌加擁塞去就之宜理須如此故曰蹇利西南不利東北也利見大人
往則濟也【疏】正義曰能濟衆難惟有大德之人故曰利見大人貞吉衆皆當位各履其正居難履正正邦
之道也正道未否難由正濟故貞吉也遇難失正吉可得乎【疏】正義曰居難之時若不守正而行其邪道雖見大人
亦不得吉故曰貞吉也彖曰蹇難也險在前也見險而能止
知矣哉蹇利西南往得中也不利東北其道窮
也利見大人往有功也當位貞吉以正邦也蹇

之時用大矣哉蹇難之時非小人之所能用也〔疏〕象曰至大矣哉○正義曰蹇難也險在前也見險而能止知矣哉者釋卦名也蹇者有難而不進能止而不犯故就二體有險有止以釋蹇名坎在其外是險在前也有險在前所以爲難若冒險而行或罹其害艮居其內止而不往相時而動非知不能故曰見險而能止知矣哉也蹇利西南往得中也者之於平易救難之理故云往得中也不利東北其道窮者之於險阻更益其難其道彌窮故曰其道窮也利見大人往有功也者往見大人必能除難故曰往有功也當位貞吉以正邦也者二三四五爻皆當位所以得正而吉故曰當位貞吉也以正邦也者居難守正正邦之道故曰以正邦也蹇之時用大矣哉者能於蹇難之時建立其功用以濟世者非小人之所能故曰蹇之時用大矣哉也

象曰山上有水蹇山上有水蹇難之象〔疏〕正義曰山者是巖險水是阻難水積山上彌益危難故曰山上有水蹇

君子以反身修德除難莫若反身脩德〔疏〕正義曰蹇難之時未可以進惟宜反求諸身自脩其德道成德立方能濟險故曰君子以反身修德也陸績曰水在山上失流通之性故曰蹇通水流下今在山上不得下流蹇之象陸績又曰水本應山下今在山上終應反下故曰

反身處難之世不可以行只可反自省察脩己德用乃除難君子通達道暢之時並濟天下處窮之時則獨善其身也初

六往蹇來譽處難之始居止之初獨見前識覩險而止以待其時知矣哉故往則遇蹇來則得譽

疏正義曰初六處蹇之初往則遇難來則得譽初居艮始是能見險而止見險不往則是來而得譽故曰往蹇來譽

象曰往蹇來譽宜待也疏正義曰宜待者既往則遇蹇宜止以待時也六

二王臣蹇蹇匪躬之故處難之時履當其位居不失中以應於五不以五在難中私身遠害執心不回志匡王室者也故曰王臣蹇蹇匪躬之故履中行義以存其上處蹇以比未見其尤也疏正義曰王謂五也臣謂二也九五居於王位而在難中六二是五之臣往應於五履正居中志匡王室能涉蹇難而往濟蹇故曰王臣蹇蹇也盡忠於君匪以私身之故而不往濟君故曰匪躬之故

象曰王臣蹇蹇終无尤也疏正義曰終无尤者處難以斯豈有過尤也

九三往蹇來反進則入險來則得位故曰往蹇來反爲下卦之主是內之所恃也疏正義曰九三與坎爲鄰進則入險故曰往蹇來則得位故曰來反象

曰往蹇來反內喜之也〔疏〕正義曰內喜之者內卦三爻惟九三一陽居二陰之上是內之所恃故云內喜之也

六四往蹇來連往則無應來則乘剛往來皆難故曰往蹇來連得位履正當其本實雖遇於難非妄所招也〔疏〕正義曰馬云連亦難也鄭云遲久之意六四往則無應來則乘剛往來皆難故曰往蹇來連也

象曰往蹇來連當位實也〔疏〕正義曰當位實者明六四當位履正當其本實而往來遇難者乃數之所招非邪妄之所致也故曰當位實也

九五大蹇朋來處難之時獨在險中難之大者也故曰大蹇然居不失正履不失中執德之長不改其節如此則同志者集而至矣故曰朋來也〔疏〕九五大蹇朋來。正義曰九五處難之時獨在險中難之大者也故曰大蹇然得位履正不改其節如此則同志者自遠而來故曰朋來。注處難之時至朋來也。正義曰同志者集而至矣者此以同志釋朋來之義鄭注論語云同門曰朋同志曰友此對友也通而言之同志亦是朋黨也

象曰大蹇朋來以中節也〔疏〕正義曰以中節者得位居中不易其節故致朋來故云以中節也

上六往蹇

來碩吉利見大人往則長難來則難終難終則眾難皆濟志大得矣故曰往蹇來碩吉險夷難解大道可與故曰利見大人也【疏】正義曰碩大也上六難終之地不宜更有所往往則長難故曰往蹇也來則難終難終則眾難皆濟志大得矣故曰碩吉也險夷難解大道可與宜見大人以弘道化故曰利見大人也

象曰往蹇來碩志在內也有應在內往則失之來則志獲志在內也【疏】正義曰志在內也者有應在三是志在內也應既在內往則失之來則得之所以往則有蹇來則碩吉也

利見大人以從貴也【疏】正義曰貴謂陽也以從陽故云以從貴也

䷧坎下震上

解利西南西南眾也解難濟險利施於眾遇難不困于東北故不言不利東北也【疏】正義曰解者卦名也然解有兩音一音古買反一音胡買反解謂解難之初解謂既解之後彖稱動而免乎險明解眾難之時故先儒皆讀為解序卦云物不可以終難故受之以解解者緩也然則解者險難解釋物情舒緩故為解也解利西南者西南坤位坤是眾也施解於眾則所濟者弘故曰解利西南也

无所往其來復吉有

攸往夙吉未有善於解難而迷於處安也解之爲義解難而濟厄者也无難可往以解來復則不失中有難而往則以速爲吉者无難則能復其中有難則能濟其厄也〔疏〕正義曰无所往者上言解難濟險利施於衆此丁明救難之時誠其可否若无難可往則以來復爲吉若有難可往則以速赴爲善故云无所往其來復吉有攸往夙吉設此誠者褚氏云世有无事求功故誠以无難宜靜亦有待敗乃救故誠以有難須速也象曰解險以動動而免乎險解動乎險外故謂之免免險則解故謂之解〔疏〕正義曰此就二體以釋卦名遇險不動无險解難動在險中亦未能免咎今動於由外卽見免說於險所以爲解也解利西南往得衆也其來復吉乃得中也有攸往夙吉往有功也天地解而雷雨作雷雨作而百果草木皆甲坼天地否結則雷雨不作交通感散雷雨乃作也雷雨之作則險厄者亨否結者散故百果草木皆甲坼也〔疏〕解利西南至百果草木皆甲坼○正義曰解利西南往得衆者解之爲義兼濟爲美往之西南得施解於衆所以爲利也其來復吉乃得

中也者无難可解退守靜默得理之中故云乃得中也有攸往夙吉往有功也者解難能速則不失其幾故往有功也天地解而雷雨作雷雨作而百果草木皆甲坼者此因震坎有雷雨之象以廣明解義天地解緩雷雨乃作雷雨既作百果草木皆孚甲開坼莫不解散也**解之時大矣哉**无圻而不釋也難解之時非治難時故不言用體盡於解之名无有幽隱故不曰義〔疏〕正義曰結歎解之大也自天地至於草木无不有解豈非大哉**象曰雷雨作解君子以赦過宥罪**〔疏〕正義曰赦謂放免過謂誤失宥謂寬宥罪謂故犯過輕則赦罪重則宥皆解緩之義也**初六无咎**解者解也屯難盤結於是乎解也處蹇難始解之初在剛柔始散之際將赦罪厄以夷其險處此之時不煩於位而无咎也〔疏〕正義曰夫險難未夷則賤弱者受害然則蹇難未解之時柔弱者不能无咎否結既釋之後剛強者不復陵暴初六處蹇難始解之初在剛柔始散之際雖以柔弱處无位之地逆此之時不慮有咎故曰初六无咎也**象曰剛柔之際義无咎也**或有過咎非其理也義猶理也〔疏〕正義曰義无咎者義猶理也剛柔既散理必无咎或有過咎非理之當也故曰義无咎也○注有過咎至

義猶理也○正義曰或有過咎非其理也者或本无此八字　九二田獲三狐得黃矢

貞吉狐者隱伏之物也剛中而應爲五所任處於險中知險之情以斯解物能獲隱伏也故曰田獲三狐也黃理中之稱也矢直也田而獲三狐得乎理中之道不失枉直之實能全其正者也故曰田獲三狐得黃矢貞吉也〔疏〕正義曰田獲三狐者狐是隱伏之物三爲成數舉三言之搜獲懽盡九二以剛居中而應於五爲五所任處於險中知險之情以斯解險无險不濟能獲隱伏如似田獵而獲窟中之狐故曰田獲三狐得黃矢貞吉者黃中之稱矢直也田而獲三狐得乎理中之道不失枉直之實能全其正者也故曰得黃矢貞吉也

象曰九二貞吉得中道也〔疏〕正義曰得中道也者明九二位既不當所以得貞吉者由處於中得乎理中之道故也

六三負且乘致寇至貞吝處非其位履非其正以附於四用夫柔邪以自媚者也乘二負四以容其爲寇之來也自己所致雖幸而免正之所賤也〔疏〕正義曰負且乘致寇至者六三失正无應下乘於二上附於四即是用夫邪佞以自說媚者也乘者君子之器也負者小人之事也施之於人即在車騎之上而負於物也故寇盜知其非己所有於是競欲

奪之故曰負且乘致寇至也貞吝者負乘之人正其所鄙故曰貞吝也**象曰負且乘亦可醜也自我致戎又誰咎也**〔疏〕正義曰亦可醜也者天下之醜多矣此是其一故曰亦可醜也自我致戎又誰咎也者言此寇雖由己之招非是他人致此過咎故曰又誰咎也**九四解而拇朋至斯孚**失位不正而比於三故三得附之爲其拇也三爲之拇則失初之應故解其拇然後朋至而信矣〔疏〕正義曰而汝也拇足大指也履於不正與三相比三從下來附之如指之附足四有應在初若三爲之拇則失初之應故必解其拇然後朋至而信故曰解而拇朋至斯孚**象曰解而拇未當位也**〔疏〕正義曰未當位者四若當位履正即三爲邪媚之身不得附之也既三不得附四則无所解今須解拇由不當位也

六五君子維有解吉有孚于小人居尊履中而應乎剛可以有解而獲吉矣以君子之道解難釋險小人雖間猶知服之而无怨矣故曰有孚于小人也〔疏〕正義曰君子維有解吉者六五居尊履中而應於剛是有君子之德君子當此之時可以解於險難維辭也有解於難所以獲吉故曰君子維有解

吉也有孚于小人者以君子之道解難則小人皆信服之故曰有孚于小人也**象曰君子有解小人退也**〔疏〕正義曰小人謂作難者信君子之德故退而畏服之**上六公用射隼于高墉之上獲之无不利**初爲四應二爲五應三不應上失位負乘處下體之上故曰高墉墉非隼之所處高非三之所履上六居動之上爲解之極將解荒悖而除穢亂者也故用射之極則後動成而後舉故必獲之而无不利也〔疏〕上六至无不利○正義曰隼者貪殘之鳥鸇之屬墉牆也六三失位負乘不應於上卽是罪釁之人故以譬於隼此借飛鳥爲喻而居下體之上其猶隼處高墉隼之爲鳥宜在山林隼○於人家高墉必爲人所繳射以譬六三處於高位必當被人所誅討上六居動之上爲解之極將解之荒悖而除穢亂故用射之也極而後動成而後舉故必獲之而无不利故曰公用射隼于高墉之上獲之无不利也公者臣之極上六以陰居上故謂之公也**象曰公用射隼以解悖也**〔疏〕正義曰解悖也者悖逆也六三失位負乘不應於上是悖逆之人也上六居動之上能除解六三之荒悖故云以解悖也

䷨ 兌下艮上 損有孚元吉无咎可貞利有攸往曷之用二簋可用享【疏】損有孚至可用享。正義曰損者減損之名此卦明損下益上故謂之損損之爲義損下益上損剛益柔損下益上非補不足者也損剛益柔非長君子之道者也若不以誠信則涉諂諛而有過咎故必有孚然後大吉无咎可正而利有攸往矣故曰損有孚元吉无咎可貞利有攸往也先儒皆以无咎可貞各自爲義言既吉而无咎則可以爲正準下王注彖辭无損下而不爲邪益上而不爲諂則何咎而可正然則王意以无咎可貞共成一義故莊氏云若行損有咎則須補過以正其失今行損用信則是无咎可正故云无咎可貞竊謂莊氏之言得正旨矣曷之用二簋可用享者明行損之禮貴夫誠信不在於豐既行損以信何用豐爲二簋至約可用享祭矣故曰曷之用二簋可用享也

彖曰損損下益上其道上行艮爲陽兌爲陰凡陰順於陽者也陽止於上陰說而順損下益上上行之義也【疏】正義曰此就二體釋卦名之義艮陽卦爲止兌陰卦爲說陽止於上陰說而順之是下自減損以奉於上上行之謂也

損而有孚元吉无咎可貞利有攸往

損之爲道損下益上損剛益柔也損下益上非補不足也損剛益柔非長君子之道也爲損而可以獲吉其唯有孚乎損而有孚則元吉无咎而可正利有攸往矣損剛益柔不以消剛損柔益上不以盈上損剛而不爲邪益上而不爲諂則何咎而可正雖不能拯濟大難以斯有往物无距也

疏 正義曰卦有元吉已下等事由於有孚故加一而字則其義可見矣

曷之用 曷辭也曷之用言何以豐爲也 **二簋可用享** 二簋質薄之器也行損以信雖二簋而可用享

疏 正義曰曷之用二簋可用享者舉經明之皆爲損而有孚故得如此

二簋應有時 至約之道不可常也

疏 正義曰申明二簋之禮不可爲常二簋至約惟在損時應時行之非時不可也

損剛益柔有時 下不敢剛貴於上行損剛益柔之謂也剛爲德長損之不可以爲常也

疏 正義曰明損下益上之道亦不可爲常損之所以能損下益上者以下不敢剛亢貴於奉上則是損於剛亢而益柔順也損剛者謂損兌之陽爻也益柔者謂益艮之陰爻也人之爲德須備剛柔就剛柔之中剛爲德長既爲德長不可恆減故損之有時

損益盈虛與時偕行 自然之質各定其分短者不爲不足長者不爲有餘損益將何加爲非道之常故必與時

偕行【疏】正義曰盈虛者鳧足短而任性鶴脛長而自然此又也　云與時偕行者上既言損剛益柔不可常用此又汎明損益之事體非恒理自然之質各定其分鳧足非短鶴脛非長何須損我以益人虛此以盈彼但有時宜用故應時而行故曰損益盈虛與時偕行也

象曰山下有澤損

山下有澤損之象也【疏】正義曰澤在山下澤卑山高似澤之自損以崇山之象也

君子以懲忿窒欲

可損之善莫善忿欲也【疏】正義曰君子以法此損道以懲止忿怒窒塞情慾夫人之情也感物而動境有順逆故情有忿欲懲者息其既往窒者閉其將來忿欲皆有往來懲窒互文而相足也

初九已事遄往无咎酌損之

損之為道損下益上損剛益柔以應其時者也居於下極損剛奉柔則不可以逸處損之始則不可以盈事已則往不敢宴安乃獲无咎也剛以奉柔雖免乎咎猶未親也故既獲无咎復自酌損乃得合志也遄速也【疏】正義曰已事遄往无咎者已竟也遄速也損之為道損下益上如人臣欲自損已奉上然各有所掌若廢事而往咎莫大焉若事已不往則為傲慢竟事速往乃得无咎故曰已事遄往无咎也酌損之者剛勝則柔危以剛奉柔初未見親也故須酌而減損之乃得合志故曰酌損之

象曰已事遄往尚合志也尚合於志欲速往也疏正義曰尚合志者尚庶幾也所以竟事速往庶幾與上合志也

九二利貞征凶弗損益之柔不可全益剛不可全削下不可以无正初九已損剛以順柔九二履中而復損己以益柔則剝道成焉故不可遄往而利貞也進之於柔則凶矣故曰征凶也故九二不損而務益以中為志也疏正義曰柔不可以全益剛不可以全削下不可以无正初九已損剛以益柔為剛六四為初六九二復損己以益六五為六二則成剝卦矣故九二利以居而守正進之於柔則凶故曰利貞征凶也既征凶故九二不損己而務益故曰不損益之也

象曰九二利貞中以為志也疏正義曰中以為志者言九二所以能居而守貞不損益之良由居中以中為志故損益得其節適也

六三三人行則損一人一人行則得其友損之為道損下益上其道上行三人謂自六三已上三陰也三陰並行以承於上則上失其友內无其主名之曰益其實乃損故天地相應乃得化醇男女匹配乃得化生陰陽不對生可得乎故六三獨行乃得其友二陰俱行則必疑矣疏六三至得其友○正義曰

六三處損之時居於下體損之爲義其道上行三人謂自六三已上三陰上一人謂上九也下一人謂六三也夫陰陽相應萬物化醇男女匹配故能生育六三應於上九上有二陰六四六五也損道上行有相從之義若與二陰幷已俱行雖欲益上九一人更使上九懷疑疑則失其適匹之義也名之曰益郎不是減損其實損之也故曰三人行則損一人若六三一人獨行則上九納己无疑則得其友矣

象曰一人行三則疑也

疏 正義曰三則疑者言一人則可三人疑加疑惑也

六四損其疾使遄有喜无咎

履得其位以柔納剛能損其疾也疾何可久故遄乃有喜損疾以離其咎有喜乃免故使遄乃有喜有喜乃无咎也

疏 六四至无咎。正義曰疾者相思之疾也初九自損已遄往已以正道速納陰陽相會同志斯來無復企子之疾故曰損其疾疾何可久速乃有喜有喜乃无咎故曰使遄有喜无咎。注履得其位至有喜乃无咎也。正義曰速乃有喜有喜乃无咎者相感而久不相會則有勤望之憂故速乃有喜初九自損以益四四不速納則有失益之咎也故曰有喜乃无咎也

象曰損其疾亦可喜也

疏 正義曰亦可喜者詩曰亦既見止我心則降不亦有

喜乎

六五或益之十朋之龜弗克違元吉以柔居尊而為損道江海處下百谷歸之履尊以損則或益之矣朋黨也龜者決疑之物也陰非先唱柔非自任尊以自居損以守之故人用其力事順其功智者慮能明者慮策弗能違也則衆才之用事矣獲益而得十朋之龜足以盡天人之助也【疏】六五至元吉○正義曰六五居尊以柔而在乎損而能自抑損者也居尊而能自抑損則天下莫不歸而益之故曰或益之也或者言有也言其不自益之有人來益之也朋者黨也龜者決疑之物也陰不先唱柔不自任尊以自居損以守之則人用其力事竭其功智者慮能明者慮策而不能違也朋至不違則羣才之用盡矣故曰十朋之龜弗克違也羣才畢用自尊委人天人並助故曰元吉○注以柔居尊至天人之助也○正義曰朋黨也者馬鄭皆案爾雅云十朋之龜者一曰神龜二曰靈龜三曰攝龜四曰寶龜五曰文龜六曰筮龜七曰山龜八曰澤龜九曰水龜十曰火龜

象曰六五元吉自上祐也【疏】正義曰自上祐曰上謂天也故與自天祐之吉無不利義同也

上九弗損益之无咎貞吉利有攸往得臣无家處損之終上无所奉損終

反益剛德不損乃反益之而不憂於咎用正而吉不制於柔剛德遂長故曰弗損益之无咎貞吉利有攸往也居上乘柔處損之極尚夫剛德爲物所歸故曰得臣得臣則天下爲一故无家也【疏】上九至得臣无家○正義曰弗損益之无咎貞吉者損之爲義損下益上上九處損之極上无所奉損終反益故曰弗損益之也既剛德不損乃反益之則不憂於咎用正而吉故曰无咎貞吉也利有攸往者不利於柔不使三陰俱進不疑其志剛德遂長故曰利有攸往也又能自守剛陽不爲柔之所制豈惟无咎貞吉而已所往亦无不利故曰利有攸往義兩存也得臣无家者居上乘柔處損之極尊夫剛德爲物所歸故曰得臣得臣則以天下爲一故曰无家无家者光宅天下无適一家也

象曰弗損益之大得志也【疏】正義曰大得志者剛德不損爲物所歸故大得志也

䷩震下巽上

益利有攸往利涉大川【疏】正義曰益者增足之名損上益下故謂之益益下已有矣而上更益之明聖人利物之无已也損卦則損下益上益卦則損上益下得名皆就下而不據上者向秀云明王之道志在惠下故取下謂之損與下謂之益既上行惠下之道利益萬物動而无違何往不利故曰利有攸往以益

涉難理絕險阻故曰利涉大川

彖曰益損上益下民說无疆震陽也巽陰也巽非違震者也處上而巽不違於下損上益下之謂也〔疏〕正義曰此就二體釋卦名之義柔損在上剛動在下上巽不違於下損上益下之義也既居上者能自損以益下則下民懽說无復疆限益卦所以名益者正以損上益下民說无疆者也

自上下下其道大光利有攸往中正有慶五處中正自上下下故有慶也以中正有慶之德有攸往也何適而不利哉〔疏〕正義曰此就九五之爻釋利有攸往中正有慶也五處中正能自上下下則其道光大為天下之所慶順也以中正有慶之德故所往无不利焉益之所以利有攸往者正謂中正有慶故也

利涉大川木道乃行木者以涉大川為常而不溺者也以益涉難同乎木也〔疏〕正義曰此取譬以釋利涉大川也木體輕浮以涉大川為常而不溺也以益涉難如木道之涉川涉川无害方見益之為利故云利涉大川木道乃行也

益動而巽日進无疆天施地生其益无方損下益上〔疏〕正義曰益動而巽日進无疆者自此已下廣明益義前則就二

體則損上卦以釋卦名以下有動求上能巽接是損上益下之義今執二體更明得益之方也若動而驕盈則彼損无已若動而卑巽則進益无疆故曰益動而巽日進无疆天施地生其益无方者此就天地廣明益之大義也天施氣於地地受氣而化生亦是損上益下義也其施化之益无有方所故曰天施地生其益无方**凡益之道與時偕行**益之為用施未足也滿而益之害之道也故凡益之道與時偕行也疏正義曰雖施益无方不可恆用當應時行之故舉凡益總結之故曰凡益之道與時偕行也**象曰風雷益君子以見善則遷有過則改**遷善改過益莫大焉疏正義曰子夏傳云雷以動之風以散之萬物皆盈孟僖亦與此同其意言必須雷動於前風散於後然後萬物皆益如二月啓蟄之後風以長物八月收聲之後風以殘物風之為益其在雷後故曰風雷益也遷謂遷徙慕尚改謂改更懲止遷善改過益莫大焉故君子求益以見善則遷有過則改也六子之中並有益物猶取雷風者何晏云取其最長可久之義也**初九利用為大作元吉无咎**處益之初居動之始體夫剛德以莅其事而之乎巽以斯大作必獲大功夫居下非厚事之地在卑非任重之

處大作非小功所濟故元吉乃得无咎也〔疏〕正義曰大作謂興作大事也初九處益之初居動之始有興作大事之端又應剛能幹應巽不違有堪建大功之德故曰利用爲大作也然有其才而无其位得其時而无其處雖有殊功人不與也時人不與則咎過生焉故必元吉乃得无咎故曰元吉无咎

象曰元吉无咎下不厚事也時可以大作而下不可以厚事得其時而无其處故元吉乃得无咎也〔疏〕正義曰下不厚事者厚事猶大事也

六二或益之十朋之龜弗克違永貞吉王用享于帝吉以柔居中而得其位處內履中居益以中益自外來不召自至不先不爲則朋龜獻策同於損卦六五之位位不當尊故吉在永貞也帝者生物之主興益之宗出震而齊巽者也六二居益之中體柔當位而應於巽享帝之美在此時也〔疏〕六二至王用享于帝吉○正義曰六二體柔居中當位應巽是居益而能用謙沖者也居益用謙則物自外來朋龜獻策弗能違也同於損卦六五之位故曰或益之十朋之龜弗克違也然位不當尊故永貞乃吉故曰永貞吉帝天也王用此時以享祭於帝明靈降福故曰王用享於帝吉也

象曰或益之自外來也〔疏〕

正義曰自外來者明益之者從外自來不名而至也

六三益之用凶事无咎有孚中行告公用圭。

以陰居陽求益者也故曰益之益不外來己自為之物所不與故在謙則戮救凶則免以陰居陽處下卦之上壯之甚也用救衰危物所恃也故用凶事乃得无咎也若能益不為私志在救難壯不至亢不失中行以此告公國主所任也用圭之禮備此道矣故曰有孚中行告公用圭也公者臣之極也凡事足以施天下則稱王次天下之大者則稱公六三之才不足以告王足以告公而得用圭也故曰中行告公用圭也

【疏】六三至告公用圭○正義曰六三以陰居陽不能謙退是求益者也故曰益之益不外來已自為之物所不與若以謙道責之則理合誅戮若以救凶原之則情在可恕然此六三以陰居陽處下卦之上壯之甚也用此以救衰危則物之所恃所以用凶事而得免咎故曰益之用凶事无咎若能求益不為私己志在救難為壯不至亢極能適於時是有信實而得中行故曰有孚中行也用此有孚中行之德執圭以告於公公必任之以救衰危之事故曰告公用圭○注以陰居陽至告公用圭也○正義曰告王者宜以文德燮理使天下人寧不當恆以救凶用志褊狹也

象曰益用凶事固有之也

用施

凶事乃得固有之也【疏】正義曰固有之者明其爲救凶則不可求益施之凶事乃得固有其功也

六四中行告公從利用爲依遷國居益之時處巽之始體柔當位在上應下卑不窮下高不處亢位雖不中用中行者也以斯告公何有不從以斯依遷誰有不納也【疏】正義曰六四居益之時處巽之始體柔當位在上應下卑不窮下高不處亢位雖不中用中行者也故曰中行也以此中行之德有事以告於公公必從之故曰告公從也用此道以依人而遷國者人无不納故曰利用爲依遷國也遷國國之大事明以中行雖有大事而无不利如周之東遷晉鄭焉依之義也

象曰告公從以益志也志得益也【疏】正義曰以益志者既爲公所從其志得益也

九五有孚惠心勿問元吉有孚惠我德得位履尊爲益之主者也爲益之大莫大於信爲惠之大莫大於心因民所利而利之焉惠而不費惠心者也信以惠心盡物物之願固不待問而元吉有孚惠我德也以誠惠物物亦應之故曰有孚惠我德也【疏】正義曰九五得位處尊爲益之主兼張德義以益物者也爲益之大莫大於信爲惠之大莫大於心因民所利而利之焉惠而不費惠心者也有惠

有信盡物之願必獲元吉不待疑問故曰有孚惠心勿問元吉我既以信惠被於物物亦以信惠歸於我故曰有孚惠我德也

象曰有孚惠心勿問之矣惠我德大得志也疏正義曰大得志者天下皆以信惠歸我則可以得志於天下故曰大得志也

上九莫益之或擊之立心勿恆凶處益之極過盈者也求益无已心无恆者也无厭之求人弗與也獨唱莫和是偏辭也人道惡盈怨者非一故曰或擊之也疏正義曰上九處益之極益之過甚者也求益无厭怨者非一故曰莫益之或擊之也勿猶无也求益无已是立心无恆者也无恆之人必凶咎之所集故曰立心勿恆凶

象曰莫益之偏辭也或擊之自外來也疏正義曰偏辭者此有求而彼不應是偏辭也曰外來者怨者非不待召也故曰自外來也

周易兼義卷第四

太子少保江西巡撫阮元栞

周易注疏校勘記卷四

阮元撰盧宣旬摘錄

咸 此卦前石經題周易下經咸傳第四釋文岳本古本足利本同錢本題周易注疏卷第六宋本同

取女吉 石經岳本閩監毛本同釋文取本亦作娶○按娶正字取假借字

則萬物无由得應化而生 錢本閩監毛本同宋本應作變

以其各亢所處也 岳本閩監毛本同釋文亢本或作有

咸其拇 石經岳本閩監毛本同釋文拇子夏作䟝荀作母

四屬外也 岳本閩監毛本也作卦古本上有卦字

咸其腓 石經岳本閩監毛本同釋文腓荀作肥

退不能靜處 岳本閩監毛本同古本足利本靜處作處靜案疏云靜守其處作處靜非

吝其宜也 此下十行本閩監毛本並脫去正義一段今據錢本宋本錄之於下正義曰咸其股執其隨往

吝者九三處二之上轉高至股股之爲體動靜隨足進不能制足之動退不能靜守其處股是可動之物足動則隨不能自處常執其隨足之志故云咸其股執其隨施之於人自无操持志在隨人所執卑下以斯而往鄙吝之道故言往吝

憧憧往來 石經岳本閩監毛本同釋文憧憧京作𢥞

正而故得悔亡也 閩監毛本同浦鏜云而下當脫吉字

咸其輔頰舌陜 石經岳本閩監毛本同釋文輔虞作酺頰孟作俠

滕口說也 石經岳本閩監毛本同釋文滕九家作乘虞作媵

鄭元又作滕口送也 補毛本作媵媵送也案經滕字虞本作媵是滕口二字當媵媵之譌

恒

无疑亭字在三事之中 浦鏜云中當作外

釋訓卦名也　錢本閩監毛本同宋本釋訓作訓釋

因名此卦得其恒名　閩監毛本同宋本名作明

往无窮也　閩監毛本同岳本宋本古本足利本也作極

浚恒　石經岳本閩監毛本同釋文浚鄭作濬

令物无餘緼　閩監毛本同岳本錢本緼作藴釋文出餘緼

或承之羞　石經岳本閩監毛本同釋文或承鄭本作咸承

振恒凶　石經岳本閩監毛本同釋文振張作震

遯

危至而後求行　補毛本求作求案求字宜衍正義是遯之為後也可證

雖可免乎　閩本同監毛本雖作難不誤釋文出難可

物皆遯巳 岳本閩監毛本同釋文巳音以或音紀案音紀則當作人巳字疏云物皆棄己而遯則正義本作己與或音合

係遯 石經岳本閩監毛本同釋文本或作繫○按凡相連屬謂之係此係遯是也

宜遯而繫 錢本宋本古本同岳本閩監毛本繫作係下繫遯繫於所在不能遠害同

有疾憊也 石經岳本閩監毛本同釋文憊王肅作[illegible]荀作備

矰繳不能及 岳本閩監毛本同釋文出繒繳○按矰正字繒假借字

大壯

一者謂陽爻 岳本閩監毛本一作大古本下有也字○補案大字是也正義標起止可證

遂廣美正人之義 補案人當作大

義歸天極 補毛本極作大

故正大則見天地之情　閩監毛本同錢本宋本則作卽

而順體也　岳本錢本閩監毛本體作禮釋文而愼禮也愼或作順

其人信其窮凶也　閩監毛本同錢本宋本其作有

羸其角　石經岳本閩監毛本同釋文羸王肅作縲鄭虞作纍蜀才作累張作虆

用之以爲羅罔於己　閩監毛本同宋本無以字

君子罔也　石經岳本閩監毛本同古本罔上有用字非

壯于大輿之輹　石經岳本閩監毛本同釋文輹本又作輻

能幹其任　岳本閩監毛本同古本任上有所字

二理自爲矛楯　錢本宋本同閩監毛本楯作盾

持疑猶豫　岳本閩監毛本同釋文猶與一本作預○按與豫之假借字預又豫之俗字

固志在一　岳本閩本古本足利本同閩監毛本一作三

疑之不已　閩監毛本同錢本宋本疑作欽

不詳也　石經岳本宋本閩監毛本同古本足利本詳作祥釋文不詳鄭王肅作祥案此則王弼本自作詳古本足利本非也

不詳也者　閩監毛本同錢本宋本詳作祥○補案下並同

晉。石經岳本閩監毛本同釋文孟作齊

所以在貴也　閩監毛本同岳本宋本古本足利本以作之案噬嗑注皆所之在貴也足證此文以字為之字之誤

以顯著明自顯之道　閩本同岳本監毛本上顯作順古本下有也字補案順字是也正義可證

之遙反　十行本此三字雙行夾注閩本作單行側注監毛本誤與正義字同

之召反十行本此三字亦雙行夾注錢本宋本召作少閩監毛本與十行本同

進之初閩監毛本同錢本宋本本上有處字

而回其志岳本閩監毛本同古本回誤曲下履貞不回同

處晦能致其誠者也閩監毛本同岳本晦作悔

闇乎幽昧閩監毛本同岳本宋本古本足利本闇作閒釋文出闇乎

故曰進如愁如閩監本同毛本進作晉是也

故得其悔亡閩監毛本同錢本宋本無其字

晉如鼫鼠石經岳本閩監毛本同釋文鼫子夏傳作碩

正之厄也補案厄當危字之譌正義正之危也可證毛本作危

不成一伎王閩監毛本同錢本宋本木王作術○按盧文弨云顏氏家訓作不成技術知王字誤也

能游不能度谷　閩監毛本同錢本宋本度作度○按詩疏亦作渡

能穴不能掩身　詩疏掩作覆

陸機以爲雀鼠　閩監本同毛本機改璣非

失得勿恤　石經岳本閩監毛本同釋文失孟馬鄭虞王肅本作矢

能不用柔　補毛本柔作察

有慶者委任得人　盧文弨云疏讀失得勿恤往爲句故此上無往字

明夷

文王以之　石經岳本閩監毛本同釋文鄭荀向作似之下亦然

不爲邪干　補毛本干作詔

蔽僞百姓者也　岳本閩監毛本同釋文蔽僞本或作弊僞

巧所辟也補岳本毛本同古本足利本巧作乃閩本明監本辟作避

初處卦之始最遠於難也岳本閩監毛本同古本初下有九字也上有者字

夷于左股用拯馬岳本閩監毛本同石經股用拯三字漫漶釋文夷子夏作睇京作睼左股姚作右槃拯子夏作抍

是行不能壯也閩監毛本同岳本宋本古本足利本是作示釋文出示行

然後乃免也岳本閩監毛本同釋文然後而免也一本作然後乃獲免也古本乃作獲

明夷于南狩石經岳本閩監毛本同釋文狩本亦作守

乃得大也石經岳本閩監毛本作乃大得也疏亦云是其志大得也○補案大得是也誤倒耳

事情之地補毛本事作懷

隨時辟難錢本閩監毛本同岳本宋本古本足利本隨作雖

獲心意也　石經岳本閩監毛本同古本也誤者

箕子之明夷　石經岳本閩監毛本同釋文蜀才箕作其劉向云今易箕子作荄滋

家人

卽入不失父道　補　毛本入作父

發邇化遠　宋本閩本同監毛本化作見

則悔矣　岳本閩監毛本同古本作則悔成矣足利本作則悔生矣

志未變也　石經岳本閩監毛本同古本也上衍之字

家人嗃嗃　石經岳本閩監毛本同釋文嗃嗃荀作確確劉作熇熇

婦子嘻嘻終吝　石經岳本閩監毛本同古本終下衍之字釋文嘻嘻張作嬉嬉陸作喜喜

猶得其道　岳本閩監毛本同集解作猶得吉也古本無猶字

上得終於家道　補　毛本上作乃

睽

睽動而上　補　案動上當有火字

佐王治民　補　毛本王作主

與人合志　閩監毛本同岳本宋本古本足利本人作凶

馬者必顯之物　岳本閩監毛本同古本下有也字釋文必顯一本作必類下相顯亦然

見謂遜接之也　閩監毛本同錢本宋本無見字

以辟咎也　閩監毛本同宋本辟作避

正義曰未失道者既遇其主雖失其位亦未失道也　此疏錢本宋本在九二疏末十行本在未失道也下閩本與十行本同監毛本脫去

其牛掣其人天且劓石經岳本閩監毛本同釋文掣鄭作挈子夏作契荀作觭劉本從說文作觢劓王肅作臲

有應故亡岳本閩監毛本同古本足利本亡上有悔字。按集解有悔字正義本同是古本之所據也

後說之弧石經岳本閩監毛本同釋文弧本亦作壺京馬鄭王肅翟子元作壺

豕失負塗閩本同岳本錢本宋本古本失作而監毛本作之足利本作也案而是

恢詭譎怪岳本閩監毛本同釋文譎本亦作決

未至於治先見殊怪閩監毛本同岳本錢本宋本足利本治作洽古本治先作合志一本治作合志二字

故見豕負塗岳本閩監毛本同古本故下有曰字

四剠其應岳本閩監毛本同錢本宋本古本剠作刺釋文出四剠

未至於治　閩監毛本同宋本治作治

乃得與二爲昏媾矣　閩監毛本同錢本宋本二作三

故爲舉莛與楹　孫志祖云今本莊子故爲下有是字

蹇

利西南　石經岳本閩監毛本同古本利下衍也字

西南險位　閩本同宋本險作地監毛本作順

吉可得乎　岳本閩監毛本同古本吉下有何字一本作吉何可得也足利本上有何字

以正邦也　石經岳本閩監毛本同釋文正邦荀陸本作正國爲漢朝諱

宜待也　岳本閩監毛本同石經待也二字漫漶釋文張本作宜時也鄭本宜待時也

處難之時　岳本閩監毛本同錢本宋本古本之作窮

處蹇以比 補 毛本比作此

而在難中 錢本閩監本同毛本而作尙

往則失之 岳本閩監毛本同錢本宋本古本作往之則失

以從陽 閩監毛本同宋本以下有陰字

解

利施於衆遇難不困于東北 岳本閩監毛本遇難作也亦宋本難不困于東北作亦不困于東北

一音古買反一音胡買反 錢本宋本同閩本胡作故監毛本作諸又錢本宋本古買反胡買反六字小注

解難而濟厄者也 十行本難字闕岳本有此閩監毛本同古本足利本厄作危下放此釋文厄或

作危○[補]難字今依挍補栞

則以速爲吉者也 閩監毛本同岳本宋本古本足利本者作

卽見免說於險 宋本同閩監毛本見作是說作脫

而百果草木皆甲坼 石經岳本錢本坼作㘸是也下注及正義竝同閩監毛本作拆非宋本注疏皆作甲㘸經文㘸字不明當亦作㘸釋文㘸馬陸作宅

无坼而不釋也 [補]案坼當作㘸毛本作拆非也

君子以赦過宥罪 石經岳本閩監毛本同釋文宥京作尤

或有過咎非其理也 岳本閩監毛本同釋文過或作過一本無此八字古本亦無此八字

非理之當也 [補]毛本當作常

搜獲懽盡 [補]毛本懽作備

乘二負四以容其爲寇之來也補毛本爲作身

自我致戎石經岳本閩監毛本同釋文本又作致寇

言此寇雖由己之招閩監毛本同錢本宋本雖作難○補案所改是也

解而拇石經岳本閩監毛本同釋文拇荀作母

極則後動閩本同岳本監毛本則作而○補案而字是也正義可證

隼於人家高墉補案隼當作集因上隼之爲鳥隼字而誤也

損此卦前錢本宋本題周易注疏卷第七

二簋可用享石經岳本閩監毛本同釋文二簋蜀才作軌

準下王注閩監毛本同錢本準作准

損下而不爲邪按下注作損剛

則是无咎可正 錢本閩監毛本同宋本咎作過

得正旨矣 閩監毛本同錢本宋本正作王盧文弨云王謂王弼也

君子以懲忿窒欲 石經岳本閩監毛本同釋文徵劉作懲蜀才作澄窒鄭劉作懫孟作恎陸作嵤欲孟作浴

莫善忿欲也 岳本閩監毛本同古本足利本善下有損字

已事遄往 石經岳本閩監毛本同釋文已本亦作以虞作祀遄荀作顓

不敢宴安 閩監毛本同岳本古本足利本敢作可

利貞征凶 石經岳本閩監毛本同古本征作往注同

柔下可全益剛不可全削 下不之誤岳本閩監毛本不誤古本全上並有以字

謂自六三已上三陰也 岳本閩監毛本同釋文出以上按以已古多通用

乃得化醇　岳本閩監毛本同宋本古本足利本醇作淳疏同釋文出化淳

三人疑加惑也　閩監毛本同錢本宋本上疑作益

無復企子之疾　錢本宋本子作予閩監毛本無作无

智者慮能　閩監毛本同岳本智作知釋文出知者

則衆才之用事矣　補案正義事當作盡毛本不誤

自上祐也　石經岳本閩監毛本同釋文祐本亦作佑

吉無不利義同也　閩監毛本無作无錢本无也字

不制於柔　岳本閩監毛本同釋文不制一本作下制

不利於柔　補宋本不利作下制閩監毛本作不制案不制正與注同然注不字亦疑是下字之譌

益

損下益上　岳本閩監毛本作損上益下是也古本亦有也字下必獲大功下興益之宗下救凶則免下並同

君子以見善則遷　岳本閩監毛本同石經善字磨改

又應剛能幹　閩監毛本同錢本宋本應作體○補案體字是也注體大剛德可證

王用享于帝吉　岳本閩監毛本同石經下五字漫滅釋文出用享案此釋文據宋本通志堂本作享

出震而齊巽者也　岳本閩監毛本同古本齊誤濟

居益以中　補案中當作沖下正義居益而能用謙沖者也可證

不先不爲　補案爲當作違

告公用圭　石經岳本閩監毛本同釋文用圭王肅作用桓圭

不失中行　岳本閩監毛本同古本上有故字

誰有不納也 岳本閩監毛本同古本足利本誰作何

固不待問而元吉有孚惠我德也 閩監毛本同岳本宋本古本足利本固作故浦鏜云下六字疑衍文

兼張德義 閩監毛本同錢本宋本張作宏

无厭之求 岳本閩監毛本同釋文出無厭

偏辭也 石經岳本閩監毛本同釋文偏孟作編

周易注疏校勘記卷四

周易兼義下經夬傳卷第五

國子祭酒上護軍曲阜縣開國子臣孔穎達奉勑撰正義

王弼注

乾下兌上 夬揚于王庭孚號有厲告自邑不利即戎利有攸往 夬與剝反者也剝以柔變剛至於剛幾盡夬以剛決柔如剝之消剛剛隕則君子道消柔消則小人道隕君子道消則剛正之德不可得直道而用刑罰之威不可得坦然而行揚于王庭其道公也 疏 夬揚于王庭至利有攸往○正義曰夬決也此陰消陽息之卦也陽長至五五陽共決一陰故名爲夬也揚于王庭者明行決斷之法夬以剛決柔施之於人則是君子決小人也王庭是百官所在之處以君子決小人故可以顯然發揚決斷之事於王者之庭示公正而无私隱也故曰揚于王庭也孚號有厲者號號令也行決之法先須號令夬以剛決柔則是用明信之法而宣其號令如此即柔邪者危故曰孚號有厲也以剛制斷行令於邑可也若用剛即戎尚力取勝爲物所疾以此用師必有不利故

曰告自邑不利即戎雖不利即戎然剛德不長則柔邪不消故陽爻宜有所往夬道乃成故曰利有攸往也

象曰夬決也剛決柔也健而說決而和健而說則決而和矣〔疏〕象曰至決而和。正義曰夬決也剛決柔者此就爻釋卦名也健而說決而和者此就二體之義明決而能和乾健而兌說健則能決說則能和故曰決而和也。

揚于王庭柔乘五剛也剛德齊長一柔爲逆衆所同誅而无忌者也故可揚于王庭。〔疏〕正義曰此因一陰而居五陽之上釋行決之法以剛德齊長一柔爲逆衆所同誅誅而无忌也故曰揚于王庭言所以得顯然揚于王庭者只謂柔乘五剛也

孚號有厲其危乃光也剛正明信以宣其令則柔邪者危故曰其危乃光也〔疏〕正義曰以明信而宣號令即柔邪者危厲危厲之理分明可見故曰其危乃光也。

告自邑不利即戎所尚乃窮也以剛斷制告令可也告自邑謂行令於邑也用剛即戎尚力取勝也尚力取勝物所同疾也〔疏〕正義曰剛克之道不可常行若專用威猛以此即戎則便爲尚力取勝即是決而不和其道窮矣行決所以惟告自邑不利即戎者只謂所尚乃窮

故也

利有攸往剛長乃終也 剛德愈長柔邪愈消故利有攸往道乃成也

【疏】正義曰道成也剛長柔消夬道乃成也

象曰澤上於天夬君子以施祿及下居德則忌 澤上於天夬之象也澤上於天必來下潤施祿及下之義也夬者明法而決斷之象也忌止也法明斷嚴不可以慢故居德以明禁也施而能嚴嚴而能施健而能說決而能和美之道也

【疏】象曰至居德則忌○正義曰澤上於天夬者澤性潤下雖復澤上於天決來下潤此事必然故是夬之象也君子以施祿及下居德則忌者忌禁也決有二義象則澤來潤下象則明法決斷所以君子法此夬義威惠兼施雖復施祿及下其在身居德復須明其禁令合於健而能說決而能和故曰君子以施祿及下居德則忌也

初九壯于前趾往不勝爲咎 居健之初爲決之始宜審其策以行其事壯其前趾往而不勝宜其咎也

【疏】正義曰初九居夬之初當須審其籌策然後乃往而體健處下徒欲果決壯健前進其趾以此而往必不克勝非決之謀所以爲咎故曰初九壯于前趾往不勝爲咎也

象曰不勝而往咎也 不勝之理在往前也

【疏】正義曰經稱往

不勝爲咎象云不勝而往咎翻其文者蓋暴虎馮河孔子所忌謬於用壯必無勝理孰知不勝果決而往所以致於咎過故注云不勝之理在往前也

九二惕號莫夜有戎勿恤

居健履中以斯決事能審己度而不疑者也故雖有惕懼號呼莫夜有戎不憂不惑故勿恤也〔疏〕正義曰九二體健居中能決其事而无疑惑者也雖復有人惕懼號呼語之云莫夜必有戎卒來害己能審己度不惑不憂故勿恤也

象曰有戎勿恤得中道也

〔疏〕正義曰得中道者決事而得中道故不以有戎爲憂故云得中道也

九三壯于頄有凶君子夬夬獨行遇雨若濡有慍无咎

頄面權也謂上六也最處體上故曰權也剝之六三以應陽爲善夫剛長則君子道興陰盛則小人道長然則處陰長而助陽則善處剛長而助柔則凶矣夬爲剛長而三獨應上六助於小人是以凶也君子處之必能棄夫情累決之不疑故曰夬夬也若不與衆陽爲群而獨行殊志應於小人則受其困焉遇雨若濡有慍而无所咎也〔疏〕九三壯于頄至无咎○正義曰壯于頄有凶者頄面權也謂上六也言九三處夬之時獨應上六助於小人是以凶也若剝之六三處陰長之

時而應上是助陽爲善今九三處剛長之時獨助陰爲凶也君子夬夬者君子之人若於此時能棄其情累不受於應在於決斷而无滯是夬夬也獨行遇雨若濡有慍无咎者若不能決斷殊於衆陽應於小人則受濡濕其衣自爲怨恨无咎責於人故曰有慍无咎也

象曰君子夬夬終无咎也

〔疏〕正義曰衆陽決陰獨與上六相應是有咎也若能夬夬決之不疑則終无咎矣然則象云无咎自釋君子夬夬非經之无咎也

九四臀无膚其行次且。牽羊悔亡聞言不信

不剛而進非已所據必見侵傷失其所安故臀无膚其行次且也羊者抵狠難移之物謂五也五爲夬主非下所侵若牽於五則可得悔亡而已剛亢不能納言自任所處聞言不信以斯而行凶可知矣○

〔疏〕九四臀无膚至聞言不信○正義曰臀无膚其行次且者九四據下三陽位又不正下剛而進必見侵傷侵傷則居不得安若臀无膚矣次且行不前進也臀之无膚居既失安行亦不進故曰臀无膚其行次且也牽羊悔亡聞言不信者羊者抵狠難移之物謂五也居尊當位爲夬之主下不敢侵若牽於五則可得悔亡故曰牽羊悔亡然四亦是剛陽各亢所處雖復聞牽羊之言不肯信服事於五故曰聞言不信也○

象曰其行

次且位不當也聞言不信聰不明也同於噬嗑滅耳之凶疏聰不明也○正義曰聰不明者聰聽也良由聽之不明故聞言不不信也○注同於噬嗑滅耳之凶○正義曰凶既聞言不信不肯牽係於五則必被侵克致凶而經无凶文象稱聰不明者與噬嗑上九辭同彼以不明釋凶知此亦爲凶也

九五莧陸夬夬中行无咎莧陸草之柔脆者也決之至易故曰夬夬也夬之爲義以剛決柔以君子除小人者也而五處尊位最比小人躬自決者也以至尊而敵至賤雖其克勝未足多也處中而行足以免咎而已未足光也疏九五至无咎○正義曰莧陸草之柔脆者也夬之爲義以剛決柔以君子除小人者也五處尊位爲夬之主親決上六決之至易也如決莧陸草然故曰莧陸夬夬也但以至尊而敵於至賤雖其克勝不足貴也特以中行之故纔得无咎故曰中行无咎○注莧陸草之柔脆者○正義曰莧陸草之柔脆者○子夏傳云莧陸木根草莖剛下柔上也馬融鄭玄王肅皆云莧陸一名商陸皆以莧陸爲一黃遇云莧人莧也陸商陸也以莧陸爲二案注直云草之柔脆者亦以爲一同於子夏等也

象曰中行无咎中未光也疏正義曰中未光者雖復居中而行以其親決上

六以尊敵卑未足以爲光大也**上六无號終有凶**處夬之極小人在上君子道長衆所共棄故非號咷所能延也〔疏〕正義曰上六居夬之極以小人而居羣陽之上衆共棄也君子道長小人必凶非號咷所免故禁其號咷曰无號終有凶也**象曰无號之凶終不可長也**〔疏〕正義曰終不可長者長延也凶危若此非號咷所能延故曰終不可長也

䷫巽下乾上**姤。女壯勿用取女。**〔疏〕正義曰姤遇也此卦一柔而遇五剛故名爲姤施之於人則是一女而遇五男爲壯至甚故戒之曰此女壯甚勿用取此女也**彖曰姤遇也柔遇剛也**施之於人卽女遇男也一女而遇五男爲壯至甚故不可取也〔疏〕正義曰此就爻釋卦名以初六一柔而上遇五剛所以名遇而用釋卦辭女壯勿用取女之義也**勿用取女不可與長也**

天地相遇品物咸章也正。乃功成也〔疏〕勿用取女至品物咸章也□正義曰勿用取女不可與長者女之爲體婉娩貞順方可期之偕老淫壯若此不可與之長久故勿用取女天地相遇品物咸章者已

下廣明遇義卦得遇名本由一柔與五剛相遇故遇辭非美就卦而取遂言遇不可用是勿用取女也故孔子更就天地歎美遇之爲義不可廢也天地若各亢所處不相交遇則萬品庶物无由彰顯必須二氣相遇乃得化生故曰天地相遇品物咸章

剛遇中正天下大行也化乃大行也〔疏〕正義曰莊氏云一女而遇五男既不可取天地匹配則能成品物由是言之若剛遇中正之柔男得幽貞之女則天下人倫之化乃得大行也

姤之時義大矣哉凡言義者不盡於所見中有意謂者也〔疏〕姤之時義大矣哉正義曰上既博美此又結歎欲就卦而取義但是一女而遇五男不足稱美博論天地相遇乃致品物咸章然後姤之時義大矣哉○注凡言義者至有意謂者也○正義曰注總爲稱義發例故曰凡言也就卦以驗名義只是女遇於男博尋遇之深旨乃至道該天地故云不盡於所見中有意謂者也

象曰天下有風姤后以施命誥四方〔疏〕正義曰風行天下則无物不遇故爲遇象后以施命誥四方者風行草偃天之威令故人君法此以施教命誥於四方也

初六繫于金柅貞吉有攸往見凶羸豕孚

蹢躅。金者堅剛之物柅者制動之主謂九四也初六處遇之始以一柔而承五剛體夫躁質得遇而通散而无主自縱者也柔之爲物不可以不牽臣妾之道不可以不貞故必繫于正應乃得貞吉也若不牽于一而有攸往行則唯凶是見矣羸豕謂牝豕也羣豕之中豭強而牝弱故謂之羸豕也孚猶務躁也夫陰質而躁恣者羸豕特甚焉言以不貞之陰失其所牽其爲淫醜若羸豕之孚務蹢躅也

疏 初六繫于金柅至羸豕孚蹢躅。正義曰繫于金柅貞吉者金者堅剛之物柅者制動之主謂九四也初六陰質若繫於正應以從於四則貞而吉矣故曰繫于金柅貞吉也有攸往見凶者若不牽於一而有所行往則惟凶是見矣故曰有攸往見凶羸豕孚蹢躅者初六處遇之初以一柔而承五剛是不繫金柅有所往者也不繫而往則如羸豕之務躁而蹢躅然也故曰羸豕孚蹢躅羸豕謂牝豕也羣豕之中豭強而牝弱也故謂牝豕爲羸豕孚陰質而淫躁牝豕特甚焉故取以爲喻○注柅者制動之主者○正義曰柅者制動之主者柅之爲物衆說不同王肅之徒皆爲織績之器婦人所用惟馬云柅者在車之下所以止輪令不動者也王注云柅制動之主蓋與馬同

象曰繫于金柅柔道牽也

疏 正義曰柔道牽者陰柔之道必須有所牽繫也

九二包有

魚无咎不利賓初陰而窮下故稱魚不正之陰處遇之始不能逆近者也初自樂來應已之廚非爲犯奪故无咎也擅人之物以爲己惠義所不爲故不利賓也【疏】正義曰庖有魚无咎者初六以陰而處下故稱魚也以不正之陰處遇之始不能逆於所近故捨九四之正應樂充九二之庖廚故曰九二庖有魚初自樂來爲已之廚非爲犯奪故得无咎也不利賓者夫擅人之物以爲已惠義所不爲故不利賓也

象曰包有魚義不及賓也【疏】正義曰義不及賓者言有他人之物於義不可及賓也

九三臀无膚其行次且厲无大咎處下體之極而二據於初不爲已乗居不獲安行爲其應不能牽據以固所處故臀無膚其行次且也然履得其位非爲妄處不遇其時故使危厲災非已招是以无大咎也【疏】正義曰陽之所據者陰也九三處下體之上爲內卦之主以乘於二无陰可據居不獲安上又无應不能牽據以固所處同於夬卦九四之失據故曰臀无膚其行次且也然復得其位非爲妄處特以不遇其時故致此危厲災非已招故无大咎故曰厲无大咎

象曰其行次且行未牽也【疏】正義曰行未牽者未能牽據故其行

次且是行未牽也

九四包无魚起凶 二有其魚故失之也无民而動失應而作是以凶也

疏 正義曰包无魚者二擅其應故曰包无魚也包之无魚則是无民之義也起凶者起動也无民而動失應而作是以凶也

象曰无魚之凶遠民也 疏 正義曰遠民者陰爲陽之民爲二所據故曰遠民也

九五以杞包瓜含章有隕自天 杞之爲物生於肥地者也包瓜爲物繫而不食者也九五履得尊位而不遇其應得地而不食含章而未發不遇其應命未流行然處得其所體剛居中志不舍命不可傾隕故曰有隕自天也

疏 九五以杞包瓜至有隕自天○正義曰以杞匏瓜者杞之爲物生於肥地匏瓜爲物繫而不食九五處得尊位而不遇其應是得地而不食故曰以杞匏瓜也含章有隕自天者不遇其應命未流行无物發起其美故曰含章然體剛居中雖復當位命未流行而不能改其操无能傾隕之者故曰有隕自天蓋言惟天能隕之耳○注杞之爲物生於肥地者也○正義曰杞之爲物生於肥地者也先儒說杞亦有不同馬云杞大木也左傳云杞梓皮革自楚注則爲杞梓之杞子夏傳曰作杞匏瓜薛虞記云杞杞柳也杞性柔刃宜屈橈似匏瓜又爲杞柳之杞案王氏云生於肥地蓋以

杞爲今之枸杞也　象曰九五含章中正也有隕自天志不舍命也　疏　正義曰中正者中正故有美无應故含章而不發若非九五中正則无美可含故舉爻位而言中正也志不舍命者雖命未流行而居尊當位志不舍命故曰不可傾隕也

上九姤其角吝无咎　進之於極无所復遇遇角而已故曰姤其角也進而无遇獨恨而已不與物爭其道不害故无凶咎也　疏　正義曰姤其角者角者最處體上上九進之於極无所復遇遇角而已故曰姤其角也吝无咎者角非所安與无遇等故獨恨而鄙吝也然不與物爭其道不害故无凶咎故曰无咎也

象曰姤其角上窮吝也　疏　正義曰上窮吝者處於上窮所以遇角而吝也

䷬ 坤下兌上　萃亨　聚乃通也　疏　正義曰萃卦名也又萃聚也聚集之義也能招民聚物使物歸而聚已故名爲萃也亨者通也擁隔不通无由得聚聚之爲事其道必通故云萃亨

王假有廟　假至聚王以聚至有廟也　疏　正義曰假至也天下崩離則民怨神怒雖復享祀與无廟同王至大聚之時孝德乃昭始可謂之有廟矣

故曰王假有廟 **利見大人亨利貞** 聚得大人乃得通而利正也 【疏】正義曰聚而無主不散則亂惟有大德之人能弘正道乃得常通而利正故曰利見大人亨利貞也 **用大牲吉** 全乎聚道用大牲乃吉也聚道不全而用大牲神不福也 【疏】正義曰大人為王聚道乃全以此而用大牲神明降福故曰用大牲吉也 **利有攸往** 【疏】正義曰人聚神祐何往不利故曰利有攸往也 **彖曰萃聚也**

順以說剛中而應故聚也○但順而說則邪佞之道也剛而違於中應則強亢之德也何由得聚順說而以剛為主主剛而履中履中以應故得聚也 【疏】象曰至故聚也○正義曰萃聚者訓萃名也順以說剛中而應故聚者此就二體及九五之爻釋所以能聚也若全用順說則邪佞之道興全用剛陽而違於中應則強亢之德著何由得聚今順以說而剛為主則非邪佞也應不失中則非偏亢也如此方能聚物故曰順以說剛中而應故聚也 **王假**

有廟致孝享也 全聚乃得致孝之享也 【疏】正義曰享獻也聚道既全可以至於有廟設祭祀而致孝享也 **利見大人亨聚以正也** 大人體中正者也通衆以正聚乃得全也

【疏】正義曰釋聚所以利見大人乃得通而利正者良由大人有中正之德能以正道通而化之然後聚道得全故曰聚以正也

用大牲吉利有攸往順天命也順以說而不損剛順天命者也天德剛而不違中順天則說而以剛為主也【疏】正義曰天之為德剛不違中今順以說而以剛為主是順天命也動順天命可以享於神明无往不利所以得用大牲吉利有攸往者只為順天命也

觀其所聚而天地萬物之情可見矣方以類聚物以羣分情同而後乃聚氣合而後乃羣【疏】正義曰此廣明萃義而歎美之也凡物所以得聚者由情同也情志若乖无由得聚故觀其所聚則天地萬物之情可見矣

象曰澤上於地萃君子以除戎器戒不虞聚而无防則衆心生【疏】正義曰澤上於地則水潦聚故曰澤上於地萃也除者治也人既聚會不可无防備故君子於此之時脩治戎器以戒備不虞也

初六有孚不終乃亂乃萃若號一握爲笑勿恤往无咎有應在四而三承之心懷嫌疑故有孚不終也不能守道以結至好迷務競爭

故乃亂乃萃也一握者小之貌也爲笑者懦劣之貌也已爲正配三以近寵若安夫卑退謙以自牧則勿恤而往无咎也【疏】初六有孚至往无咎○正義曰有孚不終乃亂乃萃者初六有應在四而三承之萃聚之時貴於近合見三承四疑四與三始以中應相信不以他意相阻故曰有孚不終也既心懷嫌疑則情意迷亂奔馳而行萃不以禮故曰乃亂乃萃一握者小之貌也自比一握之間言至小也爲笑者非嚴毅之容言懦劣也已爲正配三以近寵若自號比爲一握之小執其謙退之容不與物爭則不憂於三往必得合而无咎矣故曰若號一握爲笑勿恤往无咎也 象曰乃亂乃萃其志亂也【疏】正義曰其志亂者只爲疑四與三故志意迷亂也 六二引吉无咎孚乃利用禴○居萃之時體柔當位處坤之中己獨處正與衆相殊異操而聚民之多僻獨正者危矣能變體以遠於害故必見引然後乃吉而无咎也禴殷者祭名也四時祭之省者也居聚之時處於中正而行以忠信致之以省薄薦於鬼神也【疏】六二至利用禴○正義曰引吉无咎者萃之爲體貴相從就聚道乃成今六二以陰居陰復在坤體志於靜退則是守中未變不欲相從者也乖衆違時則致危害故須牽引乃得吉而无咎也故曰引吉无咎孚乃利用禴者禴殷者

祭之名也四時之祭最薄者也雖乖於衆志須牽引然居中得正忠信而行故可以省薄祭於鬼神也故曰孚乃利用禴**象**

曰引吉无咎中未變也〔疏〕正義曰中未變也者釋其所以須引乃吉良由居中未變**六三萃如嗟如无攸利往无咎小吝**履非其位以比於四四亦失位不正相聚相聚不正患所生也干人之應害所起也故萃如嗟如无攸利也上六亦无應而獨立處極而憂危思援而求朋巽以待物者也與其萃於不正不若之於同志故可以往而无咎也二陰相合猶不若一陰一陽之至故有小吝也

〔疏〕六三萃如嗟如至小吝○正義曰居萃之時履非其位以比於四四亦失位不正相聚相聚不正患所生也干人之應害所起也故曰萃如嗟如无攸利也往无咎小吝者上六亦无應而獨立處極而憂危思援而求朋巽以待物者也與其萃於不正不若之於同志故可往而无咎但以上六是陰已又是陰以二陰相合猶不若一陰一陽之應故有小吝也**象**

曰往无咎上巽也〔疏〕正義曰以上體柔巽以求其朋故三可以往而无咎也**九**

四大吉无咎履非其位而下據三陰得其所據失其所處處聚之時不正而據故必大吉立夫大功然後无

咎〔疏〕正義曰以陽處陰明履非其位又不據三陰得其所據也失其所處處聚之時不正而據是其凶也若以萃之時立夫大功獲其大吉乃得无咎故曰大吉无咎 象曰大吉无咎位不當也〔疏〕正義曰位不當者謂以陽居陰也 九五萃有位无咎匪孚元永貞悔亡處聚之時最得盛位故曰萃有位也四專而據己德不行自守而已故曰无咎匪孚夫脩仁守正久必悔消故曰元永貞悔亡〔疏〕九五至悔亡○正義曰九五處聚之時最得盛位故曰萃有位也既得盛位所以无咎匪孚者良由四專而據己德化不行信不孚物自守而已故曰无咎匪孚若能修夫大德久行其正則其悔可消故曰元永貞悔亡 象曰萃有位志未光也〔疏〕正義曰志未光也者雖有盛位然德未行久乃悔亡今時志意未光大也 上六齎咨涕洟无咎處聚之時居於上極五非所乘內无應援處上獨立近遠无助危莫甚焉齎咨嗟歎之辭也若能知危之至懼禍之深憂病之甚至于涕洟不敢自安亦衆所不害故得无咎也〔疏〕正義曰齎咨者居萃之時最處上極五非所乘內又无應處上獨立无其援助危亡之甚居不獲安故齎咨而嗟歎也若能知

有危亡懼害之深憂危之甚至於涕洟滂沲如此居不獲安方得衆所不害故无咎矣自目出曰涕自鼻出曰洟 象曰齎咨涕洟未安上也〔疏〕正義曰未安上者未敢安居其上所乘也

䷭巽下坤上 升元亨用見大人勿恤 巽順可以升陽爻不當尊位无嚴剛之正則未免於憂故用見大人乃勿恤也〔疏〕正義曰升元亨者升卦名也升者登上之義升而得大通故曰升元亨也用見大人勿恤者升者登也陽爻不當尊位无剛嚴之正則未免於憂故用見大德之人然後乃得无憂恤故曰用見大人勿恤 南征吉 以柔之南則麗乎大明也〔疏〕正義曰非直須見大德之人復宜適明陽之地若以陰之陰彌足其闇也南是明陽之方故云南征吉也 彖曰柔以時升 柔以其時乃得升也〔疏〕正義曰升之爲義自下升高故就六五居尊以釋名升之意六五以陰柔之質超升貴位若不得時則不能升耳故曰柔以時升也 巽而順剛中而應是以大亨 純柔則不能自升剛亢則物不從旣以時升又巽而順剛中而應以此而升故得大亨〔疏〕正義曰此就二體及九二之爻釋元亨之德也純柔則不能自升剛亢則物所不從

卦體既巽且順爻又剛中而應於五有此衆德故得元亨用見大人勿恤有慶也南征吉志行也巽順以升至于大明志行之謂也【疏】正義曰用見大人勿恤有慶者以大通之德用見大人不憂否塞必致慶善故曰有慶也南征吉志行者之於闇昧則非其本志今以柔順而升大明其志得行也

象曰地中生木升君子以順德積小以高大【疏】正義曰地中生木升者地中生木始於細微以至高大故為升象也君子以順德積小以高大者地中生木始於毫末終至合抱君子象之以順行其德積其小善以成大名故繫辭云善不積不足以成名是也

初六允升大吉允當也巽卦三爻皆升者也雖无其應處升之初與九二九三合志俱升當升之時升必大得是以大吉也【疏】正義曰允當也巽卦三爻皆應升上而二三有應於五六升之不疑惟初无應於上恐不得升當二三升時與之俱升必大得矣故曰允升大吉也

象曰允升大吉上合志也【疏】正義曰上謂二三也與之合志俱升乃得大吉也

九二孚乃利用禴无咎與五為應往必見任體夫剛德進不求寵

閑邪存誠志在大業故乃利用納約于神明矣疏正義曰九二與五爲應往升於五必見信任故曰孚二體剛德而履乎中進不求寵志在大業用心如此乃可薦其省約于神明而无咎也故曰孚乃利用禴无咎

象曰九二之孚有喜也疏正義曰有喜也者上升則爲君所任薦約則爲神所享斯之爲喜不亦宜乎

九三升虛邑履得其位以陽升陰以斯而舉莫之違距故若升虛邑也疏正義曰九三履得其位升於上六上六體是陰柔不距於己若升空虛之邑也

象曰升虛邑无所疑也往必得邑疏正義曰无所疑者往必得邑何所疑乎

六四王用亨于岐山吉无咎處升之際下升而進可納而不可距也距下之進攘來自專則殃咎至焉若能不距而納順物之情以通庶志則得吉而无咎矣岐山之會順事之情无不納也疏正義曰王用亨于岐山者六四處升之際下體二爻皆來上升可納而不可距事同文王岐山之會故曰王用亨於岐山也吉无咎者若能納而不距順物之情則得吉而无咎故曰吉无咎也

象曰王用亨于岐山順事也疏正義曰順事者順物之情而立功立事故曰順

事也六五貞吉升階升得尊位體柔而應納而不距任而不專故得貞吉升階而尊也疏正義曰貞吉升階者六五以柔居尊位納於九二不自專權故得貞吉升階保是尊貴而踐阼矣故曰貞吉升階也象曰貞吉升階大得志也疏正義曰大得志者居中而得其貞吉處尊而保其升階志大得矣故曰大得志也上六冥升利于不息之貞處貞之極進而不息者也進而不息故雖冥猶升也故施於不息之正則可用於爲物之主則喪矣終於不息消之道也疏正義曰冥升者冥猶暗也處升之上進而不已則是雖冥猶升也故曰冥升利于不息之貞者若冥升在上陵物爲主則喪亡斯及若潔已脩身施於爲政則以不息爲美故曰利於不息之貞象曰冥升在上消不富也勞不可久也疏正義曰消不富者雖爲政不息交免危咎然勞不可久終致消衰故曰消不富也

䷮坎下兌上困亨困必通也處窮而不能自通者小人也疏正義曰困者窮厄委頓之名道窮力竭不能自濟故名爲困亨者卦德也小人遭困則窮斯濫矣君子遇之則不改其操君子處困而不失其自通之道故曰困亨

也貞大人吉无咎處困而得无咎吉乃免也〔疏〕正義曰處困而能自通必是履正體大之
人能濟於困然後得吉而无咎故曰貞大人吉无咎也有言不信〔疏〕正義曰處困求濟在於正身脩
德若巧言能辭人所不信則其道彌窮故誡之以有言不信也彖曰困剛揜也。剛則揜於柔也
〔疏〕正義曰此就二體以釋卦名兌陰卦爲柔坎陽卦爲剛坎在兌下是剛見揜於柔也剛應升進今被柔揜施之於人
其猶君子爲小人所蔽以爲困窮矣險以說困而不失其所亨處險而不改其說困
而不失其所亨也〔疏〕正義曰此又就二體名訓以釋亨德也坎險而兌說所以困而能亨者良由君子遇困安其所
遇雖居險困之世不失暢說之心故曰險以說困而不失其所亨也其唯君子乎貞大人
吉以剛中也處困而用剛不失其中履正而能體大者也能正而不能大博未能說困者也故曰貞大人吉
也〔疏〕正義曰其唯君子乎者結歎處困能通非小人之事唯君子能然也貞大人吉以剛中者此就二五之爻釋貞
大人之義剛則正直所以爲貞中而不偏所以能大若正而不大未能濟困處困能濟濟乃得吉而无咎也故曰貞大人吉以

剛中也**有言不信尚口乃窮也**處困而言不見信之時也非行言之時而欲用言以免必窮者也其吉在於貞大人口何爲乎【疏】正義曰處困求通在於修德非用言以免困徒尚口說更致困窮故曰尚口乃窮也**象曰澤无水困君子以致命遂志**澤无水則水在澤下水在澤下困之象也處困而屈其志者小人也君子固窮道可忘乎【疏】正義曰澤无水困者謂水在澤下則澤上枯槁萬物皆困故曰澤无水困也君子以致命遂志者君子之人守道而死雖遭困厄之世期於致命喪身必當遂其高志不屈撓而移改也故曰致命遂志也**初六臀困于株木入于幽谷三歲不覿**最處底下沈滯卑困居无所安故曰臀困于株木也欲之其應二隔其路居則困于株木進不獲拯必隱遯者也故曰入于幽谷也困之爲道不過數歲者也以困而藏困解乃出故曰三歲不覿也【疏】初六臀困于株至三歲不覿○正義曰臀困于株木者初六處困之時以陰爻最居窮下沈滯卑困居不獲安若臀之困于株木故曰臀困於株木也入于幽谷者有應在四而二隔之居則困株進不獲拯勢必隱遯者也故曰入于幽谷也三歲不覿者困之爲道不過數歲困窮

乃出故曰三歲不覿也

象曰入于幽谷幽不明也言幽者不明之辭也入于不明以自藏也〔疏〕正義曰幽不明者象辭惟釋幽字言幽者正是不明之辭所以入不明以自藏而避困也釋株者初不謂之株也

九二困于酒食朱紱方來利用享祀征凶无咎以陽居陰尚謙者也居困之時處得其中體夫剛質而用中履謙應不在一心无所私盛莫先焉夫謙以待物物之所歸剛以處險難之所濟履中則不失其宜无應則心无私恃以斯處困物莫不至不勝豐衍故曰困于酒食美之至矣坎北方之卦也朱紱南方之物也處困以斯能招異方者也故曰朱紱方來也豐衍盈盛故利用享祀盈而又進傾之道也以此而征凶誰咎乎故曰征凶无咎〔疏〕九二困于酒食至无咎。正義曰困于酒食者九二體剛居陰處中无應體剛則健能濟險也居陰則謙物所歸也處中則不失其宜无應則心无私黨處困以斯物莫不至不勝豐衍故曰困于酒食也朱紱方來利用享祀者紱祭服也坎北方之卦也紱南方之物處困用謙能招異方者也故曰朱紱方來也舉異方者明物无不至酒食豐盈異方歸向祭則受福故曰利用享祀征凶无咎者盈而又進傾敗之道以征必凶故曰征凶自進致凶无所怨咎

故曰无咎也

象曰困于酒食中有慶也【疏】正義曰中有慶者言二以中德被物物之所賴故曰有慶也

六三困于石據于蒺蔾入于其宮不見其妻凶石之爲物堅而不納者也謂四也三以陰居陽志武者也四自納初不受已者二非所據剛非所乘上比困石下據蒺蔾无應而入焉得配偶在困處斯凶其宜也【疏】六三困于石至不見其妻凶○正義曰困于石據于蒺蔾者石之爲物堅剛而不可入也蒺蔾之草有刺而不可踐也六三以陰居陽志懷剛武已又无應欲上附於四四自納於初不受已者也故曰困于石也下欲比二二又剛陽非已所據故曰據于蒺蔾也入于其宮不見其妻凶者无應而入難得配偶譬於入宮不見其妻處困以斯凶其宜也故曰入于其宮不見其妻凶也

象曰據于蒺蔾乘剛也入于其宮不見其妻不祥也【疏】正義曰乘剛者明二爲蒺蔾也不祥也者祥善也吉也不吉必有凶也

九四來徐徐困于金車吝金車謂二也二剛以載者也故謂之金車徐徐者疑懼有終之辭也志在於初而隔於二履不當位威令不行棄之

則不能欲往則畏二故曰來徐徐困于金車也有應而不能濟之故曰吝也然以陽居陰履謙之道量力而處不與二爭雖不當位物終與之故曰有終也〔疏〕九四來徐徐至有終。正義曰何氏云九二以剛德勝故曰金車也徐徐者疑懼之辭九四有應於初而礙於九二故曰困于金車欲棄之惜其配偶疑懼而行不敢疾速故來徐徐徐徐也有應而不敢往可恥可恨故曰吝也以陽居陰不失謙道為物之所與故曰有終也

象曰來徐徐志在下也下謂初也

雖不當位有與也〔疏〕正義曰有與者位雖不當執謙之故物所與也

九五劓刖困于赤紱乃徐有說利用祭祀以陽居陽任其壯者也不能以謙致物物則不附忿物不附而用其壯猛行其威刑異方愈乖遐邇愈叛刑之欲以得乃益所以失也故曰劓刖困于赤紱也二以謙得之五以剛失之體在中直能不遂迷困而徐能用其道者也致物之功不在於暴故曰徐也困而後乃徐徐則有說矣故曰困于赤紱乃徐有說也祭祀所以受福也履夫尊位困而能改不遂其迷以斯祭祀必得福焉故曰利用祭祀也〔疏〕九五至利用祭祀。正義曰九五以陽居陽用其剛壯物不歸已見物不歸而用威刑行其劓刖之事既行其

威刑則異方愈乖遐邇愈叛兌爲西方之卦赤紱南方之物故曰劓刖困於赤紱也此卦九二爲以陽居陰用其謙退能招異方之物也此言九五剛猛不能感異方之物也若但用其中正之德招致於物不在速暴而徐徐則物歸之而有說矣故曰乃徐有說也居得尊位困而能反不執其迷用其祭祀則受福也

象曰劓刖志未得也乃徐有說以中直也利用祭祀受福也

疏 正義曰志未得也者由物不附已已德未得故曰志未得也乃徐有說以中直也者居中得直不貪不暴終得其應乃寬緩修其道德則得喜說故云乃徐有說以中直也利用祭祀受福者若能不遂迷志用其中正則異方所歸祭則受福故曰利用祭祀受福也

上六困于葛藟于臲卼曰動悔有悔征吉

居困之極而乘於剛下无其應行則愈繞者也行則纏繞居不獲安故曰困于葛藟于臲卼也下句无困困於上也處困之極行无通路居无所安困之至也凡物窮則思變困則謀通處至困之地用謀之時也曰者思謀之辭也謀之所行有隙則獲言將何以通至困乎曰動悔令生有悔以征則濟矣故曰動悔有悔征吉也

疏 上六困于葛藟至征吉○正義曰葛藟引蔓纏繞之草臲卼動

搖不安之辭上六處困之極極困者也而乘於剛下又无應行
則纒繞者不得安故曰困于葛藟於臲卼也應亦言困於臲卼
困困於上省文也凡物窮則思變困則謀通處至困之地是用
謀策之時也曰者思謀之辭也謀之所行有隙則獲言將何以
通至困乎爲之謀曰必須發動其可悔之事令其有悔可
知然後處困求通可以行而獲吉故曰動悔有悔征吉 **象**

曰困于葛藟未當也 所處未當故致此困也 **疏** 正義曰未當也者處於困極而又乘剛所處不當故致此困也 **動悔有悔吉行也** **疏** 正義曰吉行者知悔而征行必獲吉也

☵☴ 巽下坎上 **井改邑不改井** 井以不變爲德者也 **疏** 正義曰井者物象之名也古者穿地取水以瓶引汲謂之爲井此卦明君子脩德養民有常不變終始无改養物不窮莫過乎井故以脩德之卦取譬名之井焉改邑不改井者以下明井有常德此明井體有常邑雖遷移而井體无改故云改邑不改井也 **无喪无得** 德有常也 **疏** 正義曰此明井用有常德終日引汲未嘗言損終日泉注未嘗言益故曰无喪无得也 **往來**

井井不渝變也〔疏〕正義曰此明性常井井絜靜之貌也往者來者皆使絜靜不以人有往來改其洗濯之性故曰往來井井也汔至亦未繘井已來至而未出井也羸其瓶凶井道以已出爲功也幾至而覆與未汲同也〔疏〕正義曰此下明井誠言井功難成也汔幾也幾近也繘綆也雖汲水以至井上然綆出猶未離井口而鉤羸其瓶而覆之也棄其方成之功雖有出井之勞而與未汲不異喻今人行常德須善始令終若有初无終則必致凶咎故曰汔至亦未繘井羸其瓶凶言亦者不必之辭言不必有如此不克終者計獲一瓶之水何足言凶以喻人之修德不成又云但取喻人之德行不恒不能慎終如始故就人言凶也

象曰巽乎水而上水井音舉上之上〔疏〕彖曰至水井○正義曰此就二體釋井之名義此卦坎爲水在上巽爲木在下又巽爲入以木入於水而又上水井之象也○注音舉上之上○正義曰舉讀爲去聲故音之也

井養而不窮也改邑不改井乃以剛中也以剛處中故能定居其所而不變也〔疏〕正義曰井養而不窮者歎美井德愈汲愈生給養於人无有窮已也改邑不改井乃以剛中也者此釋井體有常由

於二五也二五以剛居中故能定居其所而不改變也不釋往來二德者无喪无得往來井井皆由以剛居中更无他義故不具舉經文也

汔至亦未繘井未有功也井以已成爲功

疏 正義曰水未及用則井功未成其猶人德事被物亦是功德未就也

羸其瓶是以凶也

疏 正義曰汲水未出而覆喻脩德未成而止所以致凶也

象曰木上有水井君子以勞民勸相 木上有水井之象也上水以養養而不窮者也相猶助也可以勞民勸助莫若養而不窮也

疏 正義曰木上有水則是上水之象所以爲井君子以勞民勸相者勞謂勞賚相猶助也井之爲義汲養而不窮君子以勞來之恩勤恤民隱勸助百姓使有成功則此養而不窮也

初六井泥不食舊井无禽 最在井底上又无應沈滯滓穢故曰井泥不食也井泥而不可食則是久井不見渫治者也久井不見渫治禽所不嚮而況人乎一時所共棄舍也井者不變之物居德之地恒德至賤物无取也

疏 初六井泥至无禽○正義曰初六最處井底上又无應沈滯滓穢卽是井之下泥污不堪食也故曰井泥不食也井泥而不可食卽是久井不見渫治禽所不嚮而況人乎故

曰舊井无禽也○注井者不變之物○正義曰井者不變之物居德之地者繫辭稱改邑不改井故曰井者不變之物居德者繫辭又云井德之地也故曰居德之地也注言此者明井既有不變即是有恒既居德地即是用德也今居窮下即是恒德至賤故物无取也禽之與人皆共棄舍也

象曰井泥不食下也舊井无禽時舍也〔疏〕正義曰下也者以其最在井下故爲井泥也時舍也者以既非食禽又不向即是一時共棄舍也

九二井谷射鮒甕敝漏谿谷出水從上注下水常射焉井之爲道以下給上者也而无應於上反下與初故曰井谷射鮒鮒謂初也失井之道水不上出而反下注故曰甕敝漏也夫處上宜下處下宜上井已下矣而復下注其道不交則莫之與也〔疏〕正義曰井谷射鮒者井之爲德以下汲上九二上无其應反下比初施之於事正似谷中之水下注敝鮒井而似谷故曰井谷射鮒也鮒謂初也子夏傳云井中蝦蟆呼爲鮒魚也甕敝漏者井而下注失井之道有似甕敝漏水水漏下流故曰甕敝漏也

象曰井谷射鮒无與也〔疏〕正義曰无與也者井既處下宜應汲上今反養下則不與上交物莫之與故曰无與也

九三井渫不食

爲我心惻可用汲王明並受其福渫不停污之謂也處下卦之上復得其位而應於上得井之義也當井之義而不見食脩巳全潔而不見用故爲我心惻也爲猶使也不下注而應上故可用汲也王明則見照明既嘉其行又欽其用故曰王明並受其福也

疏 九三井渫不食至王明並受其福○正義曰井渫不食者渫治去穢污之名也井被渫治則清潔可食九三處下卦之上異初六井泥之時得位而有應於上非射鮒之象但井以上出爲用猶在下體未有成功功既未成井雖渫治未食也故曰井渫不食也爲我心惻者爲猶使也井渫而不見食猶人脩巳全潔而不見用使我心中惻愴故曰爲我心惻也可用汲王明並受其福者不同九二下注而不可汲也有應於上是可汲也井之可汲猶人可用若不遇明王則滯其才用若遭遇賢主則申其行能賢主既嘉其行又欽其用故曰可用汲王明並受其福也

象曰井渫不食行惻也行感於誠故曰惻也求王明受福也

六四井甃无咎得位而无應自守而不能給上可以修井之壞補過而巳

疏 正義曰六四井甃无咎者案子夏傳曰甃亦治也以塼壘井脩井之壞謂之爲甃六四得位而无應自守而巳不能給上可以

脩井崩壞施之於人可以脩德補過故曰井甃无咎也

象曰井甃无咎脩井也〔疏〕正義曰脩井者但可脩井之壞未可上給養人也

九五井洌寒泉食洌絜也居中得正體剛不撓不食不義中正高絜故井洌寒泉然後乃食也〔疏〕正義曰餘爻不當貴位但脩德以待用九五爲卦之主擇人而用之洌絜也九五居中得正而體剛直既體剛直則不食汙穢必須井絜而寒泉然後乃食以言剛正之主不納非賢必須行絜才高而後乃用故曰井洌寒泉食也

象曰寒泉之食中正也〔疏〕正義曰以中正者若非居中得正則任用非賢不能要待寒泉然後乃食也必言寒泉者清而冷者水之本性遇物然後濁而溫故言寒泉以表絜也

上九井收勿幕有孚元吉處井上極水已出井井功大成在此爻矣故曰井收也羣下仰之以濟淵泉由之以通者也幕猶覆也不擅其有不私其利則物歸之往无窮矣故曰勿幕有孚元吉也〔疏〕正義曰收式胄反凡物可收成者則謂之收如五穀之有收也上六處井之極水已出井井功大成者也故曰井收也勿幕有孚元吉者幕覆也井功已成若能不擅其美不專其利不自掩覆與衆共之則爲物所歸信能致其大功而獲元

吉故曰勿幕有孚元吉也象曰元吉在上大成也〔疏〕正義曰上六所以能獲元吉者只為居井之上井功大成者也

䷰離下兌上革已日乃孚元亨利貞悔亡夫民可與習常難與適變可與樂成難與慮始故革之為道即日不孚已日乃孚也孚然後乃得元亨利貞悔亡也已日而不孚革不當也悔吝之所生生乎變動者也革而當其悔乃亡也〔疏〕正義曰革者改變之名也此卦明改制革命故名革也已日乃孚者夫民情可與習常難與適變可與樂成難與慮始故革命之初人未信服所以即日不孚已日乃孚也元亨利貞悔亡者為革而民信之然後乃得大通而利正也悔吝之所生生乎變動革之為義變動者也革若不當則悔吝交及如能大通利貞則革道當矣為革而當乃得亡其悔吝故曰元亨利貞悔亡

彖曰革水火相息二女同居其志不相得曰革凡不合然後乃變生變之所生生於不合者也故取不合之象以為革也息者生變之謂也。火欲上而澤欲下水火相戰而後生變者也二女同居而有水火之性近而不相得也〔疏〕彖曰居。其志不

相得曰革。正義曰此就二體釋卦名也水火相息先就二象明革息生也火本乾燥澤本潤濕燥濕殊性不可共處若其共處必相侵尅既相侵尅其變乃生變生則本性改矣水熱而成湯火滅而氣冷是謂革也二女同居者此就人事明革也中少二女而成一卦此雖形同而志革也一男一女乃相感應二女雖復同居其志終不相得志不相得則變必生矣所以爲革

巳日乃孚革而信之文明以說大亨以正革而當其悔乃亡夫所以得革而信者文明以說也文明以說履正而行以斯爲革應天順民大亨以正者也革而大亨以正非當如何

疏巳日乃孚至其悔乃亡。正義曰巳日乃孚革而信者釋革之爲義革初未孚巳日乃信也文明以說者此舉二體上釋革而信下釋四德也能思文明之德以說於人所以革命而爲民所信也大亨以正者民既說文明之德而從之所以大通而利正也革而當其悔乃亡者各爲革若合於大通而利正可謂當矣革而當理其悔乃亡消也

天地革而四時成湯武革命順乎天而應乎人革之時大矣哉

疏天地革而四時成至大矣哉。正義曰天地革而四時成者以下廣

明革義此先明天地革者天地之道陰陽升降温暑涼寒迭相變革然後四時之序皆有成也湯武革命順乎天而應乎人者以明人革也夏桀殷紂凶狂无度天既震怒人亦叛主殷湯周武聰明睿智上順天命下應人心放桀鳴條誅紂牧野革其王命改其惡俗故曰湯武革命順乎天而應乎人計王者相承改正易服皆有變革而獨舉湯武者蓋舜禹禪讓猶或因循湯武干戈極其損益故取相變甚者以明人革也革之時大矣哉者備論革道之廣訖總結歎其大故曰大矣哉也

象曰澤中有火革君子以治厤明時厤數時會存乎變也〔疏〕正義曰澤中有火革者火在澤中二性相違必相改變故爲革象也君子以治厤明時者天時變改故須厤數所以君子觀茲革象脩治厤數以明天時也

初九鞏用黃牛之革在革之始革道未成固夫常中未能應變者也此可以守成不可以有爲也鞏固也黃中也牛之革堅仞不可變也固之所用常中堅仞不肯變也〔疏〕正義曰鞏固也黃中也牛革牛皮也革之爲義變改之名而名皮爲革者以禽獸之皮皆可從革故以喻焉皮雖從革之物然牛皮堅仞難變初九在革之始革道未成守夫常中未能應變施之於事有似用牛皮以自固未肯造次以從變者也故曰鞏用黃牛之革也

象曰鞏用黃牛不可以有爲也〔疏〕正義曰不可以有爲者有爲謂適時之變有所云爲也既堅忍自固可以守常不可以有爲也

六二巳日乃革之征吉无咎陰之爲物不能先唱順從者也不能自革革巳乃能從之故曰巳日乃革之也二與五雖有水火殊體之異同處厥中陰陽相應往必合志不變咎也是以征吉而无咎〔疏〕六二巳日至无咎。正義曰巳日乃革之者陰道柔弱每事順從不能自革革巳日乃能從之故曰巳日乃革之征吉无咎者與五相應同處厥中陰陽相應往必合志不憂咎也故曰征吉无咎二五雖是相應而水火殊體嫌有相剋之過故曰无咎

象曰巳日革之行有嘉也〔疏〕正義曰行有嘉者往應見納故行有嘉慶也

九三征凶貞厲革言三就有孚巳處火極上卦三爻雖體水性皆從革者也自四至上從命而變不敢自違故曰革言三就其言實誠故曰有孚革言三就有孚而猶征之凶其宜也〔疏〕正義曰九三陽爻剛壯又居火極火性炎上處革之時欲征之使革征之非道則正之危也故曰征凶貞厲所以征凶致危者正以水火相息之物既處於火極上之三爻水在火

上皆從革者也自四至上從命而變不敢有違則從革之言三爻並成就不虛故曰革言三就其言實誠故曰有孚也既不言三就有孚從革已矣而猶征之則凶所以征凶而厲貞

象曰革言三就又何之矣

疏 正義曰又何之矣者征之本爲不從既革言三就更又何往征伐矣

九四悔亡有孚改命吉

初九處下卦之下九四處上卦之下故能變也无應悔也與水火相比能變者也是以悔亡處水火之際居會變之始能不固吝不疑於下信志改命不失時願是以吉也有孚則見信矣見信以改命則物安而无違故曰悔亡有孚改命吉也處上體之下始宜命也

疏 正義曰九四與初同處卦下初九處下卦之下革道未成故未能變九四處上卦之下所以能變也无應悔也能變故悔亡也處水火之際居會變之始能不固吝不疑於下信彼改命之志而能從之合於時願所以得吉故曰有孚改命吉也

象曰改命之吉信志也

信志而行

疏 正義曰信志者信下之志而行其命也

九五大人虎變未占有孚

未占而孚合時心也

疏 正義曰九五居中處尊以大人之德爲革之主損益前王創制立法有文章之美煥然可觀有似虎變其文彪

炳則是湯武革命廣大應人不勞占決信德自著故曰大人虎變未占有孚也**象曰大人虎變其文炳也**〔疏〕正義曰其文炳者義取文章炳著也

上六君子豹變小人革面居變之終變道已成君子處之能成其文小人樂成則變面以順上也〔疏〕正義曰上六居革之終變道已成君子處之雖不能同九五革命創制如虎文之彪炳然亦潤色鴻業如豹文之蔚縟故曰君子豹變也小人革面者小人處之但能變其顏面容色順上而已故曰小人革面也**征凶居貞吉**改命創制變道已成功成則事損事損則无爲故居則得正而吉征則躁擾而凶也〔疏〕正義曰革道已成宜安靜守正更有所征則凶居而守正則吉故曰征凶居貞吉也**象曰君子豹變其文蔚也小人革面順以從君也**〔疏〕正義曰其文蔚者明其不能大變故文炳而相映蔚也順以從君者明其不能潤色立制但順而從君也

☴巽下
☲離上 **鼎元吉亨**革去故而鼎取新取新而當其人易故而法制齊明吉然後乃亨故先元

吉而後亨也鼎者成變之卦也革旣變矣則制器立法以成之焉變而无制亂可待也法制應時然後乃吉賢愚有別尊卑有序然後乃亨故先元吉而後乃亨〔疏〕正義曰鼎者器之名也自火化之後鑄金而爲此器以供亨飪之用謂之爲鼎亨飪成新能成新法然則鼎之爲器且有二義一有亨飪之用二有物象之法故彖曰鼎象也明其有法象也雜卦曰革去故而鼎取新明其亨飪有成新之用此卦明聖人革命示物法象惟新其制有鼎之義以木巽火有鼎之象故名爲鼎焉變故成新必須當理故先元吉而後乃亨故曰鼎元吉亨也

彖曰鼎象也法象也〔疏〕正義曰明鼎有亨飪成新之法象也**以木巽火亨飪也**亨飪鼎之用也〔疏〕正義曰此明上下二象有亨飪之用此就用釋卦名也**聖人亨以享上帝而大亨以養聖賢**亨者鼎之所爲也革去故而鼎成新故爲亨飪調和之器也去故取新聖賢不可失也飪孰也天下莫不用之而聖人用之乃上以享上帝而下以大亨養聖賢也〔疏〕正義曰此明鼎用之美亨飪所須不出二種一供祭祀二當賓客若祭祀則天神爲大賓客則聖賢爲重故質其牲大則輕小可知享帝直言亨養人則言大亨者享帝尚質特牲而已故直言亨聖賢既多

養須飽飫故亨上加大字也**巽而耳目聰明**聖賢獲養則已不爲而成矣故巽而耳目聰明也〔疏〕正義曰此明鼎用之益言聖人既能謙巽大養聖賢聖賢獲養則憂其事而助於已明目達聰不勞已之聰明則不爲而成矣**柔進而上行得中而應乎剛是以元亨**謂五也有斯二德故能成新而獲大亨也〔疏〕正義曰此就六五釋元吉亨以柔進上行體已獲通得中應剛所通者大故能制法成新而獲大亨也**象曰木上有火鼎君子以正位凝命**凝者嚴整之貌也鼎者取新成變者也革去故而鼎成新正位者明尊卑之序也凝命者以成教命之嚴也〔疏〕正義曰木上有火即是以木巽火有亨飪之象所以爲鼎也君子以正位凝命者凝者嚴整之貌也鼎既成新即須制法制法之美莫若上下有序正尊卑之位輕而難犯布嚴凝之命故君子象此以正位凝命也**初六鼎顛趾利出否得妾以其子无咎**凡陽爲實而陰爲虛鼎之爲物下實而上虛而今陰在下則是爲覆鼎也鼎覆則趾倒矣否謂不善之物也取妾以爲室主亦顛趾之義也處鼎之初將在納新施顛以出穢得妾以爲子

故无咎也〔疏〕正義曰鼎顛趾趾足也凡陽爲實而陰爲虛鼎之爲物下實而上虛初六居鼎之始以陰處下則是下虛上實而鼎足倒矣故曰鼎顛趾也利出否者否者不善之物鼎之倒趾失其所利鼎覆而不失其利在於寫出否穢之物也故曰利出否也得妾以其子无咎者妾者側媵非正室也施之於人正室雖亡妾猶不得爲室主妾爲室主亦猶鼎之顛趾而有咎過妾若有賢子則母以子貴以之繼室則得无咎故曰得妾以其子无咎也

象曰鼎顛趾未悖也倒以寫否故未悖也〔疏〕正義曰未悖也者倒趾以出否未爲悖逆也

利出否以從貴也棄穢以納新也〔疏〕正義曰以從貴者舊穢也新貴也棄穢納新所以從貴也然是去妾之賤名而爲室主亦從子貴也

九二鼎有實我仇有疾不我能卽吉以陽之質處鼎之中有實者也有實之物不可復加益之則溢反傷其實我仇謂五也困於乘剛之疾不能就我則我不溢得全其吉也〔疏〕正義曰實謂陽也仇是匹也卽就也九二以陽之質居鼎之中有實者也故曰鼎有實也有實之物不可復加也加之則溢而傷其實矣六五我之仇匹欲來應我困於乘剛之疾不能就我則我不溢而全其吉也故曰我仇有疾不我能卽吉

象

曰鼎有實慎所之也有實之鼎不可復有所取才任已極不可復有所加〔疏〕正義曰慎所之者之往也自此已往所宜慎之也我仇有疾終无尤也〔疏〕正義曰終无尤也者五既有乘剛之疾不能加我則我終无尤也九三鼎耳革其行塞雉膏不食方雨虧悔終吉鼎之為義虛中以待物者也而三處下體之上以陽居陽守實无應无所納受耳宜空以待鉉而反全其實塞故曰鼎耳革其行塞雖有雉膏而終不能食也雨者陰陽交和不偏亢者也雖陰陽爻而統屬陰卦若不全任剛亢務在和通方雨則悔虧終則吉也〔疏〕九三鼎耳革至終吉○正義曰鼎耳革其行塞者鼎之為義下實上虛是空以待物者也鼎耳之用亦宜空以待鉉今九三處下體之上當此鼎之耳宜居空之地而以陽居陽是以實處實者也既實而不虛則變革鼎耳之常義也常所納物受鉉之處今則塞矣故曰鼎耳革其行塞也雉膏不食者非有體實不受又上九不應於已亦无所納雖有其器而无所用雖有雉膏而不能見食也故曰雉膏不食方雨虧悔終吉者雨者陰陽交和不偏亢者也雖體陽爻而統屬陰卦若不全任剛亢務在和通方欲為此和通則悔虧而終獲吉故曰方雨虧

悔終吉也

象曰：鼎耳革，失其義也。【疏】正義曰：失其義也者，失其虛中納受之義也。

九四：鼎折足，覆公餗，其形渥，凶。處上體之下，而又應初，既承且施，非已所堪，故曰鼎折足也。初已出否，至四所盛，則已絜矣，故曰覆公餗也。渥，沾濡之貌也。既覆公餗，體爲渥沾，知小謀大，不堪其任，受其至辱，災及其身，故曰其形渥凶也。【疏】九四鼎折足至其形渥凶。○正義曰：鼎折足覆公餗者，餗，糝也，八珍之膳，鼎之實也。初以出否，至四所盛，故當馨絜矣，故以餗言之。初處下體之下，九四處上體之下，上有所承而又應初，下有所施，既承且施，非已所堪，故曰鼎折足。鼎足既折，則覆公餗也。渥，沾濡之貌也。既覆公餗，體則渥霑也。施之於人，知小而謀大，力薄而任重，如此必受其至辱，災及其身也，故曰其形渥凶。

象曰：覆公餗，信如何也。不量其力，果致凶災，信之如何。【疏】正義曰：信如何也者，言不能治之於未亂，既敗之後，乃責之云不量其力，果致凶災，災既及矣，信如之何也。言信有此不可如何之事也。

六五：鼎黃耳金鉉，利貞。居中以柔，能以通理，納乎剛正，故曰黃耳金鉉，利貞也。耳黃則能納剛正以自舉也。【疏】正義曰：黃，中也。金，剛也。鉉所以貫鼎

而舉之也五爲中位故曰黃耳應在九二以柔納剛故曰金鉉所納剛正故曰利貞也

象曰鼎黃耳中以爲實也以中爲實所受不妄也

疏 正義曰中爲實也者言六五以中爲實所受不妄也

上九鼎玉鉉大吉无不利處鼎之終鼎道之成也居鼎之成體剛履柔用勁施鉉以斯處上高不誠亢得夫剛柔之節能舉其任者也應不在一則應所不舉故曰大吉无不利也

疏 正義曰鼎玉鉉者玉者堅剛而有潤者也上九居鼎之終鼎道之成體剛處柔則是用玉鉉以自舉者也故曰鼎玉鉉也大吉无不利者應不在一卽靡所不舉故得大吉而无不利

象曰玉鉉在上剛柔節也

疏 正義曰剛柔節者以剛履柔雖復在上不爲乾之亢龍故曰剛柔節也

☳☳ 震下震上

震亨懼以成則是以亨

疏 正義曰震動也此象雷之卦天之威動故以震爲名震既威動莫不驚懼驚懼以威則物皆整齊由懼而獲通所以震有亨德故曰震亨也

震來虩虩笑言啞啞震之爲義威至而後乃懼也故曰震來虩虩恐懼之貌也震者驚駭怠惰以肅解慢者也故震來虩虩恐致福

也笑言啞啞後有則也【疏】正義曰虩虩恐懼之貌也啞啞笑語之聲也震之為用天之威怒所以肅整怠慢故迅雷風烈君子為之變容施之於人事則是威嚴之教行於天下也故震之來也莫不恐懼故曰震來虩虩也物既恐懼不敢為非保安其福遂至笑語之盛故曰笑言啞啞也

震驚百里不喪匕鬯

威震驚乎百里則是可以不喪匕鬯矣匕所以載鼎實鬯香酒奉宗廟之盛也【疏】震驚百里不喪匕鬯○正義曰匕所以載鼎實鬯香酒也奉宗廟之盛者也震卦施之於人又為長子長子則正體於上將所傳重出則撫軍守則監國威震驚於百里可以奉承宗廟彝器粢盛守而不失也故曰震驚百里不喪匕鬯○注威震驚乎百里至宗廟之盛也○正義曰先儒皆云雷之發聲聞乎百里故古帝王制國公侯地方百里故以象焉竊謂天之震雷不應止聞百里蓋以古之啓土百里為極文王作繇在殷時明長了威震於一國故以百里言之也匕所以載鼎實鬯香酒者陸績云匕者棘匕橈鼎之器先儒皆云匕形似畢但不兩岐耳以棘木為之長三尺刊柄與末詩云有捄棘匕是也用棘者取其赤心之義祭祀之禮先烹牢於鑊既納諸鼎而加冪焉將薦乃舉冪而以匕出之升于俎上故曰匕所以載鼎實也鬯者鄭玄之義則為秬黍之酒其氣調暢故謂之鬯詩傳則為鬯是香草

案王度記云天子鬯諸侯薰大夫蘭以例而言之則鬯是草明矣今特言匕鬯者鄭玄云人君於祭祀之禮尚牲薦鬯而已其餘不足觀也

象曰震亨震來虩虩恐致福也笑言啞啞後有則也震驚百里驚遠而懼邇也 威震驚乎百里則惰者懼於近也〔疏〕象曰震亨至懼邇也○正義曰震亨者卦之名德但舉經而不釋名德所由者正明由懼得通故曰震亨更无他義或本无此二字震來虩虩恐致福也者威震之來初雖恐懼能因懼自修所以致福也笑言啞啞後有則也者因前恐懼自修未敢寬逸致福之後方有笑言以曾經戒懼不敢失則必時然後言樂然後笑故曰笑言啞啞後有則也震驚百里驚遠而懼邇者言威震驚於百里之遠則惰者恐懼於近也

出可以守宗廟社稷以為祭主也 明所以堪長子之義也不喪匕鬯則已出可以守宗廟〔疏〕出可以守宗廟至為祭主也○正義曰釋不喪匕鬯之義也出謂君出巡狩等事也君出則長子留守宗廟社稷攝祭主之禮事也○注已出○正義曰已出謂君也

象曰洊雷震君子以恐懼脩省〔疏〕正義曰洊

洊重也因仍也雷相因仍乃為威震也此是重震之卦故曰洊雷震也君子以恐懼修省者君子恒自戰戰兢兢不敢懈惰今見天之怒畏雷之威彌自脩身省察已過故曰君子以恐懼脩省也初九震來虩虩後笑言啞啞吉體夫剛德為卦之先能以恐懼脩其德也疏正義曰初九剛陽之德為一卦之先剛則不闇於幾先則能有前識故處震驚之始能以恐懼自脩而獲其吉故曰震來虩虩後笑言啞啞吉此爻辭兩句既與卦同象辭釋之又與彖不異者蓋卦主威震之功令物恐懼致福爻論遇震而懼脩省致福之人卦則自震言人爻則據人威震所說雖殊其事一也所以爻卦二辭本末俱等其猶屯卦初九與卦俱稱利建侯然卦則汎舉屯時宜其有所封建爻則以貴下賤則是堪建之人此震之初九亦其類也象曰震來虩虩恐致福也笑言啞啞後有則也六二震來厲億喪貝躋于九陵勿逐七日得震之為義威駭怠懈肅整惰慢者也初幹其任而二乘之震來則危喪其資貨亡其所處矣故曰震來厲億喪貝億辭也貝資貨糧用之屬也犯逆受戮无應而行行无所舍威嚴大行物莫之納无糧而走雖復超越陵險必困

于窮匱不過七日故曰勿逐七日得也〔疏〕六二震來厲億至勿逐七日得○正義曰震來厲億喪貝者億辭也貝資貨糧用之屬震之爲用本威惰慢者也初九以剛處下聞震而懼恐而致福卽是有德之人六二以陰賤之體不能敬於剛陽尊其有得而反乘之是傲尊陵貴爲天所誅震來則有危亡喪其資貨故曰震來厲億喪貝也躋于九陵勿逐七日得者躋升也犯逆受戮无應而行行无所舍威嚴大行物莫之納旣喪資貨无糧而走雖復超越陵險必困於窮匱不過七日爲有司所獲矣故曰躋於九陵勿逐七日得

象曰震來厲乘剛也〔疏〕正義曰乘剛也者只爲乘於剛陽所以犯逆受戮也

六三震蘇蘇震行无眚不當其位位非所處故懼蘇蘇也而无乘剛之逆故可以懼行而无眚也〔疏〕六三震蘇蘇震行无眚○正義曰蘇蘇畏懼不安之貌六三居不當位故震懼而蘇蘇然也雖不當位而无乘剛之逆故可以懼行而无災眚也故曰震蘇蘇震行无眚也○注故懼○正義曰驗註以訓震爲懼蓋懼不自爲懼由震故懼也自下爻辭皆以震言懼也

象曰震蘇蘇位不當也〔疏〕正義曰位不當者其猶竊位者遇威嚴之世不能自安也

九四震遂泥處四

陰之中居恐懼之時爲衆陰之主宜勇其身以安於衆若其震也遂困難矣履夫不正不能除恐使物安已德未光也 疏 正義曰九四處四陰之中爲衆陰之主當恐懼之時宜勇其身以安於衆若其自懷震懼則遂滯溺而困難矣故曰震遂泥也然四失位違中則是有罪自懼遂沈泥者也 象曰震遂泥未光也 疏 正義曰未光也者身既不正不能除恐使物安已是道德未能光大也 六五震往來厲意无喪有事 往則无應來則乘剛恐而往來不免於危夫處震之時而得尊位斯乃有事之機也而懼往來將喪其事故曰億无喪有事也 疏 正義曰震往來厲者六五往則无應來則乘剛恐而往來不免於危故曰震往來厲也億无喪有事者夫處震之時而得尊位斯乃有事之機而懼以往來將喪其事故戒之曰億无喪有事也 象曰震往來厲危行也其事在中大无喪也 大則无喪往來乃危也 疏 正義曰危行也者懷懼往來是致危之行其事在中大无喪也者六五居尊當有其事在於中位得建大功若守中建大則无喪有事若恐懼往來則致危无功也 上六震索索視矍矍征凶震不

于其躬于其鄰无咎婚媾有言處震之極極震者也居震之極求中未得故懼而索索視而矍矍无所安親也已處動極而復征焉凶其宜也若恐非已造彼動故懼懼鄰而戒合於備預故无咎也極懼相宜故雖婚媾而有言也

疏上六震索索至婚媾有言○正義曰震索索視矍矍者索索心不安之貌矍矍視不專之容上六處震之極極震者也既居震位欲求中理以自安而未能得故懼而索索視而矍矍无所安親征凶者夫處動懼之極而復征焉凶其宜也故曰征凶也震不于其躬于其鄰无咎者若恐非已造彼動故懼懼鄰而戒合於備豫則得无咎故曰震不于其躬于其鄰无咎婚媾有言者居極懼之地雖復婚媾相結亦不能无相疑之言故曰婚媾有言也

象曰震索索中未得也雖凶无咎畏鄰戒也

疏正義曰中未得也者猶言未得中也畏鄰戒也者畏鄰之動懼而自戒乃得无咎

䷳ 艮下艮上

艮其背目无患也

疏正義曰目者能見之物施止於面則抑割所見强隔其欲是目見之所患令施止於背則目无患也

不獲其身所止在後故不得其身也

行其庭不見

其人相背故也**无咎**凡物對面而不相通否之道也艮者止而不相交通之卦也各止而不相與何得无咎唯不相見乃可也施止於背不隔物欲得其所止也背者无見之物也无見則自然靜止靜止而无見則不獲其身矣相背者雖近而不相見故行其庭不見其人也夫施止不於无見令物自然而止而强止之則姦邪並興近而不相得則凶其得无咎艮其背不獲其身行其庭不見其人故也

【疏】艮其背不獲其身至无咎〇正義曰艮其背不獲其身行其庭不見其人无咎者艮止也靜止之義此是象山之卦其以艮爲名施之於人則是止物之情防其動欲故謂之止艮其背者此明施止之所也施止得所則其道易成施止不得其所則其功難成故老子曰不見可欲使心不亂也背者无見之物也夫无見則自然靜止夫欲防止之法宜防其未兆既兆而止則傷物情故施止於无見之所則不隔物欲得其所止也若施止於面則對面而不相通强止其情則姦邪並興而有凶咎止而无見則所止在後不與而相對言有物對面而來則情欲有私於己既止在後則是施止无見所止无見何見其身故不獲其身既不獲其身則相背矣相背者雖近而不相見故行其庭不見其人如此乃得无咎故曰艮其背不獲其身行其庭不見其人无咎也又若能止於未兆則是治之於未萌若對面不相交通則是否

之道也但止其背可得无咎也**彖曰艮止也時止則止時行則行動靜不失其時其道光明**正道不可常用必施於不可以行適於其時道乃光明也

〔疏〕彖曰艮止也至其道光明○正義曰艮止也者訓其名也時止則止時行則行動靜不失其時其道光明者將釋施止有所光明施止有時凡物之動息自各有時運用止之法不可爲常必須應時行止然後其道乃得光明也**艮其止止其所也**易背曰止以明背即止也施止不可於面施背乃可也施止於止不施止於行得其所矣故曰艮其止止其所也

〔疏〕正義曰此釋施止之所也艮其止者疊經文艮其背也易背曰止以明背者无見之物即是可止之所也既時止即宜止時行則行所以施止須是所艮既訓止今言艮其止是止其所止也故曰艮其止止其所也**上下敵應不相與也是以不獲其身行其庭不見其人无咎也**

〔疏〕正義曰上下敵應不相與也者此就六爻皆不相應釋艮卦之名又釋不獲其身以下之義凡應者一陰一陽二體不敵今上下之位雖復相當而爻皆峙敵不相交與故曰上下敵應不相與也然八

純之卦皆六爻不應何獨於此言之者謂此卦既止而不加交又峙而不應與止義相協故兼此以明之也是以不獲其身行其庭不見其人无咎也者此舉經文以結之明相與而止之則无咎也

象曰兼山艮君子以思不出其位 各止其所不侵官也 疏 正義曰兼山艮者兩山義重謂之兼山也直置一山已能鎮止今兩山重疊止義彌大故曰兼山艮也君子以思不出其位者止之為義各止其所故君子於此之時思慮所及不出其己位也

初六艮其趾无咎利永貞 處止之初行无所之故止其趾乃得无咎至靜而定故利永貞 疏 正義曰艮其趾无咎者趾足也初處體下故謂之足居止之初行无所適止其足而不行乃得无咎故曰艮其趾无咎也利永貞者靜止之初不可以躁動故利在永貞也

象曰艮其趾未失正也 疏 正義曰未失正也者行則有咎止則不失其正釋所以在永貞

六二艮其腓不拯其隨其心不快 隨謂趾也止其腓故其趾不拯也腓體躁而處止而不得拯其隨又不能退聽安靜故其心不快也 疏 正義曰艮其腓不拯其隨者腓腸也在足之上腓體或屈或伸躁動之物腓動則足

隨之故謂足爲隨拯舉也今既施止於腓腓不得動則足无拯舉故曰艮其腓不拯其隨也其心不快者腓是躁動之物而強止之貪進而不得動則情與質乖也故象曰不拯其隨未曰其心不快此爻明施止不得其所也退聽也疏正義曰未退聽也者聽從也既不能拯動又不能靜退聽從其見止之命所以其心不快矣

九三艮其限列其夤厲薰心限身之中也三當兩象之中故曰艮其限夤當中脊之肉也止加其身中體而分故列其夤而憂危薰心也艮之爲義各止於其所上下不相與至中則列矣列加其夤危莫甚焉危亡之憂乃薰灼其心也施止體中其體分焉體分兩主大器喪矣疏九三艮其限至厲薰心○正義曰限身之中人要帶之處言三當兩象之中故謂之限施止於限故曰艮其限也夤當中脊之肉也薰燒灼也既止加其身之中則上下不通之義也是分列其夤夤既分列身將喪亡故憂危之切薰灼其心矣然則君臣共治大體若身大體不通則君臣不接君臣不接則上下離心列夤則身亡離心則國喪故曰列其夤厲薰心○注體分兩主大器喪矣○正義曰體分兩主大器喪矣者大器謂國與身也此爻亦明施止不得其所也

象曰艮其限危薰心也六

四艮其身无咎中上稱身履得其位止求諸身得其所處故不陷於咎也疏六四艮其身无咎○正義曰艮其身无咎者中上稱身六四居止之時已入上體履得其位止求諸身不陷於咎故曰艮其身无咎也求責也諸之也

象曰艮其身止諸躬也自止其躬不分全體

疏象曰至止諸躬也○正義曰止諸躬也者躬猶身也明能靜止其身不爲躁動也○注自止其躬不分全體○正義曰艮卦總其兩體以爲二身兩體不分乃謂之全全乃謂之身以九三居兩體之際在於身中未入上體則是止於下體不與上交所以體分夤列六四已入上體則非上下不接故能總止其身不分全體然則身是總名而言中上稱身者何也蓋至中則體分而身喪入上體則不分而身全九三施止於分體故謂之限六四施止於全體故謂之身非中上獨是其身而中下非身也

六五艮其輔言有序悔亡施止於輔以處於中故口无擇言能亡其悔也

疏正義曰輔頰車也能止於輔頰也以處其中故口无擇言也言有倫序能亡其悔故曰艮其輔言有序悔亡

象曰艮其輔以中正也能用中正故言有序也

疏正義曰以中正者位雖不正以居得其中故不失其

正故言有序也

上九敦艮吉居止之極極止者也敦重在上不陷非妄宜其吉也【疏】正義曰敦厚也上九居艮之極極止者也在上能用敦厚以自止不陷非妄宜其吉也故曰敦艮吉也

象曰敦艮之吉以厚終也【疏】正義曰以厚終者言上九能以敦厚自終所以獲吉也

䷴艮下巽上漸女歸吉利貞漸者漸進之卦也止而巽以斯適進漸進者也以止巽為進故女歸吉也進而用正故利貞也【疏】正義曰漸者不速之名也凡物有變移徐而不速謂之漸也女歸吉者歸嫁也女人生有外成之義以夫為家故謂嫁曰歸也婦人之嫁備禮乃動故漸之所施吉在女嫁故曰女歸吉也利貞者女歸有漸得禮之正故曰利貞也

彖曰漸之進也之於進也【疏】正義曰釋卦名也漸是徐動之名不當進退但卦漸名漸是之於進也

女歸吉也。進得位往有功也進以正可以正邦也其位剛得中也以漸進得位也【疏】女歸吉也至得中也○正義曰女歸吉也者漸漸而進之施於人事是女歸之吉也進得位往有功也進以正可以正邦也者此就九五得位剛中

釋利貞也言進而得於貴位是往而有功也以六二適九五是進而以正身既得正可以正邦也其位剛得中者此卦爻皆得位上言進得位嫌是兼二三四等故特言剛得中以明得位言唯是九五也**止而巽動不窮也**疏正義曰此就二體廣明漸進之美也止不爲暴巽能用謙以斯適進物无違拒故能漸而動進不有困窮也

象曰山上有木漸君子以居賢德善俗賢德以止巽則居風俗以止巽乃善疏正義曰山上有木漸者木生山上因山而高非是從下忽高故是漸義也君子以居賢德善俗者夫止而巽者漸之美也君子求賢得使居位化風俗使清善皆須文德謙下漸以進之若以卒暴威刑物不從矣

初六鴻漸于干小子厲有言无咎鴻水鳥也適進之義始於下而升者也故以鴻爲喻之又皆以進而履之爲義焉始進而位乎窮下又无其應若履于干危不可以安也始進而未得其位則困於小子窮於謗言故曰小子厲有言也困於小子讒諛之言未傷君子之義故曰无咎也疏初六鴻漸至无咎正義曰鴻漸于干者鴻水鳥也干水涯也漸進之道自下升高故取譬鴻飛自下而上也初之始進未得祿位上无應援體又窮下若鴻之進于

河之干不得安寧也故曰鴻漸于干也小子厲有言无咎者始進未得顯位易致陵辱則是危於小子而被毀於謗言故曰小子厲有言小人之言未傷君子之義故曰无咎也 **象曰小子之厲義无咎也**〔疏〕正義曰義无咎者備如經釋 **六二鴻漸于磐飲食衎衎吉** 磐山石之安者少進而得位居中而應本无祿養進而得之其爲歡樂願莫先焉〔疏〕六二鴻漸至衎衎吉○正義曰磐山石之安者也衎衎樂也六二進而得位居中而應得可安之地故曰鴻漸于磐既得可安之地所以飲食衎衎然樂而獲吉福也故曰鴻漸于磐飲食衎衎吉也○注磐山石之安者也○正義曰馬季長云山中石磐紆故稱磐也鴻是水鳥非是集於山石陵陸之禽而爻辭以此言鴻漸者蓋漸之爲義漸漸之於高故取山石陵陸以應漸高之義不復係水鳥也 **象曰飲食衎衎不素飽也**〔疏〕正義曰不素飽者素故也故无祿養今日得之故願莫先爲 **九三鴻漸于陸夫征不復婦孕不育凶利禦寇** 陸高之頂也進而之陸與四相得不能復反者也夫征不復樂於邪配則婦亦不能執貞矣非夫而孕故不育也三

本艮體而棄乎羣醜與四相得遂乃不反至使婦孕不育見利忘義貪進忘舊凶之道也異體合好順而相保物莫能間故利禦寇也

疏 九三鴻漸于陸至利禦寇○正義曰鴻漸于陸夫征不復婦孕不育凶者陸高之頂也九三居下體之上是進而得高之象故曰鴻漸于陸也進而之陸无應於上與四相比四亦无應近而相得三本是艮體與初二相同一家棄其羣類而與四合好卽是夫征而不反復也夫既樂於邪配妻亦不能保其貞非夫而孕故不育也見利忘義貪進忘舊凶之道也故曰夫征不復婦孕不育凶也利禦寇者異體合好恐有寇難離間之者然和比相順共相保安物莫能間故曰利用禦寇也○注陸高之頂也○正義曰陸高之頂也者爾雅云高平曰陸故曰高之頂也

象曰夫征不復離羣醜也婦孕不育失其道也利用禦寇順相保也

疏 正義曰離羣醜者醜類也言三與初二雖有陰陽之殊同體艮卦故謂之羣醜也失其道也者非夫而孕孕而不育失道故也順相保也者謂四以陰乘陽嫌其非順然好合相得和比相安故曰順相保也

六四鴻漸于木或得其桷无咎 鳥而之木得其宜也或得其桷遇安棲也雖乘于剛志相得也

疏正義曰鴻漸于木者鳥而之木得其宜也六四進而得位故曰鴻漸于木也或得其桷无咎者桷榱也之木而遇堪爲桷之枝取其易直可安也六四與二相得順而相保故曰或得其桷旣與相得无乘剛之咎故曰无咎象曰或得其桷順以巽也疏正義曰順以巽也者言四雖乘三體巽而附下三雖被乘上順而相保所以六四得其安栖猶順以巽也九五鴻漸于陵婦三歲不孕終莫之勝吉陵次陸者也進得中位而隔乎三四不得與其應合故婦三歲不孕也各履正而居中三四不能久塞其塗者也不過三歲必得所願矣進以正邦三年有成成則道濟故不過三歲也疏九五鴻漸于陵至終莫之勝吉○正義曰鴻漸于陵者陵次陸者也九五進於中位處於尊高故曰鴻漸于陵婦三歲不孕者有應在二而隔乎三四不得與其應合是二五情意徒相感說而隔礙不交故曰婦三歲不孕也終莫之勝吉者然二與五合各履正而居中三四不能久塞其路終得遂其所懷故曰終莫之勝吉也○注進以正邦至不過三歲○正義曰進以正邦三年有成者九五居尊得位故曰進以正邦也三年有成則三四不敢塞其路故曰不過三歲也象曰終莫之勝吉得所願

也【疏】正義曰得所所願也者所願在於與二合好既各履中正无能勝之故終得其所願也

上九鴻漸于陸其羽可用為儀吉進處高絜不累於位无物可以屈其心而亂其志峨峨清遠儀可貴也故曰其羽可用為儀吉【疏】正義曰鴻漸于陸者上九與三皆處卦上故並稱陸上九最居上極是進處高潔故曰鴻漸于陸也其羽可用為儀吉者然居无位之地是不累於位者也處高而能不以位自累則其羽可用為物之儀表可貴可法也故曰其羽可用為儀吉也必言羽者既以鴻明漸故用羽表儀也

象曰其羽可用為儀吉不可亂也【疏】正義曰不可亂也者進處高潔不累於位无物可以亂其志也

䷵兌下震上歸妹征凶无攸利妹者少女之稱也兌為少陰震為長陽少陰而乘長陽說以動嫁妹之象也【疏】正義曰歸妹者卦名也婦人謂嫁曰歸歸妹猶言嫁妹也然易論歸妹得名不同泰卦六五云帝乙歸妹彼據兄嫁妹謂之歸妹此卦名歸妹以妹從娣而嫁謂之歸妹故初九爻辭云歸妹以娣是也上咸卦明二少相感恒卦明二長相承今此卦以少承長非是匹敵明是妹從娣嫁故謂之歸妹焉古者諸侯一取九女嫡夫人及左右媵皆

以姪娣從故以此卦當之矣不言歸姪者女娣是兄弟之行亦舉尊以包之也征凶无攸利者歸妹之戒也征謂進有所往也妹從娣嫁本非正四唯須自守卑退以事元妃若妾進求寵則有並后凶咎之敗故曰征凶无攸利

彖曰歸妹天地之大義也天地不交而萬物不興歸妹人之終始也

陰陽既合長少又交天地之大義人倫之終始

【疏】正義曰歸妹天地之大義也天地不交而萬物不興者此舉天地交合然後萬物蕃興證美歸妹之義所以未及釋卦名先引證者以歸妹之義非人情所欲且違於匹對之理蓋以聖人制禮令姪娣從其姑姊而充妾媵者所以廣其繼嗣以象天地以少陰少陽長陰長陽之氣共相交接所以蕃興萬物也歸妹人之終始也者上既引天地交合為證此又舉人事歸妹結合其義也天地以陰陽相合而得生物不已人倫以長少相交而得繼嗣不絕歸妹豈非天地之大義人倫之終始也

說以動所歸妹也

少女而與長男交少女所不樂也而今說以動所歸必妹也雖與長男交嫁而係娣是以說也

【疏】正義曰此就二體釋歸妹之義少女而與長男交少女所不樂也而今說以動所歸必妹也雖與長男交嫁而係於娣是以說也係娣所以說者既

係娣為媵不得別適若其不以備數更有動望之憂故係娣而行合禮說以動也 **征凶位不當也** 履於不正說動以進妖邪之道也 【疏】正義曰此因二三四五皆不當位釋征凶之義位既不當明非正嫡因說動而更求進妖邪之道也所戒其征凶也 **无攸利柔乘剛也** 以征則有不正之凶以處則有乘剛之逆 【疏】无攸利柔乘剛也○正義曰此因六三六五乘剛釋无攸利之義夫陽貴而陰賤以妾媵之賤進求殊寵即是以賤陵貴故无施而利也○注以征則至有乘剛之逆也○正義曰彖以失位釋征凶乘剛釋无攸利而注連引言之者畧例云去初上而論位分則三五各在一卦之上何得不謂之陽二四各在一卦之下何得不謂之陰然則二四陰位也三五陽位也陽應在上陰應在下今二三四五並皆失位其勢自然柔皆乘剛其猶妾媵求寵其勢自然以賤陵貴以明柔之乘剛緣於失正而進也

象曰澤上有雷歸妹君子以永終知敝 歸妹相終始之道也故以永終知敝 【疏】正義曰澤上有雷說以動也故曰歸妹君子以永終知敝者歸妹相終始之道也故君子象此以永長其終知應有不終之敝故也

初九歸妹以娣跛能履征吉

少女而與長男為耦非敵之謂是娣從之義也娣少女之稱也少女之行善莫若娣夫承嗣以君之子雖幼而不妄行少女以娣雖跛能履斯乃恒久之義吉而相承之道也以斯而進吉其宜也【疏】初九至貞吉○正義曰歸妹以娣者少故謂之妹從娣而行謂之歸初九以兌適震非夫婦匹敵是從娣之義也故曰歸妹以娣也跛能履者妹而繼姊為娣雖非正配不失常道譬猶跛人之足然雖不正不廢能履故曰跛能履也征吉者少長非偶為妻而行則凶焉為娣而行則吉故曰征吉也注夫承嗣以君之子至吉其宜也○正義曰夫承嗣以君之子雖幼而不妄行者此為少女作此例也言君之子宜為嗣承以類妃之妹應為娣也立嗣宜取長然君之子雖幼而立之不為妄也以言行嫁宜匹敵然妃之妹雖至少而為娣則可行也

象曰歸妹以娣以恒也跛能履吉相承也【疏】正義曰以恒也者妹而為娣恒久之道也吉相承也者行得其宜是相承之道也

九二眇能視利幽人之貞雖失其位而居內處中眇猶能視足以保常也在內履中而能守其常故利幽人之貞也【疏】正義曰九二不云歸妹者既在歸妹之卦歸妹可知故畧不言也然九二雖失其位不廢居內處中以言歸妹雖非正配不失交合

之道猶如眇目之人視雖不正不廢能視耳故曰眇能視也利幽人之貞者居內處中能守其常施之於人是處幽而不失其貞正也故曰利幽人之貞也

象曰利幽人之貞未變常也

疏 正義曰未變常也者貞正者人之常也九二失位嫌其變常不貞也能以履中不偏故云未變常也

六三歸妹以須。反歸以娣

室主猶存而求進焉進未值時故有須也不可以進故反歸待時以娣乃行也

疏 正義曰歸妹以須者六三在歸妹之時處下體之上有欲求為室主之象而居不當位則是室主猶存室主既存而欲求進為未值其時也未當其時則宜有待故曰歸妹以須也反歸以娣者既而有須不可以進宜反歸待時以娣乃行故曰反歸以娣

象曰歸妹以須未當也

疏 正義曰未當也者未當其時故宜有待也

九四歸妹愆期遲歸有時

夫以不正无應而適人也必須彼道窮盡无所與交然後乃可以往故愆期遲歸以待時也

疏 正義曰九四居下得位又无其應以斯適人必待彼道窮盡无所與交然後乃可以往故曰愆期遲歸有時也

象曰愆期之志有待而行也

疏

正義曰嫁宜及時今乃過期而遲歸者此嫁者之志正欲有所待而後乃行也

六五帝乙歸妹其君之袂不如其娣之袂良月幾望吉

歸妹之中獨處貴位故謂之帝乙歸妹也袂衣袖所以爲禮容者也其君之袂爲帝乙所寵也卽五也爲帝乙所崇飾故謂之其君之袂也配在九二兊少震長以長從少不若以少從長之爲美也故曰不若其娣之袂良也位在乎中以貴而行極陰之盛以斯適配雖不若少往亦必合故曰月幾望吉也

疏六五帝乙至幾望吉。正義曰帝乙歸妹者六五居歸妹之中獨處貴位是帝王之所嫁妹也故曰帝乙歸妹其君之袂不如其娣之袂良者六五雖處貴位卦是長陽之卦若以爻爲人卽是婦人之道故爲帝乙之妹既居長卦乃是長女之象其君卽五也袂衣袖也所舉斂以爲禮容帝王嫁妹爲之崇飾故曰其君之袂也配在九二兊少震長以長從少者可以從少雖有其君崇飾之袂猶不若以少從長之爲美故曰不如其娣之袂良也月幾望吉者陰而貴盛如月之近望以斯適配雖不如以少從長然以貴而行往必合志故得吉也故曰月幾望吉也

象曰帝乙歸妹不如其娣之袂良也其位在中以貴行也

【疏】象曰至以貴行也。正義曰帝乙歸妹不如其娣之袂良者釋其六五雖所居貴位言長不如少也言不必少女而從於長男也其位在中以貴行也者釋月幾望吉也既以長適少非歸妹之美而得吉者其位在五之中以貴盛而行所往必得合而獲吉也

上六女承筐。无實士刲羊无血无攸利

羊謂三也處卦之窮仰无所承下又无應為女而承命則筐虛而莫之與為士而下命則刲羊而无血刲羊而无血不應所命也進退莫與故曰无攸利也

【疏】上六至无攸利。正義曰女之為行以上有承順為美士之為功以下有應命為貴上六處卦之窮仰則无所承受故為女承筐則虛而无實又下无其應下命則无應之者故為士刲羊則乾而无和故曰女承筐无實士刲羊无血則進退莫與故无所利

象曰上六无實承虛筐也

【疏】正義曰承虛筐者筐本盛幣以幣為實今之无實正是承捧虛筐空无所有也

周易兼義卷第五

太子少保江西巡撫阮元栞

周易注疏挍勘記卷五　　阮元撰盧宣旬摘錄

夬 此卦前石經岳本釋文古本足利本題周易下經夬傳第五

故可以顯然發揚決斷之事於王者之庭 孫志祖云上庭之字當作其

剛夬柔者 補案夬當作決

則柔邪者危 岳本閩監毛本同釋文出則邪是其本無柔字

道成也 閩本同錢本宋本道作終是也監毛本作道成者尤誤

壯于前趾 石經岳本閩監毛本同釋文趾荀作止按說文有止無趾古經多用止字止者足也

惕號 石經岳本閩監毛本同釋文惕荀翟作錫

能審已度 岳本閩監毛本同古本無能字

莫夜必有戎卒來害已 閩監毛本同宋本莫作暮卒作寇

壯于頄 石經岳本閩監毛本同釋文頄鄭作頯蜀才作仇

必能棄夫情累 岳本閩監毛本同釋文棄夫本亦作去

若於此時 閩監毛本同錢本宋本若作居

其行次且 石經岳本閩監毛本同釋文次本亦作趑或作𧿳鄭作趑且本亦作趄或作跙下卦放此

必見侵傷 岳本閩監毛本同宋本古本足利本傷作食按正義本作傷

抵很難移之物 閩監毛本同岳本抵很作牴很古本亦作牴釋文出牴很牴本又作抵或作羝

莧陸夬夬 石經岳本閩監毛本同釋文莧一本作莞陸蜀才作睦

正義曰莧陸草之柔脆者 閩監毛本同錢本錢挍本無下七字案此複上文下皆放此○按脆俗脃字

草之柔脆者亦以爲一 閩監毛本同錢本宋本者作似

姤石經岳本閩監毛本同釋文古文作遘鄭同

勿用取女石經岳本閩監毛本同釋文出娶女云本亦作取注及下同古本作娶采音義

爲壯至甚閩監毛本同錢本宋本爲作淫

彖曰姤遇也石經岳本宋本閩監本古本足利本同毛本彖誤象

正乃功成也閩監毛本同岳本宋本古本足利本正作匹釋文正亦作匹

誥四方石經岳本閩監毛本同釋文誥鄭作詰王肅同

繫于金柅石經岳本閩監毛本同釋文柅王肅作抳从手子夏作鑈蜀才作尼

羸豕孚蹢躅石經岳本閩監毛本同釋文蹢一本作擲古文作蹢躅本亦作蹋古文作䠱

注柅者制動之主者補案下者字當衍毛本不誤

包有魚石經岳本閩監毛本同釋文包本亦作庖下同荀作胞按正義作庖

不爲已棄閩監本同毛本棄作弃岳本宋本古本足利本棄作乘

行爲其應閩監毛本爲作失岳本作无古本作無案爲乃無之誤失乃无之誤

然復得其位補案復當作履上注文可證毛本不誤

以杞包瓜石經岳本閩監毛本同釋文包子夏作苞

而不能改其操閩監毛本同宋本不能作能不

自楚注閩監毛本同錢本宋本注作往

杞性柔刃宋本閩本同監毛本刃作韌○按盧文弨云禮記月令命澤虞納材葦注此時柔刃可取又毛詩抑箋柔忍之木釋文云本亦作刃知刃非誤字

萃亨石經岳本閩監毛本同釋文王肅本同馬鄭陸虞等並無亨字

假至聚補案聚當也字之譌毛本正作也

全乎聚道閩監毛本同岳本宋本古本足利本乎作夫

故聚也石經岳本閩監毛本同古本無也字

聚以正也石經岳本閩監毛本同釋文聚以正荀作取以正

通衆以正補毛本衆作聚

順天則說岳本閩監毛本同錢本則作而

君子以除戎器石經岳本閩監毛本同釋文除本亦作儲又作治荀作慮

則衆心生閩監毛本同岳本宋本足利本作則衆生心古本作則衆生心也孫志祖云據困學紀聞當作則衆生心

一握爲笑石經岳本閩監毛本同釋文握傅氏作渥

懦劣之貌也閩監毛本同岳本懦作愞釋文同○按釋文乃亂反則當從耎古音耎聲需聲劃然不同

說文云偄弱也从人从耎作㬉者後出字

已爲正配閩本同毛本同岳本古本配作妃釋文出正妃◯按釋文正云本亦作匹

則情意迷亂閩監毛本同宋本意作志

始以中應相信不以他意相阻〔補〕毛本中作正不作末案末字是也

比爲一握之小閩監毛本同錢本宋本爲作於

乎乃利用禴𦄾石經岳本閩監毛本同釋文禴蜀才作躍劉作

獨正者危矣〔補〕毛本矣作未屬下句

故必見引集解作故必待五引

禴殷者祭名也〔補〕毛本者作春下正義同

致之以省薄〔補〕毛本致之作故可

无攸利也　岳本閩監毛本同古本攸下有往字

猶不若一陽一陰之至　岳本宋本古本足利本同閩監毛本至作應。按正義作應

志未光也　石經岳本閩監毛本同釋文未光也一本作志未光也

升　石經岳本閩監毛本同釋文鄭本作昇

用見大人　石經岳本閩監毛本同釋文本或作利見

升者登也　宋本者下空一字十行本閩監毛本不空

象曰柔以時升　補毛本同石經岳本宋本閩監本古本足利本象作彖案象字誤也

起升貴位　閩監毛本同錢本宋本起作超

君子以順德積小以高大　石經岳本閩監毛本同釋文順本又作慎姚本德作得以高大本或作以成高大古本足利本有成字

允升大吉 石經岳本閩監毛本同古本下衍也字

往必得邑 閩監毛本同岳本宋本古本足利本邑作也

保是尊貴而踐阼矣 閩監毛本同宋本是作其錢本阼作祚

處貞之極 錢本閩監毛本同岳本古本貞作升按正義當作升

冥猶暗也 閩監毛本同宋本暗作昧

困

若巧言能辭 補 毛本能作飾

劓捝也 石經岳本閩監毛本同釋文本又作掩虞作弇

劓則捝於柔也 閩監毛本同岳本宋本古本足利本則作見案見是

未能說困者也 補 案正義說當作濟毛本是濟字

其惟君子乎者 閩監毛本同宋本惟作唯下唯君子能然也同

君子固窮 岳本閩監毛本同釋文固窮或作困窮非

居則困于株木 岳本閩監毛本同古本無于木二字

不過數歲者也 岳本閩監毛本同釋文數歲本亦作三歲

幽不明也 石經岳本閩監毛本同足利本無幽字

初不謂之株也 錢本宋本初不作机木閩監毛本作机木

利用享祀 石經岳本宋本古本足利本同閩監毛本享誤亨釋文出享祀

據于蒺藜 石經岳本監毛本同閩本據誤據

焉得配偶 閩監毛本同岳本宋本古本足利本偶作耦宋本疏亦作耦○按耦字是也俗多借偶字爲之

來徐徐困于金車 石經岳本閩監毛本同釋文徐徐子夏作荼荼翟同王肅作余余金[illegible]本亦作金輿

而礙於九三 補案三當作二

欲棄之 閩監本同毛本棄作弃宋本誤乘

劓刖 石經岳本閩監毛本同釋文王肅本作臲䠘陸同京作劓劊

利用祭祀 石經岳本閩監毛本同釋文祭祀本亦作享祀

遐邇愈叛 岳本閩監毛本同釋文出遐遠云本亦作遐邇

巳德未得 補案德當作志毛本正作志

困于葛藟于臲卼 石經岳本閩監毛本同釋文藟本又作蘽臲說文作劓薛同卼說文作𣏕薛又作杌字同

動搖不安之辭 補毛本辭作貌

行則纏繞者不得安 補毛本者作居

井

羸其瓶 石經岳本閩監毛本同釋文羸蜀才作累

計獲一瓶之水 閩監毛本同錢本宋本獲作覆○按盧文弨云此句下多衍文當以集解正之云計覆一瓶之水何足言凶但此喻人德行不恆不能善始令終故就人言之凶也

汔至亦未繘井 石經岳本閩監毛本同古本脫亦字

其猶人德事被物 補毛本事作未案未字是也

木上有水井之象也 集解云木上有水上水之象也○按正義作則是上水之象

使有成功 閩監毛本同宋本作使有功成

井谷射鮒甕敝漏 石經岳本閩監毛本同釋文射荀作耶甕鄭作甕案釋文二甕字當有一誤

則莫之與也 岳本閩監毛本同釋文出无與之也云一本作則莫之與也

不停汚之謂也岳本閩監毛同釋文出停汙

王明則見照明岳本錢本閩本同監毛本照作昭

行惻也石經岳本閩監毛本同古本上有其字

脩井也石經岳本閩監本同毛本脩誤修

井洌寒泉石經岳本閩本同監毛本洌誤冽釋文出洌字

井收勿幕石經岳本閩監毛本同釋文收荀作甃干本勿作网

正義曰收式胄反凡物可收成者錢本宋本同閩監毛本刪三小字正義曰上加收式胄反四字一〇大謬

革

凡不合然後乃變生閩監毛本同岳本錢本然作而

火欲上而澤欲下　岳本閩監毛本同古本上有故字

彖曰居其志不相得曰革　〔補〕毛本居作至

革而信之　石經岳本閩監毛本同釋文一本無之字

革而當其悔乃亡名爲革　〔補〕毛本名作者

其悔乃亡消也　〔補〕案此本消字缺毛本如此今補

人亦叛主　〔補〕毛本主作亡

以明人革也　閩監毛本同錢本宋本以作次

堅肕　岳本閩本同監毛本肕作韌○補下並同

旣不言三就有孚　閩監本同毛本不作革

故文炳而相暎蔚也　〔補〕毛本炳作細

鼎此卦前錢本錢校本宋本題周易注疏卷第八

吉然後乃亨 岳本閩監毛本同古本上有元字

賢愚有別尊卑有序 岳本閩監毛本同釋文賢愚別尊卑序本亦作有別有序

以供烹飪之用 閩監毛本同錢本宋本烹作亨○按亨通之亨享獻之享烹飪之烹古多作亨

能成新法 盧文弨云句有誤字

亨飪也 不經岳本閩監毛本同釋文亨本又作亯下及注聖人亨大亨亨飪亨者並同古本作烹聖人亨大亨同注放此

飪孰也 岳本同閩監毛本孰作熟○按孰熟古今字

故質其牲大 補 毛本質作舉牲作重案所改是也

特牲而已 閩監毛本作特牲不誤宋本牲作牡亦非

君子以正位凝命　石經岳本閩監毛本同釋文凝翟作擬

則是爲覆鼎也　岳本閩監毛本同釋文出是覆則其本無爲字

倒以寫否　岳本閩監毛本同古本足利本倒下有趾字

不我能卽吉　石經岳本閩監毛本同古本作不能我卽吉

我仇謂九也　補案九當作五正義云六五我之仇匹是也毛本是五字

雖陰陽爻　補毛本陰作體案所改是也

非有體實不受　閩本同監毛本有作其錢本宋本作直

其形渥　石經岳本閩監毛本同釋文渥鄭作剭

信之如何　閩監毛本同岳本宋本古本足利本之如作如之

震

懼以成則是以亨岳本閩監毛本同釋文成亦作盛古本下有也字下故曰震來厲億喪貝下同

震來虩虩笑言啞啞岳本閩監毛本同釋文虩虩荀作愬愬言亦作語下同石經初刻語後改言下

雅象傳句漫漶不可識餘並改語爲言

威至而後乃懼也岳本閩監毛本同古本也上有者字一本無乃字下奉宗廟之盛也能以恐懼

修其德也也上並有者字

驚駭怠惰岳本閩監毛本同釋文怠本又作殆

則是可以不喪匕鬯矣閩監毛本同岳本錢本宋本足利本是作足

長三尺宋本同閩監毛本三作二○按二字誤禮記雜記云枇以桑長三尺可證也

則惰者懼於近也閩監毛本同古本惰下有惓字也作矣岳本宋本足利本並作矣

則已出可以守宗廟岳本閩監毛本同古本下有也字一本則作卽

君子以恐懼脩省　石經岳本監毛本同閩本脩誤修

然卦則凡舉屯時　錢本宋本凡作汎閩監毛本作況

億喪貝躋于九陵　石經岳本閩監毛本同釋文億本又作噫六五同躋本又作隮

威駭怠懈　岳本閩監毛本同宋本懈作解

亡其所處矣　岳本閩監毛本同古本無其字

是傲尊陵貴　閩監毛本同錢本宋本傲作慠按慠傲古今字

正義曰驗注以訓震爲懼　盧文弨云當作以震訓爲懼

象曰震蘇蘇　石經岳本閩監毛本同古本下衍也字

震遂泥　石經岳本閩監毛本同釋文荀本遂作隊

居恐懼之時　岳本閩監毛本同足利本上有以字

意无喪有事 補 毛本意作億

當有其事 閩監毛本同宋本作當其有事

視矍矍征凶 石經岳本閩監毛本同古本征作往

彼動故懼 岳本閩監毛本同釋文故或作而

疑婚媾有言者 補 毛本疑作也屬上讀

亦不能无相寲之言 補 毛本寲作疑案疑字是也

艮

其道光明 石經岳本閩監毛本同古本脫其字下行其庭同

謂此卦既止而不加交又峙而不應交 補 毛本加交作交

艮其趾 石經岳本閩監毛本同釋文趾荀作止○按說見前

釋所以在永貞　錢本宋本閩本同監毛本在作利

艮其腓不拯其隨　石經岳本閩監毛本同釋文腓本又作肥不承音拯救之拯是陸所據本作承

故口无擇言　岳本閩監毛本同古本故作曰

漸

女歸吉也　石經岳本閩監毛本同釋文王肅本還作女歸吉利貞

以明得位言言唯是九五也　補閩監毛本上言字作之案之字是也宋本唯作惟

君子以居賢德善俗　石經岳本閩監毛本同釋文善俗王肅本作善風俗足利本與王肅本同盡采音義

則困於小子　岳本閩監毛本同釋文本又作則困讒於小子

面獲吉福也　補毛本面作而

婦孕不育 石經岳本閩監毛本同釋文孕荀作乘

而棄乎羣醜 岳本閩監毛本同古本醜作配下經離羣醜也同

故曰鴻漸于陸也 閩監毛本同宋本無漸字

志相得也 岳本閩監毛本同古本上有與字

巽而附下 閩監毛本同錢本宋本作巽而下附

九五進于中位 閩監毛本于作乎宋本作得

進以正邦三年有成者 閩監毛本同宋本年作歲錢本無者字以此爲標注在正義曰

上

峨峨清遠 閩監毛本同岳本峨峨作峩峩釋文出峩峩

歸妹

少陰而乘長陽 閩監毛本同宋本古本足利本乘作承岳本作永蓋亦承之誤

以妹從娣而嫁 閩監毛本同錢本宋本娣作姊下明是妹從娣嫁又妹從娣嫁又嫁而係於娣又係娣所以說者旣係娣爲媵又故係娣而行合禮又從娣而行又是從娣之義也並同

本非正四 補各本四作匹案匹字是也

若妾進求寵 閩監毛本同錢本宋本妾作妄是也

令姪娣從其姑娣 補各本下娣字作姊案姊字是也

所歸妹也 石經岳本閩監毛本同釋文本或作所以歸妹

嫁而係娣 岳本閩監毛本同宋本古本娣作姊

更有動望之憂 閩監毛本同宋本動作勤○按盧文弨云詩摽有梅迨其謂之箋云謂勤也女年二十而無嫁端則有勤望之憂正義本此

緣於失正而進也　錢本正作位

君子以永終知敝　石經岳本閩監毛本同釋文出知弊

娣少女之稱也　閩監毛本同岳本宋本古本足利本娣作妹是也考文引毛本娣下誤衍者字

雖幼而不妾行　補案妾當作妄形近之譌下正義可證毛本正作妄

歸妹以須　石經岳本閩監毛本同釋文須荀陸作嬬

則是室主獨存　閩監毛本同錢本宋本獨作猶

夫以不正无應而適人也　岳本閩監毛本同釋文出不正不應云本亦作无應

有待而行也　石經岳本閩監毛本同釋文一本待作時

月幾望　石經岳本閩監毛本同釋文幾荀作既

以長從少者可以從少　閩監毛本同錢本宋本作以長從少者也以長從少

雖所居貴位（閩監毛本同宋本無貴字）

言不必少女（閩監毛本同宋本必作如）

女承筐无實（石經岳本閩監毛本同釋文承匡鄭作筐是其本作匡）

周易注疏挍勘記卷五

周易兼義下經豐傳卷第六

國子祭酒上護軍曲阜縣開國子臣孔穎達奉勅撰正義

王弼注

䷶離下震上豐亨王假之大而亨者王之所至疏正義曰豐亨者豐卦名也彖及序卦皆以大訓豐也然則豐者多大之名盈足之義財多德大故謂之爲豐德大則无所不容財多則无所不齊无所擁礙謂之爲亨故曰豐亨王假之者假至也豐亨之道王之所尚非有王者之德不能至之故曰王假之也勿憂宜日中豐之爲義闡弘微細通夫隱滯者也爲天下之主而合微隱者不亨憂未已也故至豐亨乃得勿憂也用夫豐亨不憂之德宜處天中以偏照者也故曰宜日中也疏正義曰勿无也王能至於豐亨乃得无復憂慮故曰勿憂也用夫豐亨无憂之德然後可以君臨萬國徧照四方如日中之時徧照天下故曰宜日中也彖曰豐大也音闡大之大也疏彖曰豐大也○正義曰豐大也者釋卦名正是弘大之義也○注音闡大之大也○正義曰闡者弘廣之

言凡物之大其有二種一者自然之大一者由人之闡弘使大豐之爲義既闡弘微細則豐之稱大乃闡大之大非自然之大故音之也

明以動故豐王假之尚大也大者王之所尚故至之也〔疏〕正義曰動故豐者此就二體釋卦得名爲豐之意動而不明未能光大資明以動乃能致豐故曰明以動故豐也王假之尚大也者豐大之道王所崇尚所以王能至之以能尚大故也

勿憂宜日中宜照天下也以勿憂之德故宜照天下也〔疏〕正義曰日中之時徧照天下丁无憂慮德乃光被同於日中之盈故曰勿憂宜日中宜照天下也

日中則昊月盈則食天地盈虛與時消息而況於人乎況於鬼神乎豐之爲用困於昊食者也施於未足則尚豐施於已盈則方溢不可以爲常故具陳消息之道者也〔疏〕正義曰此孔子因豐設戒以上言王者以豐大之德照臨天下同於日中然盛必有衰自然常理日中至盛過中則昊月滿則盈過盈則食天之寒暑往來地之陵谷遷貿盈則與時而息虛則與時而消天地日月尚不能久況於人與鬼神而能長保其盈盛乎勉令及時脩德仍戒居存慮亡也此辭先陳天地後言人鬼神者

欲以輕譬重亦先尊後卑也而日月先天地者承上宜日中之下遂言其昃食因舉日月以對之然後并陳天地作文之體也

象曰雷電皆至豐君子以折獄致刑文明以動不失情理也

疏 正義曰雷電皆至豐者雷者天之威動電者天之光耀雷電俱至則威明備足以為豐也君子以折獄致刑者君子法象天威而用刑罰亦當文明以動折獄斷決也斷決獄訟須得虛實之情致用刑罰必得輕重之中若動而不明則淫濫斯及故君子象於此卦而折獄致刑

初九遇其配主雖旬无咎往有尚處豐之初其配在四以陽適陽以明之動能相光大者也旬均也雖均无咎往有尚也初四俱陽爻故曰均也

疏 正義曰遇其配主者豐者文明必動動尚乎光大者也初配在四俱是陽爻以陽適陽以明之動能相光大者也故曰遇其配主也雖旬无咎往有尚者旬均也俱是陽爻謂之為均非是陰陽相應嫌其有咎以其能相光大故雖均可以无咎而往有嘉尚也故曰雖均无咎往有尚也

象曰雖旬无咎過旬災也過均則爭交斯叛也

疏 象曰至災也○正義曰過旬災者言勢若不均則相傾奪既相傾奪則爭競乃興而相違背災咎至焉故曰過旬災也○注

過均至叛也。正義曰初四應配謂之爲交勢若不均則初四之相交於斯乖叛矣

六二豐其蔀日中見斗往得疑疾有孚發若吉蔀覆曖鄣光明之物也處明動之時不能自豐以光大之德既處乎內而又以陰居陰所豐在蔀幽而无覩者也故曰豐其蔀日中見斗也日中者明之盛也斗見者闇之極也處盛明而豐其蔀故曰日中見斗不能自發故往得疑疾然履中當位處闇不邪有孚者也若辭也有孚可以發其志不困於闇故獲吉也疏六二豐其蔀至有孚發若吉。正義曰豐其蔀者二以陰居陰又處於內幽闇无所覩見所豐在於覆蔽故曰豐其蔀也蔀者覆曖障光明之物也日中見斗者二居離卦之中如日正中則至極盛者也處日中盛明之時而斗星顯見是二之至闇使斗星見明者也處光大之世而爲極闇之行譬日中而斗星見故曰日中見斗也二五俱陰二已見斗之闇不能自發以自求於五往則得見疑之疾故曰往得疑疾也然居中履正處闇不邪是有信者也有信以自發其志不困於闇故獲吉也故曰有孚發若吉也象曰有孚發若信以發志也疏正義曰信以發志者雖處幽闇而不爲邪是有信以發其豐大之志故得吉也

九三豐其沛日中

見沬折其右肱无咎沛幡幔所以禦盛光也沬微昧之明也應在上六志在乎陰雖愈乎以陰處陰亦未足以免於闇也所豐在沛日中則見沬之謂也施明則見沬而已施用則折其右肱故可以自守而已未足用也【疏】正義曰豐其沛日中見沬者沛幡幔所以禦盛光也沬微昧之明也以九三應在上六志在乎陰雖愈於六二以陰處陰亦未見免於闇也是所以豐在沛日中見沬大處光大之時而豐沛見沬雖愈於豐蔀見斗然施於大事終不可用假如折其右肱自守而已乃得无咎故曰折其右肱无咎

象曰豐其沛不可大事也明不足也【疏】正義曰不可大事者當光大之時可為大事明不足故不可為大事也

折其右肱終不可用也雖有左在不足用也【疏】正義曰終不可用者凡用事在右肱右肱既折雖有左在終不可用也

九四豐其蔀日中見斗遇其夷主吉以陽居陰豐其蔀也得初以發夷主吉也【疏】正義曰豐其蔀者九四以陽居陰闇同於六二故曰豐其蔀也日中見斗遇其夷主吉者夷平也四應在初而同是陽爻能相顯發而得其吉故曰遇其夷主吉也言四之與初交相為主者若賓主之義也若據初適

四則以四爲主故曰遇其配主自四之初則以初爲主故曰遇其夷主也二陽體敵兩主均平故初謂四爲旬而四謂初爲夷也

象曰豐其蔀位不當也日中見斗幽不明也遇其夷主吉行也〔疏〕正義曰位不當者止謂以陽居陰而位不當所以豐蔀而闇者也幽不明也者日中盛則反而見斗以譬當光大而居陰是應明而幽闇不明也吉行也者處於陰位爲闇已甚更應於陰无由獲吉猶與陽相遇故得吉行也

六五來章有慶譽吉 以陰之質來適尊陽之位能自光大章顯其德獲慶譽也〔疏〕正義曰六五處豐大之世以陰柔之質來適尊陽之位能自光大章顯其德而獲慶善也故曰來章有慶譽吉也

象曰六五之吉有慶也〔疏〕正義曰有慶也者言六五以柔處尊履得其中故致慶譽也

上六豐其屋蔀其家闚其戶闃其无人三歲不覿凶 屋藏陰之物以陰處極而最在外不履於位深自幽隱絕跡深藏者也既豐其屋又蔀其家屋厚家覆闇之甚也雖闚其戶闃其无人棄其所處而自深藏也處於明動尚大之時而深自幽隱以高其行大

道既濟而猶不見隱不為賢更為反道凶其宜也三年豐道之成治道未濟隱猶可也既濟而隱是以治為亂者也

【疏】上六豐其屋至不覿○正義曰屋者藏蔭隱蔽之物也上六以陰處陰極以處外不履於位是深自幽隱絕跡深藏也事同豐厚於屋者也既豐厚其屋而又覆鄣其家屋厚家闇蔽鄣之甚也雖闚視其戶而闃寂无人棄其所處而自深藏也處於豐大之世隱不為賢治道未濟隱猶可也三年豐道已成而猶不見所以為凶故曰豐其屋蔀其家闚其戶闃其无人三歲不覿凶

象曰豐其屋天際翔也翳光最甚者也【疏】正義曰天際翔也者如鳥之飛翔於天際言隱翳之深也

闚其戶闃其无人自藏也可以出而不出自藏之謂也非有為而藏不出戶庭失時致凶況自藏乎凶其宜也【疏】正義曰自藏也者言非有為而當自藏可以出而不出无事自為隱藏也

䷷ 艮下離上 旅小亨旅貞吉不足全夫貞吉之道雖足以為旅之貞吉故特重曰旅貞吉也

【疏】正義曰旅者客寄之名羇旅之稱失其本居而寄他方謂之為旅既為羇旅苟求僅存雖得自通非甚光大故旅之

為義小亨而已故曰旅小亨羈旅而獲小亨是旅之正吉故曰旅貞吉也

彖曰旅小亨柔得中乎外而順乎剛止而麗乎明是以小亨旅貞吉也

夫物失其主則散柔乘於剛則乖既乖且散物皆羈旅何由得小亨而貞吉乎夫陽為物長而陰皆順陽唯六五乘剛而復得中乎外以承於上陰各順陽不為乖逆止而麗明動不履妄雖不及剛得尊位恢弘大通是以小亨令附旅者不失其正得其所安也

〔疏〕彖曰至貞吉也○正義曰旅小亨者舉經文也柔得中乎外而順乎剛止而麗乎明是以小亨旅貞吉者此就六五及二體釋旅得亨貞之義柔處於外弱而為客之象若所託不得其主得主而不能順從則乖逆而離散何由得自通而貞吉乎今柔雖處外而得中順陽則是得其所託而順從於上又止而麗明動不履妄故能於寄旅之時得通而正不失所安也

旅之時義大矣哉

旅者大散物皆失其所居之時也咸失其居物願所附豈非知者有為之時惟大智能然故曰旅之時義大矣哉

〔疏〕正義曰此歎美寄旅之時物皆失其所居若能與物為附使旅者獲安非小才可濟

象曰山上有火旅君子以明慎用

刑而不留獄 止以明之刑戮詳也【疏】正義曰火在山上逐草而行勢不久留故爲旅象又上下二體艮止離明故君子象此以靜止明察審愼用刑而不稽留獄訟

初六旅瑣瑣斯其所取災 最處下極寄旅不得所安而爲斯賤之役所取致災志窮且困【疏】正義曰旅瑣瑣斯其所取災者瑣瑣者細小卑賤之貌也初六當旅之時最處下極是寄旅不得所安而爲斯卑賤之役然則爲斯卑賤勞役由其處於窮下故致此災故曰旅瑣瑣斯其所取災也

象曰旅瑣瑣志窮災也【疏】正義曰志窮災志意窮困自取此災也

六二旅卽次懷其資得童僕貞 次者可以安行旅之地也懷來也得位居中體柔奉上以此寄旅必獲次舍懷來資貨得童僕之所正也旅不可以處盛故其美盡於童僕之正也過斯以往則見害矣童僕之正義足而已【疏】正義曰旅卽次懷其資得童僕貞者得位居中體柔承上以此而爲寄旅必爲主君所安旅得次舍懷來資貨又得童僕之正不同初六賤役故曰旅卽次懷其資得童僕貞

象曰得童僕貞終无尤也【疏】正義曰終无尤者旅不可以處盛盛則爲物所害今惟正

於童僕則終保无咎也 **九三旅焚其次喪其童僕貞厲** 居下體之上與二相得以寄旅之身而為施下之道與萌侵權主之所疑也故次焚僕喪而身危也〔疏〕九三旅焚其次至貞厲○正義曰旅焚其次喪其童僕貞厲者九三居下體之上下據於二上无其應與二相得是欲自尊而惠施於下也以羇旅之身而為惠下之道是與萌侵權為主君之所疑也為君主所疑則被黜而見害故焚其次舍喪其童僕之正而身危也○注與萌至所疑也正義曰與萌侵權者言與得政事之萌漸侵奪主君之權勢若齊之田氏故為主所疑也 **象曰旅焚其次亦以傷矣以旅與下其義喪也**〔疏〕正義曰亦以傷矣者言失其所安亦可悲傷也其義喪者言以旅與下理是喪亡也 **九四旅于處得其資斧我心不快** 斧所以斫除荊棘以安其舍者也雖處上體之下不先於物然而不得其位不獲平坦之地客于所處不得其次而得其資斧之地故其心不快也〔疏〕正義曰旅于處得其資斧我心不快者九四處上體之下不同九三之自尊然不得其位猶寄旅之人求其次舍不獲平坦之所而得用斧之地言用斧除荊棘然後乃處故曰旅于處得其資斧也求

安處而得資斧之地所以其心不快也

象曰旅于處未得位也得其資斧心未快也六五射雉一矢亡終以譽命射雉以一矢而復亡之明雖有雉終不可得矣寄旅而進雖處于文明之中居于貴位此位終不可有也以其能知禍福之萌不安其處以乘其下而上承於上故終以譽而見命也

疏 六五射雉至以譽命○正義曰射雉一矢亡終以譽命者羈旅不可以處盛位六五以羈旅之身進居貴位其位終不可保譬之射雉惟有一矢射之而復亡失其矢其雉終不可得故曰射雉一矢亡也然處文明之內能照禍福之幾不乘下以侵權而承上以自保故得終以美譽而見爵命故曰終以譽命也

象曰終以譽命上逮也

疏 正義曰上逮者逮及也以能承及於上故得終以譽命也

上九鳥焚其巢旅人先笑後號咷喪牛于易凶居高危而以為宅巢之謂也客旅得上位故先笑也以旅而處于上極眾之所嫉也以不親之身而當被害之地必凶之道也故曰後號咷牛者稼穡之資以旅處上眾所同嫉故喪牛于易不在於難物莫之與危而不扶喪牛于易終莫之聞莫之聞則

傷之者【疏】正義曰鳥焚其巢旅人先笑後號咷喪牛于易凶至矣者最居於上如鳥之巢以旅處上必見傾奪如鳥巢之被焚故曰鳥焚其巢也客得上位所以先笑凶害必至故後號咷衆所同嫉喪其稼穡之資理在不難故曰喪牛于易物莫之與則傷之者至矣故曰凶也

象曰以旅在上其義焚也喪牛于易終莫之聞也【疏】正義曰終莫之聞也者衆所同嫉危而不扶至于喪牛于易終无以一言告之使聞而悟也

☴☴ 巽下巽上 **巽小亨** 全以巽爲德是以小亨也上下皆巽不違其令命乃行也故申命行事之時上下不可以不巽也【疏】正義曰巽者卑順之名說卦云巽入也蓋以巽是象風之卦風行無所不入故以入爲訓若施之於人事能自卑巽者亦無所不容然巽之爲義以卑順爲體以容入爲用故受巽名矣上下皆巽不爲違逆君唱臣和教令乃行故於重巽之卦以明申命之理雖上下皆巽命令可行然全用卑巽則所遍非大故曰小亨 **利有攸往** 巽悌以行物无距也【疏】正義曰巽悌以行物无違距故曰利有攸往 **利見大人** 大人用之道愈隆

〔疏〕正義曰但能用巽者皆无往不利然大人用巽其道愈隆故曰利見大人明上下皆須用巽也彖曰重巽以申命命乃行也未有不巽而命行也〔疏〕正義曰此卦以卑巽爲名以申命爲義故就二體上下皆巽以明可以申命也上巽能接於下下巽能奉於上上下皆巽命乃得行故曰重巽以申命也剛巽乎中正而志行以剛而能用巽處乎中正物所與也〔疏〕正義曰剛巽乎中正而志行者雖上下皆巽若命不可從則物所不與也故又因二五之爻剛而能巽不失其中所以志意得行申其命令也柔皆順乎剛明无違逆故得小亨〔疏〕柔皆順乎剛○正義曰柔皆順乎剛者剛雖巽爲中正柔若不順乎剛何所申其命乎故又就初九各處卦下柔皆順剛无有違逆所以教命得申成小亨以下之義也○注明无違至得小亨○正義曰案彖并舉小亨利有攸往利見大人以結之則柔皆順剛之意不專釋小亨二字而注獨言明无違逆故得小亨者褚氏云夫獻可替否其道乃弘柔皆順剛非大通之道所以文王係小亨之辭孔子致皆順之釋案王注上下卦之體皆以巽言之柔不違剛正是巽義故知皆順之言遍釋諸辭也是以小亨利有攸往利見大人〔疏〕正義

曰是以小亨以下釋經結也

象曰隨風巽君子以申命行事〔疏〕正義曰隨風巽者兩風相隨故曰隨風風既相隨物无不順故曰隨風巽君子以申命行事者風之隨至非是令初故君子訓之以申命行事也

初六進退利武人之貞處令之初未能服令者也故進退也成命齊邪莫善武人故利武人之貞以整之〔疏〕正義曰初六處令之初法未宜著體於柔巽不能自決心懷進退未能從令者也成命齊邪莫善威武既未能從令則宜用武人之正以整齊之故曰進退利武人之貞也

象曰進退志疑也巽順之志進退疑懼〔疏〕正義曰志疑者欲從之則未明其令欲不從則懼罪及已志意懷疑所以進退也

利武人之貞志治也〔疏〕正義曰志治也者武非行令所宜而言利武人者志在使人從治故曰利武人其猶蒙卦初六象曰利用刑人以正法也

九二巽在牀下用史巫紛若吉无咎處巽之中既在下位而復以陽居陰卑巽之甚故曰巽在牀下也卑甚失正則入于咎過矣能以居中而施至卑於神祇而不用之於威勢則乃至于紛若之吉而亡其過矣故曰用史巫紛若吉无咎

也［疏］正義曰巽在牀下者九二處巽下體而復以陽居陰卑巽之甚故曰巽在牀下用史巫紛若吉无咎者史謂祝史巫謂巫覡並是接事鬼神之人也紛若者盛多之貌卑甚失正則入於過咎人有威勢易爲行恭神道无形多生怠慢若能用居中之德行至卑之道用之於神祇不行之於威勢則能致之於盛多之吉而无咎過故曰用史巫紛若吉无咎也 象曰紛若之吉得中也［疏］正義曰得中者用卑巽於神祇是行得其中故能致紛若之吉

九三頻巽吝 頻頻蹙不樂而窮不得已之謂也以其剛正而爲四所乘志窮而巽是以吝也［疏］正義曰頻巽吝者頻者頻蹙憂戚之容也九三體剛居正爲四所乘是志意窮屈不得申遂也既處巽時只得受其屈辱也頻蹙而巽鄙吝之道故曰頻巽吝也 象曰頻巽之吝志窮也［疏］正義曰志窮者志意窮屈所以爲吝也

六四悔亡田獲三品 乘剛悔也然得位承五卑得所奉雖以柔乘剛而依尊履正以斯行命必能獲強暴遠不仁者也獲而有益莫善三品故曰悔亡田獲三品一曰乾豆二曰賓客三曰充君之庖［疏］正義曰悔亡田獲三品者六四有乘剛之悔然得位承尊得其所奉雖以柔乘剛而依尊履正

以斯行命必能有功取譬田獵能獲而有益莫善三品所以得悔亡故曰悔亡田獲三品也三品者一曰乾豆二曰賓客三曰充君之庖厨也**象曰田獲三品有功也**〔疏〕正義曰有功者田獵有獲以喻行命有功也

九五貞吉悔亡无不利无初有終先庚三日後庚三日吉以陽居陽損於謙巽然秉乎中正以宣其令物莫之違故曰貞吉悔亡无不利也化不以漸卒以剛直用加於物故初皆不說也終於中正邪道以消故有終也申命令謂之庚夫以正齊物不可卒也民迷固久直不可肆也故先申三日令著之後復申三日然後誅而无咎怨矣甲庚皆申命之謂也〔疏〕正義曰九五以陽居陽違於謙巽是悔也然執乎中正以宣其令物莫之違是由貞正獲吉故得悔亡而无不利故曰貞吉悔亡无不利也无初有終者若卒用剛直化不以漸物皆不說故曰无初也終於中正物服其化故曰有終也先庚三日後庚三日吉者申命令謂之庚民迷固久申不可卒故先申之三日令著之後復申之三日然後誅之民服其罪无怨而獲吉矣故曰先庚三日後庚三日吉也**象曰九五之吉位正中也**〔疏〕正義曰位正中者若不以九居五位

則不能以中正齊物物之不齊无由致吉致吉是由九居五位故舉爻位言之

上九巽在牀下喪其資斧貞凶 處巽之極極巽過甚故曰巽在牀下也斧所以斷者也過巽失正喪所以斷故曰喪其資斧貞凶也〔疏〕正義曰巽在牀下者上九處巽之極巽之過甚故曰巽在牀下喪其資斧者斧能斷決以喻威斷也巽過則不能行威命命之不行是喪其所用之斧故曰喪其資斧也貞凶者失其威斷是正之凶故曰貞凶也

象曰巽在牀下上窮也喪其資斧正乎凶也 〔疏〕正義曰上窮者處上窮巽故過在牀下也正乎凶者正理須當威斷而喪之是正乎凶也

䷹ 兌下兌上 **兌亨利貞** 〔疏〕正義曰兌說也說卦曰說萬物者莫說乎澤以兌是象澤之卦故以兌為名澤以潤生萬物所以萬物皆說施於人事猶人君以恩惠養民民无不說也惠施民說所以為亨以說說物恐陷諂邪其利在於貞正故曰兌亨利貞

彖曰兌說也剛中而柔外說以利貞 說而違剛則諂剛而違說則暴剛中而柔外所以說以利貞也剛中故利貞柔外故說亨〔疏〕正義曰兌說也者訓

卦名也剛中而柔外說以利貞者此就二五以剛居中上六六三以柔處外釋兌亨利貞之義也外雖柔說而內德剛正則不畏邪諂內雖剛正而外迹柔說則不憂侵暴只爲剛中而柔外中外相濟故得說亨而利貞也

是以順乎天而應乎人天剛而不失說者也

疏正義曰廣明說義合於天人天爲剛德而有柔克是剛而不失其說也今說以利貞是上順乎天也人心說於惠澤能以惠澤說人是下應乎人也

說以先民民忘其勞說以犯難民忘其死說之大民勸矣哉

疏正義曰說以先民民忘其勞以下歎美說之所致亦申明應人之法先以說豫撫民然後使之從事則民皆竭力忘其從事之勞故曰說以先民民忘其勞也說以犯難民忘其死者先以說豫勞民然後使之犯難則民皆授命忘其犯難之死故曰說以犯難民忘其死也施說於人所致如此豈非說義之大能使民勸勉矣哉故曰說之大民勸矣哉

象曰麗。澤兌君子以朋友講習麗猶連也施說之盛莫盛於此

疏正義曰麗澤兌者麗猶連也兩澤相連潤說之盛故曰麗澤兌也君子以朋友講習者同門曰朋同志曰友朋友聚居講習道義相說之盛莫

過於此也故君子象之以朋友講習也

初九和兌吉〔疏〕居兌之初應不在一无所黨係和兌之謂也說不在諂履斯而行未見有疑之者吉其宜矣〔疏〕正義曰初九居兌之初應不在一无所私說說之和也說物以和何往不吉故曰和兌吉也

象曰和兌之吉行未疑也〔疏〕正義曰行未疑者說不為諂履斯而行未見疑之者也所以得吉也

九二孚兌吉悔亡說不失中有孚者也失位而說孚吉乃悔亡也〔疏〕正義曰九二說不失中有信者也說而有信則吉從之故曰孚兌吉也然履失其位有信而吉乃得亡悔故曰孚兌吉悔亡也

象曰孚兌之吉信志也其志信也〔疏〕正義曰信志也者失位而得吉是其志信也

六三來兌凶以陰柔之質履非其位來求說者也非正而求說邪佞者也〔疏〕正義曰三為陽位陰來居之是進來求說故言來兌而以不正來說佞邪之道故曰來兌凶也

象曰來兌之凶位不當也〔疏〕正義曰位不當者由位不當所以致凶也

九四商兌未寧介疾有喜商商量裁制之謂也介隔也三為佞說將近至尊故四以剛德

裁而隔之匡內制外是以未寧也處於幾近閑邪介疾宜其有喜也疏正義曰商兌未寧者商商量裁制之謂也夫佞邪之人國之疾也三為佞說將近至尊故四以剛德裁而隔之使三不得進匡內制外未遑寧處故曰商兌未寧居近至尊防邪隔疾宜其有喜故曰介疾有喜

象曰九四之喜有慶也疏正義曰有慶者四能匡內制外介疾除邪此之為喜乃為至尊所善天下蒙賴故言有慶也

九五孚于剝有厲比於上六而與相得處尊正之位不說信乎陽而說信乎陰孚于剝之義也剝之為義小人道長之謂疏正義曰剝者小人道長消君子之正故謂小人為剝也九五處尊正之位下无其應比於上六與之相得是說信於小人故曰孚于剝信而成剝危之道也故曰有厲

象曰孚于剝位正當也以正當之位信於小人而疏君子故曰位正當也疏正義曰位正當者以正當之位宜在君子而信小人故以當位責之也

上六引兌以夫°陰質最處說後靜退者也故必見引然後乃說也疏正義曰上六以陰柔之質最在兌後是自靜退不同六三自進求說必須他人見引然後乃說故曰引兌也

象曰上六引兌未光也

正義曰未光也者雖免躁求之凶亦有後時之失所以經无吉文以其道未光故也

坎下巽上 **渙亨王假有廟利涉大川利貞**

疏 正義曰渙亨者渙卦名也序卦曰說而後散之故受之以渙然則渙者散釋之名雜卦曰渙離也此又渙是離散之號也蓋渙之爲義小人遭難離散奔迸而逃避也大德之人能於此時建功立德散難釋險故謂之爲渙能釋險難所以爲亨故曰渙亨王假有廟者王能渙難而亨可以至於建立宗廟故曰王假有廟也利涉大川者德洽神人可濟大難故曰利涉大川利貞者大難既散宜以正道而柔集之故曰利貞

彖曰渙亨剛來而不窮柔得位乎外而上同 二以剛來居內而不窮於險四以柔得位乎外而與上同內剛而无險困之難外順而无違逆之乖是以亨利涉大川利貞也凡剛得暢而无忌回之累柔履正而同志乎剛則皆亨利涉大川利貞也

疏 彖曰渙亨至上同○正義曰渙亨者疊經文略舉名德也剛來而不窮柔得位乎外而上同者此就九二剛德居險六四得位從上釋所以能散釋險難而致亨通乃至利涉大川利貞等也二以剛德來居險中而不窮於險四以柔順得位於外而上與五同內剛无險

困之難外柔无違逆之乖所以得散釋險難而通亨建立宗廟而祭亨利涉大川而克濟利以正道而鳩民也○注凡剛得暢至利貞也○正義曰凡剛得暢而无忌回之累者此還言九二居險不窮是剛得暢遂剛既得暢无復畏忌回邪之累也柔履正而同志乎剛者此還言六四得位履正同志乎五也剛德不暢柔不同剛何由得亨通而濟難利貞而不邪乎故言則皆亨利涉大川利貞也注於此言皆者凡有二意一則象雖疊渙亨二字即以剛來而不窮柔得位乎外而上同釋之下別言王假有廟王乃在中利涉大川乘木有功恐剛來之言惟釋亨德不通在下二則先儒有以剛來不窮釋亨德柔得位乎外釋利貞故言皆以通之明剛柔皆釋亨以下至于利貞也

王假有廟王乃在中也王乃在乎渙然之中故至有廟也**疏**正義曰此重明渙時可以有廟之義險難未夷方勞經略今在渙然之中故至於有廟也

利涉大川乘木有功也乘木即涉難也木者專所以涉川也涉難而常用渙道必有功也**疏**利涉至有功也○正義曰重明用渙可以濟難之事乘木涉川必不沈溺以渙濟難必有成功故曰乘木有功也○注乘木有功也○正義曰先儒皆以此卦坎下巽上以爲乘木水上涉川之象故言乘木有功王不用象直取況喻之義

故言此以亨之也

象曰風行水上渙先王以享于帝立廟

疏 正義曰風行水上渙者風行水上激動波濤散釋之象故曰風行水上渙先王以享于帝立廟者先王以渙然无難之時享于上帝以告太平建立宗廟以祭祖考故曰先王以享于帝立廟也

初六用拯馬壯吉 渙散也處散之初乖散未甚故可以遊行得其志而違於難也不在危劇而後乃逃竄故曰用拯馬壯吉

疏 正義曰初六處散之初乖散未甚可用馬以自拯拔而得壯吉也故曰用拯馬壯吉

象曰初六之吉順也 觀難而行不與險爭故曰順也

疏 正義曰觀難而行不與險爭故曰順也

九二渙奔其机悔亡 机承物者也謂初也二俱无應與初相得而初得散道離散而奔得其所安故悔亡也

疏 正義曰渙奔其机者机承物者也初承於二謂初為机二俱无應與初相得而初得遠難之道今二散奔歸初故曰渙奔其机也悔亡者初得散道而二往歸之得其所安故悔亡也

象曰渙奔其机得願也

疏 正義曰得願者違難奔散願得所安奔初獲安是得其願也

六三渙其躬无悔 渙之爲義內險而外

安者也散躬志外不固所守與剛合志故得无悔也〔疏〕正義曰渙其躬无悔者渙之爲義內險外安六三內不比二而外應上九是不固所守能散其躬故得无悔故曰渙其躬无悔

象曰渙其躬志在外也〔疏〕正義曰志在外者釋六三所以能渙其躬者正爲身在於內而應在上九是志意在外也

六四渙其羣元吉渙有丘匪夷所思踰乎險難得位體巽與五合志內掌機密外宣化命者也故能散羣之險以光其道然處於卑順不可自專而爲散之任猶有丘虛匪夷之慮雖得元吉所思不可忘也〔疏〕正義曰渙其羣者六四出在坎上已踰於險得位體巽與五合志內掌機密外宣化命者也能爲羣物散其險害故曰渙其羣也元吉渙有丘匪夷所思者能散羣險則有大功故曰元吉然處上體之下不可自專而得位承尊憂責復重雖獲元吉猶宜於散難之中有丘墟未平之慮爲其所思故曰渙有丘匪夷所思也

象曰渙其羣元吉光大也〔疏〕正義曰光大也者能散羣險而獲元吉是其道光大也

九五渙汗其大號渙王居无咎處尊履正居巽之中散汗大號以盪險阨者也爲渙之主唯王居之乃得无咎也

疏正義曰渙汗其大號者人遇險阨驚怖而勞則汗從體出故以汗喻險阨也九五處尊履正在號令之中能行號令以散險阨者也故曰渙汗其大號也渙王居无咎者爲渙之主名位不可假人惟王居之乃得无咎故曰渙王居无咎

象曰王居无咎正位也正位不可以假人疏正義曰正位者釋王居无咎之義以九五是王之正位若非王居之則有咎矣

上九渙其血去逖出无咎逖遠也最遠於害不近侵害散其憂傷遠出者也散患於遠害之地誰將咎之哉疏正義曰渙其血去逖出者血傷也逖遠也上九處於卦上最遠於險不近侵害是能散其憂傷去而逖出者也故曰渙其血去逖出也无咎者散患於遠害之地誰將咎之矣故曰无咎

象曰渙其血遠害也疏正義曰遠害者釋渙其血也是居遠害之地故也

䷻兌下坎上節亨苦節不可貞疏正義曰節卦名也彖曰節以制度雜卦云節止也然則節者制度之名節止之義制事有節其道乃亨故曰節亨節須得中爲節過苦傷於刻薄物所不堪不可復正故

曰苦節不可貞也

彖曰節亨剛柔分而剛得中 坎陽而兌陰也陽上而陰下剛柔分也剛柔分而不亂剛得中而爲制主節之義也節之大者莫若剛柔分男女別也 〔疏〕正義曰此就上下二體居二五剛中釋所以爲節得亨之義也坎剛居上兌柔處下是剛柔分也剛柔分男女別節之大義也二五以剛居中爲制之主所以得節節不違中所以得亨故曰節亨剛柔分而剛得中也

苦節不可貞其道窮也 爲節過苦則物所不能堪也物不能堪則不可復正也 〔疏〕正義曰爲節過苦不可爲正若以苦節爲正則其道困窮故曰苦節不可貞其道窮也

說以行險當位以節中正以通 然後及亨也无說而行險過中而爲節則道窮也 〔疏〕正義曰上言苦節不可貞其道窮者正由爲節不中則物所不說不可復正其道困窮故更就二體及四五當位重釋行節得亨之義以明苦節之窮也行險以說則爲節得中當位以節則可以爲正良由中而能正所以得通故曰中正以通此其所以爲亨也

天地節而四時成節以制度不傷財不害民 〔疏〕正義曰天地節而四時成者此下就天地與人廣明

節義天地以氣序爲節使寒暑往來各以其序則四時功成之也王者以制度爲節使用之有道役之有時則不傷財不害民也

象曰澤上有水節君子以制數度議德行〔疏〕正義曰澤上有水節者水在澤中乃得其節故曰澤上有水節也君子以制數度議德行者數度謂尊卑禮命之多少德行謂人才堪任之優劣君子象節以制其禮數等差皆使有度議人之德行任用皆使得宜

初九不出戶庭无咎 爲節之初將整離散而立制度者也故明於通塞慮於險僞不出戶庭慎密不失然後事濟而无咎也

〔疏〕初九至无咎○正義曰初九處節之初將立制度宜其慎密不出戶庭若不慎而泄則民情姦險應之以僞故慎密不失然後事濟而无咎故曰不出戶庭无咎○注將整離散而立制度者也○正義曰序卦云物不可以終離故受之以節此卦承渙之後初九居節之初故曰將整離散而立法度也

象曰不出戶庭知通塞也

〔疏〕正義曰知通塞者識時通塞所以不出也

九二不出門庭凶 初已造之至二宜宣其制矣而故匿之失時之極則遂廢矣故不出門庭則凶也

〔疏〕正義曰初已制法至二宜宣若猶匿之則失時之極可施

之事則㳟廢矣不出門庭所以致凶故曰不出門庭凶**象曰不出門庭凶失時極**也〔疏〕正義曰失時極者極中也應出不出失時之中所以爲凶**六三不節若則嗟若无咎**若辭也以陰處陽以柔乘剛違節之道以至哀嗟自已所致无所怨咎故曰无咎也〔疏〕正義曰節者制度之卦處節之時位不可失六三以陰處陽以柔乘剛失位驕逆違節之道禍將及已以至哀嗟故曰不節若則嗟若也禍自已致无所怨咎故曰无咎**象曰不節之嗟又誰咎也**〔疏〕正義曰又誰咎者由已不節自致禍災又欲怨咎誰乎**六四安節亨**得位而順不改其節而能亨者也承上以斯得其道也〔疏〕正義曰六四得位而上順於五是得節之道但能安行此節而不改變則何往不通故曰安節亨明六三以失位乘剛則失節而招咎六四以得位承陽故安節而致亨**象曰安節之亨承上道也**〔疏〕正義曰承上道者以能承於上故不失其道也**九五甘節吉往有尚**當位居中爲節之主不失其中不傷財不害民之謂也爲節之不苦非甘而何術斯以往往有尚也〔疏〕正義曰甘者不苦之

名也九五居於尊位得正履中能以中正爲節之主則當彖曰節以制度不傷財不害民之謂也爲節而无傷害則是不苦而甘所以得吉故曰甘節吉以此而行所往皆有嘉尚故曰往有尚也**象曰甘節之吉居位中也**【疏】正義曰居位中者以居尊位而得中故致甘節之吉也**上六苦節貞凶悔亡**過節之中以致亢極苦節者也以斯施正物所不堪正之凶也以斯脩身行在无妄故得悔亡【疏】正義曰上六處節之極過節之中節不能甘以至於苦故曰苦節也爲節過苦物所不堪不可復正正之凶也故曰貞凶若以苦節施人則是正道之凶若以苦節脩身則儉約无妄可得亡悔故曰悔亡也**象曰苦節貞凶其道窮也**

䷼ 兌下巽上 **中孚豚魚吉利涉大川利貞**【疏】正義曰中孚豚魚吉者中孚卦名也信發於中謂之中孚魚者蟲之幽隱豚者獸之微賤人主內有誠信則雖微隱之物信皆及矣莫不得所而獲吉故曰豚魚吉也利涉大川利貞者微隱獲吉顯者可知既有誠信光被萬物萬物得宜以斯涉難何往不通故曰利涉

大川信而不正凶邪之道故利在貞也 **彖曰中孚柔在內而剛得中說而巽孚** 有上四德然後乃孚〔疏〕正義曰此就三四陰柔并在兩體之內二五剛德各處一卦之中及上下二體說而以巽釋此卦名爲中孚之義也柔內剛中各當其所說而以巽乖爭不作所以信發於內謂之中孚故曰柔在內而剛得中說而巽孚也 **乃化邦也** 信立而後邦乃化也柔在內而剛得中各當其所也剛得中則直而正柔在內則靜而順說而以巽則乖爭不作如此則物无巧競敦實之行著而篤信發乎其中矣〔疏〕正義曰誠信發於內則邦國化於外故曰乃化邦也 **豚魚吉信及豚魚也** 魚者蟲之隱者也豚者獸之微賤者也爭競之道不興中信之德淳著則雖微隱之物信皆及之〔疏〕正義曰釋所以得吉由信及豚魚故也 **利涉大川乘木舟虛也** 乘木於川舟之虛則終已无溺也用中孚以涉難若乘木舟虛也〔疏〕正義曰釋此涉川所以得利以中信而濟難若乘虛舟以涉川也 **中孚以利貞乃應乎天也** 盛之至也〔疏〕正義曰釋中孚所以利貞者天德剛正而氣序不差是正而信也今信不失正乃得應於

天是中孚之盛故須濟以利貞也象曰澤上有風中孚君子以議獄

緩死信發於中雖過可亮〔疏〕正義曰澤上有風中孚者風行澤上无所不周其猶信之被物无所不至故曰澤上有風中孚君子以議獄緩死者中信之世必非故犯過失爲辜情在可恕故君子所議其過失之獄緩捨當死之刑也

初九虞吉有它不燕虞猶專也爲信之始而應在四得乎專吉者也志未能變繫心於一故有它不燕也〔疏〕正義曰虞猶專也燕安也初爲信始應在于四得其專一之吉故曰虞吉旣係心於一故更有他求不能與之共相燕安也故曰有它不燕也象曰初九虞吉志未變也〔疏〕正義曰志未變者所以得專一之吉以志未改變不更親於他也

九二鳴鶴在陰其子和之我有好爵吾與爾靡之處內而居重陰之下而履不失中不徇於外任其眞者也立誠篤至雖在闇昧物亦應焉故曰鳴鶴在陰其子和之也不私權利唯德是與誠之至也故曰我有好爵與物散之〔疏〕正義曰鳴鶴在陰其子和之者九二體剛處於卦內又在三四重陰之下而履不失中是不徇於外自任其眞

者也處於幽昧而行不失信則聲聞于外為同類之所應焉如鶴之鳴於幽遠則為其子所和故曰鳴鶴在陰其子和之也我有好爵吾與爾靡之者靡散也又无偏應是不私權利惟德是與若我有好爵吾願與爾賢者分散而共之故曰我有好爵吾與爾靡之

象曰其子和之中心願也〔疏〕正義曰中心願者誠信之人願與同類相應得誠信而應之是中心願也

六三得敵或鼓或罷或泣或歌三居少陰之上四居長陰之下對而不相比敵之謂也以陰居陽欲進者也欲進而閡敵故或鼓也四履正而承五非己所克故或罷也不勝而退懼見侵陵故或泣也四履乎順不與物校退而不見害故或歌也不量其力進退无恆憊可知也〔疏〕正義曰六三與四俱是陰爻相與為類然三居少陰之上四居長陰之下各自有應對而不相比敵之謂也故曰得敵欲進礙四恐其害己故或鼓而攻之而四履正承尊非己所勝故或罷而退敗也不勝而退懼見侵陵故或泣而憂悲也四履于順不與物校退不見害故或歌而歡樂也故曰或鼓或罷或泣或歌也

象曰或鼓或罷位不當也〔疏〕正義曰位不當者所以或鼓或罷進退无恆者止為不當其位妄進故也

六四月幾

望馬匹亡无咎居中孚之時處巽之始應說之初居正履順以承於五內毗元首外宣德化者也充乎陰德之盛故曰月幾望馬匹亡者棄羣類也若夫居盛德之位而與物校其競爭則失其所盛矣故曰絕類而上履正承尊不與三爭乃得无咎也〔疏〕正義曰月幾望者六四居中孚之時處巽應說得位履順上承於五內毗元首外宣德化充乎陰德之盛如月之近望故曰月幾望也馬匹亡无咎者三與己敵進來攻己己若與三校戰則失其所盛故棄三之類如馬之亡匹上承其五不與三爭乃得无咎故曰馬匹亡无咎也象曰馬匹亡絕類上也類謂三俱陰爻故曰類也〔疏〕正義曰絕類上者絕三之類不與二爭而上承於五也九五有孚攣如无咎攣如者繫其信之辭也處中誠以相交之時居尊位以爲羣物之主信何可舍故有孚攣如乃得无咎也〔疏〕正義曰有孚攣如无咎者攣如者相牽繫不絕之名也五在信時處於尊位爲羣物之主恆須以中誠交物孚信何可暫舍故曰有孚攣如繫信不絕乃得无咎故曰有孚攣如无咎也象曰有孚攣如位正當也〔疏〕正義曰位正當者以其正當尊位故戒以繫信乃得无咎若眞以陽得正位而无有繫信則招

有咎之嫌也上九翰音登于天貞凶翰高飛也飛音者音飛而實不從之謂也居卦之上處信之終信終則衰忠篤內喪華美外揚故曰翰音登于天也翰音登天正亦滅矣

【疏】正義曰翰高飛也飛音者音飛而實不從之謂也上九處信之終信終則衰也信衰則詐起而忠篤內喪華美外揚若鳥於翰音登于天虛聲遠聞也故曰翰音登于天虛聲无實正之凶也故曰貞凶象曰翰音登于天何可長也

【疏】正義曰何可長也者虛聲无實何可久長

䷽艮下震上小過亨利貞可小事不可大事飛鳥遺之音不宜上宜下大吉飛鳥遺其音聲哀以求處上愈无所適下則得安愈上則愈窮莫若飛鳥也

【疏】小過亨至大吉○正義曰小過亨者小過卦名也王於大過卦下注云音相過之過恐人作罪過之義故以音之然則小過之義亦與彼同也過之小事謂之小過卽行過乎恭喪過乎哀之謂是也褚氏云謂小人之行小有過差君子爲過厚之行以矯之也如晏子狐裘之比也此因小人有過差故君子爲過厚之行非卽以過差釋卦名彖曰小過小

者過而亨言因過得亨明非罪過故王於大過音之明雖義兼罪過得名上在君子爲過行也而周氏等不悟此理兼以罪過釋卦名失之遠矣過爲小事道乃可通故曰小過亨也利貞者矯世厲俗利在歸正故曰利貞也可小事不可大事者時也小有過差惟可矯以小事不可正以大事故曰可小事不可大事也飛鳥遺之音不宜上宜下大吉者借喻以明過厚之行有吉有凶飛鳥遺其音聲哀以求處過上則愈无所適過下則不失其安以譬君子處過差之時爲過厚之行順而立之則吉逆而忤鱗則凶故曰飛鳥遺之音不宜上宜下大吉順則執卑守下逆則犯君陵上故以臣之逆順類鳥之上下也○注飛鳥至求處○正義曰飛鳥遺其音聲哀以求處者遺失也鳥之失聲必是窮迫未得安處論語曰鳥之將死其鳴也哀故知遺音卽哀聲也

彖曰小過小者過而亨也小者謂凡諸小事也過於小事而通者也

〔疏〕正義曰此釋小過之名也并明小過有亨德之義過行小事謂之小過順時矯俗雖過而通故曰小者過而亨也

過以利貞與時行也過而得以利貞應時宜也施過於恭儉利貞者也

〔疏〕正義曰此釋利貞之德由爲過行而得利貞然矯枉過正應時所宜不可常也故曰與時行也

柔得中是以

小事吉也剛失位而不中是以不可大事也成大事者必在剛也柔而浸大剝之道也〔疏〕正義曰此就六二六五以柔居中九四失位不中九三得位不中釋可小事不可大事之義柔順之人惟能行小事柔而得中是行小中時故曰小事吉也剛健之人乃能行大事失位不中是行大不中時故曰不可大事也有飛鳥之象焉不宜上宜下卽飛鳥之象〔疏〕正義曰釋不取餘物爲況惟取飛鳥者以不宜上宜下有飛鳥之象故也飛鳥遺之音不宜上宜下大吉上逆而下順也上則乘剛逆也下則承陽順也施過於不順凶莫大焉施過於順過更變而爲吉也〔疏〕正義曰此就六五乘九四之剛六二承九三之陽釋所以不宜上宜下大吉之義也上則乘剛而逆下則承陽而順故曰不宜上宜下大吉以上逆而下順也象曰山上有雷小過君子以行過乎恭喪過乎哀用過乎儉〔疏〕正義曰雷之所出不出於地今出山上過其本所故曰小過小人過差失在慢易奢侈故君子矯之以行過乎恭喪過乎哀用過乎儉也初六飛

鳥以凶小過上逆下順而應在上卦進而之逆无所錯足飛鳥之凶也〔疏〕正義曰小過之義上逆下順而初應在上卦進而之逆同於飛鳥无所錯足故曰飛鳥以凶也象曰飛鳥以凶不可如何也〔疏〕正義曰不可如何也者進而之逆孰知不可自取凶咎欲如何乎六二過其祖遇其妣不及其君遇其臣无咎過而得之謂之過在小過而當位過而得之之謂也祖始也謂初也妣者居內履中而正者也過初而履二位故曰過其祖而遇其妣過而不至於僭盡於臣位而已故曰不及其君過其臣无咎〔疏〕正義曰過而得之謂之過六二在小過而當位是過而得之也祖始也謂初也妣者母之稱六二居內履中而正固謂之妣已過於初故曰過其祖也履得中正故曰遇其妣也過不至於僭盡於臣位而已故曰不及其君過其臣无咎象曰不及其君臣不可過也〔疏〕正義曰臣不可過者臣不可自過其位也九三弗過防之從或戕之凶小過之世大者不立故令小者得過也居下體之上以陽當位而不能先過防之至令小者或過而復應而從焉其從之也則戕之凶至矣故曰弗

過防之從或戕之凶也〔疏〕正義曰弗過防之者小過之世大者不能立德故令小者得過九三居下體之上以陽當位不能先過爲防至令小者或過上六小人最居高顯而復應而從焉其從之也則有殘害之凶至矣故曰弗過防之從或戕之凶者春秋傳曰在內曰弒在外曰戕然則戕者皆殺害之謂也言或者不必之辭也謂爲此行者有幸而免也

象曰從或戕之凶如何也〔疏〕正義曰凶如何者從於小人果致凶禍將如何乎言不可如何也

九四无咎弗過遇之往厲必戒勿用永貞雖體陽爻而不居其位不爲責主故得无咎也失位在下不能過者也以其不能過故得合於免咎之宜故曰弗過遇之夫宴安酖毒不可懷也處於小過不寧之時而以陽居陰不能有所爲者也以此自守免咎可也以斯攸往危之道也不交於物物亦弗與无援之助故危則必戒而已无所告救也沈沒怯弱自守而已以斯而處於羣小之中未足任者也故曰勿用永貞言不足用之於永貞〔疏〕九四无咎至永貞。正義曰居小過之世小人有過差之行須大德之人防使无過今九四雖體陽爻而不居其位不防之責責不在己故得无咎所以无其咎者以其失位在下不能爲過厚之行故得遇於无咎之宜故

曰无咎弗過遇之也既能无爲自守則无咎有往則危厲故曰往厲不交於物物亦不與无援之助故危則必自戒愼而已无所告救故曰不戒以斯而處於羣小之中未足委任不可用之以長行其正也故曰勿用永貞也○注夫宴安酖毒不可懷也○正義曰夫宴安酖毒不可懷也者此春秋狄伐邢管仲勸齊侯救邢爲此辭言宴安不救邢即酖鳥之毒不可懷而安之也 象

曰弗過遇之位不當也往厲必戒終不可長也

疏 正義曰位不當者釋所以弗過而過得免於咎者以其位不當故也終不可長者自身有危无所告救豈可任之長以爲正也

六五密雲不雨自我西郊公弋取彼在穴

小過小者過於大也六得五位陰之盛也故密雲不雨至于西郊也夫雨者陰在於上而陽薄之而不得通則烝而爲雨今艮止於下而不交焉故不雨也是故小畜尙往而亨則不雨也小過陽不上交亦不雨也雖陰盛于上未能行其施也公者臣之極也五極陰盛故稱公也弋射也在穴者隱伏之物也小過者過小而難未大作猶在隱伏者也以陰質治小過能獲小過者也故曰公弋取彼在穴也除過之道不在取之是乃密雲未能雨也

疏 六五密雲至在穴○正義曰密雲不雨自我西

郊者小過者小者過於大也六得五位是小過於大陰之盛也陰盛於上而艮止之九三陽止於下是陰陽不交雖復至盛密雲至于西郊而不能為雨也施之於人是柔得過而處尊未能行其恩施廣其風化也故曰密雲不雨自我西郊也公弋取彼在穴者公者臣之極五極陰盛故稱公也小過之時為過猶小而難未大作猶在隱伏以小過之才治小過之失能獲小過在隱伏者有如公之弋獵取得在穴隱伏之獸也故曰公弋取彼在穴也○注除過至能雨也○正義曰除過至能雨也者雨者以喻德之惠化也際過差之道在於文德懷之使其自服弋而取之是尚威武尚威武即密雲不雨之義也 象曰

密雲不雨已上也 陽已上故止也 疏 正義曰已上者釋所以密雲不雨也以艮之陽爻已上於一卦之上而成止故不上交而為雨也 上六弗遇過之飛鳥離之凶是謂災眚 小人之過遂至上極過而不知限至於亢也過至于亢將何所遇飛而不已將何所託災自己致復何言哉 疏 正義曰上六處小過之極是小人之過遂至上極過而不知限至于亢者也過至於亢无所復遇故曰弗遇過之也以小人之身過而弗遇必遭羅網其猶飛鳥飛而无託必離矰繳故曰飛鳥離之凶也過亢離凶是謂自災而

致眚復何言哉故曰是謂災眚也

象曰弗遇過之已亢也

疏正義曰己亢者釋所以弗過過之以其已在亢極之地故也

䷾離下坎上 既濟亨小利貞初吉終亂

疏正義曰既濟亨小利貞初吉終亂者濟者濟渡之名既者皆盡之稱萬事皆濟故以既濟爲名既萬事皆濟若小者不通則有所未濟故曰既濟亨小也小者尚亨何況于大則大小剛柔各當其位皆得其所當此之時非正不利故曰利貞也但人皆不能居安思危慎終如始故戒以今日既濟之初雖皆獲吉若不進德脩業至於終極則危亂及之故曰初吉終亂也

彖曰既濟亨小者亨也既濟者以皆濟爲義者也小者不遺乃爲皆濟故舉小者以明既濟也

疏正義曰此釋卦名德既濟之亨必小者皆亨也但舉小者則大者可知所以爲既濟也具足爲文當更有一小字但既疊經文畧足以見故從省也

利貞剛柔正而位當也剛柔正而位當則邪不可以行矣故唯正乃利貞也

疏正義曰此就二三四五並皆得正以釋利貞也剛柔皆正則邪不可行故惟正乃利貞也

初吉柔

得中也終止則亂其道窮也柔得中則小者亨也柔不得中則小者未亨小者未亨雖剛得正則爲未既濟也故既濟之要在柔得中也以既濟爲安者道極无進終唯有亂故曰初吉終亂終亂不爲自亂由止故亂故曰終止則亂也【疏】正義曰初吉柔得中者此就六二以柔居中釋初吉也以柔小尚得其中則剛大之理皆獲其濟物无不濟所以爲吉故曰初吉也終止則亂其道窮者此正釋戒若能進脩不止則既濟无終既濟終亂由止故亂終止而亂則既濟之道窮矣故曰終止則亂其道窮也象曰水在火上既濟君子以思患而豫防之存不忘亡既濟不忘未濟也【疏】正義曰水在火上炊爨之象飲食以之而成性命以之而濟故曰水在火上既濟也但既濟之道初吉終亂故君子思其後患而豫防之初九曳其輪濡其尾无咎最處既濟之初始濟者也始濟未涉於燥故輪曳而尾濡也雖未造易心无顧戀志棄難者也其爲義也无所咎也【疏】正義曰初九處既濟之初體剛居中是始欲濟渡也始濟未涉於燥故輪曳而尾濡故云曳其輪濡其尾也但志在棄難雖復曳輪濡尾其義不有咎故云无咎象曰曳其輪

義无咎也六二婦喪其茀勿逐七日得居中履正處文明之盛而應乎五陰之光盛者也然居初三之間而近不相得上不承三下不比初夫以光光盛之陰處於二陽之間近而不相得能无見侵乎故曰喪其茀也稱婦者以明自有夫而它人侵之也茀首飾也夫以中道執乎貞正而見侵者眾之所助也處既濟之時不容邪道者也時既明峻眾又助之竊之者逃竄而莫之歸矣量斯勢也不過七日不須已逐而自得也〔疏〕六二至七日得○正義曰婦喪其弗勿逐七日得者茀者婦人之首飾也六二居中履正處文明之盛而應乎五陰之光盛者也然居初三之間而近不相得夫以光盛之陰處於二陽之間近而不相得能无見侵乎故曰婦喪其茀稱婦者以明自有夫而他人侵之也夫以中道執乎貞正而見侵者物之所助也處既濟之時不容邪道者也時既明峻眾又助之竊之者逃竄而莫之歸矣量斯勢也不過七日不須已逐而自得故曰勿逐七日得象曰七日得以中道也〔疏〕正義曰以中道者釋不須追逐而自得者以執守中道故也九三高宗伐鬼方三年克之小人勿用處既濟之時居文明之終履得其位是居衰末而能濟者高宗伐鬼

方三年乃克也君子處之故能興也小人居之遂喪邦也〔疏〕正義曰高宗伐鬼方三年克之者高宗者殷王武丁之號也九三處既濟之時居文明之終履得其位是居衰末而能濟者也高宗伐鬼方以中興殷道事同此爻故取譬焉高宗德實文明而勢甚衰憊不能即勝三年乃克故曰高宗伐鬼方三年克之也小人勿用者勢既衰弱君子處之能建功立德故興而復之小人居之日就危亂必喪邦也故曰小人勿用

象曰三年克之憊也〔疏〕正義曰憊也者以衰憊之故故三年乃克之

六四繻有衣袽終日戒繻宜曰濡衣袽所以塞舟漏也履得其正而近不與三五相得夫有隙之棄舟而得濟者有衣袽也鄰於不親而得全者終日戒也〔疏〕正義曰繻有衣袽終日戒者王注云繻宜曰濡衣袽所以塞舟漏者也六四處既濟之時履得其位而近不與三五相得如在舟而漏矣而舟漏則濡濕所以得濟者有衣袽也鄰於不親而得全者終日戒也故曰繻有衣袽終日戒也

象曰終日戒有所疑也〔疏〕正義曰有所疑者釋所以終日戒以不與三五相得懼其侵克有所疑故也

○九五東鄰殺牛不如西鄰之禴祭實受其福

牛祭之盛者也禴祭之薄者也居既濟之時而處尊位物皆盛矣將何爲焉其所務者祭祀而已祭祀之盛莫盛脩德故沼沚之毛蘋蘩之菜可羞於鬼神故黍稷非馨明德惟馨是以東鄰殺牛不如西鄰之禴祭實受其福也【疏】九五東鄰至受其福○正義曰牛祭之盛者也禴殷春祭之名祭之薄者也九五居既濟之時而處尊位物既濟矣將何爲焉其所務者祭祀而已祭祀之盛莫盛脩德九五履正居中動不爲妄脩德者也苟能脩德雖薄可饗假有東鄰不能脩德雖復殺牛至盛不爲鬼神歆饗不如我西鄰禴祭雖薄能脩其德故神明降福故曰東鄰殺牛不如西鄰之禴祭實受其福也○注沼沚之毛至鬼神○正義曰沼沚之毛蘋蘩之菜可羞於鬼神者並略左傳之文也

象曰東鄰殺牛不如西鄰之時也在於合時不在於豐也【疏】正義曰不如西鄰之時者神明饗德能脩德致敬合於祭祀之時雖薄降福故曰時也○注在於合時○正義曰在於合時者詩云威儀孔時言周王廟中羣臣助祭並皆威儀肅敬甚得其時此合時之義亦當如彼也

實受其福吉大來也【疏】正義曰吉大來者非惟當身福流後世

上六濡其首厲處既濟之極既濟道窮則之於未濟之於未濟則首

先犯焉過惟不已則過於難故〔疏〕正義曰上六處既濟之極濡其首也將沒不久危莫先焉則反於未濟若反於未濟則首先犯焉若進而不已必遇於難故濡其首也象曰濡其既被濡首將沒不久危莫先焉故曰濡其首厲也首厲何可久也〔疏〕正義曰何可久者首既被濡身將陷沒何可久長者也

䷿坎下離上未濟亨小狐汔濟濡其尾无攸利〔疏〕正義曰未濟亨者未濟者未能濟渡之名也未濟之時小才居位不能建功立德拔難濟險若能執柔用中委任賢哲則未濟有可濟之理所以得通故曰未濟亨小狐汔濟濡其尾无攸利者汔者將盡之名小才不能濟難事同小狐雖難渡水而无餘力必須水汔方可涉川未及登岸而濡其尾濟不免濡豈有所利故曰小狐汔濟濡其尾无攸利也象曰未濟亨柔得中也以柔處中不違剛也能納剛健故得亨也〔疏〕正義曰此就六五以柔居中下應九二釋未濟所以得亨柔而得中不違剛也與二相應納剛自輔故於未濟之世終得亨通也小狐汔濟未出中也小狐不能涉大川須汔然後乃能濟處未濟之時必剛健拔難然後乃能濟汔乃能濟未能出險之

中〔疏〕正義曰小狐汔濟未出中也者釋小狐涉川所以必須水汔乃濟以其力薄未能出險之中故也

濡其尾无攸利不續終也小狐雖能渡而无餘力將濟而濡其尾力竭於斯不能續終險難猶未足以濟也濟未濟者必有餘力也〔疏〕正義曰濡尾力竭不能相續而終至於登岸所以无攸利也

雖不當位剛柔應也位不當故未濟剛柔應故可濟〔疏〕正義曰雖不當位剛柔應者重釋未濟之義凡言未者今日雖未濟復有可濟之理以其不當其位故即時未濟剛柔皆應是得相拯是有可濟之理故稱未濟不言不濟也

象曰火在水上未濟君子以愼辨物居方辨物居方令物各當其所也〔疏〕正義曰火在水上未濟者火在水上不成烹飪未能濟物故曰火在水上未濟君子以愼辨物居方者君子見未濟之時剛柔失正故用愼爲德辨別衆物各居其方使皆得安其所所以濟也

初六濡其尾吝處未濟之初最居險下不可以濟者也而欲之其應進則溺身未濟之始始於既濟之上六也濡其首猶不反至於濡其尾不知紀極者也然以陰處下非爲進亢遂其志者也困則能反故不曰凶事在已量而必困乃反頑亦

甚矣故曰吝也〔疏〕初六至吝○正義曰初六處未濟之初最居險下而欲上之其應進則溺身如小狐之渡川濡其尾也未濟之始始於既濟之上六也既濟上六但云濡其首言始入於難未沒其身此言濡其尾者進不知極已沒其身也然以陰處下非為進亢遂其志者也困則能反故不曰凶不能豫照事之幾萌困而後反頑亦甚矣故曰吝也○注不知紀極○正義曰不知紀極者春秋傳曰聚斂積實不知紀極謂之饕餮言无休已也 象曰濡其尾亦不知極也〔疏〕正義曰亦不知極者未濟之初始於既濟之上六濡首而不知遂濡其尾故曰不知極也 九二曳其輪貞吉體剛履中而應於五五體陰柔應與而不自任者也居於未濟之時處險難之中體剛中之質而見任與拯救危難經綸屯蹇者也用健拯難靖難在正而不違中故曳其輪貞吉也〔疏〕正義曰曳其輪貞吉者九二居未濟之時處險難之內體剛中之質以應於五五體陰柔委任於二令其濟難者也經綸屯蹇任重憂深故曰曳其輪曳其輪者言其勞也靖難在正然後得吉故曰曳其輪貞吉也 象曰九二貞吉中以行正也位雖不正中以行正也〔疏〕正義曰中以行正者釋九二失位而稱貞吉者位雖不正以其居中

故能行正也

六三未濟征凶利涉大川以陰之質失位居險不能自濟者也以不正之身力不能自濟而求進焉喪其身也故曰征凶也二能拯難而已比之棄已委二載二而行溺可得乎何憂未濟故曰利涉大川【疏】正義曰未濟征凶者六三以陰柔之質失位居險不能自濟者也身既不能自濟而欲自進求濟必喪其身故曰未濟征凶也利涉大川者二能拯難而已比之若能棄已委二則没溺可免故曰利涉大川

象曰未濟征凶位不當也【疏】正義曰位不當者以不當其位故有征則凶

九四貞吉悔亡震用伐鬼方三年有賞于大國處未濟之時而出險難之上居文明之初體乎剛質以近至尊雖履非其位志在乎正則吉而悔亡矣其志得行靡禁其威故曰震用伐鬼方也伐鬼方者興衰之征也故每至興衰而取義焉處文明之初始出於難其德未盛故曰三年也五居尊以柔體乎文明之盛不奪物功者也故以大國賞之也【疏】正義曰居未濟之時履失其位所以為悔但出險難之外居文明之初以剛健之質接近至尊志行其正正則貞吉而悔亡故曰貞吉悔亡正志既行靡禁其威故震發威怒用伐鬼方也然處文明之初始出於險其

德未盛不能即勝故曰三年也五以順柔文明而居尊位不奪物功九四旣克而還必得百里大國之賞故曰有賞於大國也

象曰貞吉悔亡志行也〔疏〕正義曰志行者釋九四失位而得貞吉悔亡者也以其正志得行而終吉故也

六五貞吉无悔君子之光有孚吉以柔居尊處文明之盛爲未濟之主故必正然後乃吉吉乃得无悔也夫以柔順文明之質居於尊位付與於能而不自役使武以文御剛以柔斯誠君子之光也付物以能而不疑也物則竭力功斯克矣故曰有孚吉〔疏〕正義曰貞吉无悔者六五以柔居尊處文明之盛爲未濟之主故必正然後乃吉吉乃得无悔故曰貞吉无悔也君子之光者以柔順文明之質居於尊位有應於二是能付物以能而不自役有君子之光光華矣故曰君子之光也有孚吉者付物以能而无疑焉則物竭其誠功斯克矣故曰有孚吉也

象曰君子之光其暉吉也〔疏〕正義曰其暉吉者言君子之德光暉著見然後乃得吉也

上九有孚于飲酒无咎濡其首有孚失是未濟之極則反於旣濟旣濟之道所任者當也所任者當則可信之无疑而已逸焉故曰有孚于飲酒无

咎也以其能信於物故得逸豫而不憂於事之廢苟不憂於事之廢而耽於樂之甚則至于失節矣由於有孚失於是矣故曰濡其首有孚失是也【疏】正義曰有孚于飲酒无咎者上九居未濟之極則反於既濟既濟之道則所任者當也所任者當則信之无疑故得自逸飲酒而已故曰有孚于飲酒无咎濡其首者既得自逸飲酒而不知其節則濡首之難還復及之故曰濡其首也有孚失是者言所以濡首之難及之者良由信任得人不憂事廢故失於是矣故曰有孚失是也

象曰飲酒濡首亦不知節也【疏】正義曰亦不知節者釋飲酒所以致濡首之難以其不知止節故也

周易兼義卷第六

太子少保江西巡撫阮元栞

周易注疏挍勘記卷六　　阮元撰盧宣旬摘錄

豐　此卦前石經釋文岳本古本足利本題周易下經豐傳第六

財多則无所不齊　補毛本齊作濟

日中則昗月盈則食　石經岳本同閩監毛本昗作昃釋文昗孟作稷食或作蝕非

施於已盈則方溢　岳本閩監毛本同釋文則溢本或作則方溢者非

承上宜日中之下　宋本同閩監毛本下作文

過其配主雖旬无咎　石經岳本閩監毛本同釋文配鄭作妃旬荀作均劉昞作鈞

過旬災光者　補毛本光作也案所改是也

災咎至焉　十行本至字筆畫舛誤今改正閩監毛本如此宋本作生

豐其蔀日中見斗　石經岳本閩監毛本同釋文蔀鄭薛作菩見斗孟作見主

又處於內　閩監毛本同宋本上更有矣字

象曰有孚發若信以發志也　石經岳本閩監毛本同古本若下衍吉字脫也字

豐其沛日中見沬折其右肱　石經岳本閩監毛本同釋文沛本或作旆子夏作芾鄭干作韋

沬鄭作昧肱姚作股

日中則見沬之謂也　閩監毛本同岳本宋本古本足利本無則字

日中盛則反而見斗　閩監毛本同錢本宋本作日中盛明而反見斗

闃其无人　石經閩監毛本同岳本作闃其釋文闃姚作闚孟作窒並通按說文門部無闃門部有闃

三年豐道之成　岳本閩監毛本同古本成作盛下有也字宋本亦作盛

治道未濟　閩監毛本同錢本濟作際

天際翔也　石經岳本閩監毛本同釋文翔鄭王肅作祥

自藏也 石經岳本閩監毛本同釋文藏衆家作戕

旅 此卦前錢本錢校本宋本題周易注疏卷第九

是以小亨 閩監毛本同岳本宋本錢本古本足利本是作足

咸失其居物願所附 岳本閩監毛本同足利本其作所集解作物失所居則咸願有附

止以明之 閩監毛本同岳本以作而

懷其資 石經岳本閩監毛本同釋文本或作懷其資斧非

則終保无咎也 閩監毛本同宋本咎作九

而爲惠下之道 閩監毛本同錢本惠作施

爲君主所疑 錢本宋本閩本同監毛本君主作主君

得其資斧 石經岳本閩監毛本同釋文資斧子夏傳及衆家並作齊斧

客于所處 集解作客子所處

故其心不快也 岳本閩監毛本同古本無故其二字

寄旅而進 岳本閩監毛本同古本寄作羈

旅人先笑後號咷 石經岳本閩監毛本同古本後上衍而字

客旅得上位 閩監毛本同岳本錢本宋本古本足利本旅作而

衆之所嫉也 岳本閩監毛本同釋文嫉本亦作疾下同

終莫之聞 岳本閩監毛本同錢本宋本古本終作故古本下有也字

如鳥巢之被焚 宋本閩本同監毛本巢之倒

衆所同嫉 閩監毛本同錢本宋本嫉作疾下同

其義焚也喪牛于易 石經岳本閩監毛本同釋文其義焚也一本作宜其焚也喪牛之凶本亦作喪

牛于易

巽

巽悌以行　岳本閩監毛本同釋文弟本亦作悌

雖上下皆巽　宋本同閩監毛本雖作須

故又就初九各處卦下　補　毛本九作四

則柔皆順剛之意　閩監毛本同錢本宋本則作明

係小亨之辭　閩監毛本同宋本係作繫

釋經結也　補　毛本釋作舉

故君子訓之　閩監毛本同錢本宋本訓作則

頻巽吝　石經岳本閩監毛本同古本頻作嚬注同

頻顣不樂 岳本閩監毛本同釋文出頻顣

三曰允君之庖 岳本閩監毛本同宋本庖作包古本同下有也字

故初皆不說也 岳本閩監毛本同古本初作物

夫以正齊物 岳本閩監毛本同古本正作令

民迷固久 岳本閩監毛本同古本足利本固作故

故先申三日 岳本閩監毛本同釋文申音身或作甲字非

復申三日日然後誅而无咎怨矣 補毛本日字不重案此誤衍也

兌

麗澤兌 石經岳本閩監毛本同釋文麗鄭作離

施說之盛 岳本閩本同錢本監毛本盛作道

无所黨係　岳本閩監毛本同釋文出黨繫云本亦作係

孚兊　石經岳本閩監毛本同古本兊作說

而以不正來說　閩監毛本同宋本來作求

此之爲喜　宋本此上更有除邪二字十行本閩監毛本無

宜在君子　閩監毛本同宋本在作任

故以當位責之也　錢本宋本閩本同監毛本責誤貴

渙

注乘木有功也　(補)毛本木下有至字

先王以享于帝立廟　岳本閩監毛本同石經享于以下入字磨改初刻于下尚有一字古本于下有上字

用拯馬壯吉石經岳本閩監毛本同釋文拯子夏作抍古本下有悔亡二字

故可以遊行岳本閩監毛本同釋文出以逝云逝又作遊

不在危劇岳本閩監毛本同釋文出厄劇云本又作危處又作厄處

故得无悔宋本閩本同監毛本悔作咎下同

渙有丘匪夷所思石經岳本閩監毛本同釋文有丘姚作有近匪夷荀作匪弟

猶有丘虛匪夷之慮閩監毛本同岳本宋本古本虛作墟正義同釋文出丘墟○按虛墟正俗字

去而遯出者也閩監毛本同錢本宋本遯作遠

節

則物所不能堪也十行本所字墨丁閩監毛本如此岳本錢本宋本古本足利本無此字

然後及亨也 閩監毛本同岳本古本及作乃

正由爲節不中 閩監毛本同錢本宋本正作止

澤上有水 石經岳本閩監毛本同釋文上或作中今不用

處於險爲 [補]案下正義爲當作僞毛本是僞字

不出門庭凶 石經岳本閩監毛本同古本凶上有之字

故不出門庭則凶也 岳本閩監毛本同古本故下有曰字

爲節之不苦非甘而何 閩監毛本同岳本之作而古本同而作如

以斯施正 岳本定本古本足利本同閩監毛本正作人依正義當作人

中孚

豚魚吉 石經岳本閩監毛本同釋文豚黃作遯

顯者可知　閩監毛本同錢本宋本者作著

蟲之隱者也　岳本閩監毛本同古本足利本隱上有潛字

獸之微賤者也　岳本閩監毛本同釋文出畜之云本或作獸

若乘木舟虛也　岳本閩監毛本同古本作若乘木於舟虛者也

而應在四　岳本閩監毛本同古本在下有乎字

繫心於一　岳本閩監毛本同古本於作專

故更有它求　閩監毛本同錢本宋本求作來

九二鳴鶴在陰　補案十行本初刻與諸本同正德補板鳴鶴誤作鶴鳴今訂正

吾與爾靡之　石經岳本閩監毛本同釋文靡本又作縻陸作𦃃京作劘

立誠篤志　宋本閩本古本足利本同岳本監毛本至作志

月幾望 石經岳本閩監毛本同釋文幾京作近荀作既

若貞以陽得正位 閩監毛本同錢本宋本貞作直

忠篤內喪 岳本閩監毛本同古本內作日釋文出內喪

若鳥於翰音登於天 閩監毛本同錢本宋本於作之

小過

過之小事 閩監毛本同宋本之作於

得名上在君子爲過行也 閩監毛本同錢本宋本上作止

時也小有過差 閩監毛本同錢本宋本也作世

爲過厚之行順而立之 閩監毛本同錢本宋本厚作篤立作止

无所錯足飛鳥之凶也 岳本閩監毛本同釋文錯本又作措又作厝古本作无所錯手足飛

鳥凶也○按錯與措厝詁訓皆別而古多通用

過而不至於僣 岳本閩監毛本同釋文出于僣古本過作遇

履得中正 閩監毛本同宋本正作位

小過之世 錢本古本足利本同岳本閩監毛本世作時

至令小者或過 閩監毛本同岳本宋本古本足利本或作咸疏中錢本亦作咸

然則戕者皆殺害之謂也 盧文弨云皆衍文否則者字當作戕

不爲責主 閩監毛本同岳本宋本足利本責作賁

夫宴安酖毒 岳本閩監毛本同釋文出晏安鴆本亦作酖○按鴆正字酖假借字

以斯攸往 岳本閩監毛本同古本作以斯有攸往

即酖鳥之毒 閩監毛本同宋本即作比

小過小者過於大也　閩監毛本同岳本小過作小過者

陰在於上剛陽薄之而不得通則烝而爲雨　閩監毛本同岳本足利本在作布烝作蒸宋本亦作布古本同陽下有上字錢本亦作蒸釋文出則蒸

是故小畜尚往而亨　岳本閩監毛本同釋文畜本又作蓄

雖陰盛於上未能行其施也　岳本閩監毛本同古本陰下有復字也上有者字

五極陰盛故稱公也弋射也　岳本閩監毛本同古本無極字射作獵

是乃密雲未能雨也　岳本閩監毛本同宋本足利本是乃作足及古本同也上有者字

已上也　石經岳本閩監毛本同釋文上鄭作尚

陽已上故止也　岳本閩監毛本同釋文本又作陽已上故少陰止

已上於一卦之上　閩監毛本同宋本已上作已止

至於亢也過至于亢閩監毛本同岳本於作于于作於古本于作於也上有者字

過至於亢宋本同閩監毛本於作于

既濟

故惟正乃利貞也岳本閩監毛本同錢本無貞也二字

以既濟爲安者岳本閩監毛本同錢本古本足利本安作象宋本作家案家卽象之誤

故曰初吉終亂終亂不爲自亂閩監毛本同岳本足利本不重終亂二字古本同初吉終亂下有也字

體剛居中閩監毛本同錢本宋本中作下

婦喪其茀石經岳本閩監毛本同釋文茀子夏作髴荀作紱董作髢

量斯勢也岳本閩監毛本同古本斯作其

而能濟者高宗伐鬼方 閩監毛本同岳本宋本足利本高宗作也故古本同一本高宗上有也故二字

憊也 石經岳本閩監毛本同釋文憊陸作備

繻有衣袽 岳本閩監毛本同釋文繻子夏作襦王廙同薛云古文作繻袽子夏作茹京作絮石經袽字漫滅

夫有隙之棄舟而得濟者 岳本閩監毛本同釋文出有郤

過惟不已 岳本錢本宋本足利本惟作進古本同一本作過進惟不已閩監毛本惟作而

未濟

小狐雖能渡 岳本閩監毛本同古本下有濟字

令物各當其所也 岳本閩監毛本同釋文各得其所一本得作當古本作得采音義

使皆得安其所 閩監毛本同宋本安作求

濡其首猶不反 岳本閩監毛本同古本首下有而字

經綸屯蹇者也 岳本閩監毛本同釋文綸本又作論

用健拯難靖難在正 岳本閩監毛本同宋本足利本拯作施靖作循古本同一本靖作偱錢本亦作循釋文出循難

靖難在正 閩監毛本同錢本宋本靖作循

周易注疏校勘記卷六

周易兼義卷第七

國子祭酒上護軍曲阜縣開國子臣孔穎達奉勑撰正義

韓康伯注

周易繫辭上第七

疏正義曰謂之繫辭者凡有二義論字取繫屬之義聖人繫屬此辭於爻卦之下故此篇第六章云繫辭焉以斷其吉凶第十二章云繫辭焉以盡其言是繫屬其辭於爻卦之下則上下二篇經辭是也文取繫屬之義故字體從毄又音爲係者取剛係之義卦之與爻各有其辭以釋其義則卦之與爻各有剛係所以音謂之係也夫子本作十翼申說上下二篇經文繫辭條貫義理别自爲卷總曰繫辭分爲上下二篇者何氏云上篇明无故曰易有太極太極即无也又云聖人以此洗心退藏於密是其无也下篇明幾從无入有故云知幾其神乎今謂分爲上下更无異義有以簡編重大是以分之或以上篇論易之大理下篇論易之小理者事必不通何則案上繫云君子出其言善則千里之外應之出其言不善則千里之外違之又云藉用白茅无咎皆人言語小事及小慎之行豈爲易之大理又下繫云天地之道

貞觀者也日月之道貞明者也豈復易之小事乎明以大小分之義必不可故知聖人既无其意若欲強釋理必不通諸儒所釋上篇所以分段次下凡有一十二章周氏云天尊地卑為第一章聖人設卦觀象為第二章彖者言乎象者為第三章精氣為物為第四章顯諸仁藏諸用為第五章聖人有以見天下之賾為第六章初六藉用白茅為第七章大衍之數為第八章子曰知變化之道為第九章天一地二為第十章是故易有太極為第十一章子曰書不盡言為第十二章馬季長荀爽姚信等又分白茅章後取負且乘更為別章成十三章案白茅以下歷序諸卦獨分負且乘以為別章義无所取也虞翻分為十一章合大衍之數并知變化之道共為一章案大衍一章總明揲蓍策數及十有八變之事首尾相連其知變化之道已下別明知神及唯幾之事全與大衍章義不類何得合為一章今從先儒以十二章為定

〔疏〕正義曰天尊地卑至其中矣此第一章明天尊地卑及貴賤之位剛柔動靜寒暑往來廣明乾坤簡易之德聖人法之能見天下之理

天尊地卑乾坤定矣乾坤其易之門戶先明太尊地卑以定乾坤之體

〔疏〕天尊

至定矣。正義曰天以剛陽而尊地以柔陰而卑則乾坤之體安定矣乾健與天陽同坤順與地陰同故得乾坤定矣若天不剛陽地不柔陰是乾坤之體不得定也此經明天地之德也。注先明至之體。正義曰云先明天尊地卑以定乾坤之體者易含萬象天地最大若天尊地卑各得其所則乾坤之義得定矣若天之不尊降在滯溺地之不卑進在剛盛則乾坤之體何由定矣案乾坤是天地之用非天地之體今云乾坤之體者是所用之體乾以健爲體坤以順爲體故云乾坤之體

卑高以陳貴賤位矣天尊地卑之義既列則涉乎萬物貴賤之位明矣

疏卑高至位矣。正義曰卑謂地體卑下高謂天體高上卑高既以陳列則物之貴賤得其位矣若卑不處卑謂地在上高不處高謂天在下上下既亂則萬物貴賤則不得其位矣此經明天地之體此雖明天地之體亦涉乎萬物之形此貴賤總兼萬物不唯天地而已先云卑者便文爾案前經云天尊地卑天地別陳此卑高以陳不更別陳總云卑高者上文詳於此略也。注天尊至明矣。正義曰天尊地卑之義既列解經卑高以陳也云則涉乎萬物貴賤之位明矣解經貴賤位矣上經既云天尊地卑此經又云貴賤者則貴非唯天地是兼萬物之貴賤

動靜有常剛柔斷矣剛動而柔

止也動止得其常體【疏】正義曰天陽爲動地陰爲靜各有常度則剛柔斷定矣動而有常則成剛則剛柔之分著矣靜而有常則成柔所以剛柔可斷定矣若動而无常則剛道不成靜而无常則柔道不立是剛柔雜亂動靜无常則剛柔不可斷定也此經論天地之性也此雖天地動靜亦總兼萬物也萬物稟於陽氣多而爲動也稟於陰氣多而爲靜也

方以類聚物以羣分吉凶生矣

方有類物有羣則有同有異有聚有分也順其所同則吉乖其所趣則凶故吉凶生也【疏】方以類聚至生矣○正義曰方謂法術性行以類共聚固方者則同聚也物謂物色羣黨共在一處而與他物相分別若順其所同則吉也若乖其所趣則凶也故曰吉凶生矣此經雖因天地之性亦廣包萬物之情也○注方有類○正義曰云方有類者方謂法術情性趣舍故春秋云教子以義方注云方道也是方謂性行法術也言方雖以類而聚亦有非類而聚者若陰之所求者陽陽之所求者陰是非類聚也若以人此禽獸卽是非類雖男女不同俱是人倒亦是以類聚也故云順所同則吉乖所趣則凶

在天成象在地成形變化見矣

象況日月星辰形況山川草木也懸象運轉以成昏明山澤通氣而雲行雨施故變化見矣【疏】

正義曰象謂懸象日月星辰也形謂山川草木也懸象運轉而成昏明山澤通氣而雲行雨施故變化是也

是故剛柔相摩相切摩也言陰陽之交感也疏正義曰以變化形見卽陽極變爲陰陰極變爲陽陽剛而陰柔故剛柔共相切摩更遞變化也

八卦相盪相推盪也言運化之推移疏正義曰剛則陽爻也柔則陰爻也剛柔兩體是陰陽二爻相雜而成八卦遞相推盪若十一月一陽生而推去一陰五月一陰生而推去一陽雖諸卦遞相推移本從八卦而來故云八卦相盪也

鼓之以雷霆潤之以風雨日月運行一寒一暑乾道成男坤道成女乾知大始坤作成物乾以易知坤以簡能天地之道不爲而善始不勞而善成故曰易簡疏鼓之以雷霆至簡能○正義曰鼓之以雷霆潤之以風雨日月運行一寒一暑者重明上經變化見矣及剛柔相摩八卦相盪之事八卦既相推盪各有功之所用也又鼓動之以震雷離電滋潤之以巽風坎雨或離日坎月運動而行一節爲寒一節爲暑直云震巽離坎不云乾坤艮兌者乾坤上下備言艮兌非鼓動運行之物故不言之其實亦

一焉雷電風雨亦出山澤也乾道成男坤道成女者道謂自然而生故乾得自然而爲男坤得自然而成女必云成者有故以乾因陰而得成男坤因陽而得成女故云成也乾知太始者以乾是天陽之氣萬物皆始在於氣故云知其大始也坤作成物者坤是地陰之形坤能造作以成物也初始無形未有營作故但云知也已成之物事可營爲故云作也乾以易知者易謂畧无所造爲以此爲知故曰乾以易知也坤以簡能者簡謂省凝靜不須繁勞以此爲能故曰坤以簡能也若於物艱難則不可以知故以易而得知也若於事繁勞則不可能也必簡省而後可能也○注天地之道至易簡○正義曰云天地之道不爲而善始者釋經之乾以易知不勞而善成者釋經坤以簡能也案經乾易坤簡各自別言而注合云天地者若以坤對乾乾爲易也坤爲簡也經之所云者是也若據乾坤相合皆無爲自然養物之始也是自然成物之終也是乾亦有簡坤亦有易故注合而言之也用使聖人俱行易簡法无爲之化

易則易知簡則易從易知則有親易從則有功 順萬物之情故曰有親通天下之志故曰有功【疏】正義曰易則易知者此覆說上乾以易知也乾德既能說易若求而行之則易可知也簡則易從者覆說上坤以簡能也於事簡省若求

而行之則易可從也上乾以易知坤以簡能論乾坤之體性也易則易知簡則易從者此論乾坤既有此性人則易可做倣也易知則有親者性意易知心无險難則相和親故云易知則有親也易從則有功者於事易從不有繁勞其功易就故曰易從則有功此二句論聖人法此乾坤易簡則有所益也

有親則可久有功則可大有易簡之德則能成可久可大之功

疏正義曰有親則可久者物既和親无相殘害故可久也有功則可大者事業有功則積漸可大此二句論人法乾坤久而益大

可久則賢人之德可大則賢人之業天地易簡萬物各載其形聖人不爲羣方各遂其業德業既成則入於形器故以賢人目其德業

疏可久至之業○正義曰可久則賢人之德者使物長久是賢人之德能養萬物故云可久則賢人之德也可大則賢人之業者功勞既大則是賢人事業行天地之道總天地之功唯聖人能然今云賢人者聖人則隱迹藏用事在无境今云可久可大則是離无入有賢人則事在有境故可久可大以賢人目之也○注聖人至其業○正義曰云聖人不爲羣方各遂其業者聖人顯仁藏用唯見生養之功不見其何以生養猶若日月見其照臨之力不知何以照臨是聖人用无爲以及天下是聖人不爲

也云德業既成則入於形器者初行德業未成之時不見其所爲是在於虛无若德業既成復被於物在於有境是入於形器也賢人之分則見其所爲見其成功始末皆有德之與業是所有形器故以賢人目其德業然則本其虛无玄象謂之聖據其成功事業謂之賢也**易簡而天下之理得矣**天下之理莫不由於易簡而各得順其分位也【疏】易簡至得矣○正義曰此則贊明聖人能行天地易簡之化則天下萬事之理並得其宜矣○注易簡○正義曰若能行說易簡靜任物自生則物得其性矣故列子云不生而物自生不化而物自化若不行易簡法令茲章則物失其性也老子云水至清則無魚人至察則無徒又莊云馬翦剔羈絆所傷多矣是天下之理未得也**天下之理得而成位乎其中矣**成位至立象也極易簡則能通天下之理通天下之理故能成象並乎天地言其中則並明天地也【疏】正義曰成位況立象言聖人極易簡之善則能通天下之理故能成立卦象於天地之中言並天地也

【疏】正義曰聖人設卦至不利此第二章也前章言天地成象成形簡易之德明乾坤之大旨此章明聖人設卦觀

象爻辭吉凶悔吝之細別

聖人設卦觀象此總言也【疏】聖人至觀象○正義曰謂聖人設畫其卦之時莫不瞻觀物象法其物象然後設之卦象則有吉有凶故下文云吉凶者失得之象也悔吝者有憂虞之象變化者進退之象剛柔者晝夜之象是施設其卦有此諸象也○注此總言也○正義曰此設卦觀象總爲下而言故云此總言也

繫辭焉而明吉凶剛柔相推而生變化繫辭所以明吉凶剛柔相推所以明變化也吉凶者存乎人事也變化者存乎運行也【疏】正義曰繫辭焉而明吉凶者卦象爻象有吉有凶若不繫辭其理未顯故繫屬吉凶之爻辭於卦爻之下而顯明此卦爻吉凶也案吉凶之外猶有悔吝憂虞直云而明吉凶者悔吝憂虞是凶中之小別舉吉凶則包之可知也剛柔相推而生變化者八純之卦卦之與爻其象既定變化猶少若剛柔二氣相推陰爻陽爻交變分爲六十四卦有三百八十四爻委曲變化事非一體是而生變化也繫辭而明吉凶明繫辭之意剛柔相推而生變化明其推引而生雜卦之意也

是故吉凶者失得之象也由有失得故吉凶生【疏】

五

正義曰此下四句經總明諸象不同之事辭之吉者是得之象辭之凶者是失之象故曰吉凶者失得之象也初時於事有失有得積漸成著乃爲吉凶也然易之諸卦及爻不言吉凶者義有數等或吉凶據文可知不須明言吉凶者若乾元亨利貞及九五飛龍在天利見大人之屬尋文考義是吉可知故不須云吉也若其剝不利有攸往離之九四突如其來如焚如死如棄如之屬據其文辭其凶可見故不言凶也亦有爻處吉凶之際吉凶未定行善則吉行惡則凶是吉凶未定亦不言吉凶若乾之九三君子終日乾乾夕惕若厲无咎若屯之六二屯如邅如乘馬班如匪寇婚媾女子貞不字十年乃字是吉凶未定亦不言吉凶也又諸稱无咎者若不有善應則有咎若有善應則无咎此亦不定言吉凶也諸稱吉凶者皆嫌其吉凶不明故言吉凶以正之若坤之六五黃裳元吉以陰居尊位嫌其不吉故言吉以明之推此餘可知也亦有於事无嫌吉凶灼然可知而更明言吉凶者若剝之初六剝牀以足蔑貞凶六二剝牀以辨蔑貞凶者此皆凶狀灼然而言凶也或有一卦之內或一爻之中得失相形須言吉凶若大過九三棟橈凶九四棟隆吉是一卦相形也屯卦九五屯其膏小貞吉大貞凶是一爻相形也亦有一事相形終始有異若訟卦有孚窒惕中吉終凶之類是也大略如此原夫易之爲書曲明萬象苟在釋辭明其意達其理

不可以一爻爲例義有變通也悔吝者憂虞之象也失得之微者足以致憂虞而已故曰悔吝〔疏〕正義曰經稱悔吝者是得失微小初時憂念虞度之形象也以憂虞不已未是大凶終致悔吝悔者其事已過意有追悔之也吝者當事之時可輕鄙恥故云吝也吝既是小凶則易之爲書亦有小吉則无咎之屬善補過是也此亦小吉而不言者下經備陳之也故於此不言其餘元亨利貞則是吉象之境有四德別言故於此不言也其以祉有慶有福之屬各於爻卦別言故不在此而說且易者戒人爲惡故於惡事備言也變化者進退之象也往復相推迭進退也〔疏〕正義曰萬物之象皆有陰陽之爻或從始而上進或居終而倒退以其往復相推或漸變而頓化故云進退之象也剛柔者晝夜之象也晝則陽剛夜則陰柔始總言吉凶變化而下別明悔吝晝夜者悔吝則吉凶之類晝夜亦變化之道吉凶之類則同因繫辭而明變化之道則俱由剛柔而著故始總言之下則明失得之輕重辨變化之小大故別序其義也〔疏〕剛柔至象也○正義曰晝則陽日照臨萬物生而堅剛是晝之象也夜則陰潤浸被萬物而皆柔弱是夜之象也○注始總至變化○正義曰云始總言吉凶變化者謂上文云繫辭焉

而明吉凶剛柔相推而生變化是始總言吉凶變化也云而下別明悔吝晝夜者謂次文云悔吝者憂虞之象剛柔者晝夜之象是別明悔吝晝夜也言悔吝則吉凶之類者案上文繫辭而明吉凶次又別序云吉凶者失得之象悔吝者憂虞之象是吉凶之外別生悔吝是悔吝亦吉凶之類大畧總言吉凶是細別之吉凶之外別有悔吝也故云悔吝則吉凶之類云晝夜亦變化之道者案上文云剛柔相推而生變化次文別云變化者進退之象剛柔者晝夜之象變化之外別云晝夜總言之則變化晝夜是一分之則變化晝夜是殊故云晝夜亦變化之道也云吉凶之類則同因繫辭而明者案上文云繫辭焉而明吉凶次文別序云吉凶悔吝兩事同因上繫辭而明之也故云吉凶之類則同因繫辭而明也云變化之道則俱由剛柔而著者上文剛柔相推而生變化次文別序云變化者進退之象剛柔者晝夜之象上文則變化剛柔合為一次文則別序變化剛柔分為二合之則同分之則異是變化從剛柔而生故云變化之道俱由剛柔而著也云故始總言之也上文繫辭焉而明吉凶不云悔吝是總言之也又上文剛柔相推而生變化不云晝夜是總變化言之也云下則明失得之輕重辨變化之小大故別序其義者案次文別序云吉凶者失得之象是失得重也悔吝者憂虞之象是失得輕也又次經云變化者進退之象是變化大也剛柔者

晝夜之象是變化小也兩事並言失得別明輕重變化別明小大是別序其義**六爻之動三極之道也**三極三材也兼三材之道故能見吉凶成變化也〔疏〕正義曰此覆明變化進退之義言六爻遞相推動而生變化是天地人三才至極之道以其事兼三才故能見吉凶而成變化也**是故君子所居而安者易之序也**序易象之次序〔疏〕正義曰以其在上吉凶顯其得失變化明其進退以此之故君子觀象知其所處故可居治之位而安靜居之是易位之次序也若居在乾之初九而安在勿用若居在乾之九三而安在乾乾是以所居而安者由觀易之位次序也**所樂而玩者爻之辭也是故君子居則觀其象而玩其辭動則觀其變而玩其占是以自天祐之吉无不利**〔疏〕所樂至无不利○正義曰所樂而玩者爻之辭也者言君子愛樂而習玩者是六爻之辭也辭有吉凶悔吝見善則思齊其事見惡則懼而自改所以愛樂而耽玩也卦之與爻皆有其辭但爻有變化取象數多以知得失故君子尤所愛樂所以特云爻之辭也是故君子居則觀

其象而玩其辭者以易象則明其善惡辭則示其吉凶故君子
自居處其身觀看其象以知身之善惡而習玩其辭以曉事之
吉凶動則觀其變而玩其占者言君子出行與動之時則觀其
爻之變化而習玩其占之吉凶若乾之九四或躍在淵是動則
觀其變也春秋傳云先王卜征五年又云卜以決疑是動玩其
占也是以自天祐之吉无不利者君子既能奉遵易象以居處
其身无有凶害是以從天以下悉皆
祐之吉无不利此大有上九爻辭

疏 正義曰彖者言乎至生之說此第三章也上章明吉凶
悔吝繫辭之義而細意未盡故此章更委曲說卦爻吉
凶之事是以義理深奧能彌綸天
地之道仰觀俯察知死生之說

彖者言乎象者也 彖總一卦之義也 疏 正義曰彖謂卦下之辭言說乎一卦之象
也 爻者言乎變者也 爻各言其變也 疏 正義曰謂爻下之辭言說此爻之象改變
也 吉凶者言乎其失得也 悔吝者言乎其小疵
也 无咎者善補過也 是故列貴賤者存乎位 爻之

所處曰位六位有貴賤也【疏】正義曰吉凶者言乎其失得也者謂爻卦下辭也著其吉凶者言論其卦爻失之與得之義也前章言據其卦爻之象故云吉凶者失得之象此章據其卦爻之辭故云吉凶者言乎其失得也悔吝者言乎其小疵也者辭著悔吝者言說此卦爻有小疵病也有小疵病必預有憂虞故前章云悔吝者憂虞之象但前章據其象此章論其辭也无咎者善補過也者辭稱无咎者即此卦爻能補其過若不能補過則有咎也案略例无咎有二一者善能補過故无咎二者其禍自己招无所怨咎故節之六三不節之嗟又誰咎也但如此者少此據多者言之故云善補過也前章舉其大略故不細言无咎之事此章備論也是故列貴賤者存乎位者以爻者言乎變以此之故陳列物之貴賤者在存乎六爻之位皆上貴而下賤也

齊小大者存乎卦卦有小大也齊猶言辨也即象者言乎象也【疏】正義曰以象者言乎象象有小大故齊辨物之小大者存乎卦也猶若泰則小往大來吉亨否則大往小來之類是也

辯吉凶者存乎辭辭爻辭也即爻者言乎變也言象所以明小大言變所以明吉凶故小大之義存乎卦吉凶之狀見乎爻至於悔吝无咎其例一也吉凶悔吝小疵无咎皆主乎變事有小大故下歷言五者之差也【疏】

辯吉至乎辭○正義曰謂辯明卦之與爻之吉凶存乎卦爻下之言辭是也○注辭爻至差也○正義曰云辭爻辭也者其實卦之與爻皆有其辭知是爻辭者但卦辭變化少爻辭變化多此經辯吉凶者存乎辭與齊小大者存乎卦二文相對上既云卦故此辭爲爻辭也云言象所以明小大者即齊小大者存乎卦是也云言變化所以明吉凶者則辯吉凶者存乎辭是也云故小大之義存乎卦者復說言象所以明小大也云吉凶之狀見乎爻者覆說言變所以明吉凶也云悔吝无咎其例一也者謂悔吝无咎體例與吉凶一也皆是存乎辭云悔吝小疵无咎皆生乎變者謂皆生於爻也言乎變者謂皆從爻變而來云事有小大者大則爲吉凶小則爲悔吝无咎也云故下歷言五者之差者謂於吉凶下歷次言五者之差別數五者謂吉一凶二悔三吝四无咎五然諸儒以爲五者皆數列貴賤者存乎位是其一也齊小大者存乎卦是其二也辯吉凶者存乎辭是其三也憂悔吝者存乎介是其四也震无咎者存乎悔是其五也於經數之爲便但於注理則乖今並存焉任後賢所釋

憂悔吝者存乎介 介纖介也王弼曰憂悔吝之時其介不可慢也即悔吝者言乎小疵也

【疏】正義曰介謂纖介謂小小疵病能預憂虞悔吝者存於細小之疵病也

震无咎者存乎悔

无咎者善補過也震動也故動而无咎存乎悔過也【疏】正義曰震動也動而无咎者存乎能自悔過也是故卦有小大辭有險易其道光明曰大君子道消曰小之泰則其辭易之否則其辭險【疏】正義曰其道光明謂之大其道消散謂之小若之適通泰其辭則說易若之適否塞其辭則難險也辭也者各指其所之易與天地準作易以準天地【疏】正義曰辭也者各指其所之者謂爻卦之辭各斥其爻卦之之適也若之適於善則其辭善若之適於惡則其辭惡也易與天地準者自此已上論卦爻辭理之義自此已下廣明易道之美言聖人作易與天地相準謂準擬天地則乾健以法天坤順以法地之類是也故能彌綸天地之道仰以觀於天文俯以察於地理是故知幽明之故原始反終故知死生之說幽明者有形无形之象死生者終始之數也【疏】正義曰故能彌綸天地之道者以易與天地相準爲此之故聖人用易能彌綸天地之道彌謂彌縫補合綸謂經綸牽引能補合牽引天地之道用此易道也仰以觀於天文俯以察於地理者天

有縣象而成文章故稱文也地有山川原隰各有條理故稱理也是故知幽明之故者故謂事也故以用易道仰觀俯察知无形之幽有形之明義理事故也原始反終故知生死之說者言用易理原窮事物之初始反復事物之終末始終吉凶皆悉包羅以此之故知死生之數也此謂用易道參其逆順則禍福可知用蓍策求其吉凶則死生可識也

【疏】正義曰精氣為物至鮮矣此第四章也上章明卦爻之義其事類稍盡但卦爻未明鬼神情狀此章說物之改變而為鬼神易能通鬼神之變化故於此章明之

精氣為物遊魂為變 精氣烟熅聚而成物聚極則散而遊魂為變也遊魂言其遊散也

【疏】正義曰云精氣為物者謂陰陽精靈之氣氤氳積聚而為萬物也遊魂為變者物既積聚極則分散將散之時浮遊精魂去離物形而為改變則生變為死成變為敗或未死之間變為異類也

是故知鬼神之情狀 盡聚散之理則能知變化之道无幽而不通也

【疏】是故至情狀○正義曰能窮易理盡生死變化以此之故能知鬼神之內外情狀也物既以聚而生以散而死皆是鬼神所為但極聚散之理則知鬼神之情狀也言聖人以易之理而能然

也○注知變化之道○正義曰案下云神无方韓氏云自此以上皆言神之所爲則此經情狀是虛无之神聖人極虛无之神知變化之道幽冥悉通故能知鬼神之情狀

與天地相似故不違 德合天地故曰相似

〔疏〕正義曰天地能知鬼神任其變化聖人亦窮神盡性能知鬼神是與天地相似所爲所作故不違於天地能與天地合也

知周乎萬物而道濟天下故不過 知周萬物則能以道濟天下也

〔疏〕正義曰知周乎萬物而道濟天下者聖人无物不知是知周於萬物天下皆養是道濟大亦也故不過者所爲皆得其宜不有愆過使物失分也

旁行而不流 應變考通而不流淫也

〔疏〕正義曰言聖人之德應變旁行无不被及而不有流移淫過若不應變化非理而動則爲流淫也

樂天知命故不憂 順天之化故曰樂也

〔疏〕正義曰順天施化是歡樂於天識物始終是自知性命順天道之常數知性命之始終任自然之理故不憂也

安土敦乎仁故能愛 安土敦仁者萬物之情也物順其情則仁功贍矣

〔疏〕正義曰言萬物之性皆欲安靜於土敦厚於仁聖人能行此安土敦仁之化故能愛養萬物也

範

圍天地之化而不過範圍者擬範天地而周備其理也〔疏〕正義曰範謂模範圍謂周圍言聖人所爲所作模範周圍天地之化養言法則天地以施其化而不有過失違天地者也曲成萬物而不遺曲成者乘變以應物不係一方者也則物宜得矣〔疏〕正義曰言聖人隨變而應屈曲委細成就萬物而不有遺棄細小而不成也通乎晝夜之道而知通幽明之故則无不知也〔疏〕正義曰言聖人通曉於晝夜之道晝則明也夜則幽也言通曉於幽明之道而无事不知也自此以上皆神之所爲聖人能極神之幽隱之德也故神无方而易无體自此以上皆言神之所爲也方體者皆係於形器者也神則陰陽不測易則雖變所適不可以一方一體明〔疏〕故神至无體○正義曰神則寂然虛无陰陽深遠不可求難是无一方可明也易則隨物改變應變而往无一體可定也○注自此以上○正義曰自此以上皆言神之所爲者謂從神无方以上至精氣爲物以下經之所云皆言神所施爲神者微妙玄通不可測量故能知鬼神之情狀與天地相似知周萬物樂天知命安土敦仁範圍天地曲成萬物通乎晝夜此皆神之功用也作易者因自然之神以垂教欲使

聖人用此神道以被天下雖是神之所爲亦是聖人所爲云方體者皆係於形器者方是處所之名體是形質之稱凡處所形質幷是處无皆係著於器物故云皆係於形器也云神則陰陽不測者既幽微不可測度不可測則何有處所是神无方也云易則唯變所適者既是變易唯變之適不有定往何可有體是易无體也云不可以一方一體明者解无方无體也凡无方无體各有二義一者神則不見其處所云爲是无方也二則周遊運動不常在一處亦是无方也无體者一是自然而變而不知變之所由是无形體也二則隨變而往无定在一體亦是无體也

一陰一陽之謂道

道者何无之稱也无不通也无不由也況之曰道寂然无體不可爲象必有之用極而无之功顯故至乎神无方而易无體而道可見矣故窮變以盡神因神以明道陰陽雖殊无一以待之在陰爲无陰陰以之生在陽爲无陽陽以之成故曰一陰一陽也

疏

一陰是謂道○正義曰一謂无也无陰无陽乃謂之道一得爲无者无是虛无虛无是大虛不可分別唯一而已故以一爲无也若其有境則彼此相形有二有不得爲一故在陰之時而不見爲陰之功在陽之時而不見爲陽之力自然而有陰陽自然无所營爲此則道之謂也故以言之爲道以數言之謂之一以體言之謂之无以物得開通謂之道以微妙不測謂之神以

應機變化語之易總而言之皆虛无之謂也聖人以人事名之隨其義理立其稱號○注道者至一陽也○正義曰云道者何无之稱者此韓氏自問其道而釋之也道是虛无之稱以虛无能開通於物故稱之曰道云无不通无不由者若處於有有則爲物礙難不可常通道既虛无爲體則不爲礙難故曰不通也无不由者言萬物皆因之而通由之而有云況之曰道者比況道路以爲稱也寂然无體不可爲象者謂寂然幽靜而无體不可以形象求是不可爲象至如天覆地載日照月臨冬寒夏暑春生秋殺萬物運動皆由道而然豈見其所營知其所爲是寂然无體不可爲象也云必有之用極而无之功顯者猶若風雨是有之所用當用之時以无爲心風雨既極之後萬物賴此風雨而得生育是生育之功由風雨无心而成是有之用極而无之功顯是神之發作動用以生萬物其功成就乃在於无形應機變化雖有功用本其用之所以亦在於无也故至乎神无方而易无體自然无爲之道可顯見矣當其有用之時道未見也云故窮變以盡神者神則杳然不測千變萬化聖人則窮此千變萬化以盡神之妙理故云窮變化以盡神云因神以明道者謂盡神之理唯在虛无因此虛无之神以明道之所在道亦虛无故云因神以明道也陰陽雖殊无一以待之者言陰之與陽雖有兩氣恒用虛无之一以擬待之言在陽之時亦以爲虛无

無此陽也在陰之時亦以爲虛无无此陰也云在陰爲无陰陰以之生者謂道雖在於陰而无於陰言道所生皆无陰也雖无於陰陰終由道而生故言陰以之生也在陽爲无陽陽以之成者謂道雖在陽陽中必无道也雖无於陽陽必由道而成故言陽以成之也道雖無於陰陽然亦不離於陰陽陰陽雖由道成卽陰陽亦非道故曰一陰一陽也

繼之者善也成之者性也仁者見之謂之仁知者見之謂之知仁者資道以見其仁知者資道以見其知各盡其分（疏）正義曰繼之者善也者道是生物開通善是順理養物故繼道之功者唯善行也成之者性也者若能成就此道者是人之本性若性仁者成就此道爲仁性知者成就此道爲知也故云仁者見之謂之仁知者見之謂之知是仁之與知皆資道而得成仁知也

百姓日用而不知故君子之道鮮矣君子體道以爲用也仁知則滯於所見百姓則日用而不知體斯道者不亦鮮矣故常无欲以觀其妙始可以語至而言極也（疏）百姓至鮮矣○正義曰百姓日用而不知者言萬方百姓恒日日賴用此道而得生而不知道之功力也言道冥昧不以功爲功故百姓日用而不能知也故君子之道

鮮矣者君子謂聖人也仁知則各滯於所見百姓則日用不知明體道君子不亦少乎○注君子體道至極也○正義曰君子體道以爲用者謂聖人爲君子體履於至道法道而施政則老子云爲而不宰功成不居是也云仁知則滯於所見者言仁知雖賢猶有偏見仁者觀道謂道爲仁知者觀道謂道爲知不能徧曉是滯於所見也是道既以爲用若以仁以知則滯所見也至於百姓但日用通生之道又不知通生由道而來故云百姓日用而不知也云體斯道者不亦鮮矣者是聖人君子獨能悟道故云不亦鮮矣云故常無欲以觀其妙者引老子道經之文以結成此義無欲謂無心若能寂然無心無欲觀其道之妙趣謂不爲所爲得道之妙理也云始可以語至而言極也者若能無欲觀此道之妙理無事無爲如此可以語說其至理而言其極趣也若不如此不可語至而言極也

〔疏〕正義曰顯諸仁至之門此第五章也上章論神之所爲此章廣明易道之大與神功不異也

顯諸仁藏諸用 衣被萬物故曰顯諸仁日用而不知故曰藏諸用〔疏〕正義曰顯諸仁者言道之爲體顯見仁功衣被萬物是顯諸仁也藏諸用者謂潛藏功用不使物知是藏諸用也

鼓萬物而

不與聖人同憂萬物由之以化故曰鼓萬物也聖人雖體道以爲用未能至无以爲體故順通天下則有經營之跡也〔疏〕鼓萬物至同憂。正義曰言道之功用能鼓動萬物使之化育故云鼓萬物聖人化物不能全无以爲體猶有經營之憂道則虛无爲用无事无爲不與聖人同用有經營之憂也。注聖人雖體以爲用。正義曰云聖人雖體道以爲用者言聖人不能无憂之事道則无心无跡聖人則亦无心有跡聖人能體附於道其跡以有爲用云未能全无以爲體者道則心跡俱无是其全无以爲體聖人則无心有跡是跡有而心无是不能全无以爲體云故順通天下則有經營之跡者言聖人順通天下之理內則雖是无心外則有經營之跡則有憂也道則心跡俱无无憂无患故云不與聖人同憂也

盛德大業至矣哉夫物之所以通事之所以理莫不由乎道也聖人功用之母體同乎道盛德大業所以能至〔疏〕正義曰聖人爲功用之母體同於道萬物由之而通衆事以之而理是聖人極盛之德廣大之業至極矣哉於行謂之德於事謂之業

富有之謂大業廣大悉備故曰富有〔疏〕正義曰自此已下覆說大業盛德因廣明易與乾坤及其占之與事幷明神之體以廣大悉備萬事富有所以謂之大業

日新

之謂盛德體化合變故曰日新〔疏〕正義曰聖人以能變通體化合變其德日日增新是德之盛極故謂之盛德也

生生之謂易陰陽轉易以成化生〔疏〕正義曰生生不絕之辭陰陽變轉後生次於前生是萬物恒生謂之易也前後之生變化改易生必有死易主勸戒獎人爲善故云生不云死也

成象之謂乾擬乾之象〔疏〕正義曰謂畫卦成乾之象擬乾之健故謂卦爲乾也

效法之謂坤效坤之法〔疏〕正義曰謂畫卦效坤之法擬坤之順故謂之坤也

極數知來之謂占通變之謂事物窮則變變而通之事之所由生也〔疏〕正義曰極數知來之謂占者謂窮極蓍策之數豫知來事占問吉凶故云謂之占也通變之謂事者物之窮極欲使開通須知其變化乃得通也凡天下之事窮則須變萬事乃生故云通變之謂事

陰陽不測之謂神神也者變化之極妙萬物而爲言不可以形詰者也故曰陰陽不測嘗試論之曰原夫兩儀之運萬物之動豈有使之然哉莫不獨化於大虛欻爾而自造矣造之非我理自玄應化之无主數自冥運故不知所以然而況之神是以明兩儀以太極爲始言變化而稱極乎神也夫唯知天之所爲者窮

理體化坐忘遺照至虛而善應則以道爲稱不思而玄
覽則以神爲名蓋資道而同乎道由神而冥於神也○
〔疏〕陰陽
至謂神○正義曰天下萬物皆由陰陽或生或成本其所由之
理不可測量之謂神也故云陰陽不測之謂神○注神也者至
神也○正義曰云神也者變化之極者言神之施爲自將變化
之極以爲名也云妙萬物而爲言者妙謂微妙也萬物之體有
變象可尋神則微妙於萬物而爲言也謂不可尋求也云不可
以形詰者杳寂不測无形无體不可以物之形容所求而窮語
也云造之非我理自玄應者此言神力也我謂宰主之名也言
物之造作非由我之宰生所爲其造化之理自然玄空相應而
自然之造作也云是以明兩儀以太極爲始者言欲明兩儀天地
之體必以太極虛无爲初始不知所以然將何爲始也云言變
化而稱極乎神者欲言論變化之理不知涯際唯稱極乎神神
則不可知也云夫雖知天之所爲者窮理體化坐忘遺照者言
若能知天之所造爲者會能窮其物理體其變化靜坐而忘其
事及遺棄所照之物任其自然之理不以他事係心端然玄寂
如此者乃能知天之所爲也言天之道亦如此也坐忘遺照之
言事出莊子大宗師篇也云乎虛而善應則以道爲稱者此解
道之目也言至極空虛而善應於物則乃目之爲道故云則以
道爲稱云不思而玄覽則以神爲名者謂不可思量而玄遠覽

見者乃目之爲神故云則以神爲名也云蓋資道而同乎道者此謂聖人設教資取乎道行无爲之化積久而遂同於道內外皆无也云由神而冥於神也者言聖人設教法此神之不測无體无方以垂於教久能積漸而冥合於神不可測也此皆謂聖人初時雖法道法神以爲无體未能全无但行之不已遂至全无不測故云資道而同於道由神而冥於神也夫易廣矣大矣以言乎遠則不禦窮幽極深无所止也疏正義曰夫易廣矣大矣者此贊明易理之大易之變化極於四遠是廣矣窮於上天是大矣故下云廣大配天地也以言乎遠則不禦者禦止也言乎易之變化窮極幽深之遠則不有禦止也謂无所止息也○以言乎邇則靜而正則近而當疏正義曰邇近也言易之變化在於邇近之處則寧靜而得正謂變化之道於其近處物各靜而得正不煩亂邪僻也遠尚不禦近則不禦可知近旣靜正則遠亦靜正互文也以言乎天地之間則備矣夫乾其靜也專其動也直是以大生焉專專一也直剛正也疏正義曰以言乎天地之間則備矣者變通之道遍滿天地之內是則備矣夫乾其靜也專其動也直

是以大生焉者上經既論易道資陰陽而成故此經明乾復兼明坤也乾是純陽德能普備无所偏主唯專一而已若氣不發動則靜而專一故云其靜也專若其運轉則四時不忒寒暑无差則而得正故云其動也直以其動靜如此故能大生焉

夫坤其靜也翕其動也闢是以廣生焉翕斂也止則翕斂其氣動則闢開以生物也乾統天首物爲變化之元通乎形外者也坤則順以承陽功盡於已用止乎形者也故乾以專直言乎其材坤以翕闢言乎其形【疏】正義曰此經明坤之德也坤是陰柔閉藏翕斂故其靜也翕動則開生萬物故其動也闢以其如此故能廣生於物焉天體高遠故乾云大生地體廣博故坤云廣生對則乾爲物始坤爲物生散則始亦爲生故總云生也

廣大配天地變通配四時陰陽之義配日月易簡之善配至德易之所載配此四義【疏】正義曰廣大配天地者此經申明易之德以易道廣大配合天地大以配天廣以配地變通配四時者四時變通易理亦能變通故云變通配四時也陰陽之義配日月易簡之善配至德者案初章論乾坤易簡可久可大配至極微妙之德也然易初章易爲賢人之德簡爲賢人之業今總云至德者對則

德業別散則業由德而來俱爲德也子曰易其至矣乎夫易聖人所以崇德而廣業也窮理入神其德崇也兼濟萬物其業廣也疏正義曰子曰易其至矣乎者更美易之至極是語之別端故言子曰夫易聖人所以崇德而廣業者言易道至極聖人用之增崇其德廣大其業故云崇德而廣業也知崇禮卑知以崇爲貴禮以卑爲用疏正義曰易兼知之與禮故此明知禮之用知者通利萬物象天陽无不覆以崇爲貴也禮者卑敬於物象地柔而在下故以卑爲用也崇效天卑法地極知之崇象天高而統物備禮之用象地廣而載物也疏正義曰知既崇高故效天禮以卑退故法地也天地設位而易行乎其中矣天地者易之門戶而易之爲義兼周萬物故曰行乎其中矣疏正義曰天地陳設於位謂知之與禮而效法天地也而易行乎其中矣者變易之道行乎知禮之中言知禮與易而並行也若以實象言之天在上地在下是天地設位天地之間萬物變化是易行乎天地之中也成性存存道義之門物之存成由乎道義也疏正義曰此明易道既在天地之中能成其

萬物之性使物生不失其性存其萬物之存使物得其有成也性謂稟其始也存謂保其終也道謂開通也義謂得其宜也既能成性存存則物之開通物之得宜從此易而來故云道義之門謂易與道義爲門戸也

〔疏〕正義曰聖人有以至如蘭此第六章也上章既明易道變化神理不測聖人法之所以配於天地道義從易而生此章又明聖人擬議易象以贊成變化又明人擬議之事先慎其身在於慎言語同心行動舉措守謙退勿驕盈保靜密勿貪非位凡有七事是行之於急者故引七卦之議以證成之

聖人有以見天下之賾而擬諸其形容象其物宜乾剛坤柔各有其體故曰擬諸形容〔疏〕正義曰聖人有以見天下之賾者賾謂幽深難見聖人有其神妙以能見天下深賾之至理也而擬諸其形容者以此深賾之理擬度諸物形容也見此剛理則擬諸乾之形容見此柔理則擬諸坤之形容也象其物宜者聖人又法象其物之所宜若象陽物宜於剛也若象陰物宜於柔也是各象其物之所宜六十四卦皆擬諸形容象其物宜也若泰卦比擬泰之形容象其泰之物宜若否卦則比擬否之形容象其否之物宜也舉此而言諸卦

可知也是故謂之象聖人有以見天下之動而觀其會通以行其典禮典禮適時之所用【疏】正義曰是故謂之象者以是之故謂之象也謂六十四卦是也故前章云卦者言乎象者也此以上結成卦象之義也聖人有以見天下之動者謂聖人有其微妙以見天下萬物之動也而觀其會通者既知萬物以此變動觀看其物之會合變通當此會通之時以施行其典法禮儀也繫辭焉以斷其吉凶是故謂之爻言天下之至賾而不可惡也言天下之至動而不可亂也易之為書不可遠也惡之則逆於順錯之則乖於理【疏】正義曰繫辭焉以斷其吉凶者既觀其會通而行其典禮以定爻之通變而有三百八十四爻於此爻下繫屬文辭以斷定其吉凶若會通典禮得則為吉若會通典禮失則為凶也是故謂之爻者以是之故議此會通之事而為爻也夫爻者效也效諸物之通變故上章云爻者言乎變者也自此已上結爻義也言天下之至賾而不可惡也者此覆說前文見天下之賾卦象義也謂聖人於天下至賾之理必重慎明之不可鄙賤輕惡

也若鄙賤輕惡不存意明之則逆於順道也言天下之至動而不可亂者覆說上聖人見天下之至動爻之義也謂天下至賾變動之理論說之時明不可錯亂也若錯亂則乖違正理也若以文勢上下言之宜云至動而不可亂也擬之而後言議之而後動擬議以成其變化擬議以動則盡變化之道

疏正義曰擬之而後言者覆說上天下之至賾不可惡也聖人欲言之時必擬度之而後言也議之而後動者覆說上天下之至動不可亂也謂欲動之時必議論之而後動也擬議以成其變化者言則先擬也動則先議也則能成盡其變化之道也

鳴鶴在陰其子和之我有好爵吾與爾靡之

鶴鳴則子和修誠則物應我有好爵與物散之物亦以善應也明擬議之道繼以斯義者誠以吉凶失得存乎所動同乎道者道亦得之同乎失者失亦違之莫不以同相順以類相應動之斯來緩之斯至鶴鳴于陰氣同則和出言戶庭千里或應出言猶然況其大者乎千里或應況其邇者乎故夫憂悔吝者存乎纖介定失得者慎於樞機是以君子擬議以動慎其微也○

疏正義曰鳴鶴在陰者上明擬議而動若擬議於善則善來應之若擬於惡則惡亦隨之故引鳴鶴在陰取同類相

應以證之此引中孚九二爻辭也鳴鶴在幽陰之處雖在幽陰而鳴其子則在遠而和之以其同類相感召故也我有好爵者言我有美好之爵而在我身吾與爾靡之者言我雖有好爵不自獨有吾與汝外物共靡散之謂我旣有好爵能靡散以施於物物則有感我之恩亦來歸從於我是善往則善者來皆證明擬議之事我擬議於善以及物物亦以善而應我也

子曰君子居其室出其言善則千里之外應之況其邇者乎居其室出其言不善則千里之外違之況其邇者乎言出乎身加乎民行發乎邇見乎遠言行君子之樞機樞機制動之主

疏 子曰君子至樞機 正義曰子曰君子居其室者旣引易辭前語已絕故言子曰況其邇者乎者出其言善遠尚應之則近應可知故曰況其邇者乎此證明擬議而動之事言身有善惡无問遠近皆應之也言行君子之樞機者樞謂戶樞機謂弩牙言戶樞之轉或明或闇弩牙之發或中或否猶言行之動從身而發以及於物或是或非也○

樞機之發榮辱之主也言

行君子之所以動天地也可不愼乎同人先號咷而後笑子曰君子之道或出或處或默或語二人同心其利斷金同人終獲後笑者以有同心之應也夫所況同者豈係乎一方哉君子出處默語不違其中則其跡雖異道同則應〔疏〕正義曰言行君子之所以動天地者言行雖初在於身其善惡積而不已所感動天地豈可不愼乎同人先號咷而後笑者證擬議而動則同類相應以同人初未和同故先號咷後得同類故後笑也子曰君子之道者各引易之後其文勢已絕故言子曰或出或處或默或語者言同類相應本在於心不必共同一事或此物而出或彼物而處或此物而默或彼物而語出處默語其時雖異其感應之事其意則同或處應於出或默應於語二人同心其利斷金者二人若同齊其心其纖利能斷截於金金是堅剛之物能斷而截之盛言利之甚也此謂二人心行同也○同心之言其臭如蘭〔疏〕正義曰言二人同齊其心吐發言語氤氳臭氣香馥如蘭也此謂二人言同也

【疏】正義曰初六藉用至盜之招也此第七章也此章欲求外物來應必須擬議謹慎則外物來應之故引藉用白茅无咎之事以證謹慎之理

初六藉用白茅无咎子曰苟錯諸地而可矣藉之用茅何咎之有慎之至也夫茅之為物薄而用可重也慎斯術也以往其无所失矣【疏】正義曰此藉用白茅大過初六爻辭也子曰苟錯諸地而可矣者苟且也錯置也凡薦獻之物且置於地其理可矣言今乃謹慎薦藉此物而用絜白之茅可置於地藉之用茅何咎之有者何愆咎之有是謹慎之至也

勞謙君子有終吉子曰勞而不伐有功而不德厚之至也語以其功下人者也【疏】正義曰勞謙君子有終吉者欲求外物來應非唯謹慎又須謙以下人故引謙卦九三爻辭以證之也子曰勞而不伐者以引卦之後故言子曰勞而不伐者雖謙退疲勞而不自伐其善也有功而不

德厚之至者雖有其功而不自以爲恩德是篤厚之至極語以其功下人者言易之所言者語說其謙卦九三能以其有功卑下於人者也

德言盛禮言恭謙也者致恭以存其位者也疏正義曰德言盛禮言恭者謂德以盛爲本禮以恭爲主德貴盛新禮尚恭敬故曰德言盛禮言恭謙也者致恭以存其位者言謙退致其恭敬以存其位者也言由恭德保其祿位也

亢龍有悔子曰貴而无位高而无民賢人在下位而无輔是以動而有悔也疏正義曰亢龍有悔者上既以謙德保位此明无謙則有悔故引乾之上九亢龍有悔證驕亢不謙也

不出戶庭无咎子曰亂之所生也則言語以爲階疏正義曰不出戶庭无咎者又明擬議之道非但謙而不驕又當謹愼周密故引節之初九周密之事以明之子曰亂之所生則言語以爲階者階謂梯也言亂之所生則由言語以爲亂之階梯也

君不密則失臣臣不密則失身幾事不密則害成是以君

子慎密而不出也【疏】正義曰君不密則失臣者臣既盡忠不避危難爲君謀事君不慎密乃彰露臣之所爲使在下聞之衆共嫉怒害此臣而殺之是失臣也臣不密則失身者言臣之言行既有虧失則失身也幾事不密則害成者幾謂幾微之事當須密慎預防禍害若其不密而漏泄禍害交起是害成也是以君子慎密而不出者於易言之是身慎密不出戶庭於此義言之亦謂不妄出言語也

子曰作易者其知盜乎言盜亦乘釁而至也【疏】正義曰此結上不密失身之事事若不密人則乘此機危而害之猶若財之不密盜則乘此機危而竊之易者愛惡相攻遠近相取盛衰相變若此爻有釁隙衰弱則彼爻乘變而奪之故云作易者其知盜乎

易曰負且乘致寇至負也者小人之事也乘也者君子之器也小人而乘君子之器盜思奪之矣上慢下暴盜思伐之矣慢藏誨盜冶容誨淫【疏】易曰至誨淫○正義曰易曰負且乘致寇至者此又明擬議之道當量身而行不可以小處大以賤貪貴故引解卦六三以明

之也負也者小人之事也負者擔負於物合是小人所爲也乘
也者君子之器者言乘車者君子之器物言君子合乘車今應
負之人而乘車是小人乘君子之器也則盜竊之人思欲奪之
矣上慢下暴盜思伐之矣者小人居上位必驕慢而在下必暴
虐爲政如此大盜思欲伐之矣慢藏誨盜冶容誨淫者若慢藏
財物守掌不謹則教誨於盜者使來取此物女子妖冶其容身
不精愨是教誨淫者使來淫已也以此小
人而居貴位驕矜而不謹慎而致寇至也易曰負且乘致
寇至盜之招也〔疏〕正義曰又引易之所云是盜之招來
也言自招來於盜以愼重其事故首
尾皆稱易曰而
載易之爻辭也

〔疏〕正義曰大衍之數至祐神矣此第八章明占筮之法
揲蓍之體顯天地之數定乾坤之策以爲六十四卦
而生三百
八十四爻

大衍之數五十其用四十有九王弼曰演天地之數
所賴者五十也其用
四十有九則其一不用也不用而用以之通非數而數以之成
斯易之太極也四十有九數之極也夫无不可以无明必因於

有故常於有物之極而必明其所由之宗也

[疏] 大衍至有九○正義曰京房云五十者謂十日十二辰二十八宿也凡五十其一不用者天之生氣將欲以虛來實故用四十九焉馬季長云易有太極謂北辰也太極生兩儀兩儀生日月日月生四時四時生五行五行生十二月十二月生二十四氣北辰居位不動其餘四十九轉運而用也荀爽云卦各有六爻六八四十八加乾坤二用凡有五十乾初九潛龍勿用故用四十九也鄭康成云天地之數五十有五以五行氣通凡五行減五大衍又減一故四十九也姚信董遇云天地之數五十有五者其六以象六畫之數故減之而用四十九但五十之數義有多家各有其說未知孰是今案王弼云演天地之數所賴者五十據王弼此說其意皆與諸儒不同萬物之策凡有萬一千五百二十其用此策推演天地之數唯用五十策也一謂自然所須策者唯用五十就五十策中其所用揲蓍者唯用四十有九其一不用以其虛无非所用也故不數之顧懽同王弼此說故顧懽云立此五十數以數神神雖非數因數而顯故虛其一數以明不可言之義只如此意則別无所以自然而有此五十也今依用之○注王弼至宗也○正義曰王弼云演天地之數所賴者五十者韓氏親受業於王弼承王弼之旨故引王弼云以證成其義演天地之數所賴者五十謂萬物籌策雖萬有一千五百

二十若用之推演天地之數所賴者唯賴五十其餘不賴也但賴五十者自然如此不知其所以然云則其一不用者經既云五十又云其用四十九也既稱其用明知五十之內其一是不用者也言不用而用以之通者若全不用理應不賴此既當論用所以并言不用為用五十者雖是不用其有用從不用而來以不用而得用也故云不用而用以之通所用者則四十九蓍也蓍所以堪用者從造化虛无而生也若无造化之生此蓍何由得用也言非數而數以之成者太一虛无无形无數是非可數也然有形之數由非數而得成也即四十九是有形之數原從非數而來故將非數之一總為五十故云非數而數以之成也言斯易之太極者斯此也言此其一不用者是易之太極之虛无也无形即无數也凡有皆從无而來故易從太一為始也言夫无不可以无明必因於有者言虛无之體處處皆虛何可以无說之明其虛无也若欲明虛无之理必因於有物之境可以即本虛无猶若春生秋殺之事於虛无之時不見生殺之象是不可以无明也就有境之中見其生殺却推於无始知无之中有生殺之理是明无必因於有也言故常於有物之極而必明其所由之宗者言欲明於无常須因有物至極之處而明其所由宗若易由太有由於无變化由於神皆是所由之宗也言有凡何因如此皆由於虛无自然而來也

分而為

二以象兩掛一以象三揲之以四以象四時歸奇於扐以象閏五歲再閏故再扐而後掛奇況四揲之餘不足復揲者也分而爲二既揲之餘合掛於一故曰再扐而後掛凡閏十九年七閏爲一章五歲再閏者二故略舉其凡也

【疏】正義曰分而爲二以象兩者五十之內去其一餘有四十九合同未分是象太一也今以四十九分而爲二以象兩儀也掛一以象三者就兩儀之間於天數之中分掛其一而配兩儀以象三才也揲之以四以象四時者分揲其蓍皆以四四爲數以象四時歸奇於扐以象閏者奇謂四揲之餘歸此殘奇於所扐之策而成數以法象天道歸殘聚餘分而成閏也五歲再閏者凡前閏後閏相去大略三十二月在五歲之中故五歲再閏再扐而後掛者既分天地天於左手地於右手乃四四揲天之數最末之餘歸之合於扐掛之一處是一揲也又以四四揲地之數最末之餘又合於前所歸之扐而總掛之是再扐而後掛也

天數五五奇也

【疏】正義曰謂一三五七九也

地數五五耦也

【疏】正義曰謂二四六八十也

五位相得而各有合天地之數各五五數相配以合成金木水

火土〔疏〕正義曰若天一與地六相得合爲水地二與天七相得合爲火天三與地八相得合爲木地四與天九相得合爲金天五與地十相得合爲土也

天數二十有五　五奇合爲二十五〔疏〕正義曰總合五奇之數

地數三十　五耦合爲三十〔疏〕正義曰總合五耦之類也

凡天地之數五十有五此所以成變化而行鬼神也　變化以此成鬼神以此行〔疏〕正義曰凡天地之數五十有五者是天地二數相合爲五十五此乃天地陰陽奇耦之數非是上文演天地之策也此所以成變化而行鬼神者言此陽奇陰耦之數成就其變化言變化以此陰陽而成故云成變化也而宣行鬼神之用言鬼神以此陰陽而得宜行故云而行鬼神也

乾之策二百一十有六　陽爻六一爻三十六策六爻二百一十六策〔疏〕正義曰以乾老陽一爻有三十六策六爻凡有二百一十六策也乾之少陽一爻有二十八策六爻則有一百六十八策此經據老陽之策也

坤之策百四十有四　陰爻六一爻二十四策六爻百四十四策〔疏〕正義曰坤之老陰一爻有二十四策六爻故一百四十有四策也若坤之

少陰一爻有三十二六爻則有一百九十
二此經據坤之老陰故百四十有四也凡三百有六十
當期之日二篇之策萬有一千五百二十當萬
物之數也二篇三百八十四爻陰陽各〔疏〕正義曰凡三百
半合萬一千五百二十策有六十當期之
日者舉合乾坤兩策有三百有六十當期之數三百六十日舉
其大略不數五日四分日之一也二篇之策萬有一千五百二
十當萬物之數者二篇之爻總有三百八十四爻陰陽各半陽
爻一百九十二爻爻別三十六總有六千九百一十二也陰爻
亦一百九十二爻爻別二十四總有四千六百八
也陰陽總合萬有一千五百二十當萬物之數也是故四營
而成易分而為二以象兩一營也掛一以象三二〔疏〕正義
營也揲之以四三營也歸奇於扐四營也曰營
謂經營謂四度經營蓍十有八變而成卦八卦而小
策乃成易之一變也
成引而伸之伸之六〔疏〕正義曰十有八變而成卦者每
十四卦一爻有三變謂初一揲不五則
九是一變也第二揲不四則八是二變也第三揲亦不四則八
是三變也若三者俱多為老陰謂初得九第二第三俱得八也

若三者俱少爲老陽謂初得五第二第三俱得四也若兩少一
多爲少陰謂初與二三之間或有四或有五而有八也或有二
箇四而有一箇九此爲兩少一多也其兩多一少爲少陽者謂
三揲之間或有一箇九有一箇八而有一箇四或有二箇八而
有一箇五此爲兩多一少也如此三變既畢乃定一爻六爻則
十有八變乃始成卦也八卦而小成者象天地雷風日月山澤
於大象略盡是易道小成引而伸之者謂引
長八卦而伸盡之謂引之爲六十四卦也
觸類而長之
天下之能事畢矣〔疏〕正義曰觸類而長之者謂觸逢
事類而增長之若觸剛之事類
以次增長於剛若觸柔之事類以次增長於柔天下之能事畢
矣者天下萬事皆如此例各以類增長則天下所能之事法象
皆盡故曰天下之能事畢矣也
顯道顯明也神德行由神以成其用〔疏〕正義曰言易理備盡
天下之能事故可以顯明无爲之道而神靈其德行之事言大
虛以養萬物爲德行今易道以其神靈助太虛而養物是神其
德行也
是故可與酬酢可與祐神矣可以應對萬物之求助成神化之功
也酬酢猶應對也〔疏〕正義曰是故可與酬酢者酬酢謂應對報荅言
易道如此若萬物有所求爲此易道可與應荅

萬物有求則報故曰可與酬酢也可與祐神矣
者祐助也易道弘大可與助成神化之功也

疏 正義曰子曰知變化至此之謂也此第九章也上章既明大衍之數極盡蓍策之名數可與助成神化之功此又廣明易道深遠聖人之道有四又明易之深遠窮極幾神也

子曰知變化之道者其知神之所爲乎 夫變化之道不爲而自然故知變化者則知神之所爲 疏 正義曰言易既知變化之道理不爲而自然也則能知神化之所爲言神化亦不爲而自然也

易有聖人之道四焉以言者尚其辭以動者尚其變以制器者尚其象以卜筮者尚其占 此四者存乎器象可得而用也 疏 易有至其占○正義曰易有聖人之道四焉者言易之爲書有聖人所用之道者凡有四事焉以言者尚其辭者謂聖人發言而施政教者貴尚其爻卦之辭發其言辭出言而施政教也以動者尚其變者謂聖人有所興動營爲故法其陰陽變化變有吉凶聖人之動取吉不取凶也以制器者尚其象者謂造制形器法其爻卦之象若

造弧矢法睽之象若造杵臼法小過之象也以卜筮者尚其占者策是筮之所用并言卜者卜雖龜之見兆亦有陰陽三行變動之狀故卜之與筮尚其爻卦變動之占也○注器象○正義曰辭是爻辭爻辭是器象也變是變化見其來去亦是器象也象是形象占是占其形狀並是有體之物有體則是物之可用故云可得而用者也

是以君子將有為也將有行也問焉而以言其受命也如響无有遠近幽深遂知來物非天下之至精其孰能與於此【疏】正義曰是以君子將有為也將有行也問焉而以言者既易道有四是以君子將欲有所施為將欲有所行往占問其吉凶而以言命蓍也其受命也如響者謂蓍受人命報人吉凶如響之應聲也无有遠近幽深者言易之告人吉凶无問遠之與近及幽遂深遠之處悉皆告之也遂知來物者物事也然易以萬事告人人因此遂知將來之事也非天下之至精其孰能與於此者言易之功深如此若非天下萬事之內至極精妙誰能參與於此與易道同也此已上論易道功深告人吉凶使豫知來事故以此結之也

參伍以變錯綜其數通其變

遂成天下之文極其數遂定天下之象非天下之至變其孰能與於此疏正義曰參伍以變者參三也伍五也或三或五以相參合以相改變略舉三五諸數皆然也錯綜其數者錯謂交錯綜謂總聚交錯總聚其陰陽之數也通其變者由交錯總聚通極其陰陽相變也遂成天地之文者以其相變故能遂成就天地之文若青赤相雜故稱文也極其數遂定天下之象者謂窮極其陰陽之數以定天下萬物之象猶若極二百一十六策以定乾之老陽之象窮一百四十四策以定坤之老陰之象舉此餘可知也非天下之至變其孰能與於此者言此易之理若非天下萬事至極之變化誰能與於此者言皆不能也此結成易之變化之道故更言與於此也前經論易理深故云非天下之至精此經論極數變通故云非天下之至變也易无思也无爲也寂然不動感而遂通天下之故非天下之至神其孰能與於此夫非忘象者則无以制象非遺數者无以極數至精者无籌策而不可亂至變者體一而无不周至神者寂然而无不應斯蓋功用之母象數所由立故曰非至精至變至神

則不得與於斯也

【疏】易无思至於此。○正義曰易无思也无爲也者任運自然不關心慮是无思也任運自動不須營造是无爲也寂然不動感而遂通天下之故者旣无思无爲故寂然不動有感必應萬事皆通是感而遂通天下之故也故謂事故言通天下萬事也非天下之至神其孰能與於此者言易理神功不測非天下萬事之中至極神妙其孰能與於此也此經明易理神妙不測故云非天下之至神若非天下之至神誰能與於此也○注非忘象○正義曰云夫非忘象者則无以制象者凡自有形象者不可以制他物之形象猶若海不能制山之形象山不能制海之形象遺忘已象者乃能制衆物之形象也非遺數者无以極數者若以數數物則不能極其物數猶若以萬而數則不能苞億以一億而數則不能苞千億萬億遺去數名者則无所不苞是非遺去其數无以極盡於數也言至精者无籌策而不可亂者以其心之至精理在玄通无不記憶雖无籌策而不可亂也言至變者體一而无不周者言至極曉達變理者能體於淳一之理其變通无不周徧言雖萬類之變同歸於一變也斯蓋功用之母象數所由立者言至精至微至神三者是物之功用之母物之功用象之與數由此至精至變至神所由來故云象數所由立也言象之所以立有象者豈由象而來由太虛自然而有象也數之所以有數者豈由數而來

由太虛自然而有數也是太虛之數是其至精至變也由其至精故能制數由其至變故能制象若非至精至變至神則不得參與妙極之玄理也

夫易聖人之所以極深而研幾也唯深也故能通天下之志唯幾也故能成天下之務

極未形之理則曰深適動微之會則曰幾

【疏】正義曰夫易聖人之所以極深而研幾也者言易道弘大故聖人用之所以窮極幽深而研覈幾微也極深者則前經初一節云君子將有為將有行問焉而以言其受命如響无有遠近幽深是極深也研幾者上經次節云參伍以變錯綜其數通其變遂成天地之文極其數以定天下之象是研幾也唯深也故能通天下之志者言聖人用易道以極深故聖人德深也故能通天下之志意即是前經上節問焉而以言其受命如嚮遂知來物是通天下之志也唯幾也故能成天下之務者聖人用易道以研幾故聖人知事之幾微是前經次節參伍以變錯綜其數通其變遂成天地之文是也幾者離无入有是有初之微以能知有初之微則能與行其事故能成天下之事務也

唯神也故不疾而速不行而至子曰易有聖人之

道四焉者此之謂也四者由聖道以成故曰聖人之道〔疏〕正義曰唯神也故不疾而速不行而至者此覆說上經下節易之神功也以无思无為寂然不動感而遂通故不須急疾而事速成不須行動而理自至也案下節云唯深也言通天下之志唯幾也言成天下之務今唯神也直云不疾而速不行而至不言通天下者神則至理微妙不可測知无象无功於天下之事理絕名言不可論也故不云成天下之功也子曰易有聖人之道四焉者此之謂也者章首論聖人之道四焉章中歷陳其三事章末結而成之故曰聖人之道四焉是此之謂也章首聖人之道有四者韓氏注云此四者存乎器象可得而用者則辭也變也象也占也是有形之物形器可知也若章中所陳則有三事一是至精精則唯深也二是至變變則唯幾也三是至神神則微妙无形是其无也神既无形則章中三事不得配章首四事韓氏云四者存乎器象故知章中三事不得配章首四事者也但行此四者即能致章中三事故章中歷陳三事下總以聖人之道四焉結之也

〔疏〕正義曰天一地二至謂之神此第十章也前章論易有聖人之道四焉以卜筮尚其占此章明卜筮蓍龜所用能通神知也

天一地二天三地四天五地六天七地八天九地十易以極數通神明之德故明易之道先舉天地之數也疏天一至地十。正義曰此言天地陰陽自然奇偶之數也。注易以極至數也。正義曰易以極數通神明之德者謂易之為道先由窮極其數乃以通神明之德也故明易之道先舉天地之數者此章欲明神之德先由天地之數而成故云故明易之道先舉天地之數也子曰夫易何為者也夫易開物成務冒天下之道如斯而已者也冒覆也言易通萬物之志成天下之務其道可以覆冒天下也疏正義曰子曰夫易何為者言易之功用其體何為是問其功用之意夫易開物成務冒天下之道如斯而已者此夫子還自釋易之體用之狀言易能開通萬物之志成就天下之務有覆冒天下之道斯此也易之體用如此而已是故聖人以通天下之志以定天下之業以斷天下之疑是故蓍之德圓而神卦之德方以知圓者運而不窮方者止而有分言蓍以圓象神

卦以方象知也唯變所適无數不周故曰圓卦列爻分各有其體故曰方也〔疏〕是故聖人至以知正義曰是故聖人以通天下之志者言易道如此是故聖人以其易道通達天下之志極其幽深也以定天下之業者以此易道定天下之業由能研幾成務故定天下之業也以斷天下之疑者以此易道決斷天下之疑用其蓍龜占卜定天下疑危也是故蓍之德圓而神卦之德方以知者神以知來是來无方也知以藏往是往有常也物既有常猶方之有止數无恒體猶圓之不窮故蓍之變通則无窮神之象也卦列爻分有定體知之象也知可以識前言往行神可以逆知將來之事故蓍以圓象神卦以方象知也注圓者至方也○正義曰圓者運而不窮者謂團圓之物運轉无窮已猶阪上走丸也蓍亦運動不已故稱圓也言方者止而有分者方謂處所既有處所則是止而有分且物方者著地則安其卦既成更不移動亦是止而有分故卦稱方也

六爻之義易以貢 貢告也六爻變易以告吉凶〔疏〕正義曰貢告也六爻有吉凶之義變易以告人也

聖人以此洗心 洗濯萬物之心〔疏〕正義曰聖人以此易之卜筮洗蕩萬物之心萬物有疑則卜之是蕩其疑心行善得吉行惡遇凶是蕩其惡心也

退藏於密 言其道深微萬物日

用而不能知其原故曰退藏於密猶藏諸用也【疏】正義曰言易道進則盪除萬物之心退則不知其所以然萬物日用而不知有功用藏於密也

吉凶與民同患表吉凶之象以同民所憂患之事故曰吉凶與民同患也【疏】正義曰易道以示人吉凶民則亦憂患其吉凶是與民同其所憂患也凶者民之所憂也上並言吉凶此獨言同患者凶雖民之所患吉亦民之所患也既得其吉又患其失故老子云寵辱若○驚也

神以知來知以藏往明蓍卦之用同神知也蓍定數於始於卦爲來卦成象於終於蓍爲往往來之用相成猶神知也【疏】正義曰此明蓍卦德同神知知來藏往也蓍定數於始於卦爲來卦成象於終於蓍爲往以蓍望卦則是知卦象將來之事故言神以知來以卦望蓍則是聚於蓍象往去之事故言知以藏往也

其孰能與此哉古之聰明叡知神武而不殺者夫服萬物而不以威形○也【疏】正義曰其孰能與此哉者言誰能同此也蓋是古之聰明叡知神武而不殺者夫易道深遠以吉凶禍福威服萬物故古之聰明叡知神武之君謂伏犧等用此易道能威服天下而不用刑殺而畏服之也

是以明於天之道而

察於民之故是興神物以前民用定吉凶於始也【疏】正義曰是以明於天之道者言聖人能明天道也而察於民之故者故事也易窮變化而察知民之事也是興神物以前民用者謂易道興起神理事物豫爲法象以示於人以前民之所用定吉凶於前民乃法之所用故云以前民用也聖人以此齊戒洗心曰齊防患曰戒【疏】正義曰聖人以易道自齊自戒謂照了吉凶齊戒其身洗心曰齊防患曰戒以神明其德夫是故闔戶謂之坤坤道包物【疏】正義曰以神明其德夫者言聖人既以易道自齊戒又以易道神明其已之德化也是故闔戶謂之坤者舉人既用此易道以化天下此以下又廣明易道之大易從乾坤而來故更明乾坤也凡物先藏而後出故先言坤而後言乾闔戶謂閉藏萬物若室之閉闔其戶故云闔戶謂之坤也闢戶謂之乾乾道施生【疏】正義曰闢戶謂吐生萬物也若室之開闢其戶故云闢戶謂之乾也一闔一闢謂之變往來不窮謂之通見乃謂之象兆見曰象【疏】正義曰一闔一闢謂之變者開閉相循陰陽遞至或陽變爲陰

或閉而更開或陰變爲陽或閉而還開是謂之變也往來不窮謂之通者須往則變來爲往須來則變往爲來隨須改變不有窮已恒得通流是謂之通也見乃謂之象者前往來不窮據其氣也氣漸積聚露見萌兆乃謂之象言物體尚微也

形乃謂之器 成形曰器 〔疏〕正義曰體質成器是謂器物故曰形乃謂之器言其著也

制而用之謂之法利用出入民咸用之謂之神 〔疏〕正義曰制而用之謂之法者言聖人裁制其物而施用之垂爲模範故云謂之法利用出入民咸用之謂之神者言聖人以利而用或出或入使民咸用之是聖德微妙故云謂之神

〔疏〕正義曰是故易有至无不利也此第十一章也前章既明蓍卦有神明之用聖人則而象之成其神化此又明易道之大法於天地明象日月能定天下之吉凶成天下之亹亹也

是故易有太極是生兩儀 夫有必始於无故太極生兩儀也太極者无稱之稱不可得而名取有之所極況之太極者也 〔疏〕正義曰太極謂天地未分之前元氣混而爲一即是太初太一也故老子

云道生一即此太極是也又謂混元既分即有天地故曰太極生兩儀即老子云一生二也不言天地而言兩儀者指其物體下與四象相對故曰兩儀謂兩體容儀也

兩儀生四象四象生八卦 卦以象之

〔疏〕正義曰兩儀生四象者謂金木水火稟天地而有故云兩儀生四象土則分王四季又地中之別故唯云四象也四象生八卦者若謂震木離火兌金坎水各主一時又巽同震木乾同兌金加以坤艮之土爲八卦也

八卦定吉凶 八卦既立則吉凶可定

〔疏〕正義曰八卦既立爻象變而相推有吉有凶故八卦定吉凶也

吉凶生大業 既定吉凶則廣大悉備

〔疏〕正義曰萬事各有吉凶廣大悉備故能王天下大事業也

是故法象莫大乎天地變通莫大乎四時縣象著明莫大乎日月崇高莫大乎富貴 位所以一天下之動而濟萬物

〔疏〕正義曰是故法象莫大乎天地者言天地最大也變通莫大乎四時者謂四時以變得通是變中最大也縣象著明莫大乎日月者謂日月中時徧照天下无幽不燭故云著明莫大乎日月也崇高莫大乎富貴者以王者居九五富貴之位力能齊一天

下之動而道濟萬物是崇高之極故云莫大乎富貴備物致用立成器以爲天下利莫大乎聖人疏正義曰謂備天下之物招致天下所用建立成就天下之器以爲天下之利唯聖人能然故云莫大乎聖人也探賾索隱鉤深致遠以定天下之吉凶成天下之亹亹者莫大乎蓍龜疏正義曰探謂闚探求取賾謂幽深難見卜筮則能闚探幽昧之理故云探賾也索謂求索隱謂隱藏卜筮能求索隱藏之處故云索隱也物在深處能鉤取之物在遠方能招致之卜筮能然故云鉤深致遠也以此諸事正定天下之吉凶成就天下之亹亹者唯卜筮能然故云莫善乎蓍龜也案釋詁云亹亹勉也言天下萬事悉動而好生皆勉勉營爲此蓍龜知其好惡得失人則棄其得而取其好背其失而求其得是成天下之亹亹也是故天生神物聖人則之天地變化聖人效之天垂象見吉凶聖人象之河出圖洛出書聖人則之疏正義曰是故天生神物聖人則之者謂天生蓍

龜聖人法則之以爲卜筮也天地變化聖人效之者行四時生殺賞以春夏刑以秋冬是聖人效之天垂象見吉凶聖人象之者若璿璣玉衡以齊七政是聖人象之也河出圖洛出書聖人則之者如鄭康成之義則春秋緯云河以通乾出天苞洛以流坤吐地符河龍圖發洛龜書感河圖有九篇洛書有六篇孔安國以爲河圖則八卦是也洛書則九疇是也輔嗣之義未知何從

易有四象所以示也繫辭焉所以告也定之以吉凶所以斷也〔疏〕正義曰易有四象所以示者莊氏云四象謂六十四卦之中有實象有假象有義象有用象爲四象也今於釋卦之處已破之矣何氏以爲四象謂天生神物聖人則之一也天地變化聖人效之二也天垂象見吉凶聖人象之三也河出圖洛出書聖人則之四也今謂此等四事乃是聖人易外別有其功非專易內之物何得稱易有四象且又云易有四象所以示也繫辭焉所以告也然則象之與辭相對之物辭既爻卦之下辭則象爲爻卦之象也則上兩儀生四象七八九六之謂也故諸儒有爲七八九六今則從以爲義繫辭焉所以告者繫辭於象卦下所以告其得失也定之以吉凶所以斷者謂於繫辭之中定其行事吉凶所以斷其行事得失

易曰自天祐之

吉无不利子曰祐者助也天之所助者順也人之所助者信也履信思乎順又以尚賢也是以自天祐之吉无不利也【疏】正義曰易曰自天祐之吉无不利者言人於此易之四象所以示繫辭所以告吉凶告所斷而行之行則鬼神无不祐助无所不利故引易之大有上九爻辭以證之子曰祐者助也者上既引易文下又釋其易理故云子曰祐者助也天之所助者順也人之所助者信也履信思乎順者人之所助唯在於信此上九能履踐於信也天之所助唯在於順此上九恒思於順既有信思順又能尊尚賢人是以從天已下皆祐助之而得其吉无所不利也

子曰書不盡言言不盡意【疏】正義曰子曰書不盡言至乎德行此第十二章也此章言立象盡意繫辭盡言易之興廢存乎其人事也

然則聖人之意其不可見乎【疏】正義曰此一節夫子自發其問謂聖人之意難見也所以難見者書所以記言言有煩碎或楚

夏不同有言无字雖欲書錄不可盡竭於其言故云書不盡言也言不盡意者意有深邃委曲非言可寫是言不盡意也聖人之意意又深遠若言之不能盡聖人之意書之又不能盡聖人之言是聖人之意其不可見也故云然則聖人之意其不可見乎疑而問之故稱乎也

子曰聖人立象以盡意設卦以盡情僞繫辭焉以盡其言變而通之以盡利極變通之數則盡利也故曰易窮則變變則通通則久

〔疏〕正義曰子曰聖人立象以盡意已下至幾乎息矣此一節是夫子還自釋聖人之意有可見之理也聖人立象以盡意者雖言不盡意立象可以盡之也設卦以盡情僞者非唯立象以盡聖人之意又設卦以盡百姓之情僞也繫辭焉以盡其言者雖書不盡言繫辭可以盡其言也變而通之以盡利者變謂化而裁之通謂推而行之故能盡物之利也

鼓之舞之以盡神乾坤其易之緼邪緼淵奧也

〔疏〕正義曰鼓之舞之以盡神者此一句總結立象盡意繫辭盡言之美聖人立象以盡其意繫辭則盡其言可以說化百姓之心百姓之心自然樂順若鼓舞然而天下從之非盡神其孰能與於此故曰鼓之舞之以盡神也乾坤其易之緼

邪者上明盡言盡意皆由於易道此明易之所立本乎乾坤若乾坤不存則易道无由興起故乾坤是易道之所縕積之根源也是與易爲川府奧藏故云乾坤其易之縕邪

乾坤成列而易立乎其中矣乾坤毀則无以見易易不可見則乾坤或幾乎息矣

疏 正義曰乾坤成列而易立乎其中矣者夫易者陰陽變化之謂陰陽變化立爻以效之皆從乾坤而來故乾生三男坤生三女而爲八卦變而相重而有六十四卦三百八十四爻本之根源從乾坤而來故乾坤既成列位而易道變化建立乎乾坤之中矣乾坤毀則无以見易者易既從乾坤而來乾坤若缺毀則易道損壞故云无以見易也易不可見則乾坤或幾乎息矣者易道毀壞不可見其變化之理則乾坤亦壞或其近乎止息矣幾近也猶若樹之枝幹生乎根株根株毀則枝條不茂若枝幹已枯死其根株雖未全死僅有微生將死不久根株譬乾坤也易譬枝幹也故云易不可見則乾坤或幾乎息矣

是故形而上者謂之道形而下者謂之器化而裁之謂之變因而制其會通適變之道也

疏 正義曰是故形而上者謂之道形而

下者謂之器者道是无體之名形是有質之稱凡有從无而生形由道而立是先道而後形是道在形之上形在道之下故自形外已上者謂之道也自形内而下者謂之器也形雖處道器兩畔之際形在器不在道也既有形質可爲器用故云形而下者謂之器也化而裁之謂之變者陰陽變化而相裁節之謂之變也是得以理之變也猶若陽氣之化不可久長而裁節之以陰雨也是得理之變也陰陽之化自然相裁聖人亦法此而裁節也

推而行之謂之通 乘變而往者无不通也 疏 正義曰因推此以可變而施行之謂之通也猶若亢陽之後變爲陰雨因陰雨而行之物得開通聖人亦當然也

舉而錯之天下之民謂之事業 事業所以濟物故舉而錯之於民 疏 正義曰謂舉此理以爲變化而錯置於天下之民凡民得以營爲事業故云謂之事業也此乃自然以變化錯置於民也聖人亦當法此錯置變化於萬民使成其事業也凡繫辭之說皆說易道以爲聖人德化欲使聖人法易道以化成天下是故易與聖人恒相將也以作易者本爲立教故也非是空說易道不關人事也

是故夫象聖人有以見天下之賾而擬諸其形容象其物

宜是故謂之象聖人有以見天下之動而觀其會通以行其典禮繫辭焉以斷其吉凶是故謂之爻〔疏〕正義曰是故夫象聖人有以見天下之賾至是故謂之爻者於第六章已具其文今於此更復言者何也爲下云極天下之賾存乎卦鼓天下之動存乎辭爲此故更引其文也且已下又云存乎變存乎通存乎其人廣陳所存之事所以須重論也極天下之賾者存乎卦鼓天下之動者存乎辭辭爻辭也爻以鼓動效天下之動也〔疏〕正義曰極天下之賾存乎卦者言窮極天下深賾之處存乎卦言觀卦以知賾也鼓天下之動存乎辭者鼓謂發揚天下之動動有得失存乎爻卦之辭謂觀辭以知得失也化而裁之存乎變推而行之存乎通神而明之存乎其人體神而明之不假於象故存乎其人〔疏〕正義曰化而裁之存乎變者謂覆說上文化而裁之謂之變也推而行之存乎通者覆說上文推而行之謂之通也神而明之存乎其人者言人能神此易道而顯明之者存在於其人

若其人聖則能神而明之若其人愚則不能神而明之故存於其人不在易象也**默而成之不言而信存乎德行**德行賢人之德行也順足於內故默而成之也體與理會故不言而信也〔疏〕正義曰若能順理足於內默然而成就之闇與理會不須言而自信也存乎德行者若有德行則得默而成就之不言而信也若无德行則不能然此言德行據賢人之德行也前經神而明之存乎其人謂聖人也

周易兼義卷第七

皇清嘉慶二十年重栞
用文選樓藏本校

太子少保江西巡撫阮元栞

周易注疏挍勘記卷七

阮元撰盧宣旬摘錄

周易兼義卷第七（錢本錢挍本宋本作周易注疏卷第十）

韓康伯注（石經岳本古本足利本同釋文作韓伯注云本亦作韓康伯注閩監毛本上加晉字）

周易繫辭上第七（石經岳本閩監毛本古本足利本同錢本錢挍本宋本無第七二字釋文周易繫辭本亦作𤔲上第七本亦作繫辭上王肅本皆作繫辭上傳說於雜卦皆有傳字本亦有無上字者又十行本此行頂格與石經合閩監毛本並上空一字）

故字體從繫（閩監毛本同錢本宋本繫作毄○按毄字是也）

取剛係之義（補）（毛本剛作綱下同）

有以簡編重大（閩監毛本同錢本宋本有作直）

正義曰天尊地卑至其中矣此第一章（錢本錢挍本正義揔在每章之

後亦釋經畢乃釋注考文所據宋本正義在每段之末如此章第一段注文以定乾坤之體下接疏與錢本異十行本閩監毛本以釋一章大義者分列每章之前低一字寫以下逐段繫疏尤屬非是又錢本錢挍本宋本此第一章此第二章之上不標經文起止如此章作正義曰此第一章云云無天尊地卑至其中矣八字下皆放此

天尊地卑 石經岳本閩監毛本同釋文卑本又作埤

其易之門戶 岳本閩監毛本同釋文其易之門本亦作其易之門戶是其本無戶字

以定乾坤之體 岳本閩監毛本同古本下有也字下言運化之推移下故曰易簡下故曰有功下並乎天地下並同

則不得其位矣 宋本閩本同監毛本無則字

則貴非唯天地 補 毛本貴下有賤字案所補是也

乖其所趣則凶　岳本閩監毛本同錢本宋本趣作趨

固方者則同聚也　補毛本固作同

象況日月星辰　岳本閩監毛本同古本況作謂

縣象運轉以成昏明　岳本閩監毛本同釋文出縣象古本轉下有而字

剛柔相摩　石經岳本閩監毛本同釋文摩本又作磨按摩字是

八卦相盪　石經岳本閩監毛本同釋文盪衆家作蕩

日月運行　石經岳本閩監毛本同釋文運行姚作違行

乾知大始坤作成物　石經岳本閩監毛本同釋文大王肅作泰坤作虞姚作坤化

其實亦一焉　閩監毛本同錢本宋本一作兼

乾知太始者　宋本同閩監毛本太作大下知其大始宋本亦作太

入則易可倣傚也 補毛本倣作傚案傚字是也

德業既成則入於形器 岳本閩監毛本同古本無德業二字

目其德業 岳本閩監毛本同宋本目作名古本下有也字

賢人則事在有境 閩監毛本同宋本則作亦

法合玆章 補毛本玆作滋

又莊云 閩監毛本同錢本宋本作又莊子云

而成位乎其中矣 石經岳本閩監毛本同釋文而成位乎其中馬王肅作而易成位乎其中

成位至立象也 閩監毛本同岳本宋本古本足利本至作況

言其中則並明天地也 閩監毛本同岳本宋本古本足利本並明作明並

簡易之德 閩監毛本同錢本簡易作易簡

繫辭焉而明吉凶石經岳本閩監毛本同釋文虞本更有悔吝二字

是故吉凶者石經岳本閩監毛本同足利本故作以

其以祉有慶有福之屬宋本同閩監毛本以作有

剛柔者晝夜之象也石經岳本閩監毛本同釋文剛柔者晝夜之象虞作晝夜者剛柔之象

夜則陰柔岳本閩監毛本同古本作夜則柔陰也

次文則云變化者閩監毛本同錢本宋本則下有序字

易之序也石經岳本閩監毛本同釋文序虞本作象

故可居治之位宋本閩本同監毛本可居作居可

所樂而玩者石經岳本閩監毛本同釋文所樂虞本作所變玩鄭作翫

是故君子居則觀其象石經岳本閩監毛本同古本無君子二字

吉无不利石經岳本閩監毛本同古本下有也字

彖者言乎象者也石經岳本閩監毛本同古本彖下有曰字

正義曰彖謂卦下之辭言說乎一卦之象也閩本同監毛本脫卦下之辭言五字錢本宋本並有

言乎其小疵也岳本閩監毛本同石經言作存案正義云言說此卦爻有小疵病也則正義所據本是言字

存乎悔過也岳本閩監毛本同錢本宋本過作道

辭有險易石經岳本閩監毛本同古本上有而字

其道消散閩監毛本同錢本宋本消作銷

其辭則難險也閩監毛本同錢本宋本難作艱

故能彌綸天地之道石經岳本閩監毛本同釋文彌本又作弥天下之道一本作天地

俯以察於地理石經岳本閩監毛本同釋文察於一本作觀於

原始反終石經岳本閩監毛本同釋文反終鄭虞作及終

知死生之數也止謂用易道錢本宋本閩本同監本止作正毛本同死生作生死

精氣烟熅岳本同閩監毛本烟熅作絪縕釋文出烟熅

而遊魂爲變也閩監毛本同岳本足利本無而字

旁行而不流石經岳本閩監毛本同釋文流京作留

應變考通〔補〕案考當作旁形近之譌毛本正作旁

樂天知命石經岳本閩監毛本同釋文樂天虞作變天

範圍天地之化而不過石經岳本閩監毛本同釋文範圍馬王肅張作犯違

則物宜得矣岳本閩監毛本同古本足利本宜得作得宜

通乎晝夜之道而知石經岳本閩監毛本同古本乎作于

寂然天體閩監毛本同岳本宋本古本足利本天作无按正義作无

一陰是謂道補案是當作至毛本不誤

有二有不得爲一補毛本作有二有三不得爲一

故曰不通也錢本曰作无閩監毛本曰下增无字

班无於陰補案班當作雖與下雖无於陽對舉而言毛本不誤

百姓日用而不知故君子之道鮮矣石經岳本閩監毛本同古本知下有也字釋文鮮鄭作尟

恒日日賴用此道而得生閩監毛本同宋本而作以

藏諸用石經岳本閩監毛本同釋文藏鄭作臧。按臧藏古今字

未能至无以爲體閩本同岳本錢本宋本足利本至作全監本未作不毛本亦作不至作全古本亦作全無无字。補案下正義未字不誤至當作全

故順通天下則有經營之跡也閩監毛本同岳本跡作迹宋本順作顯釋文則有經營之功也本亦无功字一本功作迹

聖人功用之母體同乎道岳本閩監毛本同宋本母作無古本同作周

成象之謂乾石經岳本閩監毛本同釋文成象蜀才作盛象

效法之謂坤石經岳本閩監毛本同釋文爻法蜀才作效

故爾而自造矣岳本閩監毛本故爾作欻爾釋文出欻爾古本欻作欻采集解

言變化而稱極乎神也岳本閩監毛本同足利本而作之

以言乎遠則不禦 石經岳本閩監毛本同古本乎作于下以言乎天地之閒則備矣而易行乎其中矣並同

以言乎邇則靜而正 岳本閩監毛本同釋文迩本又作邇

其靜也專 石經岳本閩監毛本同釋文專陸作塼

遍滿天地之內 閩監毛本同錢本宋本遍作徧○按徧正字遍俗字

則而得正 補 毛本則作剛

動則關開以生物也 補 毛本關作闢

易其至矣乎 石經岳本閩監毛本同古本乎誤于

知崇禮卑 石經岳本閩監毛本同釋文禮蜀才作體卑本亦作埤

此第六章也 自此章已下錢本鈔本宋本爲周易注疏卷第十一

是行之於急者故引七卦之議閩監毛本同錢本於作尤宋本同議作義

聖人有以見天下之賾石經岳本閩監毛本同釋文賾九家作冊京作嘖

以行其典禮石經岳本閩監毛本同釋文典禮京作等禮姚作典體

言天下之至賾而不可惡也言天下之至動而不可亂也石經岳本閩監毛本同釋文惡荀作亞言天下之至動而不可亂也衆家本並然鄭本作至賾云賾當作動九家亦作冊。按至動王本亦作至賾正義云謂天下至賾變動之理又云以文勢上下言之宜云至動而不可亂也不宜云至動則不作賾可知

議此會通之事閩監毛本同錢本宋本議作謂

議之而後動石經岳本閩監毛本同釋文議之陸姚桓元荀柔之作儀之

吾與爾靡之石經岳本閩監毛本同釋文靡本又作縻

綏之斯至〔補〕案綏當作綏形近之譌毛本正作綏

千里或應 岳本閩監毛本同古本或應作應之

況其邇者乎 石經岳本閩監毛本同古本乎誤于下出乎加乎發乎見乎愼乎並同

言行雖初在於身 宋本同閩監毛本初作切

其纖利能斷截於金 盧文弨云纖當作鐵是也

苟錯諸地而可矣。石經岳本閩監毛本同釋文錯本亦作措 按措置之措經傳假錯字爲之

愼斯術也以往 石經岳本閩監毛本同釋文愼一本作順

有功而不德 石經岳本閩監毛本同釋文德鄭陸蜀才作置

則言語以爲階 石經岳本閩監毛本同釋文階姚作機

作易者其知盜乎 石經岳本閩監毛本同釋文爲易者本又云作易者

致寇至　石經岳本閩監毛本同釋文寇徐或作戎

慢藏誨盜冶容誨淫　石經岳本閩監毛本同釋文誨虞作悔冶鄭陸虞姚王肅作野

以此小人而居貴位　閩監毛本同錢本宋本此作比

易曰負且乘致　〔補〕案此六字各本皆有不誤惟此本六字空白今補正

故□尾皆稱易曰　〔補〕閩本故下重故字明監本毛本脫一故字錢本宋本故下有首字案首字是也今補正

而載易之爻辭也　盧文弨按本而作兩

明占筮之法揲蓍之體　〔補〕本蓍上原闕法揲兩字各本皆有今補正

所賴者　閩監毛本同錢本宋本作所須賴者

若易由太　閩監毛本同宋本下有一字

故再扐而後掛石經岳本閩監毛本同釋文掛京作卦○按乾鑿度說文解字引此句皆作卦張惠言云作卦義長

奇況四揲之餘岳本宋本古本足利本同閩監毛本況誤凡

天數二十有五岳本閩監毛本同石經二十作廿下同又下三十作卅衆經並同

當期之日石經岳本閩監毛本同釋文期本又作朞

引而伸之石經岳本閩監毛本同釋文伸本又作信○按古經傳信多作伸

是故可與酬酢可與祐神矣石經岳本閩監毛本同釋文酢京作醋祐荀作侑

謂應對報答閩監毛本同宋本對報作報對

易有聖人之道四焉以言者尚其辭石經岳本閩監毛本同釋文聖人之道明僧紹作君子之道以言者下三句無以字一本四句皆有

發其言辭出言而施政敎也　浦鏜云發當作法

故法其陰陽變化　浦鏜云故當作效

其受命也如響　石經岳本宋本古本足利本同閩監毛本響作嚮釋文嚮又作響

及幽遂深遠之處　〔補〕毛本遂作邃

遂成天地之文　石經岳本閩監毛本同釋文天地之文一本作天下虞陸本作之文

前經論易理深　閩監毛本同錢本宋本深上有功字

此經論極數變通　宋本閩本同監毛本變通作通變

无不記億　閩監毛本記誤旣宋本億作憶○〔補〕案憶字是也

能體於淳一之理　閩監毛本同宋本於作其

聖人之所以極深而研幾也　石經岳本閩監毛本同釋文研蜀才作揅幾本或作機

以定天下之象宋本閩監本同毛本以作遂

乃以通神明之德也閩監毛本同宋本以下有數字

夫易開物成務石經岳本閩監毛本同釋文開王肅作闓一本無夫易二字

蓍之德圓而神石經岳本閩監毛本同釋文圓本又作員

六爻之義易以貢石經岳本閩監毛本同釋文貢京陸虞作工荀作功

聖人以此洗心石經岳本閩監毛本同釋文洗京荀虞董張蜀才作先石經同

寵辱若驚也閩監毛本同錢本若作皆

知以藏往岳本閩監毛本同石經漫滅不可識釋文藏劉作臧

其孰能與此哉石經同岳本閩監毛本與下有於字案正義云其孰能與此哉者言誰能同此也是正義本無於字

以神明其德夫 石經岳本閩監毛本同釋文一本無夫字

故云謂之法 錢本閩監本同毛本云作曰

言聖人以利而用 宋本同閩監毛本而作爲

易有太極 閩監毛本同石經岳本太作大釋文大音泰注同

取有之所極 閩監毛本同岳本宋本古本足利本取下有其字

探賾索隱 石經岳本閩監毛本同釋文賾九家作冊

莫大乎蓍龜 石經岳本閩監毛本同釋文莫善乎蓍龜本亦作莫大

故云莫善乎蓍龜也 宋本閩本同監毛本善改大○按正義作善與釋文本同

洛出書 石經岳本閩監毛本同釋文洛王肅作雒

又以尚賢也 石經岳本閩監毛本同釋文又以尚賢也鄭本作有以

告所斷而行之宋本同閩監毛本告所作所以○補案所改是也

乾坤其易之緼耶岳本閩監毛本同石經初刻緼作蘊後去艹釋文出之緼

則乾坤或幾乎息矣石經岳本監毛本同閩本或誤成

其根株雖未全死錢本宋本閩監本同毛本全作至

是得以理之變也盧文弨云以當作其

舉而錯之天下之民石經岳本閩監毛本同釋文錯本又作措

有以見天下之賾石經岳本閩監毛本同釋文之賾本亦作之至賾古本有至字采音義

化而裁之石經岳本閩監毛本同釋文裁本又作財

默而成之石經岳本閩監毛本同釋文默而成本或作默而成之

闇與理會補通本與上原缺闇字閩監毛本有今補正

則得默而成就之〔補〕本而下原鈌成就二字閩監毛本有今補正

據賢人之德行也〔補〕本行上原鈌德字閩監毛本有今補正

周易注疏挍勘記卷七

周易兼義卷第八

國子祭酒上　軍曲阜縣開國子臣孔穎達奉勑撰正義

韓康伯注

周易繫辭下第八

疏 正義曰此篇章數諸儒不同劉瓛爲十二章以對上繫十二章也周氏莊氏並爲九章今從九章爲說也第一起八卦成列至非曰義第二起古者包犧至蓋取諸夬第三起易者象也至德之盛第四起困于石至勿恒凶第五起乾坤其易之門至失得之報第六起易之興至巽以行權第七起易之爲書至思過半矣第八起二與四至謂易之道第九起夫乾天下至其辭屈

疏 正義曰八卦成列至非曰義此第一章覆釋上繫第二章象爻剛柔吉凶悔吝之事更具其而詳之

八卦成列象在其中矣 備天下之象也 疏 正義曰言八卦各成列位萬物之象在其八卦之中也

因而重之爻在其中矣 夫八卦備天下之理而未極其變故因而

重之以象其動用擬諸形容以明治亂之宜觀其所應以著適時之功則爻卦之義所存各異故爻在其中矣【疏】因而至中矣○正義曰謂因此八卦之象而更重之萬物之爻在其所重之中矣然象亦有爻爻亦有象所以象獨在卦爻獨在重者卦則爻少而象多重則爻多而象少故在卦舉象在重論爻也○注夫八卦至其中矣○正義曰夫八卦備天下理者前注云備天下之象據其體此云備天下之理據其用也言八卦大略有八以備天下大象大理大者既備則小者亦備矣直是不變之備未是變之備也故云未極其變故因而重之以象其動用也云則爻卦之義所存各異者謂爻之所存存乎已變之義因而重之爻在其中是也卦之所存存於未變之義八卦成列象在其中是也

剛柔相推變在其中矣【疏】正義曰則上繫第二章云剛柔相推而生變化是變化之道在剛柔相推之中剛柔即陰陽也論其氣即謂之陰陽語其體即謂之剛柔也

繫辭焉而命之動在其中矣剛柔相推況八卦相盪或否或泰繫辭焉而斷其吉凶況之六爻動以適時者也立卦之義則見於象象適時之功見存之爻辭王氏之例詳矣○【疏】繫辭至中矣○正義曰謂繫辭於爻卦之下而呼命其卦爻得失吉凶則適時變動好惡故在其繫

辭之中矣○注立卦至詳矣○正義曰云立卦之義則見於彖
象者象象謂卦下之辭說其卦之義也適時之功則存於爻辭
者卦者時也六爻在一卦之中各以適當時之所宜以立功也
欲知適時之功用觀於爻辭也云王氏之例詳矣者案略例論
彖云彖者何也統論一卦之體明其所由之主者也夫衆不能
治衆治衆者至寡者也論卦體皆以一爲主是卦之大略也又
論爻云爻者何也言乎其變者也變者何也情僞之所爲也夫
情僞之動非數之所求也故合散屈伸與體相乖形躁好靜質
柔愛剛體與情反質與願違是故情僞相感遠近相追愛惡相
攻屈伸相推見情者獲直往則違此是爻之大略也其義既廣
不能備載是王氏之例詳矣

吉凶悔吝者生乎動者也 有變動而後有吉凶

疏 正義曰上既云動在繫辭之中動則有吉凶悔吝所以悔吝生在乎所動之中也

剛柔者立本者也變通者趣時者也 立本況卦趣時況爻

疏 正義曰剛柔者立本者也言剛柔之象立在其卦之根本者也言卦之根本皆由剛柔陰陽往來變通者趣時者也其剛柔之氣所以改變會通趣向於時也若乾之初九趣向勿用之時乾之上九趣向亢極之時是諸爻之變皆臻趣於時也其剛柔立本者若剛定體爲乾若柔

定體爲坤陽卦兩陰而一陽陰卦兩陽而一陰是立其卦本而不易也則上八卦成列象在其中矣是也卦既與爻爲本又是總主其時故略例云卦者時也變通者趣時者也則上因而重之爻在其中矣是也卦既總主一時爻則就一時之中各趣其所宜之時故略例云爻者趣時者也

吉凶者貞勝者也

貞者正也一也夫有動則未免乎累殉吉則未離乎凶盡會通之變而不累於吉凶者其唯貞者乎老子曰王侯得一以爲天下貞萬變雖殊可以執一御也

【疏】吉凶至者也○正義曰貞正也言吉之與凶皆由所動不能守一而生吉凶唯守一貞正而能克勝此吉凶謂但能貞正則免此吉凶之累也○注貞者至御也○正義曰貞者正也一也者言貞之爲訓訓正訓一正者體无傾邪一者情无差二寂然无慮任運而行者也凡吉凶者由動而來若守貞靜寂何吉何凶之有是貞正能勝其吉凶也云夫有動則未能免乎累者寂然不動則无所可累若動有營求則恥累將來故云動則未免於累也云殉吉則未離乎凶者殉求也若不求其吉无慮无凶禍何因而至由其求吉有所貪欲則凶亦將來故云殉吉未離乎凶也云盡會通之變而不累於吉凶者其唯貞者乎言若能窮盡萬物會通改變之理而不繫累於吉凶之事者唯貞一者乃能然也猶若少必有老老必有死能知此理是盡會通之變

旣知老必將死是運之自然何須憂累於死是不累乎吉凶唯守貞一任其自然故云其唯貞者乎云老子曰王侯得一以為天下貞者王侯若不得一二三其德則不能治正天下若得純粹无二无邪則能為天下貞也謂可以貞正天下也云萬變雖殊可以執一御也者猶若寒變為暑暑變為寒少變為壯壯變為老老變為死禍變為福盛變為衰變改不同是萬變殊也其變雖異皆自然而有若能知其自然不造不為无喜无慼而乘御於此是可以執一御也**天地之道貞觀者也**明夫天地萬物莫不保其貞以全其用也【疏】正義曰謂天覆地載之道以貞正得一故其功可為物之所觀也**日月之道貞明者也天下之動貞夫一者也夫乾確然示人易矣夫坤隤然示人簡矣**確剛貌也隤柔貌也乾坤皆恆一其德物由以成故簡易也【疏】正義曰日月之道貞明者也言日月照臨之道以貞正得一而為明也若天覆地載不以貞正而有二心則天不能普覆地不能兼載則不可以觀由貞乃得觀見也日月照臨若不以貞正有二之心則照不普及不為明也故以貞而為明也天下之動貞夫一者也言天地日月之外天下萬事之動皆正乎純

一也若得於純一則所動遂其性若失於純一則所動乖其理是天下之動得正在一也夫乾確然示人易矣者此明天之得一之道剛質確然示人以和易由其得一无爲物由以生是示人易也夫坤隤然示人簡矣者此明地之得一以其得一故坤隤然而柔自然无爲以成萬物是示人簡矣若乾不得一或有隤然則不能示人易矣若坤不隤然或有確然則不能示人簡矣

爻也者效此者也象也者像此者也爻象動乎内兆數見於卦也【疏】正義曰爻也者效此者也此釋爻之名也言爻者效此物之變動也象也者像此者也言象此物之形狀也爻象動乎内者言爻之與象發動於卦之内也

吉凶見乎外失得驗於事也【疏】正義曰其爻象吉凶見於卦外在事物之上也

功業見乎變功業由變以興故見乎變也○【疏】正義曰言功勞事業由變乃興故功業見於變也○

聖人之情見乎辭辭也者各指其所之故曰情也【疏】正義曰辭則言其聖人所用之情故觀其辭而知其情也是聖人之情見乎爻象之辭也若乾之初九其辭云潛龍勿用則聖人勿用之情見於初九爻辭也他皆放此

天地之大德曰生

施生而不爲故能常生故曰大德也〔疏〕正義曰自此已下欲明聖人同天地之德廣生萬物之意也言天地之盛德在乎常生故言曰生若不常生則德之不大以其常生萬物故云大德也

聖人之大寶曰位

夫无用則无所寶有用則有所寶也无用而常足者莫妙乎道有用而弘道者莫大乎位故曰聖人之大寶曰位〔疏〕正義曰言聖人大可寶愛者在於位耳位是有用之地寶是有用之物若以居盛位能廣用无疆故稱大寶也

何以守位曰仁何以聚人曰財

財所以資物生也〔疏〕正義曰何以守位曰仁者言聖人何以保守其位必信仁愛故言曰仁也何以聚人曰財者言何以聚集人衆必須財物故言曰財也

理財正辭禁民爲非曰義

〔疏〕正義曰言聖人治理其財用之有節正定號令之辭出之以理禁約其民爲非僻之事勿使行惡是謂之義義宜也言以此行之而得其宜也

〔疏〕正義曰古者包犧至取諸夬此第二章明聖人法自然之理而作易象易以制器而利天下此一章其義既廣今各隨文釋之

古者包犧氏之王天下也仰則觀象於天俯則觀法於地觀鳥獸之文與地之宜聖人之作易无大不極无微不究大則取象天地細則觀鳥獸之文與地之宜也

疏正義曰自此至取諸離此一節明包犧法天地造作八卦法離卦而為罔罟也云仰則觀象於天俯則觀法於地者言取象大也觀鳥獸之文與地之宜者言取象細也大之與細則无所不包也地之宜者若周禮五土動物植物各有所宜是也

近取諸身遠取諸物於是始作八卦以通神明之德以類萬物之情作結繩而為罔罟以佃。以漁。蓋取諸離離麗也罔罟之用必審物之所麗也魚麗于水獸麗于山也

疏正義曰近取諸身者若耳目鼻口之屬是也遠取諸物者若雷風山澤之類是也舉遠近則萬事在其中矣於是始作八卦以通神明之德者言萬事云為皆是神明之德若不作八卦此神明之德閉塞幽隱既作八卦則而象之是通達神明之德也以類萬物之情者若不作易物情難知今作八卦以類象萬物之情皆可見也作結繩

而爲罔罟以佃以漁者用此罟罔或陸畋以羅鳥獸或水澤以罔魚鼈也蓋取諸離者離麗也麗謂附著也言罔罟之用必審知鳥獸魚鼈所附著之處故稱離卦之名爲罔罟也案諸儒象卦制器皆取卦之爻象之體今韓氏之意直取卦名因以制器案上繫云以制器者尚其象則取象不取名也韓氏乃取名不取象於義未善矣今既遵韓氏之學且依此釋之也

包犧氏沒神農氏作斲木爲耜揉木爲耒耒耨之利以教天下蓋取諸益 制器致豐以益萬物 **日中爲市致天下之民聚天下之貨交易而退各得其所蓋取諸噬嗑** 噬嗑合也市人之所聚異方之所合設法以合物噬嗑之義也

【疏】正義曰包犧氏至取諸噬嗑此一節明神農取卦造器之義一者制耒耜取於益卦以利益民也二者日中爲市聚合天下之貨設法以合物取於噬嗑象物噬齧乃得通也包犧者案帝王世紀云大皡帝包犧氏風姓也母曰華胥燧人之世有大人跡出於雷澤華胥履之而生包犧長於成紀蛇身人首有聖德取犧牲以充包廚故號曰包犧氏後世音謬故或謂之伏犧或謂之虙犧一號皇雄氏在位一百

一十年包犧氏沒女媧氏代立爲女皇亦風姓也女媧氏沒次有大庭氏柏黃氏中央氏栗陸氏驪連氏赫胥氏尊盧氏混沌氏皡英氏有巢氏朱襄氏葛天氏陰康氏无懷氏凡十五世皆習包犧氏之號也神農者案帝王世紀云炎帝神農氏姜姓也母曰任己有蟜氏女名曰女登爲少典正妃游華山之陽有神龍首感女登於尚羊生炎帝人身牛首長於姜水有聖德繼无懷之後本起烈山或稱烈山氏在位一百二十年而崩納奔水氏女曰聽談生帝臨魁次帝承次帝明次帝直次帝氂次帝哀次帝榆罔凡八代及軒轅氏也

神農氏沒黃帝堯舜氏作通其變使民不倦通物之變故樂其器用不解倦也

【疏】正義曰神農氏沒至吉无不利此一節明神農氏沒後乃至黃帝堯舜通其易之變理於是廣制器物此節與下制器物爲引緒之勢爲下起文黃帝堯舜氏作者案世紀云黃帝有熊氏少典之子姬姓也母曰附寶其先即炎帝母家有蟜氏之女附寶見大電光繞北斗樞星照於郊野感附寶孕二十四月而生黃帝於壽丘長於姬水龍顏有聖德戰蚩尤于涿鹿擒之在位一百年崩子青陽代立是爲少皡少皡帝名摯字青陽姬姓也母曰女節黃帝時大星如斗下臨華渚女節夢接意感生少皡在位八十四年而崩顓頊高陽氏黃帝之孫昌意之子母曰

昌僕蜀山氏之女爲昌意正妃謂之女樞瑤光之星貫月如虹感女樞於幽房之宮生顓頊於弱水在位七十八年而崩少皞之孫蟜極之子代立是爲帝嚳帝嚳高辛氏姬姓也其母不見生而神異自言其名在位七十年而崩子帝摯立在位九年摯立不肖而崩弟放勛代立是爲帝堯帝堯陶唐氏伊祁姓母曰慶都生而神異常有黃雲覆其上爲帝嚳妃出以觀河遇赤龍晻然陰風而感慶都孕十四月而生堯於丹陵郎位九十八年而崩帝舜代立帝舜姚姓其先出自顓頊顓頊生窮蟬窮蟬生敬康敬康生句芒句芒生蟜牛蟜牛生瞽瞍瞍之妻握登見大虹意感而生舜於姚墟故姓姚氏此歷序三皇之後至堯舜之前所爲君也此既云黃帝郎云堯舜者略舉五帝之終始則少皞顓頊帝嚳在其間也通其變使民不倦者事久不變則民倦而變今皇帝堯舜之等以其事久或窮故開通其變量時制器使民用之日新不有懈倦也

神而化之使民宜之易窮則變變則通通則久 通變則无窮故可久也

【疏】正義曰神而化之使民宜之者言所以通其變者欲使神理微妙而變化之使民各得其宜若黃帝已上衣鳥獸之皮其後人多獸少事或窮乏故以絲麻布帛而制衣裳是神而變化使民得宜也易窮則變變則通通則久者此覆說上文通

則變之事所以通其變者言易道若窮則須隨時改變所以須變者變則開通得久長故云通則久也**是以自天祐之吉无不利**〔疏〕正義曰此明若能通變則无所不利故引易文證結變通之善上繫引此文者證明人事之信順此乃明易道道之變通俱得天之祐故各引其文也**黃帝堯舜垂衣裳而天下治蓋取諸乾坤**垂衣裳以辨貴賤乾尊坤卑之義也〔疏〕正義曰自此已下凡有九事皆黃帝堯舜取易卦以制象此於九事之第一也何以連云堯舜者謂此九事黃帝制其初堯舜成其末事相連接共有九事之功故連云黃帝堯舜也案皇甫謐帝王世紀載此九事皆爲黃帝之功若如所論則堯舜无事易繫何須連云堯舜則皇甫之言未可用也垂衣裳者以前衣皮其制短小今衣絲麻布帛所作衣裳其制長大故云垂衣裳也取諸乾坤者衣裳辨貴賤乾坤則上下殊體故云取諸乾坤也**刳木爲舟剡木爲楫舟楫之利以濟不通致遠以利天下蓋取諸渙**渙者乘理以散通也〔疏〕正義曰此九事之第二也舟必用大木刳鑿其中故云刳木也剡木爲楫者楫必須纖長理當剡削故曰

剡木也取諸渙者渙散也渙卦之義取乘理以散動也舟楫以乘水以載運故取諸渙也服牛乘馬引重致遠以利天下蓋取諸隨隨隨宜也服牛乘馬隨物所之各得其宜也

【疏】正義曰此九事之第三也隨者謂隨時之所宜也今服用其牛乘駕其馬服牛以引重乘馬以致遠是以人之所用各得其宜故取諸隨也

重門擊柝以待暴客蓋取諸豫取其豫備

【疏】正義曰此九事之第四也豫者取其豫有防備韓氏以此九事皆以卦名而爲義者特以此象文取備豫之義其事相合故其餘八事皆以卦名解義量爲此也

斷木爲杵掘地爲臼臼杵之利萬民以濟蓋取諸小過以小用而濟物也

【疏】正義曰此九事之第五也杵須短木故斷木爲杵臼須鑿地故掘地爲臼取諸小過以小事之用過而濟物杵臼亦小事過越而用以利民故取諸小過也

弦木爲弧剡木爲矢弧矢之利以威天下蓋取諸睽睽乖也物乖則爭興弧矢之用所以威乖爭也

【疏】正義曰此九事之第六也案爾雅弧木弓也故

云弦木爲弧取諸睽者睽謂乖離弧矢所以服此乖離之人故取諸睽也案弧矢杵臼服牛乘馬舟楫皆云之利此皆器物益人故稱利也重門擊柝非如舟楫杵臼故不云利也變稱以禦暴客是以利也垂衣裳不言利者此亦隨便立稱故云天下治治亦利也此皆義便而言不可以一例取也

上古穴居而野處後世聖人易之以宮室上棟下宇以待風雨蓋取諸大壯

宮室壯大於穴居故制爲宮室取諸大壯也

【疏】正義曰此九事之第七也已前不云上古已下三事或言上古或言古與上不同者已前未造此器之前更无餘物之用非是後物以替前物故不云上古也此已下三事皆是未造此物之前已更別有所用今將後用而代前用欲明前用所有故本之云上古及古者案未有衣裳之前則衣鳥獸之皮亦是已前有用不云上古者雖云古者衣皮必不專衣皮也或衣草衣木事无定體故不得稱上古衣皮也若此穴居野處及結繩以治唯專一事故可稱上古由後物代之也取諸大壯者以造制宮室壯大於穴居野處故取大壯之名也

古之葬者厚衣之以薪葬之中野不封不樹喪期无數後

世聖人易之以棺椁蓋取諸大過取其過厚〔疏〕正義曰此九事之第八也不云上古直云古之葬者若極遠者則云上古其次遠者則直云古則厚衣之以薪葬之中野猶在穴居結繩之後故直云古也不封不樹者不積土為墳是不封也不種樹以標其處是不樹也喪期无數者哀除則止无日月限數也後世聖人易之以棺椁者若禮記云有虞氏瓦棺未必用木為棺也則禮記又云殷人之棺椁以前云椁无文也取諸大過者送終追遠欲其甚大過厚故取諸大過也案書稱堯崩百姓如喪考妣三載四海遏密八音則喪期无數在堯已前而棺椁自殷已後則夏已前棺椁未具也所以其文參差前後不齊者但此文舉大略明前後相代之義不必確在一時故九事上從黃帝下稱堯舜連延不絕更相增脩也

上古結繩而治後世聖人易之以書契百官以治萬民以察蓋取諸夬夬決也書契所以決斷萬事也〔疏〕正義曰此明九事之終也夬者決也造立書契所以決斷萬事故取諸夬也結繩者鄭康成注云事大大結其繩事小小結其繩義或然也

〔疏〕正義曰是故易者至德之盛也此第三章明陰陽二卦之體及日月相推而成歲聖人用之安身崇德德之盛也

是故易者象也象也者像也彖者材也材才德也彖言成卦之材以統卦義也〔疏〕正義曰是故易者象也者但前章皆取象以制器以是之故易卦者寫萬物之形象故易者象也象也者像也。謂卦為萬物象者法像萬物猶若乾卦之象法像於天也彖者材也者謂卦下彖辭者論此卦之材德也

爻也者效天下之動者也是故吉凶生而悔吝著也陽卦多陰陰卦多陽其故何也陽卦奇陰卦耦夫少者多之所宗一者衆之所歸陽卦二陰故奇為之君陰卦二陽故耦為之主〔疏〕正義曰爻也者效天下之動者謂每卦六爻皆倣效天下之物而發動也吉凶生而悔吝著者動有得失故吉凶生也動有細小疵病故悔吝著也陽卦多陰陰卦多陽其故何也者此夫子將釋陰陽二卦不同之意故先發其問云其故何也陽卦多陰謂震坎艮一陽而二陰也陰卦多陽謂巽離兌一陰而二陽也陽卦奇陰卦耦者陽卦則以奇為君故一陽而二陰陽為君陰為臣也陰卦則

以耦爲君故二陽而一陰陰爲君陽爲臣也故注云陽卦二陰故奇爲之君陰卦二陽故耦爲之主其德行何也辨陰陽二卦之德行也【疏】正義曰前釋陰陽之體未知陰陽德行之故故夫子將釋德行先自問之故云其德行何也陽一君而二民君子之道也陰二君而一民小人之道也陽君道也陰臣道也君以无爲統衆无爲則一也臣以有事代終有事則二也故陽爻畫奇以明君道必一陰爻畫兩以明臣體必二斯則陰陽之數君臣之辨也以一爲君君之德也二居君位非其道也故陽卦曰君子之道陰卦曰小人之道也【疏】陽一至道也。正義曰陽一君而二民君子之道者夫君以无爲統衆无爲者爲。每事因循委任臣下不司其事故稱一也臣則有事代終各司其職有職則有對故稱二也今陽爻以一爲君以二爲民得其尊卑相正之道故爲君子之道者也陰二君而一民小人之道者陰卦則以二爲君是失其正以一爲臣乖反於理上下失序故稱小人之道也。注陽君至道也。正義曰陽君道者陽是虛无爲體純一不二君德亦然故云陽君道也陰臣道者陰是形器各有質分不能純一臣職亦然故云陰臣道也案經云民而注云臣者臣則民也經中對君故稱民注意解陰故稱臣

也易曰憧憧往來朋從爾思天下之動必歸乎一思以求朋未能一也一以感物不思而至疏正義曰此明不能无心感物使物來應乃憧憧然役用思慮或來或往然後朋從爾之所思若能虛寂以純一感物則不須憧憧往來朋自歸也此一之爲道得爲可尚結成前爻陽爻以一爲君是君子之道也注云天下之動必歸乎一思以求朋未能一也一以感物不思而至矣子曰天下何思何慮天下同歸而殊塗一致而百慮天下何思何慮夫少則得多則惑塗雖殊其歸則同慮雖百其致不二苟識其要不在博求一以貫之不慮而盡矣疏正義曰子曰天下何思何慮者言得一之道心既寂靜何假思慮也天下同歸而殊塗者言天下萬事終則同歸於一但初時殊異其塗路也一致而百慮者所致雖一慮必有百言慮雖百種必歸於一致也塗雖殊異亦同歸於至真也言多則不如少動則不如寂則天下之事何須思也何須慮也日往則月來月往則日來日月相推而明生焉寒往則暑來暑往則寒來寒暑相推而

歲成焉往者屈也來者信也屈信相感而利生焉

【疏】正義曰日往則月來至相推而歲成焉者此言不須憂慮任運往來自然明生自然歲成也往者屈也來者信也者此覆明上日往則月來寒往則暑來自然相感而生利之事也往是去藏故爲屈也來是施用故爲信也一屈一信遞相感動而利生則上云明生歲成是利生也

尺蠖之屈以求信也龍蛇之蟄以存身也精義入神以致用也

精義物理之微者也神寂然不動感而遂通故能乘天下之微會而通其用也

【疏】正義曰尺蠖之屈以求信者覆明上往來相感屈信相須尺蠖之蟲初行必屈者欲求在後之信也言信必須屈以求信是相須也龍蛇之蟄以存身者言靜以求動也蛟蛇初蟄是靜也以此存身是後動也言動必因靜也靜而得動亦動靜相須也精義入神以致用者亦言先靜而後動此言人事之用言聖人用精粹微妙之義入於神化寂然不動乃能致其所用精義入神是先靜也以致用是後動也是動因靜而來也

利用安身以崇德也

利用之道由安其身而後動也精義由於入神以致其用利用由於安身以崇其德理必由乎其宗事各

本乎其根歸根則寧天下之理得也若役其思慮以求動用忘其安身以殉功美則僞彌多而理愈失名彌美而累愈彰矣。

疏 利用至德也。正義曰此亦言人事也言欲利己之用先須安靜其身不須役其思慮可以增崇其德言利用安身是靜也言崇德是動也此亦先靜而後動動亦由靜而來也。注利用之道至崇其德。正義曰云利用之道皆安其身而後動者言欲利益所用先須自安其身身既得安然後舉動德乃尊崇若不先安身身有患害何能利益所用以崇德也云精義由於入神以致其用者言精粹微妙之義由入神寂然不動乃能致其所用云利用由於安身以崇德者言欲利益所用先須自安其身乃可以增崇其德也

過此以往未之或知也窮神知化德之盛也

疏 正義曰過此以往未之或知也者言精義入神以致用利用安身以崇德此二者皆人理之極過此二者以往則微妙不可知故云未之或知也窮神知化德之盛者此言過此二者以往之事若能過此以往則窮極微妙之神曉知變化之道乃是聖人德之盛極也

疏 正義曰易曰困于石至勿恤凶此第四章凡有九節以上章先利用安身可以崇德若身自危辱何崇德之有

故此章第一節引困之六三危辱之事以證之也

易曰困于石據于蒺蔾入于其宮不見其妻凶子曰非所困而困焉名必辱非所據而據焉身必危既辱且危死期將至妻其可得見耶〔疏〕正義曰困之六三履非其地欲上干於四四自應初不納於己是困於九四之石也三又乘二二是剛陽非己所乘是下向據於九二之蒺蔾也六三又无應是入其宮不見其妻死期將至所以凶也子曰非所困而困焉者夫子既引易文又釋其義故云不曰非所困謂九四若六三不往犯之非六三之所困而六三彊往干之而取困焉名必辱者以向上而進取故以聲名言之云名必辱也非所據而據焉者謂九二也若六三能卑下九二則九二不爲其害是非所據也今六三彊往陵之是非所據而據焉身必危者下向安身之處故以身言之云身必危也

易曰公用射隼于高墉之上獲之无不利子曰隼者禽也弓矢者器也射

之者人也君子藏器於身待時而動何不利之
有動而不括是以出而有獲語成器而動者也
括結也君子待時而動則无結閡之患也【疏】易曰至動者也○正義曰以前章先須安身可以崇德故此第二節論明先藏器於身待時而動而有利也故引解之上六以證之三不應上又以陰居陽此上六處解之極欲除其悖亂而去其三也故公用射此六三之隼於下體高墉之上云自上攻下合於順道故獲之无不利也子曰隼者禽也者既引易文於上下以解之故言子曰也君子藏器於身待時而動何不利者猶若射人持弓矢於身此君子若包藏其器於身待時而動何不利之有似此射隼之人也動而不括者言射隼之人既持弓矢待隼可射之動而射之則不括結而有礙也猶若君子藏善道於身待可動之時而興動亦不滯礙而括結也語成器而後動者謂易之所說此者語論有見成之器而後興動也
子曰
小人不恥不仁不畏不義不見利不勸不威不懲小懲而大誡此小人之福也易曰屨校滅趾

无咎此之謂也【疏】正義曰此章第三節也明小人之道不能恆善若因懲誡而得福也此亦證前章安身之事故引易噬嗑初九以證之以初九居无位之地是受刑者以處卦初其過未深故屨校滅趾而无咎也

善不積不足以成名惡不積不足以滅身小人以小善爲无益而弗爲也以小惡爲无傷而弗去也故惡積而不可揜罪大而不可解易曰何校滅耳凶【疏】正義曰此章第四節也明惡人爲惡之極以致凶也此結成前章不能安身之事故引噬嗑上九之義以證之上九處斷獄之終是罪之深極者故有何校滅耳之凶案第一第二節皆先引易文於上其後乃釋之此第三已下皆先豫張卦義於上然後引易於下以結之體例不同者蓋夫子隨義而言不爲例也

子曰危者安其位者也亡者保其存者也亂者有其治者也是故君子安而不忘危存而不忘亡治而不

忘亂是以身安而國家可保也易曰其亡其亡繫于苞桑【疏】正義曰此第五節以上章有安身之事故此節恆須謹慎可以安身故引否之九五以證之危者安其位者也言所以今有傾危者由往前安樂於其位自以爲安不有畏慎故致今日危也亡者保其存者所以今日滅亡者由往前保有其存恆以爲存不有憂懼故今致滅亡也亂者有其治者所以今有禍亂者由往前自恃有其治理也謂恆以爲治不有憂慮故今致禍亂也是故君子今雖復安心恆不忘傾危之事國之雖存心恆不忘滅亡之事政之雖治心恆不忘禍亂之事其亡其亡繫于苞桑者言心恆畏慎其將滅亡其將滅亡乃繫于苞桑之固也子曰德薄而位尊知小而謀大力小而任重鮮不及矣易曰鼎折足覆公餗其形渥凶言不勝其任也【疏】子曰至其任也○正義曰此第六節言不能安其身知小謀大而遇禍故引易鼎卦九四以證之鼎折足覆公餗其形渥凶者處上體之下而又應初既承且施非已所堪故有折足之凶既覆敗其美道災及其形以致渥凶也言不勝其任者此夫子之

言引易後以此結之其文少故不云子曰也

子曰知幾其神乎君子上交不謟下交不瀆其知幾乎

形而上者況之道形而下者況之器於道不冥而有求焉未離乎謟也於器不絕而有交焉未見乎瀆也能无謟瀆窮理者乎

疏 正義曰子曰知幾其神乎至萬夫之望者此第七節前章云精義入神故此章明知幾入神之事故引豫之六二以證之云易曰介于石不終日貞吉知幾其神乎者神道微妙寂然不測人若能豫知事之幾微則能與其神道合會也君子上交不謟下交不瀆者上謂道也下謂器也若聖人知幾窮理冥於道絕於器故能上交不謟下交不瀆若於道不冥而有求焉未能離於謟也於器不絕而有交焉未能免於瀆也能无謟瀆知幾窮理者乎

幾者動之微吉之先見者也

幾者去无入有理而无形不可以名尋不可以形覩者也唯神也不疾而速感而遂通故能朗然玄昭鑒於未形也合抱之木起於毫末吉凶之彰始於微兆故為吉之先見也

疏 正義曰此釋幾之義也幾微也是已動之微動謂心動事動初動之時其理未著唯纖微而已若其已著之後則心事顯露不得為幾若未動之前又寂然頓无兼亦不得稱幾也幾是離无入有在有无之際故云動之微

也若事著之後乃成爲吉此幾在吉之先豫前已見故云吉之
先見者也此直云吉不云凶者凡豫前知幾皆向吉而背凶違
凶而就吉无復有凶故特云吉也
諸本或有凶字者其定本則无也**君子見幾而作不俟**
終日易曰介于石不終日貞吉介如石焉寧用
終日斷可識矣定之於始故不待終日也（疏）正義曰君子見幾而作不俟終日者言君子既
見事之幾微則須動作而應之不得待終其日言赴幾之速也
易曰介于石不終日貞吉者此豫之六二辭也得位居中故守
介如石見幾則動不待終其一日也介如石焉寧用終日斷可
識矣者此夫子解釋此爻之時既守志耿介如石不動纔見幾
微卽知禍福何用終竟
其日當時則斷可識矣**君子知微知彰知柔知剛萬**
夫之望此知幾其神乎（疏）正義曰君子知微知彰者初見是幾是知其微既見其幾逆知事之禍福是知
其彰著也知柔知剛者剛柔是變化之道既知初時之柔則逆
知在後之剛言凡物之體從柔以至剛凡事之理從微以至彰
知幾之人既知其始又知其末是合於神道故爲萬夫所瞻望
也萬夫舉大略而言若知幾合神則爲天下之主何直只云萬

夫而已此知幾其神乎者也子曰顔氏之子其殆庶幾乎有不善未嘗不知知之未嘗復行也在理則昧造形而悟顔子之分也失之於幾故有不善得之於二不遠而復故知之未嘗復行也〔疏〕正義曰子曰顔氏之子至元吉者此第八節上節明其知幾是聖人之德此節論賢人唯庶於幾雖未能知幾故引顔氏之子以明之也其殆庶幾乎者言聖人知幾顔子亞聖未能知幾但殆近庶慕而已故云其殆庶幾乎又以殆為辭有不善未嘗不知者若知幾之人本无不善以顔子未能知幾故有不善不近於幾之人既有不善不能自知於惡此顔子以其近幾若有不善未嘗不自知也知之未嘗復行者以顔子遁幾既知不善之事見過則改未嘗復更行之但顔子於幾理闇昧故有不善之事於形器顯著乃自覺悟所有不善未嘗復行易曰不遠復无祇悔元吉吉凶者失得之象也得一者於理不盡未至成形故得不遠而復舍凶之吉免夫祇悔而終獲元吉祇大也〔疏〕正義曰以去幾既近尋能改悔故引復卦初九以明之也以復卦初九既在卦初則能復於陽道是速而不遠則能復也所以无大悔而有元吉也天地絪縕萬物化

醇男女構精萬物化生【疏】正義曰天地絪縕至勿恆凶此第九節也以前章利用安身以崇德也安身之道在於得一若已能得一則可以安身故此節明得一之事也天地絪縕萬物化醇者絪縕相附著之義言天地无心自然得一唯二氣絪縕共相和會萬物感之變化而精醇也天地若有心爲二則不能使萬物化醇也男女構精萬物化生者構合也言男女陰陽相感任其自然得一之性故合其精則萬物化生也若男女无自然之性而各懷差二則萬物不化生也易曰三人行則損一人一人行則得其友言致一也致一而後化成也【疏】正義曰此損卦六三辭也言六三若更與二人同往承上則上所不納是三人俱行并六三不相納是則損一人也若六三獨行則上所容受故云一人行則得其友此言衆不如寡三不及一也言致一也者此夫子釋此爻之意謂此爻所論致其醇一也故一人獨行乃得其友也子曰君子安其身而後動易其心而後語定其交而後求君子脩此三者故全也危以動則民不與也懼

以語則民不應也无交而求則民不與也莫之與則傷之者至矣〔疏〕正義曰子曰君子安其身而後動者此明致一之道致一者在身之謂若已之爲得則萬事得若已之爲失則萬事失也欲行於天下先在其身之一故先須安靜其身而後動和易其心而後語先以心選定其交而後求若其不然則傷之者至矣易曰莫益之或擊之立心勿恆凶夫虛己存誠則衆之所不迕也躁以存求則物之所不欲也〔疏〕正義曰此益之上九爻辭在无位高无獨唱无和是莫益之也衆怒難犯是或擊之也勿无也由己建立其心无能有恆故凶危也易之此言若虛己存誠則衆之所與躁以有求則物之所所不與也〔疏〕正義曰子曰乾坤其易至失得之報此第五章也前章明安身崇德之道在於知幾得一也此明易之體用辭理遠大可以濟民之行以明失得之報也

子曰乾坤其易之門邪乾陽物也坤陰物也陰

陽合德而剛柔有體以體天地之撰撰數也疏正義曰子曰乾坤其易之門邪者易之變化從乾坤而起猶人之興動從門而出故乾坤是易之門邪乾陽物也坤陰物也陰陽合德而剛柔有體者若陰陽不合則剛柔之體无從而生以陰陽相合乃生萬物或剛或柔各有其體陽多爲剛陰多爲柔也以體天地之撰者撰數也天地之內萬物之象非剛則柔或以剛柔體象天地之數也以通神明之德其稱名也雜而不越備物極變故其名雜也各得其序不相踰越況爻繇之辭也疏正義曰以通神明之德者萬物變化或生或成是神明之德易則象其變化之理是其易能通達神明之德也其稱名也雜而不越者易之其稱萬物之名萬事論說故辭理雜碎各有倫敘而不相乖越易之爻辭多載細小之物若見豕負塗之屬是雜碎也辭雖雜碎各依爻卦所宜而言之是不相踰越也於稽其類其衰世之意邪有憂患而後作易世衰則失得彌彰爻繇之辭所以明失得故知衰世之意邪稽猶考也疏正義曰稽考也類謂事類然考校易辭事類多有悔之憂虞故云變亂之世所陳情意也若盛德之時物皆遂性人悉懽娛无累於吉凶不憂於禍害今易所論則有亢

龍有悔或稱龍戰于野或稱箕子明夷或稱不如西鄰之禴祭此皆論戰爭盛衰之理故云衰意也凡云邪者是疑而不定之辭也

夫易彰往而察來而微顯闡幽易无往不彰无來不察而微以之顯幽以之闡闡明也

疏正義曰夫易彰往而察來者往事必載是彰往也來事豫占是察來也而微顯闡幽者闡明也謂微而之顯幽而闡明也言易之所說論其初微之事以至其終末顯著也論其初時幽闇以至終末闡明也皆從微以至顯從幽以至明觀其易辭是微而幽闇也演其義理則顯見著明也以體言之則云微顯也以理言之則云闡幽其義一也但以體以理故別言之

開而當名辨物正言斷辭則備矣開釋爻卦使各當其名也理類辨明故曰斷辭也

疏正義曰開而當名者謂開釋爻卦之義使各當所象之名若乾卦當龍坤卦當馬也辨物正言者謂辨天下之物各以類正定言之若辨健物正言其龍若辨順物正言其馬是辨物正言也斷辭則備矣者言開而當名及辨物正言凡此二事決斷於爻卦之辭則備具矣

其稱名也小其取類也大託象以明義因小以喻大

疏正義曰其稱名也小者言易辭所稱物名多細小若見豕負塗噬腊

肉之屬是其辭碎小也其取類也大者言雖是小物而比喻大事是所取義類而廣大也 **其旨遠其辭文其言曲而中** 變化无恆不可爲典要故其言曲而中也 疏 正義曰其旨遠者近道此事遠明彼事是其旨意深遠若龍戰于野近言龍戰乃遠明陰陽鬬爭聖人變革是其旨遠也其辭文者不直言所論之事乃以義理明之是其辭文飾也若黃裳元吉不直言得中居職乃云黃裳是其辭文也其言曲而中者變化无恆不可爲體例其言隨物屈曲而各中其理也 **其事肆而隱** 事顯而理微也 疏 正義曰其易之所載之事其辭放肆顯露而所論義理深而幽隱也 **因貳以濟民行以明失得之報** 貳則失得也因失得以通濟民行故明失得之報也失得之報者得其會則吉乖其理則凶 疏 正義曰因貳以濟民行者貳二也謂吉凶二理言易因自然吉凶二理以濟民之行也欲令趨吉而避凶行善而不行惡也以明失得之報者言易明人行失之與得所報應也失則報之以凶得則報之以吉是明失得之報也

疏 正義曰易之興也至巽以行權此第六章明所以作易爲其憂患故作易既有憂患須脩德以避患故明九卦

爲德之所用也

易之興也其於中古乎作易者其有憂患乎无憂患則不爲而足也

【疏】正義曰其於中古乎者謂易之爻卦之辭起於中古若易之爻卦之象則在上古伏犧之時但其時理尚質素聖道凝寂直觀其象足以垂教矣但中古之時事漸澆浮非象可以爲教又須繫以文辭示其變動吉凶故爻卦之辭起於中古則連山起於神農歸藏起於黃帝周易起於文王及周公也此之所論謂周易也作易者其有憂患乎者若无憂患何思何慮不須營作今既作易故知有憂患也身既患憂須垂法以示於后以防憂患之事故繫之以文辭明其失得與吉凶也其作易憂患已於初卷詳之也

是故履德之基也基所蹈也

【疏】正義曰以爲憂患行德爲本也六十四卦悉爲脩德防患之事但於此九卦最是脩德之甚故特舉以言焉以防憂患之事故履卦爲德之初基故爲德之時先須履踐其禮敬事於上故履爲德之初基也

謙德之柄也復德之本也夫動本於靜語始於默復者各反其所始故爲德之本也

【疏】正義曰謙德之柄也者言爲德之時以謙爲用若行

德不用謙則德不施用是謙爲德之柄猶斧刃以柯柄爲用也復德之本者言爲德之時先從靜默而來復是靜默故爲德之根本也恆德之固也固不傾移也〔疏〕正義曰言爲德之時恆能執守始終不變則德之堅固故爲德之固也損德之脩也益德之裕也能益物者其德寬大也〔疏〕正義曰損德之脩者行德之時恆自降損則其德自益而增新故云損德之脩也謙者論其退下於人損者能自減損於己故謙損俱言也益德之裕者裕寬大也能以利益於物則德更寬大也困德之辨也困而益明〔疏〕正義曰若遭困之時守操不移德乃可分辨也井德之地也所處不移象居得其所也〔疏〕正義曰改邑不改井井是所居之常處能守處不移是德之地也言德亦不移動也巽德之制也巽所以申命明制也〔疏〕正義曰巽申明號令以示法制故能與德爲制度也自此已上明九卦各與德爲用也履和而至和而不至從物者也和而能至故可履也〔疏〕正義曰自此已下明九卦之德也言履卦與物和諧而守其能至故可履踐也謙尊而光復小而辨於物微而辨之不遠復也〔疏〕正義

曰謙尊而光者以能謙卑故其德益尊而光明也復小而辨於物者言復卦於初細微小之時即能辨於物之吉凶不遠速復也

恆雜而不厭雜而不厭是以能恆〔疏〕正義曰言恆卦雖與物雜碎並居而常執守其操不被物之不厭也

損先難而後易刻損以脩身故先難也身脩而无患故后易也〔疏〕正義曰先自滅損是先難也后乃无患是后易也

益長裕而不設有所興爲以益於物故曰長裕因物興務不虛設也〔疏〕正義曰益是增益於物能長養寬裕於物皆因物性自然而長養不空虛妄設其法而无益也

困窮而通處窮而不屈其道也〔疏〕正義曰言困卦於困窮之時而能守節使道通行而不屈也

井居其所而遷改邑不改井井所居不移而能遷其施也〔疏〕正義曰言井卦居得其所恆住不移而能遷其潤澤施惠於外也

巽稱而隱稱揚命令而百姓不知其由也〔疏〕正義曰言巽稱揚號令而不自彰伐而幽隱也自此已上辨九卦性德也

履以和行謙以制禮復以自知求諸己也〔疏〕正義曰履以和行者自此以下論九卦各有施用而有利益也言履者以禮敬事於人是調和性行

也謙以制禮者性能謙順可以裁制於禮**恆以一德**以一爲德也

〔疏〕正義曰恆能終始不移是純一其德也**損以遠害**止於脩身故可以遠害而已

〔疏〕正義曰自降損脩身无物害已故遠害也**益以興利困以寡怨**困而不濫无怨於物

〔疏〕正義曰益以興利者既能益物物亦益已故興利也困以寡怨者遇困守節不移不怨天不尤人是无怨於物故寡怨也**井以辯義**施而无私義之方也

〔疏〕正義曰井能施而无私則是義之方所故辨明於義也**巽以行權**權反經而合道必合乎巽順而后可以行權也

〔疏〕正義曰巽順以既能順時合宜故可以權行也若不順時制變不可以行權也

〔疏〕正義曰易之爲書至思過半矣此第七章明易書體用也

易之爲書也不可遠擬議而動不可遠也

〔疏〕正義曰不可遠者言易書之體皆倣法陰陽擬議而動不可遠離陰陽物象而妄爲也**爲道也屢遷變動不居周**

流六虛六虛六位也【疏】正義曰其爲道也屢遷者屢數也言易之爲道皆法象陰陽數數遷改若乾之初九則潛龍九二則見龍是屢遷也變動不居者言陰陽六爻更互變動不恆居一體也若一陽生爲復二陽生爲臨之屬是也周流六虛者言陰陽周徧流動在六位之虛六位言虛者位本无體因爻始見故稱虛也上下无常剛柔相易不可爲典要不可立定準也【疏】正義曰上下无常者初居一位又居二位是上下无常定也既窮上位之極又下來居於初是上下无常定也旣九月剝卦一陽上極也十一月一陽下來歸初也剛柔相易不可爲典要者言陰陽六爻兩相交易或以陰易陽或以陽易陰或在初位相易在二位相易六位錯綜上下所易皆不同是不可爲典常要會也唯變所適變動貴於適時趣舍存乎會也【疏】正義曰言剛柔相易之時既无定準唯隨應變之時所之適也其出入以度外內使知懼明出入之度使物之外內之戒也出入尤行藏外內尤隱顯遯以遠時爲吉豐以幽隱致凶漸以高顯爲美明夷以處昧利貞此外內之戒也【疏】正義曰其出入以度者出入尤行藏也言行藏各有其度不可違失於時故韓氏云豐以幽隱致凶明夷以處昧利

貞是出入有度也外內使知懼者外內尤隱顯言欲隱顯之人使知畏懼於易也若不應隱而隱不應顯而顯必有凶咎使知畏懼凶咎而不爲也**又明於憂患與故**故事故也〔疏〕正義曰故事故也非但使人隱顯知懼又使人明曉於憂患幷與萬事也**无有師保如臨父母**安而不忘危存而不忘亡終日乾乾不可以怠也〔疏〕正義曰言使人畏懼此易歸行善道不須有師保教訓恒常恭敬如父母臨之故云如臨父母也**初率其辭而揆其方既有典常**能循其辭以度其義原其初以要其終則唯變所適是其常典也明其變者存其要也故曰苟非其人道不虛行〔疏〕正義曰初率其辭而揆其方者率循也揆度也方義也言人君若能初始依循其易之文辭而揆度其易之義理則能知易有典常也故云既有典常易雖千變萬化不可爲典要然循其辭度其義原尋其初要結其終皆唯變所適是其常典也言惟變是常既以變爲常其就變之中剛之與柔相易仍不常也故上云不可爲典要也**苟非其人道不虛行**〔疏〕正義曰言若聖人則能循其文辭揆其義理知其典常是易道得行也若苟非通聖之人則不曉達易之道理則易之道不虛

空得行也言有人則易道行若无人則易道不行无人而行是虛行也必不如此故云道不虛行也

易之為書也原始要終以為質也

質體也卦兼終始之義也

〔疏〕正義曰此以下亦明易辭體用尋其辭則吉凶可以知也原始要終以為質者質體也言易之為書原窮其事之初始乾初九潛龍勿用是原始也又要會其事之終末若上九亢龍有悔是要終也言易以原始要終以為體質也此潛龍亢龍是一卦之始終也諸卦亦然若大畜初畜而后通皆是也亦有一爻之中原始要終也故坤卦之初六履霜堅冰至履霜是原始也堅冰至是要終也

上六爻相雜唯其時物也

爻各存乎其時物事也

〔疏〕正義曰物事也一卦之中六爻交相雜錯唯各會其時唯各主其事若屯卦初九盤桓利居貞是居貞之時有居貞之事六二屯如邅如是乘陽屯邅之時是有屯邅之事也略舉一爻餘爻倣此也

其初難知其上易知本末也初辭擬之卒成之終

夫事始於微而后至於著初者數之始擬議其端故難知也上者卦之終事皆成著故易知也

〔疏〕正義曰其初難知者謂卦之初始起於微細始擬議其端緒事未顯著故難知也其上易知者

其上謂卦之上爻事巳終極成敗巳見故易知也上云其上則其初宜云下也初既言初則上應稱末互文也以易經爻辭言初言上故此從經文也本末也者其初難知是本也其上易知是末也以事本故難知以事末故易知故云本末也初辭擬之者覆釋其初難知也以初時以辭擬議其始故難知也卒成之終者覆釋其上易知也言上是事之卒了而成就終竟故易知也

若夫雜物撰德。辯是與非。則非其中爻不備。噫亦要存亡吉凶則居可知矣。知者觀其彖辭則思過半矣 夫彖者舉立象之統論中爻之義約以存博簡以兼衆雜物撰德而一以貫之形之所宗者道衆之所歸者一其事彌繁則愈滯乎形其理彌約則轉近乎道彖之為義存乎一也一之為用同乎道矣形而上者可以觀道過半之益不亦宜乎

〔疏〕若夫至過半矣正義曰若夫雜物撰德辯是與非則非其中爻不備者言雜聚天下之物撰數衆人之德辨定是之與非則非其中之一爻不能備具也謂一卦之内而有六爻各主其物各數其德欲辨定此六爻之是非則總歸於中爻言中爻統攝一卦之義多也若非中爻則各守一爻不能盡統卦義以中爻居一无偏故能統卦義也尤

乾之九二見龍在田利見大人九五飛龍在天利見大人是總
攝乾卦之義也乾是陽長是行利見大人之時二之與五統攝
乾德又坤之六二云直方大攝坤卦地道之義六五黃裳元吉
亦統攝坤之臣道之義也噫亦要存亡吉凶則居可知矣者噫
者發聲之辭卦爻雖衆意義必在其中爻噫乎發歎要定或此
卦存之與亡吉之與凶但觀其中爻則居然可知矣謂平居自
知不須營為也知者觀其彖辭則思過半矣者彖辭謂文王卦
下之辭言聰明知達之士觀此卦下彖辭則能思慮有益以過
半矣○注夫彖者至近乎道○正義曰夫彖者舉立象之統者
謂文王卦下彖辭舉明立此卦象之綱統也云論中爻之義者
言彖辭論量此卦中爻義意也舉立象之統者若屯卦彖云利
貞夫子釋云動於險中大亨貞者是亦立象之統也論中爻之
義者若蒙卦云蒙亨初筮告注云能為初筮其唯二乎是彖云
初筮其在九二是論中爻之義也云約以存博簡以兼衆者唯
舉中爻是約是簡存備六爻之義是存博兼衆也云雜物撰德
而一以貫之者一卦六爻雜聚諸物撰數諸德而用一道以貫
穿之一謂中爻也以其居中於上於下无有偏二故稱一也其
事彌繁則愈滯乎形者愈益也滯謂陷滯也若事務彌更繁多
則轉益滯陷於形體言處處妨礙也云其理彌約則轉近乎道
者若理能簡約則轉轉附近於道道以約少无為之稱故少則

近於道也

疏正義曰二與四至易之道也此第八章也明諸卦二三四五爻之功用又明三才之道并明易興之時總贊明易道之大也各隨文釋之

二與四同功同陰功也而異位有內外也其善不同二多譽二處中和故多譽也四多懼近也位逼於君故多懼也柔之爲道不利遠者其要无咎其用柔中也四之多懼以近君也柔之爲道須援而濟故有不利遠者二之能无咎柔而處中也

疏正義曰柔之爲道不利遠者此覆釋上四多懼之意凡陰柔爲道當須親附於人以得濟今乃遠其親援而欲上逼於君所以多懼其不宜利於疎遠也其要无咎其用柔中者覆釋上二多譽也言二所多譽者言二所以要會无罪咎而多譽也所以然者以其用柔而居中也

三與五同功同陽功也而異位有貴賤也三多凶五多功貴賤之等也其柔危其剛

勝邪三五陽位柔非其位處之則危居以剛健勝其任也夫所貴剛者閑邪存誠動而不違其節者也所貴柔者含弘居中順而不失其貞者也若剛以犯物則非剛之道柔以卑佞則非柔之義也〔疏〕正義曰貴賤之等其柔危其剛勝邪者此釋三與五同功之義五爲貴三爲賤是貴賤之等也此並陽位若陰柔處之則傾危陽剛處之則剋勝其任故云其柔危其剛勝也諸本三多凶五多功之下皆有注今定本无也三居下卦之極故多凶五居中處尊故多功也易之爲書也廣大悉備有天道焉有人道焉有地道焉兼三材而兩之故六六者非它也三材之道也說卦備矣〔疏〕正義曰易之爲書至吉凶生焉此節明三材之義六爻相雜之理也六者非他三材之道也者言六爻所效法者非更別有他義唯三材之道也道有變動故曰爻爻有等故曰物等類也乾陽物也坤陰物也爻有陰陽之類而后有剛柔之用故曰爻有等故曰物〔疏〕正義曰道有變動故曰爻者言三材之道既有變化而移動故重畫以象之而曰爻也爻有等故曰物者物類也言爻有陰陽貴賤等級以象

萬物之類故謂之物也**物相雜故曰文**剛柔交錯玄黃錯雜〔疏〕正義曰言萬物遞相錯雜若玄黃相間故謂之文也**文不當故吉凶生焉**〔疏〕正義曰若相與聚居間雜成文不相妨害則吉凶不生也由文之不當相與聚居不當於理故吉凶生也**易之興也其當殷之末世周之盛德邪當文王與紂之事邪**文王以盛德蒙難而能亨其道故稱文王之德以明易之道也**是故其辭危**文王與紂之事危其辭也〔疏〕正義曰易之興也至易之道也此一節明易之興起在紂之末世故其辭者憂其傾危也以當紂世憂畏滅亡故作易辭多述憂危之事亦以垂法於后使保身危懼避其患難也周氏云謂當紂時不敢指斥紂惡故其辭微危而不正也今案康伯之注云文王與紂之事危其辭也則似周釋爲得也案下覆云危者使平則似危謂憂危是非既未可明所以兩存其釋也**危者使平易者使傾**易慢易也〔疏〕正義曰危者使平者既有傾危以蒙大難文王有天下是危者使平也易者使傾者若其慢易不循易道者則使之傾覆若紂爲凶惡以至誅滅也**其道甚大百**

物不廢懼以終始其要无咎此之謂易之道也夫文不當而吉凶生則保其存者亡不忘亡者存有其治者亂不忘危者安懼以終始歸於无咎安危之所由爻象之本體也疏正義曰其道甚大百物不廢者言易道功用甚大百種之物賴之不有休廢也懼以終始者言恒能憂懼於終始能於始思終於終思始也其要无咎者若能始終皆懼要會歸於无咎也此之謂易之道者言易之爲道若能終始之懼則无凶咎此謂易之所用之道其大體如此也

疏正義曰夫乾天下至其辭屈此第九章自此已下終篇末總明易道之美兼明易道愛惡相攻情僞相感吉凶悔吝由此而生人情不等制辭各異也

夫乾天下之至健也德行恒易以知險夫坤天下之至順也德行恒簡以知阻能說諸心能研諸侯之慮諸侯物主有爲者也能說萬物之心能精爲者之務疏正義曰德行恒易以知險者謂

乾之德行恒易畧不有艱難以此之故能知險之所興若不有易畧則爲險也故行易以知險也德行恒簡以知阻者言坤之德行恒爲簡靜不有煩亂以此之故知阻之所興也若不簡則爲阻難故行簡靜以知阻也大難曰險乾以剛健故知其大難小難曰阻坤以柔順故知其小難知大難曰險者案坎卦彖云天險不可升地險山川丘陵言險不云阻故知險爲大難險既爲大明阻爲小也能說諸心者萬物之心皆患險阻今以阻險逆告於人則萬物之心无不喜說故曰能說諸心也能研諸侯之慮者研精也諸侯既有爲於萬物育養萬物使令得所易既能說諸物之心則能精妙諸侯之慮謂諸侯以此易之道思慮諸物轉益精粹故云研諸侯之慮也

定天下之吉凶成天下之亹亹者

是故變化云爲吉事有祥象事知器占事知來

夫變化云爲者行其吉事則獲嘉祥之應觀其象事則知制器之方玩其占事則覩方來之驗也

疏 正義曰定天下之吉凶者言易道備載諸物得失依之則吉逆之則凶是易能定天下之吉凶也成天下之亹亹者亹亹勉也天下有所營爲皆勉勉不息若依此易道則所爲得成故云成天下之亹亹也是故變化云爲者易既備含諸事以是之故物之或以漸變改

或頓從化易或口之所云或身之所爲也吉事有祥者若行吉事則有嘉祥之應也象事知器者觀其所象之事則知作器物之方也占事知來者言卜占之事則知未來之驗也言易之爲道有此諸德也

天地設位聖人成能聖人乘天地之正萬物各成其能

疏 正義曰天地設位者言聖人乘天地之正設貴賤之位也聖人成能者聖人因天地所生之性各成其能令皆得所也

人謀鬼謀百姓與能人謀況議於衆以定失得也鬼謀況寄卜筮以考吉凶也不役思慮而失得自明不勞探討而吉凶自著類萬物之情通幽深之故故百姓與能樂推而不厭也

疏 正義曰謂聖人欲舉事之時先與人衆謀圖以定得失又卜筮於鬼神以考其吉凶是與鬼爲謀也聖人既先與人謀鬼神謀不煩思慮與探討自然能類萬物之情能通幽深之理是其能也則天下百姓親與能人樂推爲王也自此已上論易道之大聖人法之而行

八卦以象告以象告人爻彖以情言辭有險易而各得其情也

疏 正義曰自此已下又明卦爻剛柔變動情僞相感之序也

剛柔雜居而吉凶可見矣變動以利言變而通之以盡利也

疏 正義曰剛柔雜

居而吉凶可見矣者剛柔二爻相雜而居得理則吉失理則凶
故吉凶可見也變動以利言者若不變不動則於物有損有害
今變而動之使利益於物是變動以利而言說也**吉凶以情遷**吉凶无定雖人所動情順乘理以之
吉情逆違道以陷凶故曰吉凶以情遷也〔疏〕正義曰遷謂遷移凡得吉者由情遷移於善也所得凶者由情遷於惡也
是故愛惡相攻而吉凶生泯然同順何吉何凶愛惡相攻然后逆順者殊故吉凶生
〔疏〕正義曰若泯然无心事无得失何吉凶之有由有所貪愛有所憎惡兩相攻擊或愛攻於惡或惡攻於愛或兩相攻
擊事有得失故吉凶生也**遠近相取而悔吝生**相取尤相貪也遠近之爻互相貪取而后有悔吝也〔疏〕正義曰遠謂兩卦上下相應之類近謂比爻共聚迭相貪取取之不以理故悔吝生也**情。偽。**
相。感。而。利。害。生。情以感物則得利偽以感物則致害也〔疏〕正義曰情謂實情偽謂虛偽虛實相感若以情實相感則利生若以虛偽相感則害生也**凡易之情近而不相得則**
凶近況比爻也易之情剛柔相摩變動相適者也近而不相得必有乖違之患或有相違而无患者得其應也相順而皆凶

者乖於時也存事以考之則義可見矣〔疏〕正義曰近謂兩爻相近而不相得以各无外應則致凶咎若各有應雖近不相得不必皆凶也

或害之悔且吝

夫无對於物而後盡全順之道豈可有欲害之者乎雖能免濟必有悔吝也或欲害之辭也〔疏〕正義曰言若能弘通不偏對於物盡竭順道物豈害之今既有心於物情意二三其外物則或欲害之則有凶禍假令自能免濟猶有悔及吝也故云或害之悔且吝也

將叛者其辭慙中心疑者其辭枝吉人之辭寡躁人之辭多誣善之人其辭游失其守者其辭屈。

〔疏〕正義曰將叛者其辭慙者此已下說人情不同其辭各異將欲違叛已者貌雖相親辭不以實故其辭慙也中心疑者其辭枝者枝謂樹枝也中心於事疑惑則其心不定其辭分散若閒枝也吉人之辭寡者以其吉善辭直故辭寡也躁人之辭多者以其煩躁故其辭多也誣善之人其辭游者游謂浮游誣罔善人其辭虛漫故言其辭游也失其守者其辭屈者居不值時失其所守之志故其辭屈橈不能申也凡此辭者皆論易經之中有此六種之辭謂作易之人述此六人之意各準望其意而制其辭也

周易兼義卷之八

太子少保江西巡撫阮元栞

周易注䟽挍勘記卷八

周易兼義卷第八　阮元撰盧宣旬摘錄

錢本錢挍本宋本作周易注䟽卷第十二

周易繫辭下第八　石經釋文岳本古本足利本同錢本宋本無第八二字

繫辭焉而命之　石經岳本閩監毛本同釋文命孟作明古本無焉字

況之六爻　岳本閩監毛本同古本下更有六爻二字

見存之爻辭　閩監毛本同岳本宋本古本足利本見作則〇補案則字是也正義可證

立在其卦之根本者也　錢本閩監本同毛本立在作在立

貞勝者也　石經岳本閩監毛本同釋文貞勝姚本作貞稱

夫有動則未免乎累　正義未下有能字

貞夫一者也　石經岳本閩監毛本同古本夫作於釋文出貞夫

隤然示人簡矣石經岳本閩監毛本同釋文隤孟作退陸董姚作妥

像此者也岳本閩監毛本同石經初刻作象後加人旁下第三章同釋文出像此

則德之不大孫志祖云之字疑衍

聖人之大寶曰位石經岳本閩監毛本同釋文寶孟作保

何以守位曰仁石經岳本閩監毛本同釋文曰人王肅卞伯玉桓元明僧紹作仁

財所以資物生也岳本閩監毛本同古本也上有者字

必信仁愛閩監毛本同宋本信作須○補案須字是也

包犧氏之王天下也石經岳本閩監毛本同釋文包本又作庖孟京作伏犧孟京作戲

无微不究岳本閩監毛本同足利本微作細

作結繩而爲罔罟以佃以漁石經岳本閩監毛本同釋文爲罟黃本作爲网罟佃本亦作田

漁本亦作魚

或水澤以罔魚鱉也浦鏜云澤當作漁

故稱離卦之名浦鏜云稱當作取

楺木爲耒石經岳本閩監毛本同釋文爲耒本或作楺木爲之耒耨非

在位一百一十年錢本宋本同閩監毛本下一作二案帝王世紀正作一

皆習包犧氏之號也浦鏜云習當作襲

納奔水氏女曰聽談錢本宋本閩本同監毛本談作詖

不解倦也閩監毛本同岳本宋本古本足利本解作懈。按懈正字解假借字

大星如斗閩監毛本同錢本宋本斗作虹

生顓頊於弱水盧文弨云當作若水

萬天氏〔補〕案萬當作葛形近之譌毛本正作葛今改正

乃至皇帝堯舜〔補〕各本皇皆作黃案黃字是也下並同

易窮則變變則通通則久　石經岳本閩監毛本同釋文一本作易窮則變通則久

通則變之事　閩監毛本同錢本宋本則作其○補案其字是也

是以自天祐之吉无不利　岳本閩監毛本同釋文祐本亦作佑石經利下有也字古本同

此明若能通變　閩監毛本同錢本宋本通變作變通

此乃明易道道之變通〔補〕案道字不當重毛本刪一道字

以辨貴賤　岳本閩監毛本同釋文以別一本作辯

此於九事之第一也　補鏜云於字衍是也

何以連云　補鏜云當作所以連云是也

刳木爲舟剡木爲楫　石經岳本閩監毛本同釋文挎本又作刳拸本亦作剡楫本又作檝

致遠以利天下　石經岳本閩監毛本同釋文一本無此句

乘理以散通也　閩監毛本同岳本宋本足利本通作動古本同也上有者字下各得其宜也同

以利天下蓋取諸隨　石經岳本閩監毛本同釋文一本無以利天下一句

以待暴客　石經岳本閩監毛本同釋文暴鄭作虣

取其豫備　閩監毛本同岳本宋本古本作取其備豫

特以此象　閩監毛本同宋本象作豫

易之以棺椁　石經岳本同閩監毛本椁作槨非釋文出棺椁

書契所以決斷萬事也　岳本閩監毛本同宋本決上有夬字

象也者像也　石經岳本閩監毛本同釋文衆本並云像擬也孟京虞董姚還作象

故易者象也 補鏜云故下有云字

象也者像也○謂卦爲萬物象者 補案○當者字之誤毛本正作者

无爲者爲每事因循 孫志祖云下爲字當作謂

憧憧往來 石經岳本閩監毛本同釋文憧本又作[忄重]

心既寂靜 閩監毛本同宋本寂靜倒

來者信也 石經岳本閩監毛本同釋文信本又作伸

龍蛇之蟄以存身也 岳本閩監毛本同石經初刻作虵後改蛇釋文出龍虵云本又作蛇全身本亦作存身

蛟蛇初蟄 錢本宋本閩本同監毛本蛟改龍

由安其身而後動也 閩監毛本同岳本宋本古本足利本由作皆○補案皆字是也正義可證

過此以往 石經岳本閩監毛本同古本此下有而字

以上章先利用安身 集解先下有言字

何崇德之有 集解無德字

據于蒺藜 石經岳本閩監本同毛本藜作蔾釋文出蒺蔾

死期將至 岳本閩監毛本同石經死字漫滅餘同釋文出死其云其亦作期

履非其地 閩監毛本同宋本地作位集解同

故云不曰 補 閩監毛本不作子案子字是也

則九三不爲其害 補 案三當二字之譌毛本正作二

是以出而有獲 石經岳本閩監毛本同古本下有何字

此君子若包藏其器於身 錢本宋本同閩監毛本此作比

待筆可射之動而射之 盧文弨云上之字下當有時字嚴杰云動疑時字之誤

小懲而大誡 岳本閩監毛本同石經初刻戒後改誡

履校滅趾 補 古本同石經岳本閩監毛本履作屨釋文止本亦作趾案屨字是也噬嗑爻辭及下正義可證

故惡積而不可揜 石經岳本同閩監毛本揜作掩

何校滅耳 石經岳本閩監毛本同古本何作荷釋文出何校

繫于苞桑 岳本閩監毛本同石經初刻包後加艹

力小而任重 岳本閩監毛本同石經小作少錢大昕云當從唐石經爲正後漢書朱馮虞鄭周傳贊注引易與石經同三國志王脩傳注引魏略力少任重又漢書王莽傳自知德薄位尊力少任大今本少作小唯北宋景祐本是少字

鮮不及矣 釋文尟本亦作鮮

理而无形閩監毛本同岳本宋本古本足利本无作未集解同孫志祖云據乾文言可與幾也疏當作有理而未形

故能朗然元昭閩監毛本同岳本宋本古本足利本昭作照集解同

故爲吉之先見也集解故爲作故言

介于石石經岳本閩監毛本同釋文介衆家作砎

未嘗不知石經岳本閩監毛本同古本下有也字

以顏子通幾閩監毛本同錢本宋本通作近

得一者閩監毛本同岳本宋本古本足利本一作二

天地絪縕萬物化醇男女構精萬物化生岳本閩監毛本同釋文絪縕本又作氤氳石經構字木旁摩改初刻似从女古本精下衍而字

君子脩此三者石經岳本閩監本同毛本脩誤修

則物之所不欲也閩監毛本同岳本宋本古本足利本欲作與按正義作與

乾坤其易之門邪乾陽物也岳本監毛本同閩本陽誤坤釋文其易之門邪本又作門戶邪

況爻繇之辭也閩本宋本古本足利本同岳本監本繇作繇毛本誤卦釋文出爻繇

易之其稱萬物之名浦鏜云之其當作辭所

所以明失得閩監毛本同岳本明作辨宋本古本足利本作辯

故云衰意也浦鏜云衰下脫世之二字

辨物正言石經岳本閩監毛本同釋文出辯物錢本亦作辯

欲令趣吉而避凶閩監本同毛本趣作趨錢本宋本作取

身既患憂〔補〕毛本患憂作憂患

故爲德之時　閩監毛本同宋本故作欲

謙德之柄也　石經岳本閩監毛本同古本無也字

損德之脩也　石經岳本閩監毛本同釋文脩馬作循

能以利益於物　閩監毛本同錢本宋本無以字

困德之辨也　閩監毛本同石經岳本辨作辯釋文出之辯

象居得其所也　岳本閩監毛本同古本無象字

恒雜而不厭　石經岳本閩監毛本同古本雜上有先字

不被物之不正也　閩監毛本同宋本不正作厭薄

而百姓不知其由也　岳本閩監毛本同古本由作出

以禮敬事於人　閩監毛本同錢本疊敬事二字

物亦益已　閩監毛本同錢本宋本益作盈

井以辯義　石經同岳本閩監毛本辯作辨

巽順以　閩監毛本同錢本宋本以作也

故可以權行也　閩監毛本同錢本宋本權行倒

不可立定準也　岳本閩監毛本同宋本立作以

在二位相易　閩監毛本同錢本宋本上有或字

趣舍存乎會也　岳本閩監毛本同古本會上有其字

出入九行藏外內九隱顯　補毛本九作猶下正義並同

初九盤桓　閩監毛本同錢本盤作磐

若夫雜物撰德辯是與非　石經岳本同閩監毛本辯作辨釋文撰鄭作算

知者觀其彖辭 石經岳本閩監毛本同古本知作智彖作象

釋文出知者彖辭

九乾之九二 補 毛本九作猶

其用柔中也 石經岳本閩監毛本同古本中上有得字

須援而濟 岳本閩監毛本同古本援作扶

其剛勝邪 石經岳本閩監毛本同古本下有也字

陽剛處之則剋勝 錢本宋本閩本同監毛本剋作克

兼三材而兩之 岳本宋本古本足利本同閩監毛本材作才

石經初刻作才後改材下同

故曰爻有等故曰物 閩監毛本同岳本疊爻字足利本爻上有交字古本下有也字

物相雜故曰文 石經岳本閩監毛本同足利本無相字

元黃錯雜 閩監毛本同岳本宋本足利本錯作相古本同下有也字

今以阻險 宋本同閩監毛本阻險倒

則覩方來之驗也 岳本閩監毛本同古本覩作觀

不勞探討 閩監毛本同岳本宋本古本足利本討作射釋文出探射䟽探討宋本亦作射

情逆違道以陷凶 補閩監毛本同岳本宋本古本足利本陷作蹈案蹈字是也

然后逆順者殊字 閩本同岳本監毛本后作後古本下有功

情僞相感而利害生 石經岳本閩監毛本同古本無此八字及注文

情謂情實 閩監毛本同錢本宋本情實作實情

近況比爻也 岳本宋本古本足利本同閩監毛本況誤况

以各无外應 閩監毛本同錢本宋本以作又

失其守者其辭屈 石經岳本閩監毛本同古本下有也字

故言其辭游也閩監毛本同錢本宋本游上有浮字盧文弨云言字疑衍

周易兼義卷第九

國子祭酒上護軍曲阜縣開國子臣孔穎達奉　勑撰正義

韓康伯注

周易說卦第九

疏 正義曰說卦者陳說八卦之德業變化及法象所為也孔子以伏犧畫八卦後重為六十四卦八卦為六十四卦之本前繫辭中略明八卦小成引而伸之觸類而長之天下之能事畢矣又曰八卦成列象在其中矣因而重之爻在其中矣又云古者包犧氏之王天下也仰則觀象於天俯則觀法於地觀鳥獸之文與地之宜近取諸身遠取諸物於是始作八卦以通神明之德以類萬物之情然引而伸之重三成六之意猶自未明仰觀俯察近身遠物之象之象亦為未見故孔子於此更備說重卦之由及八卦所為之象故謂之說卦焉先儒以孔子十翼之次乾坤文言在二繫之后說卦之前以彖象附上下二經為六卷則上繫第七下繫第八文言第九說卦第十輔嗣之文言分附乾坤二卦故說卦為第九

疏 正義曰昔者聖人至以至於命此一節將明聖人引伸因重之意故先叙聖人本制蓍數卦爻備明天道人事妙極之理

昔者聖人之作易也幽贊於神明而生蓍 幽深也贊明也蓍受命如嚮。不知所以然而然也。

疏 昔者至生蓍○正義曰據今而稱上世謂之昔者也聰明叡知謂之聖人此聖人即伏犧也不言伏犧而云聖人者明以聖知而制作也且下繫已云包犧氏之王天下也於是始作八卦今言作易言。是伏犧非文王等凡言作者皆本其事之所由故云昔者聖人之作易也聖人作易其作如何以此聖知深明神明之道而生用蓍求卦之法故曰幽贊於神明而生蓍也○注幽深至然也○正義曰幽者隱而難見故訓為深也贊者佐而助成而令微者得著故訓為明也蓍受命如嚮不知所以然而然者釋聖人所以深明神明之道便能生用蓍之意以神道與用蓍相協之故也神之為道陰陽不測妙而无方生成變化不知所以然而然者也蓍則受人命令告人吉凶應人如嚮亦不知所以然而然與神道為一故繫辭云蓍之德員。而神其受命如嚮亦繫辭文也

參天兩地而倚數

參奇也兩耦也七九陽數六八陰數

【疏】參天至倚數○正義曰倚立也既用蓍求卦其揲蓍所得取奇數於天取耦數於地而立七八九六之數故曰參天兩地而倚數也○注七九陽數○正義曰先儒馬融王肅等解此皆依繫辭云天數五地數五五位相得而各有合以爲五位相合以陰從陽天得三合謂一三與五也地得兩合謂二與四也鄭玄亦云天地之數備於十乃三之以天兩之以地而倚託大演之數五十也必三之以天兩之以地者天三覆地二載欲極於數庶得吉凶之審也其意皆以繫辭所云大演之數五十其用四十有九明用蓍之數下云天數五地數五五位相得而各有合天地之數五十有五以爲大演即天地之數又此上言幽贊於神明而生蓍便云參天兩地而倚數驗文準義故知如此韓康伯注繫辭云大演之數五十用王輔嗣意云易之所賴者五十其用四十有九則其一不用也不用而用以之通非數而數以之成用與不用本末合數故五十也以大衍五十非即天地之數故不用馬融鄭玄等說然此倚數生數在生蓍之後立卦之前明用蓍得數而布以爲卦故以七八九六當之七九爲奇天數也六八爲耦地數也故取奇於天取耦於地而立七八九六之數也何以參兩爲目奇耦者蓋古之奇耦亦以三兩言之且以兩是耦數之始三是奇數之初故也不以一目奇者張氏云以三中含兩有一

以包兩之義明天有包地之德陽有包陰之道故天擧其多地言其少也

觀變於陰陽而立卦

卦象也蓍數也卦則雷風相薄山澤通氣擬象陰陽變化之體蓍則錯綜天地參兩之數蓍極數以定象卦備象以盡數故蓍曰參天兩地而倚數卦曰觀變於陰陽也

疏

觀變至立卦○正義曰言其作易聖人本觀察變化之道象於天地陰陽而立乾坤等卦故曰觀變於陰陽而立卦也○注卦則雷風○正義曰卦則雷風相薄山澤通氣擬象陰陽變化之體○此言六十四卦非小成之八卦也伏犧初畫八卦以震象雷以巽象風以艮象山以兌象澤八卦未重則雷風各異山澤不通於陰陽變化之理未爲周備故此下云八卦相錯數往者順知來者逆注云八卦相錯變化理備於往則順而知之於來則逆而數之是也知非八卦者先儒皆以繫辭論用蓍之法云四營而成易十有八變而成卦者謂用蓍三扐而布一爻則十有八變爲六爻也然則用蓍在六爻之後非三畫之時盖伏犧之初直仰觀俯察用陰陽兩爻而畫八卦後因而重之爲六十四卦然後天地變化人事吉凶莫不周備縕在爻卦之中矣文王又於爻卦之下繫之以辭明其爻卦之中吉凶之義蓍是數也傳稱物生而後有象象而後有滋滋而後有數然則數從象生故可用數求象於是幽贊於神明而生蓍用蓍之法求取卦爻以

定吉凶繫辭曰天生神物聖人則之无有遠近幽深遂知來物是也繫辭言伏犧作易之初不假用蓍成卦故直言仰觀俯察此則論其既重之后端策布爻故先言生蓍后言立卦非是聖人幽贊元在觀變之前

發揮於剛柔而生爻剛柔發散變動相和〔疏〕正義曰既觀象立卦又就卦發動揮散於剛柔兩畫而生變動之爻故曰發揮於剛柔而生爻也

和順於道德而理於義。窮理盡性以至於命命者生之極窮理則盡其極也〔疏〕和順從性命。正義曰蓍數既生爻卦又立易道周備无理不盡聖人用之上以和協順成聖人之道德下以治理斷。人倫之正義又能窮極萬物深妙之理究盡生靈所稟之性物理既窮生性又盡至於一期所賦之命莫不窮其短長定其吉凶故曰和順於道德而理於義窮理盡性以至於命也。注命者至極也。正義曰命者人所稟受有其定分從生至終有長短之極故曰命者生之極也此所賦命乃自然之至理故窮理則盡其極也

〔疏〕正義曰昔者至成章此。節就爻位明重卦之意

昔者聖人之作易也將以順性命之理是以立天之道曰陰與陽立地之道曰柔與剛在天成象在地成形陰陽者言其氣剛柔者言其形變化始於氣象而后成形萬物資始乎天成形乎地故天曰陰陽地曰柔剛也或有在形而言陰陽者本其始也在氣而言柔剛者要其終也疏昔者至柔與剛○正義曰八卦小成但有三畫於三才之道陰陽未備所以重三爲六然后周盡故云昔者聖人之畫卦作易也將以順性命之理者本意將此易卦以順從天地生成萬物性命之理也其天地生成萬物之理須在陰陽必備是以造化闢設之時其立天之道有二種之氣曰成物之陰與施生之陽也其立地之道有二種之形曰順承之柔與特載之剛也○注在形而言陰陽者○正義曰在形而言陰陽者卽坤象辭云履霜堅冰陰始凝是也在氣而言柔剛者卽尚書云高明柔克及左傳云天爲剛德是也立人之道曰仁與義兼三才而兩之故易六畫而成卦分陰分陽迭用柔剛故易六位而成章設六爻以效三才之動故六畫而成卦也

六位爻所處之位也二四爲陰三五爲陽故曰分陰分陽六爻升降或柔或剛故曰迭用柔剛也〔疏〕立人之道至成章○正義曰天地既立人生其間立人之道有二種之性曰愛惠之仁與斷割之義也既備三才之道而皆兩之作易本順此道理須六畫成卦故作易者因而重之使六畫而成卦也六畫所處有其六位分二四爲陰位三五爲陽位迭用六八之柔爻七九之剛爻而來居之故作易者分布六位而成爻卦之文章也○注二四至爲陽者○正義曰二四爲陰三五爲陽者王輔嗣以爲初上无陰陽定位此注用王之說也

天地定位山澤通氣雷風相薄水火不相射八卦相錯數往者順知來者逆易八卦相錯變化理備於往則順而知之於來則逆而數之**是故易逆數也**作易以逆覩來事以前民用〔疏〕天地定位至逆數也○正義曰此一節就卦象明重卦之意易以乾坤象天地艮兌象山澤震巽象雷風坎離象水火若使天地不交水火異處則庶類无生成之用品物无變化之理所以因而重之今八卦相錯則天地人事莫不備矣故云天地定位而合德山澤異體而通氣雷

風各動而相薄水火不相入而相資既八卦之用變化如此故聖人重卦令八卦相錯乾坤震巽坎離艮兌莫不交互而相重以象天地雷風水火山澤莫不交錯則易之爻卦與天地等成性命之理吉凶之數既往之事將來之幾備在爻卦之中矣故易之為用人欲數知既往之事者易則順后而知之人欲數知將來之事者易則逆前而數之是故聖人用此易道以逆數知來事也○注作易至民用○正義曰易雖備知來往之事莫不假象知之故聖人作易以逆覩來事以前民用者易占事在其民用之前此繫辭文引之以證逆數來事也

雷以動之風以散之雨以潤之日以烜之艮以止之兌以說之乾以君之坤以藏之〔疏〕正義曰此一節總明八卦養物之功烜乾也上四舉象下四舉卦者王肅云互相備也明雷風與震巽同用乾坤與天地通功也

帝出乎震齊乎巽相見乎離致役乎坤說言乎兌戰乎乾勞乎坎成言乎艮〔疏〕正義曰帝出乎震至故曰成言乎艮者康伯於此无

注然益卦六二王用享于帝吉王輔嗣注云帝者生物之主興益之宗出震而齊巽者也王之注意正引此文則輔嗣之意以此帝爲天帝也帝若出萬物則在乎震絜齊萬物則在乎巽令萬物相見則在乎離致役以養萬物則在乎坤說萬物而可言者則在乎兌陰陽相戰則在乎乾受納萬物勤勞則在乎坎能成萬物而可定則在乎艮也

萬物出乎震震東方也齊乎巽巽東南也齊也者言萬物之絜齊也離也者明也萬物皆相見南方之卦也聖人南面而聽天下嚮明而治蓋取諸此也

疏正義曰萬物出乎震震東方者解上帝出乎震以震是東方之卦斗柄指東爲春春時萬物出生也齊乎巽巽東南也齊也者言萬物之絜齊也解上齊乎巽以巽是東南之卦斗柄指東南之時萬物皆絜齊也離也者明也萬物皆相見南方之卦也聖人南面而聽天下嚮明而治蓋取諸此也者解上相見乎離因明聖人法離之事以離爲象日之卦故爲明也日出而萬物皆相見也又位在南方故聖人法南面而聽天下嚮明而治也故云蓋取諸此也

坤也者地也

萬物皆致養焉故曰致役乎坤兌正秋也萬物之所說也故曰說言乎兌戰乎乾乾西北之卦也言陰陽相薄也坎者水也正北方之卦也勞卦也萬物之所歸也故曰勞乎坎艮東北之卦也萬物之所成終而所成始也故曰成言乎艮【疏】

坤也者至乎艮○正義曰坤也者地也萬物皆致養焉故曰致役乎坤者解上致役乎坤以坤是象地之卦地能生養萬物是有其勞役故云致役乎坤鄭云坤不言方者所言地之養物不專一也兌正秋也萬物之所說也故曰說言乎兌者解上說言乎兌以兌是象澤之卦說萬物者莫說乎澤又位是西方之卦斗柄指西是正秋八月也立秋而萬物皆說成也戰乎乾乾西北之卦也言陰陽相薄也者解上戰乎乾以乾是西北方之卦西北是陰地乾是純陽而居之是陰陽相薄之象也故曰戰乎乾坎者水也正北方之卦也勞卦也萬物之所歸也故曰勞乎坎者解上勞乎坎以坎是象水之卦水行不舍晝夜所以為勞

卦又是正北方之卦斗柄指北於時爲冬冬時萬物閉藏納受爲勞是坎爲勞卦也艮東北之卦也萬物之所成終而所成始也故曰成言乎艮者解上成言乎艮也以艮是東北方之卦也東北在寅丑之間丑爲前歲之末寅爲後歲之初則是萬物之所成終而所成始也

神也者妙萬物而爲言者也於此言神者明八卦運動變化推移莫有使之然者神則无物妙萬物而爲言也則雷疾風行火炎水潤莫不自然相與爲變化故能萬物既成也【疏】正義曰神也者至成萬物也此一節別明八卦生成之用八卦運動萬物變化應時不失无所不成莫有使之然者而求其眞宰无有遠近了无晦跡不知所以然而然況之曰神也然則神也者非物妙萬物而爲言者神既範圍天地故此之下不復別言乾坤直舉六子以明神之功用

動萬物者莫疾乎雷橈萬物者莫疾乎風燥萬物者莫熯乎火說萬物者莫說乎澤潤萬物者莫潤乎水終萬物始萬物者莫盛乎艮

故水火相逮雷風不相悖山澤通氣然後能變化既成萬物也〔疏〕正義曰鼓動萬物者莫疾乎震震象雷也橈散萬物者莫疾乎巽巽象風也乾燥萬物者莫熯乎離離象火也光說萬物者莫說乎兌兌象澤也潤濕萬物者莫潤乎坎坎象水也終萬物始萬物者莫盛乎艮艮東北方之卦也故水火雖不相入而相逮及雷風雖相薄而不相悖逆山澤雖相懸而能通氣然後能行變化而盡成萬物也艮不言山獨舉卦名者動橈燥潤之功是雷風水火至於終始萬物於山義為微故言艮而不言山也上章言水火不相入此言水火相逮者既不相入又不相及則无成物之功明性雖不相入而氣相逮及也上言雷風相薄此言不相悖者二象俱動動若相薄而相悖逆則相傷害亦無成物之功明雖相薄而不相逆也

乾健也坤順也震動也巽入也坎陷也離麗也艮止也兌說也〔疏〕正義曰此一節說八卦名訓乾象天天體運轉不息故為健也坤順也坤象地地順承於天故為順也震動也震象雷雷奮動萬物故為動也巽入也巽象風風行无所不入故為入也坎陷也坎象水

水處險陷故爲陷也離麗也離象火火必著於物故爲麗也艮止也艮象山山體靜止故爲止也兌說也兌象澤澤潤萬物故爲說也

乾爲馬坤爲牛震爲龍巽爲雞坎爲豕離爲雉艮爲狗兌爲羊〔疏〕正義曰此一節說八卦畜獸之象略明遠取諸物也乾象天天行健故爲馬也坤爲牛坤象地任重而順故爲牛也震爲龍震動象龍動物故爲龍也巽爲雞巽主號令雞能知時故爲雞也坎爲豕坎主水瀆豕處汙濕故爲豕也離爲雉離爲文明雉有文章故爲雉也艮爲狗艮爲靜止狗能善守禁止外人故爲狗也兌爲羊兌說也王廙云羊者順之畜故爲羊也

乾爲首坤爲腹震爲足巽爲股坎爲耳離爲目艮爲手兌爲口〔疏〕正義曰此一節說八卦人身之象略明近取諸身也乾尊而在上故爲首也坤爲腹坤能包藏含容故爲腹也震爲足足能動用故爲足也巽爲股股隨於足則巽順之謂故爲股也坎爲耳坎北方之

卦主聽故爲耳也離爲目南方之卦主視故爲目也艮爲手艮既爲止手亦能止持其物故爲手也兌爲口兌西方之卦主言語故爲口也

乾天也故稱乎父坤地也故稱乎母震一索而得男故謂之長男巽一索而得女故謂之長女坎再索而得男故謂之中男離再索而得女故謂之中女艮三索而得男故謂之少男兌三索而得女故謂之少女【疏】正義曰此一節說乾坤六子明父子之道王氏云索求也以乾坤爲父母而求其子也得父氣者爲男得母氣者爲女坤初求得乾氣爲震故曰長男坤二求得乾氣爲坎故曰中男坤三求得乾氣爲艮故曰少男乾初求得坤氣爲巽故曰長女乾二求得坤氣爲離故曰中女乾三求得坤氣爲兌故曰少女

乾爲天爲圜爲君爲父爲玉爲金爲寒爲冰爲

大赤爲良馬爲老馬爲瘠馬爲駁馬爲木果【疏】正義曰此下歷就八卦廣明卦象者也此一節廣明乾象乾旣爲天天動運轉故爲圜也爲君爲父取其尊道而爲萬物之始也爲玉爲金取其剛之清明也爲寒爲冰取其西北寒冰之地也爲大赤取其盛陽之色也爲良馬取其行健之善也爲老馬取其行健之久也爲瘠馬取其行健之甚瘠馬骨多也爲駁馬言此馬有牙如倨能食虎豹爾雅云倨牙食虎豹此之謂也王廙云駁馬能食虎豹取其至健也爲木果取其果實著木有似星之著天也

坤爲地爲母爲布爲釜爲吝嗇爲均爲子母牛爲大輿爲文爲衆爲柄其於地也爲黑【疏】正義曰此一節廣明坤象坤旣爲地地受任生育故謂之爲母也爲布取其地廣載也爲釜取其化生成熟也爲吝嗇取其地生物不轉移也爲均以其地道平均也爲子母牛取其多蕃育而順之也爲大輿取其能載萬物也爲文取其萬物之色雜也爲衆取其地載物非一也爲柄取其生物之本也其於地也爲黑取其極陰之色也

震為雷為龍為玄黃為旉為大塗為長子為決躁為蒼筤竹為萑葦其於馬也為善鳴為馵足為作足為的顙其於稼也為反生其究為健為蕃鮮（疏）正義曰此一節廣明震象為玄黃取其相雜而成蒼色也為旉取其春時氣至草木皆吐旉布而生也為大塗取其萬物之所生也為長子如上文釋震為長子也為決躁取其剛動也為蒼筤竹竹初生之時色蒼筤取其春生之美也為萑葦萑葦竹之類也其於馬也為善鳴取其象雷聲之遠聞也為馵足馬後足白為馵取其動而見也為作足取其動而行健也為的顙白額為的顙亦取動而見也其於稼也為反生取其始生戴甲而出也其究為健究極也極於震動則為健也為蕃鮮鮮明也取其春時草木蕃育而鮮明

巽為木為風為長女為繩直為工為白為長為高為進退為不果為臭其於人也為寡髮為廣

顙爲多白眼爲近利市三倍其究爲躁卦〔疏〕正義

曰此一節廣明巽象巽爲木木可以輮曲直卽巽順之謂也爲風取其陽在上搖木也爲長女如上釋巽爲長女也爲繩直取其號令齊物如繩之直木也爲工亦正取繩直之類爲白取其風吹去塵故絜白也爲長取其風行之遠也爲高取其風性高遠又木生而上也爲進退取其風之性前却其物進退之義也爲不果取其風性前却不能果敢決斷亦皆進退之義也爲臭王肅作爲香臭也取其風所發也又取下風之遠聞其於人也爲寡髮寡少也風落樹之華葉則在樹者稀疎如人之少髮亦類於此故爲寡髮也爲廣顙額闊爲廣顙髮寡少之義故爲廣顙也爲多白眼取躁人之眼其色多白也爲近利取其躁人之情多近於利也市三倍取其木生蕃盛於市則三倍之宜利也其究爲躁卦究極也取其風之近極於躁急也

坎爲水爲溝瀆爲隱伏爲矯輮爲弓輪其於人也爲加憂爲心病爲耳痛爲血卦爲赤其於馬也爲美脊爲亟心爲下首爲薄蹄爲曳其於輿

也爲多眚爲通爲月爲盜其於木也爲堅多心

疏 正義曰此一節廣明坎象坎爲水取其北方之行也爲溝瀆取其水行無所不通也爲隱伏取其水藏地中也爲矯輮取其使曲者直爲矯使直者曲爲輮水流曲直故爲矯輮也爲弓輪弓者激矢取如水激射也輪者運行如水行也其於人也爲加憂取其憂險難也爲心病憂其險難故心病也爲耳痛坎爲勞卦也又北方主聽聽勞則耳痛也爲血卦取其人之有血尤地有水也爲赤亦取血之色其於馬也爲美脊取其陽在中也爲亟心亟急也取其中堅內動也爲下首取其水流向下也爲薄蹄取其水流迫地而行也爲曳取其水磨地而行也其於輿也爲多眚取其表裏有陰力弱不能重載常憂災眚也爲通取其行有孔穴也爲月取其月是水之精也爲盜取水行潛竊如盜賊也其於木也爲堅多心取剛在內也

離爲火爲日爲電爲中女爲甲冑爲戈兵其於人也爲大腹爲乾卦爲鱉爲蟹爲蠃爲蚌爲龜其於木也爲科上槁

疏 正義曰此一節廣明離象離爲火取南方之行也爲日取

其日是火精也爲電取其有明似火之類也爲中女如上釋離
爲中女也爲甲胄取其剛在外也爲戈兵取其剛在於外以剛
自捍也其於人也爲大腹取其懷陰氣也爲乾卦取其日所烜
也爲鱉爲蟹爲蠃爲蚌爲龜皆取剛在外也其於木也爲科上
槁科空也陰在內爲空木
既空中者上必枯槁也

艮爲山爲徑路爲小石爲門闕爲果蓏爲閽寺
爲指爲狗爲鼠爲黔喙之屬其於木也爲堅多
節

疏 正義曰此一節廣明艮象艮爲山取陰在下爲止陽
在於上爲高故艮象山也爲徑路取其山雖高有澗
道也爲小石取其艮爲山又爲陽卦之小者故爲小石也爲門
闕取其有徑路又崇高也爲果蓏木實爲果草實爲蓏取其出
於山谷之中也爲閽寺取其禁止人也爲指取其執止物也爲
狗爲鼠取其皆止人家也爲黔喙之屬取其山居之獸也其於
木也爲堅多節取其山之
所生其堅勁故多節也

兌爲澤爲少女爲巫爲口舌爲毀折爲附決其

於地也爲剛鹵爲妾爲羊〔疏〕正義曰此一節廣明兌象兌爲澤取其陰卦之小地類卑也爲少女如上釋兌爲少女也爲巫取其口舌之官也爲口舌取西方於五事爲言取口舌爲言語之具也爲毀折爲附決兌西方之卦又兌主秋也取秋物成熟稾稈之屬則毀折也果蓏之屬則附決也其於地也爲剛鹵取水澤所停則鹹鹵也爲妾取少女從娣爲娣也爲羊如上釋取其羊性順也

周易序卦第十

〔疏〕正義曰序卦者文王既繇六十四卦分爲上下二篇其先後之次其理不見故孔子就上下二經各序其相次之義故謂之序卦焉其周氏就序卦以六門往攝第一天道門第二人事門第三相因門第四相反門第五相須門第六相病門如乾之次坤泰之次否等是天道運數門也如訟必有師師必有比等是人事門也如因小畜生履因履故通等是相因門也如遯極反壯動竟歸止等是相反門也如大有須謙蒙稚待養等是相須也如賁盡致剝進極致傷等是相病門也韓康伯云序卦之所明非易之緼也蓋因卦之次託象以明義不取深緼之義故云非易之緼故以取其人理也今驗六十四卦二二相耦非覆即變覆者表裏視之遂成兩卦屯蒙需訟師比之類是也變者反覆唯成一

卦則變以對之乾坤坎離大過頤中孚小過之類是也且聖人本定先後若元用孔子序卦之意則不應非覆即變然則康伯所云因卦之次託象以明義蓋不虛矣故不用周氏之義

有天地然後萬物生焉盈天地之間者唯萬物故受之以屯屯者盈也屯者物之始生也。屯剛柔始交故爲物之始交也〔疏〕正義曰王肅云屯剛柔始交而難生故爲物始生也盧氏云物之始生故屯難皆以物之始生釋屯難之義案上言屯者盈也釋屯次乾坤其言已畢更言屯者物之始生者開說下物生必蒙直取始生之意非重釋屯之名也故韓康伯直引剛柔始交以釋物之始生也

物生必蒙故受之以蒙蒙者蒙也物之穉也物穉不可不養也故受之以需需者飲食之道也飲食必有訟故受之以訟夫有生則有資有資則爭興也訟必有衆起故受之以師師者衆也

衆必有所比故受之以比衆起而不比則爭无由息必相親比而後得寧也比

者比也比必有所畜故受之以小畜此非大通之道則各有所畜以相濟也由比而畜故曰小畜而不能大也物畜然後有禮故受之以履履者禮也禮所以適用也故既畜則宜用有用則須禮也履而泰然後安故受之以

泰泰者通也物不可以終通故受之以否物不可

以終否故受之以同人否則思通人人同志故可出門同人不謀而合與人

同者物必歸焉故受之以大有有大者不可以

盈故受之以謙有大而能謙必豫故受之以豫

豫必有隨順以動者衆之所隨【疏】正義曰鄭玄云喜樂而出人則隨從孟子曰吾君不游吾何以

休吾君不豫吾何以助此之謂也王肅云歡豫人必有隨隨者

皆以爲人君喜樂歡豫則以爲人所隨案豫卦彖云豫剛應而

志行順以動豫豫順以動故天地如之而况建侯行師乎天地以順動故日月不過而四時不忒聖人以順動則刑罰淸而民服卽此上云有大而能謙必豫故受之以豫其意以聖人順動能謙爲物所說所以爲豫人既說豫自然隨之則謙順在君說豫在人也若以人君喜樂游豫人則隨之紂作靡靡之樂長夜之飲何爲天下離叛乎故韓康伯云順以動者衆之所隨在於人君取致豫之義然後爲物所隨所以非斥先儒也

故受之以隨以喜隨人者必有事故受之以蠱蠱者事也有事而後可大可大之業由事而生故受之以臨臨者大也物大然後可觀故受之以觀可觀而後有所合故受之以噬嗑可觀則異方合會也嗑者合也物不可以苟合而已故受之以賁賁者飾也物相合則須飾以脩外也致飾然後亨則盡矣故受之以剝極飾則實喪也剝者剝也物不可以終盡

剝窮上反下故受之以復復則不妄矣故受之以无妄有无妄然後可畜故受之以大畜物畜然後可養故受之以頤頤者養也不養則不可動故受之以大過不養則不可動養過則厚

疏正義曰鄭玄云以養賢者宜過於厚王輔嗣注此卦云音相過之過韓氏云養過則厚與鄭玄輔嗣義同唯王肅云過莫大於不養則以爲過失之過案此序卦以大過次頤也明所過在養子雍以爲過在不養違經反義莫此之尤而周氏等不悟其非兼以過失釋大過之名已具論之於經也

物不可以終過故受之以坎坎者陷也過而不已則陷沒也

陷必有所麗故受之以離離者麗也物窮則變極陷則反所麗也

有天地然後有萬物有萬物然後有男女有男女然後有夫婦有夫婦然後有父子有父子然

後有君臣有君臣然後有上下有上下然後禮義有所錯言咸卦之義也凡序卦所明非易之緼也蓋因卦之次託以明義咸柔上而剛下感應以相與夫婦之象莫美乎斯人倫之道莫大乎夫婦故夫子殷勤深述其義以崇人倫之始而不係之於離也先儒以乾至離爲上經天道也咸至未濟爲下經人事也夫易六畫成卦三材必備錯綜天人以效變化豈有天道人事偏於上下哉斯蓋守文而不求義失之遠矣〔疏〕正義曰韓於此一節注破先儒上經明天道下經明人事於咸卦之初已論之矣

夫婦之道不可以不久也故受之以恆恆者久也物不可以久居其所故受之以遯遯者退也夫婦之道以恒爲貴而物之所居不可以恒宜與世升降有時而遯也物不可以終遯遯君子以遠小人遯而後亨何可終邪則小人遂陵君子日消也故受之以大壯陽盛陰消君子道勝物不可以終壯故受之以晉晉以柔而進也晉者進也雖以柔而進要是進

也
進必有所傷故受之以明夷日中則昃日盈則食夷者傷
也傷於外者必反於家故受之以家人傷於外必反脩諸內
家道窮必乖室家至親過在失節故家人之義唯嚴與敬樂勝則流禮勝則離家人尚嚴其敝必乖也
故受之以睽睽者乖也乖必有難故受之以蹇
蹇者難也物不可以終難故受之以解解者緩也
緩必有所失故受之以損損而不已必益故受
之以益益而不已必決益而不已則盈故必決也故受之以夬
夬者決也決必有遇以正決邪必有喜遇也故受之以姤姤
者遇也物相遇而後聚故受之以萃萃者聚也
聚而上者謂之升故受之以升升而不已必困

故受之以困困乎上者必反下故受之以井井道不可不革井久則濁穢宜革易其故故受之以革革物者莫若鼎故受之以鼎革去故鼎取新既以去故則宜制器立法以治新也鼎所以和齊生物成新之器也故取象焉主器者莫若長子故受之以震震者動也物不可以終動止之故受之以艮艮者止也物不可以終止故受之以漸漸者進也進必有所歸故受之以歸妹得其所歸者必大故受之以豐豐者大也窮大者必失其居故受之以旅旅而无所容故受之以巽旅而无所容以巽則得出入也巽者入也入而後說之故受之以兌兌者說也說而後散

之故受之以渙說不可偏係故宜散也渙者離也渙者發暢而无所壅滯則殊越各肆而不反則遂乖離也物不可以終離故受之以節夫事有其節則物之所同守而不散越也節而信之故受之以中孚孚信也既已有節則宜信以守之有其信者必行之故受之以小過守其信者則失貞而不諒之道而以信為過故曰小過也有過物者必濟行過乎恭禮過乎儉可以矯世厲俗有所濟也故受之以既濟物不可窮也故受之以未濟終焉有為而能濟者以已窮物者也物窮則乖功極則亂其可濟乎故受之以未濟也

周易雜卦第十一

雜卦者雜糅衆卦錯綜其義或以同相類或以異相明也

【疏】正義曰上序卦依文王上下而次序之此雜卦孔子更以意錯雜而對辨其次第不與序卦同故韓康伯云雜卦者雜糅衆卦錯綜其義或以同相類或以異相明也虞氏云雜卦者雜六十四卦以為義其於序卦之外別言也此者聖人之興因時而作隨其時宜

不必皆相因襲當有損益之意也故歸藏名卦之次亦多異於時王道踳駁聖人之意或欲錯綜以濟之故次序卦以其雜也

乾剛坤柔比樂師憂 親比則樂動衆則憂 臨觀之義或與或求 以我臨物故曰與物來觀我故曰求 屯見而不失其居 屯利建侯君子經綸之時雖見而磐桓利貞不失其居也 蒙雜而著 雜而未知所定也求發其蒙則終得所定著定也 震起也艮止也損益盛衰之始也 極損則益極益則損 大畜時也 因時而畜故能大也 无妄災也 无妄之世妄則災也 萃聚而升不來也 來還也方在上升故不還也 謙輕而豫怠也 謙者不自重大 噬嗑食也賁无色也 飾貴合衆无定色也 兌見而巽伏也 兌貴顯說巽貴卑退 隨无故也 隨時之宜不繫於故也隨則有事受之以蠱飭整治也蠱所以整治其事也 蠱則飭也 剝爛也 物熟則剝落也 復反也晉晝也明夷誅也 誅傷也 井通而困

相遇也井物所通用而不吝也困安於所遇而不濫也咸速也物之相應莫速乎咸恒久也渙離也節止也解緩也蹇難也睽外也相疏外也家人內也否泰反其類也大壯則止遯則退也大正則小人也。小人亨則君子退也大有衆也同人親也革去故也鼎取新也小過過也中孚信也豐多故也虛者懼危滿者戒盈豐大者多憂故也親寡旅也親寡故寄旅也離上而坎下也火炎上水潤下小畜寡也不足以兼濟也履不處也王弼云履卦陽爻皆以不處其位爲吉也需不進也畏險而止也訟不親也大過顛也本末弱也姤遇也柔遇剛也漸女歸待男行也女從男也頤養正也既濟定也歸妹女之終也女終於出嫁也未濟男之窮也剛柔失位其道未濟

故曰窮也夬決也剛決柔也君子道長小人道憂也

周易兼義卷第九

大清嘉慶廿年重栞

宋本[illegible]藏[illegible]校

太子少保江西巡撫阮元栞

周易注疏挍勘記卷九

阮元撰盧宣旬摘錄

周易兼義卷第九　錢本錢挍本宋本作周易注疏卷第十三

周易說卦第九　石經釋文岳本古本足利本同錢本宋本無第九二字

輔嗣之文言　閩監毛本同錢本宋本之作以

將明聖人引伸因重之意　閩監毛本同錢本宋本重下有卦字

幽贊於神明而生蓍　石經岳本閩監毛本同釋文本贊或作讚

蓍受命如嚮　閩監毛本同岳本宋本古本足利本嚮作響釋文嚮本又作響

言是伏犧非文王等　閩監毛本同錢本宋本言作明○按集解作明是伏犧非謂文王也

參天兩地而倚數　石經岳本閩監毛本同釋文天或作大者非倚蜀才作奇通

觀變於陰陽而立卦　石經岳本閩監毛本同釋文觀變一本作觀變化

擬象陰陽變化之體○補案○當者字之譌毛本正作者
變動相和閩監毛本同岳本宋本古本足利本和作生○補案生字是也
和順於道德而理於義此下古本有易所以和天道順地德理行義十二字注足利本同惟理行
義作理仁義也
斷人倫之正義閩監毛本同宋本斷下有割字
此節就爻位閩監毛本同錢本宋本此下有一字
將以順性命之理石經岳本閩監毛本同古本下有也字
或有在形而言陰陽者岳本閩監毛本同古本無有字
與特載之剛也補毛本特作持
故易六位而成章石經岳本閩監毛本同釋文六位而成章本又作六畫

與斷刮之義也也 補閩監毛本刮作割宋本同案割字是

旣備三才之道 閩監毛本同錢本宋本備上有兼字

注二四至爲陽者 補案注文無者字此誤衍也毛本不誤

今八卦相錯也 閩監毛本同宋本今作令○補案令字是

日以烜之 石經岳本閩監毛本同釋文烜本又作晅

巽東南也 石經岳本閩監毛本同古本南下有方字

故曰致役乎坤 石經岳本閩監毛本同古本下有也字

坎者水也 石經岳本閩監毛本同古本無也字

萬物之所歸也 補各本如此十行本原脫所字案經萬物之所說也萬物之所成終而所成始也並有所字正義述此句亦作萬物之所歸也是當有所字今補正

萬物之所成終而所成始也　石經岳本閩監毛本同古本無下所字

立秋而萬物皆說成也　閩監毛本同宋本立作正

妙萬物而爲言者也　石經岳本閩監毛本同釋文妙王肅作眇

則雷疾風行　盧文弨云則當作明集解作明則衍則字

莫熯乎火　石經岳本閩監毛本同釋文熯徐本作暵

故水火相逮　石經岳本閩監毛本同釋文水火不相逮鄭宋陸王肅王廙無不字

正義曰鼓動萬物者　閩監毛本同錢本宋本與上疏相連故無正義二字但作故曰二字

坎爲豕　石經岳本閩監毛本同正義亦作豕釋文云京作彘

羊者順之畜　閩監毛本同錢本宋本順下有從字

爲瘠馬爲駁馬　岳本閩監毛本同石經駁字係摩改初刻當是駮字釋文瘠京荀作柴駁邦角反

取其尊道　閩監毛本同宋本道作首

取其剛之淸明也　閩監毛本同錢本宋本之作而

此馬有牙如倨　宋本同閩監毛本倨作鋸下同

爲吝嗇　石經岳本閩監毛本同釋文吝京作遴

以其地道平均也　閩監毛本同宋本以作取是也

爲龍　石經岳本閩監毛本同釋文龍虞干作駹

爲旉　石經岳本閩監毛本同釋文旉本又作專

爲蒼筤竹爲萑葦　岳本閩監毛本同釋文蒼筤或作琅通石經萑作雚釋文出雚葦○按依說文當作雈从艸雈聲省作萑俗作雚

爲馵足　石經岳本閩監毛本同釋文馵京作朱荀同

其於稼也爲反生 石經岳本閩監毛本同釋文反虞作阪

取其萬物之所生也 閩監毛本同宋本生下有出字

馬後足白爲馵 盧文弨云依爾雅足上當有左字

白額爲的顙 閩監毛本同宋本額作頟○按頟額古今字

爲臭 石經岳本閩監毛本同釋文王肅作爲香臭

其於人也爲寡髮爲廣顙 石經岳本閩監毛本同釋文寡本又作宣廣鄭作黃

取躁人之眼 閩監毛本同錢本宋本躁上有其字

爲矯輮爲弓輪 石經岳本閩監毛本同釋文矯一本作撟輮馬鄭陸王肅本作此宋衷王廙作揉京作柔荀作橈輪姚作倫

爲亟心 石經岳本閩監毛本同釋文亟荀作極

取其行有孔穴也 閩監毛本同錢本宋本行上有水字

爲乾卦爲鱉 閩監本同岳本毛本鱉作鼈石經鱉字下半漫滅釋文乾董作幹鱉本又作鼈○按鼈鱉正俗字

爲蠃爲蚌 岳本閩監毛本同石經蚌字漫滅釋文蠃京作螺姚作蠡蚌本又作蜯

其於木也爲科上槁 石經岳本監毛本同閩本槁作稿釋文科虞作折槁鄭作槀干作熇

爲果蓏爲閽寺 石經岳本閩監毛本同釋文果蓏京本作果墮之字寺亦作閽字

爲黔喙之屬 石經岳本閩監毛本同釋文黔鄭作黚

爲堅多節 石經岳本閩監毛本同釋文一本無堅字古本多上有爲字

取陰在下爲止 閩監毛本同錢本宋本在下有於字

爲羊 石經岳本閩監毛本同釋文虞作羔此六子依求索而爲女序也本亦有以三男居前三女後從乾健也章至

此韓無注或有注非也

周易序卦第十 石經釋文岳本錢本錢校本宋本同古本序上有經字又案石經篇題在每卷首者皆八分大書此及雜卦與繫辭下同卷故獨楷書

以六門往攝 閩監毛本同錢本宋本往作主

泰之次否等第 閩監毛本同宋本無第字

是人事門也 閩監毛本同宋本無門字

故以取其人理也 閩監毛本同錢本宋本人作義盧文弨云按句上疑有脫字

屯者物之始生也 石經岳本閩監毛本同古本無也字

故爲物之始交也 補案交當作生正義可證毛本是生字

物之穉也 石經岳本閩監毛本同釋文穉本或作稚

比必有所畜石經岳本閩監毛本同釋文畜本亦作蓄下及雜卦同

此非大通之道閩監毛本同岳本宋本古本足利本此作比○補案比字是也

物不可以終通補各本如此十行本原脫以字案序卦物不可以終否物不可以終盡物不可以終過物不可以終遯物不可以終壯物不可以終離物不可以終動止之物不可以終止物不可以終離句法凡九見終上並有以字今依各本補正

吾君不游吾何以休吾君不豫吾何以助孫志祖云今孟子二君字俱作子

嘉樂游豫閩監毛本同宋本游作歡

物大然後可觀石經岳本閩監毛本同古本下有也字下剝窮上反下下有无妄然後可畜下物畜然後可養下不養則不可動下並同案无妄然後可畜下石經初刻有也字後改刪去

故受之以坎 石經岳本閩監毛本同古本坎上有習字

然後禮義有所錯 石經岳本閩監毛本同古本下有矣字

言咸卦之義也 岳本閩監毛本同古本咸作感

非易之緼也 岳本閩監毛本同釋文緼本又作蘊

託以明義 岳本閩監毛本同古本託作說

故夫子殷勤深述其義 閩監毛本同岳本足利本殷勤作慇懃

而不係之於雜也 閩監毛本同岳本宋本古本足利本雜作離○補案離字是也

三材必備 岳本閩本古本同監毛本材作才

君子日消也 岳本閩監毛本同古本也作矣

日盈則食 閩本同岳本監毛本日作月是也古本下有也字下宜革易其故下而以信爲過下並同

必反於家石經岳本同閩本反下空一字監毛本於作其錢大昕云周易本義咸淳本亦作於字

乖必有難石經岳本閩監毛本同古本難上有所字釋文出有難

故受之以解(補)各本如此十行本原脫以字案序卦故受之下並有以字今補正

決必有遇石經岳本宋本古本足利本同閩監毛本有下衍所字

必有喜遇也岳本宋本古本足利本喜作嘉閩監毛本脫也字

井道不可不革石經岳本閩監毛本同古本下有也字

物不可以終動止之石經閩監毛本同岳本古本足利本止上有動必二字

必失其居石經岳本閩監毛本同古本居作君

則得出入也閩監毛本同岳本宋本古本足利本出作所

則殊越閩監毛本同岳本宋本古本足利本越作趣

節而信之石經岳本閩監毛本同古本而下有後字

周易雜卦第十一石經釋文岳本錢本錢校本同古本卦下有傳字○按監本此節注文全脫當依此補

別言也此者錢本宋本同閩監毛本此作昔

君子經綸之時閩監毛本同岳本古本經上有以字釋文綸本又作論

雜而未知所定也閩監毛本同岳本宋本古本足利本而作者

萃聚而升不來也石經岳本閩監毛本同古本聚下有也字下謙輕下離上下漸女歸下並同

謙輕而豫怠也石經岳本閩監毛本同釋文怠京作治虞作怡

謙者不自重大集解作不自任也

蠱則飭也岳本閩監毛本同石經飭作飾釋文則飭鄭本王肅作飾

復反也岳本閩監毛本同古本無也字下親寡旅也履不處也並同石經此三字泐缺以字數計之當有也字

大正則小人也補案也當作止形近之譌

小人亨則君子退也閩監毛本古本享作亨岳本宋本足利本同無也字

大有衆也石經岳本閩監毛本同釋文衆荀作終

豐多故也石經岳本閩監毛本同釋文豐多故衆家以此絕句親寡旅也荀本豐多故親絕句寡旅也別爲句是其本無也字

畏駭而止也補案駭當作險毛本是險字

姤遇也岳本閩監毛本同石經姤作媾非

小人道憂也足利本此下有君子以決小人長其道小人自決云深憂也十八字注

周易注疏挍勘記卷九

經典釋文卷第一

周易音義

唐國子博士兼太子中允贈齊州刺史吳縣開國男陸德明撰

周 代名也周至也遍也備也今名書義取周普 易 盈隻反此經名也虞翻注參同契云字從日下月 上經 上者對下立名經者常也法也徑也由也 乾 卦名 傳 直戀反以傳述爲義謂夫子十翼也解見發題 第一 亦作弟 王弼注 本亦作王輔嗣注音張具反今本或无注字師說无者非

☰☰ 乾 竭然反依字作倝下乙倝從旦从㫃音僊說卦云乾健也此八純卦象天 元亨 許庚反卦德也訓通也餘放此 潛 捷鹽反 龍 喻陽氣及聖人 見龍 賢遍反示也注及下見龍皆同 利見 如字下皆同 大人 王肅云聖人在位之目 離隱 力智反 處於 昌呂反衆經不音者放此 德施 始豉反與也 不偏 音篇 則

過 古臥反諸經內皆同 夕惕 他歷反怵惕也鄭玄云懼也廣雅同 若厲 力世反危也 无 音無易內皆作此字說文云奇字無也通於无者虛无道也王述說天屈西北爲无 咎 其久反易內同 重剛 直龍反下同 竭知 音智

或躍羊灼反廣雅云上也上音時掌反所處一本作可處近乎附近之近猶以救反與音預不
謬靡幼反本或作繆音同大位音符下皆同亢苦浪反子夏傳云極也廣雅云高也則佞乃定反邪
字又作耶似嗟反彖吐亂反斷也斷音都亂反資始鄭云資取也乃統鄭云統本也雲行如字雨
施始豉反卦內皆同之累劣僞反者邪或作耶同餘嗟反後協句辭皆放此象翔丈反精象擬象也自
強其良反反復芳服反注同本亦作覆大人造鄭徂早反爲也王肅七到反就也至也劉歆父子作聚
文言文飾卦下之言也夫子之十翼梁武帝云文言是文王所制之長張丈反之幹古旦反體仁
如字京房荀爽董遇本作體信利物孟喜京荀陸績作利之不成名一本作不成乎名遯世徒頓反
无悶門遜反樂則音洛確乎苦學反鄭云堅高之皃說文云高至可拔蒲八反鄭云移也廣雅云出也
庸行下孟反閑邪以嗟反下同幾既依反注同理初始微名幾能全一本作能令尟克本亦
作鮮同仙善反少也怵敕律反解怠佳賣反上下竝如字王肅上音時掌反非離力智反相應

應對之應易內不出者並同流濕申入反就燥蘇早先早二反聖人作如字鄭云起也馬融作起而
當都浪反易內皆同有與者別出故盡津忍反當其如字上治直吏反下及注同放遠于萬反
見而賢遍反粹雖遂反揮音輝廣雅云動也王肅云散也本亦作輝義取光輝為行下孟反下之行行而
皆同日可人實反未見賢遍反以辯如字徐便°免反重剛直龍反下同夫大人音符發端
之字皆放此先天悉薦反後天胡豆反知喪息浪反其唯聖人乎王肅本作愚人後結
始作聖人

䷁坤本又作巛巛今字也同困魂反說卦云順也八純卦象地利牝頻忍反徐邈扶忍反又扶死反有攸
音由所也喪朋息浪反馬云失也下及注並同必離力智反无疆或作壃同居良反下及注同必爭
爭鬭之爭履霜如字鄭讀履為禮積著張慮反眾經不音者皆同始凝魚冰反馴似遵反向秀云從也
徐音訓此依鄭義任其而鴆反眾經皆同知光音智注同不擅善戰反專也括古活反結也方言云

閉也廣雅云塞也 囊乃剛反 无譽音餘又音預 不造七到反又曹早反 否皮鄙反 閉必計反字林方結反云闔也 施慎並如字慎謹也象詞同本或作順非 之飾甲職反本或作飭俗字 坤至柔本或有文言曰者 爲邪似嗟反 餘殃於良反鄭云禍惡也說文云凶也 臣弒式志反本或作殺音同下同 由辯如字馬云別也荀作變 言順如字 直方大不習无不利則不疑其所行 張璠本也上有易曰衆家皆无 木蕃伐袁反 而暢勑亮反 陰疑如字荀虞姚信蜀才本作凝 爲其于僞反注爲其同 嫌戶謙反注同鄭作謙荀虞陸董作嗛 未離力智反 ䷂屯張倫反難也盈也坎宮二世卦 則否備鄙反 得主則定本亦作竚°寧 而難乃旦反卦內除六二注難可餘並同賈逵注周語云畏憚也 天造徂早反注同 草昧音妹廣雅云草造也董云草昧微物 而不寧而辭也鄭讀而曰能能猶安也 經論音倫鄭如字謂論撰書禮樂施政事黃穎云經綸°匡濟也本亦作倫° 磐本亦作盤又作槃步干反 桓馬云槃桓旋也 晏安本又作宴各依字晏一諫反宴一見反 下賤遐嫁反

屯如子夏傳云如辭也邅如張連反馬云難行不進之皃乘馬繩證反四馬曰乘下及注並同鄭云馬牡
曰乘子夏傳音繩班如如字子夏傳云相牽不進皃鄭本作般媾古后反馬云重婚本作冓鄭云猶會本或作構
者非相近附近之近下近於同又如字卽鹿王肅作麓云山足君子幾徐音祈辭也注同又音機近也
速也鄭作機云弩牙也如舍式夜反止也注下同徐音捨往吝力刃反又力慎反馬云恨也雖比毗志
反下背同之易以豉反不揆葵癸反以從如字鄭黃子用反合好呼報反下同恢弘苦回
反大也博施式豉反及下文皆同拯拯救之拯亨于許庚反他間間廁之間漣如音連說文云泣
下也應援于眷反又音袁闉音因塞也春秋傳云當陳隧者井堙木刊是也阨於革反又於賣反委仰如字
又魚亮反長也直良反
䷃蒙莫公反蒙蒙也稚也稽覽圖云無以教天下曰蒙方言云蒙萌也離宮四世卦童如字字書作僮鄭云未冠
之稱廣雅云癡也筮市制反決也鄭云問告古毒反示也語也再三息暫反又如字瀆音獨亂也鄭云褻也

則復扶又反能斷丁亂反大疑音扶六五注同闇山五代反時中張仲反注時中決中同又

如字稚也童蒙求我一本作來求我不諮本亦作咨又作資並通果行下孟反注及六三注象同用

說吐活反注同徐又音稅桎音質梏古毒反在足曰桎在手曰梏小爾雅云杻謂之梏械謂之桎杻音丑所惡

烏路反苞蒙如字鄭云苞當作彪彪文也用取七住反本又作娶下及注同獨遠于万反下文同能

比毗志反以巽音遜鄭云當作遜擊蒙經歷反王肅云治也馬鄭作繫擊去起呂反亦為之于僞

反又如字扞胡旦反禦魚呂反本又作衛

䷄需音須字從雨重而者非飲食之道也訓養鄭讀爲秀解云陽氣秀而不直前者畏上坎也坤宮遊魂卦有

孚徐音敷信也又作旉光師讀絕句亨貞吉一句馬鄭總爲一句不陷陷沒之陷位乎如字鄭音涖

雲上時掌反干寶云外也於天王肅本作雲在天上宴烏練反徐烏殄反安也下同鄭云享宴也李軌烏衍反

樂音洛注同最遠袁萬反下遠險同於難乃旦反下及文皆同利用恒未失常也本亦有无

孚者 于沙 如字鄭作沚 轉近 附近之近 後時 胡豆反 衍在 以善反徐怡戰反 致寇 如字鄭王
肅本作戎 則辟 音避下同 巳得 音紀又音巳 所復 扶又反 不速 如字馬云召也釋詁云疾也釋言云
徵也召也

䷅ 訟 才用反爭也言之於公也鄭云辯財曰訟離宮遊魂卦 窒 張栗反徐得悉反又得失反馬作咥云讀為躓
猶止也鄭云咥覺悔皃 惕 湯歷反王注或在惕字上或在下皆通在中吉下者非 中 如字馬丁仲反 吉 有孚窒一
句惕中吉一句 涉難 乃旦反 猶復 扶又反下同 不枉 紆往反 而令 力呈反 正夫 音符下注
同 斷不 丁亂反下注並同 契之 苦計反下同 其分 符問反 相濫 力暫反 爭何 爭鬭之爭
陰和 胡臥反 而逋 補吳反徐方吳反 眚 生領反子夏傳云妖祥曰眚馬云災也鄭云過也 下物 遐嫁
反 竄 七亂反徐又七外反逃也 掇 徐都活反說文云拾取也鄭本作惙陟劣反憂也 忤也 五故反 復即
音服後同音更不音 渝 以朱反變也馬同鄭云然也 不邪 似嗟反 錫 星歷反又星自反賜也 鞶 步干反馬

云大也徐云王肅作槃鞶音帶亦作帶**終朝**馬云旦至食時爲終朝三息暫反注同或如字**褫**徐敕紙反
又直是反本又作褫音同王肅云鮮也鄭本作拕徒何反
䷆師象云衆也馬云二千五百人爲師坎宮歸魂卦**貞丈人**絶句丈人嚴莊之稱鄭云能以法度長於人
之稱尺證反**以王**如字物歸往也徐又往況反**毒**徒篤反役也馬云治也**畜衆**敕六反聚也王肅許
六反養也**否**音鄙惡也注同馬鄭王肅方有反**臧**作郎反善也**三錫**星歷反徐音賜鄭本作賜**天寵**如字
鄭云光耀也王肅作龍云龍也**背高**音佩**有禽**徐本作擒**長子**丁丈反注及下同**帥師**色類反
䷇比毗志反卦內並同象云輔也序卦云比此也子夏傳云地得水而柔水得地而流故曰比徐又甫履反坤宮歸
魂卦**凶邪**似嗟反**求有**本亦作求得**其炎**于廉反**缶**方有反瓦器也鄭云汲器也爾雅云盎謂之缶
有它敕多反本亦作他**匪人**非鬼反馬云匪非也王肅本作匪人凶**三驅**匡愚反徐云鄭作毆馬云三驅
者一曰乾豆二曰賓客三曰君庖**狹矣**戶夾反**則舍**音赦又音捨**背已**音佩**則射**食亦反**惡**

而烏路反 舍逆音捨

䷈小畜本又作蓄同敕六反積也聚也卦內皆同鄭許六反養也巽宮一世卦 施未始豉反注皆同 陽

上時掌反 蒸職膺反 車說吐活反下文并注並同說○云解也 輻也音福 雖復扶又反上九注同

輿音餘 輻音福本亦作輹音服馬云車下縛也鄭云伏菟 陰長丁丈反下同 血如字馬云當作恤憂也 去

起呂反注同 亦惡烏路反履卦同 攣力專反馬云連也徐又力轉反子夏傳作戀云思也 幾徐音祈又音機注同

子夏傳作近 雖桼也則然一本作然則讀即以也字絕句 有難乃旦反 可盡津忍反

䷉履利恥反禮也艮宮五世卦 咥直結反齧也馬云齕 說而音悅注及後同 行夫音符下同 佞邪

似嗟反 疚久又反馬云病也陸本作疚 坦坦吐但反說文云文也廣雅云平也明也蒼頡篇云著也 不憙

盧備反又音密 險厄於革反又作戹 眇妙小反字書云盲也說文云小目 跛波我反足跛也依字作𡰪 不脩

本又作循 行未下孟反 愬愬山革反子夏傳云恐懼皃何休注公羊傳云驚懼也馬本作虩虩音許逆反云恐懼

也說文同廣雅云懼也 逼近附近之近 夬古快反 考祥本亦作詳

周易上經泰傳第二

☷☰泰如字大通也鄭云通也馬云大也坤宮三世卦 道長丁丈反 財成音才徐才載反荀作裁 輔相息亮反注同 以左音佐注同 右民音佑注同左右助也 拔蒲八反 茅卯交反鄭音苗 茹汝據反牽引也鄒湛同王肅音如 彙音胃類也李于鬼反傅氏注云彙古偉字美也古文作曹董作夤出也鄭云勤也 苞本又作包必交反下卦同音薄交反 荒本亦作巟音同鄭注禮云穢也說文水廣也又大也鄭讀為康云虛也 用馮音憑注同 荒穢於廢反 不陂彼僞反徐甫寄反傾也注同又破何反偏也 象曰无平不陂一本作无往不復 翩翩如字子夏傳作翩翩向本同云輕舉皃古文作偏偏 以祉音恥一音勑子反又音止 女處本亦作爻處 盡夫音符後皆放此以意求之 隍音皇城塹也子夏作堭姚作湟 所應如字舊音應對之應 上承時掌反 下施始鼓反 否道備鄙反

䷋否備鄙反卦內同閉也塞也乾宮三世卦　道長丁丈反　辟難上音避下乃旦反　入邪似嗟
反　不諂勑檢反　否亨許庚反　疇直留反鄭作古𠷎字　休否虛虬反美也又許求反息也注同
䷌同人和同也離宮歸魂卦　以邪似嗟反　炎上時掌反　辯物如字王肅卜免反　繫吝
繫或作係本作黨係　則否方有反又備鄙反　褊必淺反　狹戶夾反　于莽莫蕩反王肅冥黨反鄭云叢木
也　物黨物或作朋　所比毗志反　所當如字　量斯音良又音亮　其墉徐音容鄭作庸　而效
下教反　不克則反反則得吉也一本作反則得得則吉也　號戶羔反　咷道刀反號咷啼呼也
而遠袁萬反　內爭爭鬬之爭　異災一本作他災
䷍大有包容豐富之象乾宮歸魂卦　遏於葛反止也徐又音謁　休命虛虬反美也徐又許求反　大
車王肅剛徐反蜀才作輿　不泥乃計反　用亨許庚反通也下同衆家並香兩反京云獻也于云享宴也姚云
享祀也　其彭步郎反子夏作旁干云彭亨驕滿皃王肅云壯也虞作尫姚云彭旁徐音同　上近如字亦附近之

近下比毗志反至知音智可舍音捨斯數色助反哲章舌反王廙作晰同音徐李之世反又作
哲字鄭本作遰云讀如明星晢晢陸本作逝虞作折何難依象宜如字一音乃旦反易而以豉反祐之
音又不累劣僞反下同盡夫津忍反繫辭音係
䷎謙卑退爲義屈已下物也兌宮五世卦子夏作嗛云〻謙也下濟節細反而上時掌反下注上承上
行同虧盈馬本作毀盈而福京本作富惡盈烏路反卦末注同而好呼報反裒蒲侯反鄭
荀董蜀才作捊云取也字書作掊廣雅云掊減稱物尺證反平施始豉反注同大難乃旦反自牧
牧養之牧徐音目一音茂名。者聲名聞之謂也一讀名者聲絕句聞音問匪解佳賣反撝毀皮
反指撝也義與麾同書云右秉白旄以麾是也馬云撝猶離也鄭讀爲宣下下上遐嫁反下如字下句同用侵王廙
作寢征國本或作征邑國者非不與音預爲爭爭鬭之爭
䷏豫餘慮反悅豫也備豫也馬云豫樂震宮一世卦不忒他得反鄭云差也京作貸他。僨方問反殷

於勤反馬云盛也說文云作樂之盛稱殷京作隱 **薦** 將電反本又作廌同本或作薦獸名耳非 **介于** 音界纖介古文

作砎鄭古八反云謂磨砎也馬作扴云觸小石聲 **荀說** 音悅 **盱** 香于反睢盱也向云睢盱小人喜悅之皃王肅云盱

大也鄭云誇也說文云張目也字林火孤反又火于反子夏作紆京作汙姚作盱云日始出引詩盱日始旦 **睢** 香維反說

文云仰目也字林火佳反 **由豫** 由從也鄭云用也馬作猶云猶豫疑也 **盍** 胡臘反合也 **簪** 徐側林反子夏傳同

疾也鄭云速也埤蒼同王肅又祖感反古文作貸京作撍馬作臧荀作宗虞作戠戠叢合也蜀才本依京義從鄭 **冥** 覓經

反馬云冥昧耽於樂也王廙云深也又亡定反鄭讀爲鳴 **有渝** 羊朱反 **盡** 津忍反 **樂** 音洛

䷐ **隨** 從也震宮歸魂卦 **而下** 遐嫁反注下柔同 **而說** 音悅注下皆同 **大亨貞** 本又作大亨利

貞 **而天下隨時** 王肅本作隨之 **隨時之義** 王肅本作隨之時義 **而令** 力呈反 **否之** 備鄙

反 **以嚮** 本又作向許亮反王肅本作鄉音同 **入宴** 徐烏練反王肅烏顯反 **官有** 蜀才本作館有 **故舍**

音捨下文同 **以擅** 市戰反 **盡隨** 津忍反盡卷末同 **未正中也** 一本作中正 **拘** 何于反 **用**

亨 許庚反通也陸許兩反云祭也 之濱 音賓

䷑蠱 音古事也惑也亂也左傳云於文皿蟲爲蠱又云女惑男風落山謂之蠱徐又姬祖反一音故巽宮歸魂卦

先甲 息薦反彖并注同 後甲 胡豆反彖并注同 以斷 丁亂反 施令 力政反下同 競爭 爭鬬之爭 治也 直吏反注同 說隨 音悅 創制 初亮反此俗字也依字作刱 復始 扶又反 以振 舊之愼反濟也師讀音。音眞振。仁厚也 育德 王肅作毓古育字 有子考无咎 絕句周依馬王肅以考絕句

當事 丁堂反 蠱承 津忍反下皆同 裕父 羊樹反馬云寬也 不累 力僞反

䷒臨 如字序卦云大也坤宮二世卦 剛浸 子鴆反 而長 丁丈反除六三注末及象咎不長皆同一音此治良反 說而 音悅下同 教思 息吏反注同 無疆 居良反注同 剛勝 升證反下同 佞邪 似嗟反下同 媚 密備反 位當也 本或作當位實非也 知臨 音智注同又如字

䷓觀 官喚反示也乾宮四世卦 盥 音管 而不。薦 本又作薦同牋練反王肅本作而。觀薦 顒 魚恭反

足復扶又反 旣灌官喚反 不忒吐得反 神道設敎一本作以神道設敎 省方悉井反

童觀馬云童猶獨也鄭云稚也 最遠袁萬反 朝美直遙反 所鑒古暫反下同 趣從裕反 闚苦規反本亦作窺 者狹戶夾反 象曰闚觀女貞一本有利字 不比毗志反 觀國之光如字或音官喚反 最近附近之近 居近如字 德見賢遍反 平易以豉反 盡夫觀盛故觀至大觀在上王肅音官 以觀天下徐唯此一字作官音 觀盥而不薦觀之爲道而以觀感風行地上觀處於觀時君子處大觀之時處大觀之時大觀廣鑒亦音官 居觀之時爲觀之主觀之盛也從盡夫觀以下並官喚反餘不出者並音官

周易上經噬嗑傳第三

䷔噬市利反噬齧也 嗑胡臘反合也嗑巽宮五世卦 齧研節反 有閒如字下同又音閒廁之閒 與過

一本作頤以之有過反不合本又作而合不涸胡困反濁也雜也亂也韋昭云汙辱也上行時掌
反注同勑法恥力反此俗字也字林作敕鄭云勑猶理也一云整也屨紀具反校爻教反注及下同馬音教
滅止本亦作趾趾足也桎章實反足懲直冰反不絞交卯反械戶戒反不行也本或
作止不行也噬膚方于反馬云柔脃肥美曰膚未盡津忍反下同其分符問反脃七歲反腊
肉音昔馬云晞於陽而煬於日曰腊肉鄭注周禮小物全乾曰腊乾音干胏緇美反馬云有骨謂之胏鄭云簀也字林
云含食所遺也一曰脯也子夏作脯徐音甫荀董同未光大也本亦無大字何校何可反又音何本亦作荷
音同下同王肅云荷擔聰不明也馬云耳無所聞鄭云目不明耳不聰王肅云言其聰之不明可解佳買反
䷕賁彼僞反徐甫寄反李軌府𩐁反傅氏云賁古斑字文章皃鄭云變也文飾之皃王肅符文反云有文飾黃白色
艮宮一世卦剛上時掌反注剛上皆同解天音蟹下同以明蜀才本作命折之舌反注同鄭云斷也斷
音丁亂反其趾一本作止鄭云趾足舍音捨下及注同車音居鄭張本作輿從漢時始有居音安夫音符其

須如字字從彡水邊作非**而比**毗志反下同**上附**時掌反**循**以遵反**濡**如兗反**皤**白波反說
文云老人皃董音槃云馬作足橫行曰皤鄭陸作蟠音煩荀作波**翰**戶旦反董黃云馬舉頭高卬也馬荀云高也鄭云白
也亦作寒案反**媾**古豆反**而閡**五戴反**寇難**乃旦反下同**賁于丘園**黃本賁作世**束帛**
子夏傳云五匹爲束三玄二纁象陰陽**戔戔**在千反馬云委積皃薛虞云禮之多也又音牋黃云猥積皃一云顯見皃
子夏傳作殘殘**有喜**如字徐許意反无妄大畜卦放此
䷖**剝**邦角反象云剝剝也馬云落也說文云裂也乾宮五世卦**人長**丁丈反下注皆同**激**經歷反**拂**
附弗反**觸忤**五故反**以殞**于敏反**失處**昌呂反又昌預反**蔑**莫結反猶削也楚俗有削蔑之言馬
云無也鄭云輕慢荀作滅**猶削**相略反或作消此從荀本也下皆然**辨**徐音辦具之辦足上也馬鄭同黃云牀簀也薛
虞膝下也鄭符勉反王肅否勉反**道浸**子鴆反下同**稍近**附近之近**六三剝无咎**一本作剝之无
咎非**以膚**方于反京作簠謂祭器**切近**如字徐巨靳反鄭云切急也**貫魚**古亂反徐音官穿也**駢頭**

薄田反 **得輿** 音餘京作德輿董作德車 **廬** 力居反 **覆陰** 於鴆反 **所芘** 本又作庇必利反又悲備反

䷗ **復** 音服反也還也坤宮一世卦 **朋來** 如字京作崩 **反復** 芳福反劉本同本又作覆象并注反復皆同

剛反 絕句 **剛長** 丁丈反下文注皆同 **心見** 賢遍反 **具存** 本亦作其存 **商旅** 鄭云資貨而行曰商旅客也 **無祇** 音支辭也馬同音之是反韓伯祁支反云大也鄭云病也王肅作禔時支反陸云禔安也九家本作多字音支 **幾悔** 音機下同又音祈 **患難** 乃旦反 **遠矣** 袁萬反 **錯之** 七故反 **休復** 虛虯反 **最比** 毗志反 **仁行** 下孟反 **下仁** 遐嫁反 **以下仁也** 如字王肅云下附於仁徐尸嫁反 **頻復** 如字本又作頻嚬眉也鄭作顰音同馬云憂頻也 **頻顣** 千寂反下同憂也又子六反 **自考也** 鄭云考成也向云察也 **有災** 本又作災鄭作烖按說文烖正字也灾或字也災籀文也 **眚** 生領反下卦同子夏傳云傷害曰災妖祥曰眚鄭云異自內生曰眚自外曰祥害物曰災 **量斯** 音良 **雖復** 扶又反

䷘ **无妄** 亡亮反无妄无虛妄也說文云妄亂也馬鄭王肅皆云妄猶望謂无所希望也巽宮四世卦 **彖邪**

側嗟反**不佑**音又鄭云助也本又作祐馬作右謂天不右行**茂對時**茂盛也馬云茂勉也對配也**下賤**
遐嫁反**不耕穫**黃郭反或依注作不耕而穫非下句亦然**不菑**側其反馬云田一歲也董云反草也**畬**音餘
馬曰田三歲也董云悉耨曰畬說文云二歲治田也字林弋恕反**不擅**市戰反**行違**下孟反下之行同**稼**
音嫁**穡**音色**爲獲**如字或作穫非**比**毗志反**近**附近之近**可試**試驗一云用也
☶☰**大畜**本又作蓄勑六反義與小畜同艮宮二世卦**大畜剛健**絕句**篤實輝**音揮**光**絕句
日新其德鄭以日新絕句其德連下句**厭而**於豔反**夫能**音符發句皆然下非夫同**令賢**力呈
反下同**險難**乃旦反下遇難同**多識**如字又音試劉作志**往行**下孟反**利已**夷止反下及注已則
能已同或音紀姚同**輿**音餘下同本或作轝音同**說**吐活反注及下同馬云解也**輹**音服又音福蜀才本同或作輻
一云車旁作复音服車下縛也作畐者音福老子所云三十輻共一轂是也釋名云輹似人屐又曰伏菟上軸上似之又口輹
伏於軸上**馮河**皮冰反**良馬逐**如字鄭本作逐逐云兩馬走也姚云逐逐疾並驅之皃一音胄**曰**音越劉云

曰猶言也鄭人實反云曰習車徒　閑如字闌也馬鄭云習　險阨於厄反本亦作厄　童牛無角牛也廣蒼作犝
劉云童妾也　牿古毒反劉云牿之言角也陸云牿當作角九家作告說文同云牛觸角著橫木所以告人　抑鋭於力
反下同本又作挫從臥反　強其良反　爭爭鬭之爭　豶符云反劉云豕去勢曰豶　之牙徐五加反鄭讀爲互　剛
暴一本作剛突　禁暴音金　何天音河梁武帝音賀　衢其俱反馬云四達謂之衢　亨許庚反
䷚頤以之反養也此篆文字也巽宮遊魂卦　舍爾音捨注同　朶多果反動也鄭同京作揣　嚼詳略反
令物力呈反　離其力智反　而闚苦規反　顛頤丁田反　拂符弗反違也薛同注下皆同一音敷
弗反子夏傳作弗云輔弼也　此行下孟反下注行同　悖也布內反逆也　虎視徐市志反又常止反　眈
眈丁南反威而不猛也馬云虎下視皃一音大南反　逐逐如字敦實也薛云速也子夏傳作攸攸志林云攸當爲逐
蘇林音迪荀作悠悠劉作跾云遠也說文跾音式六反　施賢始豉反下文同又如字　而比毗志反　得頤
一本作得順　難未乃旦反　厲吉厲嚴厲也馬王肅云危

䷛大過徐古臥反罪過也超過也王肅音戈震宮遊魂卦　相過之過並古臥反　棟徐丁貢反　橈
乃教反曲折也下同　拯拯救之拯　弱本亦作溺並依字讀下救其二。拯弱皆同　而說音悅注同　救難難乃
並乃旦反上六注同　遯本又作遁同徒遜反　藉在夜反下同馬云在下曰藉　唯愼辰震反　枯楊如字鄭音
姑謂無姑山楡楡羊朱反　稊徒稽反楊之秀也鄭作荑荑木更生音夷謂山楡之實　老夫如字下同　特者特或
作持　能令力呈反　得少詩照反下同　則稺直吏反　者長丁丈反　淹溺乃歷反　生華
如字徐音花　无譽音預又音餘　滅頂徐都冷反

䷜習便習也重也劉云水流行不休故曰習　坎徐苦感反本亦作埳京劉作欿險也陷也八純卦象水　險
陷陷沒之陷　謂便婢面反下同　重險直龍反注下並同　陗七妙反　洊在薦反徐在悶反舊又才本反
爾雅云再也劉云仍也京作臻于作荐　德行下孟反注同　險難乃旦反下險難同　則夫音符　窞徒坎
反說文云坎中更有坎王肅又作陵感反云窞坎底也字林云坎中小坎一曰旁入　處欿亦作坎字　而復扶又反下

雜復同　險且如字古文及鄭向本作檢鄭云木在手曰檢　枕徐針鴆反王肅針甚反鄭玄云木在首曰枕陸云閑礙險害之皃九家作玷古文作沈沈直林反　出則之坎一本作出則亦坎誤　樽酒音尊絕句　簋貳音軌絕句　用缶方有反絕何舊讀樽酒簋絕句貳用缶句　自牖音酉陸作誘　承比毗志反下同　之食音嗣飯也　象曰樽酒簋一本更有貳字　祇音支又祁支反鄭云當為坻小丘也京作禔說文同音支又上支反安也　盡平津忍反　徽許韋反　纆音墨劉云三股曰徽兩股曰纆皆索名　寘之豉反置也注同劉作示言眾議於九棘之下也子夏傳作湜姚作寔寔置也張作置　叢才公反　法峻荀潤反

☲☲

離列池反麗也麗著也八純卦象日象火　畜許六反注同　牝頻忍反徐又扶死反　外強其良反　猶著直略反卦內同　草木麗如字說文作麓　乎土王肅本作地　重明直龍反　明兩作鄭云作起也荀云用也　明照相繼一本无明照二字　履錯鄭徐七各反馬七路反　警京領反　辟其音避彖同　日昃王嗣宗本作仄音同　鼓鄭本作擊　大耋田節反馬云七十曰耋王肅又他結反云八十曰耋京作

經蜀才作咥　之嗟如字王肅又遭哥反荀作差下嗟若亦爾　凶古文及鄭无凶字　突徒忽反王肅唐骨反舊又湯骨反字林同云暫出　逼近附近之近　出如字徐尺遂反王嗣宗勑類反　涕徐他木反又音弟　沱徒河反荀作沲一本作沲　若。古文若皆如此　戚千寂反子夏傳作嘁嘁子六反咨慽也　不勝音升　逆首本又作逆道兩得　離王公也音麗鄭作麗王肅云麗王者之後爲公樂武力智反王嗣宗同　折首徐之舌反注同　以去羌呂反　王用出征以正邦也王肅本此下更有獲匪其醜大有功也

周易下經傳第四

䷞咸如字彖云感也兌宮三世卦　取七具反本亦作娶音同　相與如字鄭云與猶親也　而說音悅

男下遐嫁反下注必下同　見於賢遍反　各亢口浪反本或作有　拇茂后反馬鄭薛云足大指也子夏作踇荀作母云陰位之尊　腓房非反鄭云膞腸也膞音市臠反王廙云腓腸也荀作肥云謂五也尊盛故稱肥　離拇力智反　動躁早報反　股音古　憧憧昌容反馬云行皃王肅云往來不絕皃廣雅云往來也劉云意未定也徐

又音童又音鍾京作憧字林云憧遲也丈冡反 脢 武杯反又音每心之上口之下也鄭云背脊肉也說文同王肅又音灰廣
雅云胂謂之脄胂音以人反 輔 如字馬云上頷也虞作酺云耳目之間 頰 兼叶反孟作俠 滕 徒登反達也九家作
乘虞作媵鄭云送也 口說 如字注同徐音脫又始銳反
䷟ 恆 如字久也震宮三世卦 長陽長陰 並丁丈反大象注同 媲 普計反配也 復始 扶又反
見於 賢遍反 浚 荀潤反深也鄭作濬 令物 力呈反 餘緼 紆粉反廣雅云積也 或承 或有也一云常
也鄭本。作咸承 德行 下孟反 詰 去吉反 而分。 扶運反 振恆 之刃反馬云動也鄭云搖落也張作震
䷠ 遯 徒巽反字又作逯又作遁同隱退也匿亦避時奉身退隱之謂也鄭云逃去之名序卦云遯者退也乾宮二世
卦 夫。靜。 音扶 非否 備鄙反下同 亢 苦浪反 浸 子鴆反注同 而長 丁丈反卦內同或如字 以
遠 袁萬反注並同 辟內 音避 難可 乃旦反 何災 音河褚河可反今不用 勝 升證反又音升注同 說
王肅如字解說也師同徐吐活反又始銳反 遯已 音以或音紀 係遯 古詣反本或作繫 近二 附近之近

憊蒲拜反鄭云困也廣雅云極也王肅作斃荀作備 好遯呼報反注下同 小人否音鄙注下同悉也徐方有
反鄭王肅備鄙反云塞也 能舍音捨 肥遯如字子夏傳云肥饒裕 能累劣僞反 矰則能反 繳章畧反
䷡大壯莊亮反威盛強猛之名鄭云氣力浸強之名王肅云壯盛也廣雅云健也馬云傷也郭璞云今淮南人呼
壯爲傷坤宮四世卦 而愼禮也愼或作順義亦通 用罔罔羅也馬王肅云无 羝羊音低張云羖羊也廣
雅云吳羊曰羝 觸徐處六反 藩方袁反徐甫言反下同馬云籬落也 羸律悲反又力追反下同馬云大索也徐力皮反
王肅作縲音螺鄭虞作纍蜀才作累張作虆 雖復扶又反 藩決音穴注下同 大輿音餘 之輹音福
本又作輻 行不下孟反 能說吐活反 喪羊息浪反注下同 于易以豉反注下同鄭音亦謂佼易也陸
作場謂疆場也 險難如字亦乃旦反 則難乃旦反 剛長丁丈反下剛長同 猶與音預一本作預 其
分扶問反 不詳詳審也鄭王肅作祥祥善也
䷢晉彖云進也孟作齊齊子西反義同乾宮遊魂卦 康美之名也馬云安也鄭云尊也廣也陸云安也樂也 蕃

易音

音煩多也鄭發袁反庶如字衆也鄭止奢反謂蕃遮禽也晝日竹又反三徐息暫反下及注同接如字鄭云
捷勝也上行時掌反凡上行並同以著直略反下著明同三褫勑紙反又直紙反摧如罪雷反退
也鄭讀如南山崔崔之崔未著張慮反自喪息浪反愁狀由反鄭子小反云變色皃介音戒大也馬同
開乎開亦作交又作交義並通和之胡臥反鼫音石子夏傳作碩鼠鼫鼠五技鼠也本草螻蛄一名鼫鼠
得如字孟馬鄭虞王肅本作矢馬王云離為矢虞云矢古誓字失夫音符
䷣明夷夷傷也坎宮遊魂卦以蒙大難乃旦反卦內同鄭云蒙猶遭也一云蒙冒也文王以
之王肅云唯文王能用之鄭荀向作似之下亦然莅履二反又律祕反蔽偽本或作弊偽所辟音避下同
最遠袁萬反下袁難同遠遁徒遜反匿形女力反不遑音皇夷于如字子夏作睇鄭陸同云
旁視曰睇京作眱左股音古馬王肅作般云旋也日隨天左音也姚作右槃云自辰右旋入丑用拯拯救之拯
注同說文云舉也鄭云承也子夏作抍字林云抍上舉音承示行示或作亦近難附近之近下最近同疑懼

但旦反 然後而免也一作然後乃獲免也 南狩手又反本亦作守同 去闇羌呂反 逆忤五故反

箕子之明夷蜀才箕作其劉向云今易箕子作荄滋鄒湛云訓箕為荄詁子為滋漫衍無經不可致詰以譏荀爽 為比毗志反

䷤家人說文家居也案人所居稱家爾雅室內謂之家是也巽宮二世卦 熾也尺志反 而行下孟反注皆同 閑馬云闌也防也鄭云習也 中饋巨愧反食也 嗃嗃呼落反又呼學反馬云悅樂自得皃鄭云苦熱之意荀作確確劉作熇熇 嘻嘻喜悲反馬云笑聲鄭云驕佚喜笑之意張作嬉嬉陸作喜喜 之長丁丈反 以近附近之近 王假更白反注同至也鄭云登也徐古雅反馬云大也 樂樂音洛 以著張慮反

䷥睽苦圭反馬鄭王肅徐呂忱並音圭序卦云乖也雜卦云外也說文云目不相視也艮宮四世卦 而上時掌反上上行同 同行如字王肅遐孟反 說而音悅 喪馬息浪反注同 自復音服注同 必顯一本作必類下相類亦然 可援于眷反下得援同又音袁 以辟音避 于巷戶絳反說文云里中道也廣雅云居也字

書作衛心曳以制反掣昌逝反鄭作挈云牛角皆踊曰挈徐市制反說文作觢之世反云角一俯一仰子夏作契傳云

一角仰也荀作觭劉本從說文解依鄭其人天天剠也馬云剠鑿其額曰天劓魚器反截鼻也王肅作臲鼿魚

一反相比毗志反下同元夫如字噬市制反之弧音胡弓也後說吐活反注同一音始銳反之

弧本亦作壺京馬鄭王肅翟子玄作壺媾古豆反恢苦回反大也詭久委反異也戾也譎古穴反本亦作

決詐也乖也吁可況于反四剠其京反說文或作黥字

䷦蹇紀免反彖及序卦皆云難也王肅徐紀偃反兌宮四世卦以難乃旦反卦內及解卦皆同難解音蟹

上六注同未否備鄙反知矣音智初六注同得中如字鄭云和也又張仲反王肅云中適也解卦彖同正

邦荀陸本作正國為漢朝諱宜待也張本作宜時也鄭本宜待時也遠害袁萬反內喜如字徐許意反

猶好也來連力善反馬云亦難也鄭如字遲久之意之長直良反長難丁丈反

䷧解音蟹序卦云緩也震宮二世卦解之為義音蟹下以解來復同濟厄厄或作危彖曰解

音蟹自此盡初六注皆同坼勑宅反說文云裂也廣雅云分也馬陸作宅云根也否結備鄙反者亨許庚反

宥罪音又京作尤磐結步丹反或有遇遇或作過咎非其理也一本无此八字所[illegible]徃

而鴝反斯解佳買反之稱尺證反失枉紆往反且乘如字王肅繩證反柔邪似嗟反

自我致戎本又作致寇解而佳買反注同拇茂后反陸云足大指王肅云手大指荀作母而比毗志

反維有解音蟹注有解及象并下注為解之極同解難佳買反用射食亦反注下同隼荀尹反毛

詩草木鳥獸疏云鷂高墉音容馬云城也將解佳買反荒悖布內反象同以解佳買反

䷨損彖本反省減之義也又訓失序卦云損必有所失是也艮宮三世卦曷何葛反二簋蜀才作軌用

亨香兩反下同蜀才許庚反上行時掌反凡上行皆同陰說音悅非長丁丈反下德長遂長同爲邪似嗟

反能拯拯救之拯大難乃旦反二簋應師如字舊應對之應偕行音皆其分扶問反徵

直升反止也鄭云猶清也劉懲云清也蜀才作澄忿芳粉反窒珍栗反徐得悉反鄭劉作懫懫止也孟作恎陸作咨

欲如字孟作裕　已事音以本亦作以虞作祀　遄市專反速也荀作顓　復自扶又反凡二注同　以上時掌反　化淳尚春反　以離力智反　知者音智　以盡津忍反　上祐音又本亦作佑　不制一本作下制　遂長丁丈反　尙夫音符

䷩益增長之名又以弘裕為義繫辭云益長裕而不設是也巽宮三世卦　民說音悅　無疆居良反下同

下下上遐嫁反下如字注同　涉難乃旦反下同　天施始豉反　之處昌預反下其處同　用享香兩反注同王廙許庚反　用圭王肅作用桓圭　不為于偽反　不處本或作下俑　用賁芳貴反　盡物津忍反　無厭於鹽反　莫和胡臥反　惡盈烏路反　偏辭音篇孟作徧云周匝也

周易下經夬傳第五

䷪夬古快反決也坤宮五世卦　剛幾音祈　坦然他但反　夬決徐古穴反　而說音悅注皆同

齊長丁丈反徐上六象並同　則邪似嗟反下同　斷制丁亂反注同　澤上時掌反注同　以施

始玆反注同壯于側亮反前趾苟作止惕勑歷反苟翟作錫云賜也號戶羔反注及下同鄭王肅音号
莫夜音暮注同鄭如字云無也無夜非一夜號呼火故反頄求龜反顴也又音求又下倫反翟云面顴頰間
骨也鄭作頯頯夾面也王肅音龜江氏音琴威反劉才作仇若濡而朱反有慍紆運反恨也舊於問反面
權如字字書作顴乗夫夫亦作去羌呂反情累劣偽反臀徐徒敦反次本亦作趑或作欿說文及鄭作
趑同七私反注下同馬云卻行不前也說文倉卒也下卦倣此且本亦作趄或作跙同七餘反注及下同馬云語助也王肅
云趑趄行止之礙也下卦倣此牽羊苦年反子夏作掔牴丁禮反本又作抵音同或作羝丁啼反很胡懇反
莧閑辯反三家音胡練反一本作莞華板反陸如字馬鄭云莧陸商陸也宋衷云莧莧菜也陸當陸也虞云莧蕢也陸商
也蜀才作睦睦親也通也柔脃七歲反至易以豉反最比毗志反號咷徒刀反
䷫姤古豆反薛云古文作遘鄭同序卦及彖皆云遇也乾宮一世卦用娶七喻反本亦作取音同注及下同
正乃如字正亦作匹誥四方李古報反鄭作詰起一反正也王肅同柅徐乃履反又女紀反廣雅云止也說

文作𣝗云絡絲趺也蘵若晛字林音乃米反王肅作抳從手子夏作鑈蜀才作尼止也羸豕劣隨反王肅同鄭力追反

陸讀爲累蹢直戟反徐治益反本作鄭古文作蹢一躅直録反本亦作蹋蹢躅不靜也古文作蹳牝頻忍反豭

音家包有本亦作庖同白交反下同鄭百交反虞云白茅苞之荀作胞利賓如字擅人市戰反遠民

袁万反以杞音起張云苟杞馬云大木也鄭云柳也薛云柳柔韌木也並同包瓜白交反子夏作苞馬鄭百交反

瓜音王花反不舍音捨下同所復扶又反物爭爭鬭之爭下卦同

䷬萃在季反彖及序卦皆云聚也兌宮二世卦亨王肅本同馬鄭陸虞等並无此字王假更白反以

說音悅下注皆同則邪似嗟反孝享香兩反聚以正荀作取以正澤上時掌反除戎

器如字本亦作儲又作治王肅姚陸云除猶脩治師同鄭云除去也蜀才云除去戎器脩行文德也荀作慮若號絕句

戶羔反馬鄭王肅王廙戶羔反一握烏學反傅氏作渥鄭云握當讀爲夫三爲屋之屋蜀才同至好呼報反恤

乃亂本亦反正作匹妃音配禴羊略反殷春祭名馬王肅同鄭云夏祭名蜀才作躍劉作爚多辛匹亦侶反

以遠袁万反 之省生領反下同 以比毗志反 未光也一本作志未光也 齎徐將池反王肅將啼反 咨音諮又將利反齎咨嗟歎之辭也鄭同馬云悲聲怨聲 涕徐音體 洟他麗反又音夷鄭云自目曰涕自鼻曰洟

䷭升式陵反序卦云上也上首時掌反鄭本作昇馬云高也震宮四世卦 用見大人本或作利見 以順德如字王肅同本又作慎師同姚本德作得 以高大本或作以成高大 允當如字下同 閑邪似嗟反 升虛如字空也徐去餘反馬云丘也 用亨許庚反通也馬鄭陸王肅許兩反馬云祭也鄭云獻也 岐山其宜反或祁支反 攘來如羊反 冥見經反闇昧之義也注同又云日冥也 則喪息浪反

䷮困窮也窮悴掩蔽之義故彖云剛掩也廣雅云困悴也兌宮一世卦 剛揜本又作掩於檢反李於範反虞作弇 以說音悅卦內同 困窮如字或作困窮非 臀徒敦反 株木張〇反 幽谷徐古木反 不覿大歷反見也注同 獲拯拯救之拯 隱遯徒困反 數歲色柱反本亦作三歲 困解音蟹 朱紱音弗

下同
亨祀 許兩反注同
難之 乃旦反
不勝 音升
豐行 延善反
蒺 音疾
藜 音黎蒺蔾茨草
上比 毗志反
焉 於虔反
得
來徐徐 徐徐疑懼見馬云安行見子夏作荼荼翟同荼音圖云內不定之意王肅作余余
金車 本亦作金輿
劓 徐魚器反
刖 徐方刮反又音月荀王肅本劓刖作臲𡰪云不安皃陸同鄭云劓刖當為倪㐳京作劓劊說文劊斷也
祭祀 本亦作享祀
遐遠 本或作遐邇
藟 力軌反似葛之草本又作蘽毛詩草木疏云一名巨荒似蘡薁連蔓而生幽州人謂之推蘽
臲 五結反王肅妍詰反說文作劓牛列反薛同
卼 五骨反又音月說文作𡰪云𡰪不安也薛又作杌字同
曰動悔 音越向云言其無不然
令生 力呈反
䷯井 精領反雜卦云通也彖云養而不窮周書云黃帝穿井世本云化益作井宋衷云化益伯益也堯臣廣雅云井深也鄭云井法也字林作丼丼于挺反周云丼以不變更為義師說井以清絜為義震宮五世卦
無喪 息浪反
汔 徐許訖反注同幾也王肅音其乞反
繘 音橘徐又居密反鄭云綆也方言云關西謂綆為繘郭璞云汲水索也又其律反又音述
羸 律悲反徐力追反下同蜀才作累鄭讀曰虆
瓶 白經反
幾至 音祈或音機
而覆 芳福反
而上

水時掌反注及下注上水皆同 井養如字徐以上反 木上如字師又時掌反 以勞力報反[illegible]同翟[illegible]

相息亮反注同王肅如字 井泥乃計反注及下同 滓穢側里反 不鄉許亮反 棄舍音捨下文

同 井谷古木反又音浴 射食亦反注同徐食夜反鄭王肅皆音亦云厭也荀作耶 鮒音付魚名也子夏傳謂蝦

蟇 甕屋送反李於鍾反鄭作甕云停水器也說文作罋汲缾也 敝婢世反王肅徐扶滅反 谿谷口啼反 注

下章喻反下同 而復扶又反 无與之也亦本作則莫之與也 渫息列反徐又食列反黃云治也 心

惻初力反說文云痛也 汲音急 停汙音烏 其行下孟反象並注皆同 甃側舊反馬云為瓦裏下達上也子夏

傳云脩治也本云以甎壘井曰甃字林云井壁也 洌音列潔也說文云水清也王肅音例 不橈乃孝反 不食

如字又音嗣 井收徐詩救反又如字馬云汲也陸云井幹也荀作甃 勿幕音莫覆也干本勿作网

䷰革馬鄭云改也坎宮四世卦 樂成音洛上六注同 相息如字馬云滅也李斐注漢書同說文作熄 欲

上時掌反 革而信之一本无之字 以說音悅注同 鞏九勇反固也馬同 堅韌仁震反 行

有如字又下孟反相比毗志反文炳兵領反文蔚音尉又紆弗反廣雅云茂也數也說文作斐

䷱鼎丁冷反法象也卽鼎器也離宮二世卦革去羌呂反下皆同賢愚別彼列反尊卑序

本亦作有別有序以木巽火亨本又作亯同普庚反煑也下及注聖人亨大亨亨飪亨者竝同飪入甚反熟

也徐而鳩反以享香兩反注享上帝同上行時掌反凝魚承反嚴見鄭云成也翟作擬云度也顛丁田

反倒也趾音止利出徐尺遂反或如字注及下同否悲已反惡也注及下同是覆芳目反下皆同趾

倒丁老反下同以爲于僞反下體爲同未悖必內反逆也我仇音求匹也鄭云怨耦曰仇可復

扶又反下同其行下孟反注同塞悉則反雉膏如字鄭云雉膏食之美也折足之舌反注同餗

送鹿反虞云八珍之具也馬云饘也饘音之然反鄭云菜也形渥於角反沾也鄭作剭音屋且施始豉反所

盛音成知小音智金鉉玄典反徐又古玄反又古冥反一音古螢反馬云鉉扛鼎而舉之也用勁古政反

䷲震止慎反動也八純卦象雷以成成亦作威虩虩許逆反馬云恐懼兒鄭同荀作愬愬笑言言亦

作語下同啞啞烏客反馬云笑聲鄭云樂也怠本又作殆惰徒臥反下同解慢佳賣反下同恐致
幽勇反下文注皆同不喪息浪反卦內並同匕必以反鬯勑亮反香酒堪長丁丈反已出音紀
洊在薦反徐又在悶反億本又作噫同於其反辭也六五同鄭於力反云十萬曰億喪息浪反注同荀如字貝如字
荀音敗躋本又作隮子西反升也雖復扶又反上六注同蘇蘇疑懼皃王肅云躁動皃鄭云不安也馬云
尸祿素餐皃无眚生領反遂泥乃計反下同荀本遂作隊泥音乃低反困難乃旦反索索桑洛
反注及下同懼也馬云內不安皃鄭云猶縮縮足不正也視如字徐市至反矍矍俱縛反徐許縛反馬云中未得之皃
鄭云目不正婚媾古豆反彼動故懼故或作而
䷳艮根恨反止也鄭云艮之言很也八純卦象山其背必內反徐甫載反相背音佩下相背同否
之備鄙反令物力呈反而強其兩反姦邪似嗟反敵應應對之應又音膺其趾如字
荀作止腓符非反本又作肥義同咸卦同不承音拯救之拯馬云舉也不快苦夬反其限馬云限要

也鄭荀虞同 夤引眞反馬云夾脊肉也鄭本作䐜徐本又音脣荀作腎云互體有坎坎爲腎 熏許云反荀作動云互體有震震爲動 喪息浪反

䷴漸捷檢反以之前爲義卽階漸之道艮宮歸魂卦 女歸吉也王肅本還作女歸吉利貞 善俗王肅本作善風俗 于干如字鄭云干水傍故停水處陸云水畔稱干毛傳詩云涯也又云澗也荀王肅云山間澗水也翟云涯也 則困於小子本又作則困譏於小子 於謗博浪反 讒諛音臾 磐畔干反山石之安也馬云山中磐紆 衎衎苦旦反馬云饒衍 祿養羊尙反 歡樂音洛 于陸陸高之頂也馬云山上高平曰陸 孕以證反說文云懷子曰孕弋饑反鄭云猶娠也荀作乘 復反扶又反 邪配似嗟反 合好呼報反 能閑閑闌之閑 離羣力智反鄭云猶去也 桷音角翟云方曰桷桷椽也馬陸云桷榱也說文云秦曰榱周謂之椽齊魯謂之桷 安棲音西字亦作栖 不累劣僞反 峩峩五何反

䷵歸妹婦人謂嫁曰歸妹者少女之稱兌宮歸魂卦 少女詩照反下皆同 之稱尺證反下同 爲

長丁丈反下皆同 說以音悅後並同 所歸妹也本或作所以歸妹 不樂音洛 妖邪似嗟反 知弊釋也反 以娣大計反 跛波我反 娣從才用反又如字 眇彌小反 以須如字待也鄭云有所待之稱荀陸作嬬陸云妾也 愆期起虔反馬云過也 遲雉夷反晚也緩也陸云待也一音直冀反 不正

不應本亦作无應 有待而行也一本待作時 之袂彌世反 月幾音機又音祈荀作既 承

筐曲亡反鄭作筐 刲苦圭反馬云刺也一音工惠反

周易下經豐傳第六

䷶豐芳忠反字林匹忠反依字作豐今並三直畫猶是變體若曲下作者禮字耳非也世人亂之久矣彖及序卦皆云大也彖豐是腆厚光大之義鄭云豐之言腆充滿意也坎宮五世卦 王假庚白反至也下同馬古雅反大也 闡昌善反 而令力呈反 以徧音遍 則昃如字孟作稷 則食如字或作蝕非 則溢本或作則方盈者非 以折之舌反斷也下及注同 其配如字鄭作妃云嘉耦曰妃 雖旬如字均也王肅尚純反或音脣荀作

均劉昞作鈞 則爭 爭鬬之爭下音同 蔀 音部王廙同蒲戶反王肅普苟反略例云大暗之謂蔀馬云蔀小也鄭薛

作菩云小席 見斗 孟作見主 曖 音愛 鄣 音章又止尚反字又作障同 斗見者 賢遍反下不見同 不

邪 似嗟反 沛 本或作旆謂幡幔也又普貝反姚云滂沛也王廙豐蓋反又補賴反徐普蓋反子夏作芾傳云小也鄭干

作常云祭祀之蔽膝 沬 徐武蓋反又亡對反微昧之光也字林作昧亡太反云斗杓後星王肅云音妹鄭作昧服虔云日中

而昏也子夏傳云昧星之小者馬同薛云輔星也 肱 古弘反姚作股 幡 方袁反 幔 末半反 以禦 魚呂反

從昧 音妹 豐其屋 說文作寷。云大屋 闚 苦規反李登云小視 闃 苦鶪反徐苦鶪反一音苦馘反馬鄭云无

人見字林云靜也姚作闃孟作窒並通 覿 徒歷反 藏 如字 廕 於鴆反 其行 下孟反 治道 直吏反下

同 天際 如字鄭云當爲瘵瘵病也 翔 鄭王肅作詳 翳光 烏細反 自藏 如字眾家作戕慈羊反馬王肅

云殘也鄭云傷也 有爲 于僞反 不出戶庭 此引節卦九二爻辭應云門庭作戶誤也或云門戶通語

䷷ 旅 力舉反羈旅也序卦云旅而无所容雜卦云親寡旅是也離宮一世卦王肅等以爲軍旅 特重 直用反

物長丁丈反　而復扶又反六五注同　令鼎力呈反　非知音智　瑣瑣悉果反或作璅字者非也

鄭云瑣瑣小也馬云疲弊兒王肅云細小兒　懷其資本或作懷其資斧非　喪息浪反卦內并下卦同　爲施

始豉反　與萌如字又音預　得其資斧如字子夏傳及眾家並作齊斧張軌云齊斧蓋黃鉞斧也張晏云整

齊也應劭云齊利也虞喜志林云齊當作齋齋戒入廟而受斧下卦同　不快苦夬反　斫諸若反　平坦吐但

反　射雉食亦反注同　而上時掌反　上逮音代一音大計反　號戶羔反　咷道羔反　于易

以豉反注同王肅音亦　所嫉音疾字林音自本亦作疾下同　其義焚也馬云義宜也一本作宜其焚也　喪

牛之凶本亦作喪牛于易

☴巽孫問反入也廣雅云順也八純卦象風象木　巽弟大計反本亦作悌　重巽直龍反　齊邪

似嗟反下并下卦同　志治直吏反　紛芳云反廣雅云眾也喜也一云盛也　而復扶又反下同　神祇祁支

反　頻顣千寂反又子六反此同鄭意　不樂音洛　遠不袁万反　之庖步交反　先庚西薦反注

同後庚胡豆反卒以寸忽反下同不說字又作悅同先申音身或作甲字非以斷丁亂
反下同
☱兌徒外反悅也八純卦象澤兌說音悅卦內並同以先西薦反又如字狃難乃旦反麗澤
如字麗連也鄭作離云猶併也黨繫本亦作係商兌如字商商量也鄭云隱度也介疾音界隔也馬云大也
將近附近之近比於毗志反道長丁丈反
☴渙呼亂反散也序卦云離也離宮五世卦王假庚白反下同梁武帝音賈而上如字又時掌反之
難乃旦反卦內同之累劣偽反享于香兩反用拯拯救之拯馬云舉也伏曼容云濟也王肅云拔也子
夏作抍抍取也以逝逝又作遊厄劇本又作危處又作厄處逃竄七亂反險爭爭鬭之爭机音几
有丘姚作有近匪夷荀作匪弟丘墟去魚反渙汗下旦反以盪徒黨反險阨於隔
以假古雅反逖湯歷反血去羌呂反最遠袁萬反下於遠象遠害並同不近附近之近

䷻節 薦絜反止也明禮有制度之名一云分段支節之義坎宮一世卦 男女別 彼列反 復正 扶又反 說以 音悅注同 澤上有水 上或作中今不用 德行 下孟反下注同 故匿 女力反 所怨 紆萬反又紆元反

䷼中孚 芳夫反信也艮宮遊魂卦 豚 徒尊反黃作遯 說而 音悅下注皆同 乖爭 爭鬬之爭 之行 下孟反 畜之 許六反本或作獸 涉難 乃旦反 有它 音他 燕 音鷰 鶴 戶各反 和之 胡臥反注及下同 好爵 如字王肅呼報反孟云好小也 爾靡 本又作糜同亡池反散也干同徐又武寄反又亡彼反韓詩云共也孟同埤蒼作縻云散也陸作䌖京作劘 重陰 直龍反 不狗 似俊反 或罷 如字王肅音皮徐扶彼反 少陰 詩照反 長陰 丁丈反 相比 毗志反 而閡 五代反 憊 備拜反 幾望 音機又音祈京作近荀作旣 而上 時掌反象同 攣 力圓反廣雅云共拳也 可舍 音捨 翰 胡旦反高飛 內喪 息浪反

䷽小過 古臥反義與大過同王肅云音戈兌宮遊魂卦 遺之 如字 不宜上 時掌反注同下及文不宜

上上六注上亦同鄭如字謂君也 而浸子鴆反 以行下孟反 所錯本又作措又作厝同七路反 其
妣必履反 于僭子念反 盡於津忍反 或戕徐在良反注同 故合力呈反注同 先過西薦
反 而復扶又反卦末同 晏安於諫反又音宴 鴆除蔭反本亦作酖 沒怯去業反 公弋餘職反
則蒸章勝反字又作烝或作滕字非 小畜本又作蓄同勑六反 其施始豉反 而難乃旦反 已上
也並如字上又時掌反注同鄭作尚云庶幾也 陽已上故止也本又作陽已上故少陰上少音多少之少
上六弗過王付反本多誤故詳之 災眚生領反
䷾既濟節計反下卦同鄭云既已也盡也濟度也坎宮三世卦 亨小絕句以小連利貞者非 則邪
似嗟反下同 曳以制反 濡其音儒注同 於燥西阜反 未造七報反 易以豉反 棄難乃旦
反卦末并下卦同 婦喪息浪反注皆同 其茀方拂反首飾也馬同干云馬髴也鄭云車蔽也子夏作髴荀作紱董
作髢 不比毗志反 鬼方著頡篇云鬼遠也 憊備拜反鄭云劣弱也陸作備云當為備憊憊困劣也 繻有

而朱反鄭王肅云音須子夏作襦王廙同薛云古文作繻衣袽女居反絲袽也王肅音如說文作絮云緼也廣雅云絮塞
也子夏作茹京作絮有郤去逆反禴羊略反祭之薄者沼之紹反沚音止蘋音頻蘩音煩非馨
呼庭反

䷿未濟離宮三世卦小狐徐音胡汔許訖反說文云水涸也鄭云幾也合物力呈反各
得其所一本作當得經綸本又作論同音倫又魯門反屯張倫反蹇紀勉反循難似遵反猶
履也喪其息浪反已比上音紀下毗志反以近附近之近暉許歸反字又作輝而耽丁南反
於樂音洛。

周易繫。徐胡詣反本系也又音係續也字從毄。若直作毄下系者音口奚反非辭本亦作辤依字應作詞說也說
文云詞者意內而言外也辤不受也受辛者辤辤籒文辭字也上第七本亦作繫辭上王肅本皆作繫辭上傳訖於雜
卦皆有傳字本亦有无上字者韓伯注本亦作韓康伯注案王輔嗣止注大經講者相承用韓注繫辭以下續之

地卑如字又音婢本又作埤同其易之門本亦作其易之門戶斷矣丁亂反之分符問反章末注
同著矣張慮反見矣賢遍反注同縣象音玄雨施始豉反相摩本又作磨末何反京云相
磑切也磑音古代反馬云摩切也鄭注禮記云迫也迫音百相盪衆家作蕩王肅音唐黨反馬云除也桓云動也唯韓
云相推盪鼓之虞陸董皆云鼓鼓動也霆王肅呂忱音庭徐又徒鼎反又音定京云霆者雷之餘氣挺生萬物也說
文同蜀才云疑為電運行姚作違行大始音泰王肅作泰坤作虞姚作坤化姚云化當為作易知以豉
反訖章末同鄭荀董並音亦簡能如字姚云能當為從而成位乎其中馬王肅作而易成位乎其中
繫辭音系卷內皆同焉而明吉凶虞本更有悔吝二字迭田節反剛柔者晝夜之象
虞作晝夜者剛柔之象三極陸云極至也馬云三統也鄭韓云三才也王肅云陰陽剛柔仁義為三極能見賢遍
反易之序也陸云序象也京云次也虞本作彖所樂音洛適會也虞本作所變而玩五亂反研玩也
馬云貪也今之音又
鄭作翫玩文後同

爻者 戶交反說文云交也 小疵 徐才斯反馬云瑕也 辯吉凶 如字京云明也虞董姚顧蜀才並云别也音彼

列反 見乎 賢遍反 乎介 音界注同王肅干韓云纖介也 纖 息廉反 震无咎 馬云震驚也鄭云懼也王

肅韓云動也周云戚也 險易 以豉反注同京云險惡也易善也 之否 備鄙反 天地準 如字京云準等

也鄭云中也平也 彌 如字本又作彌 綸 音倫京云彌遍綸知也王肅云綸纏裹也荀云彌終也綸迹也 天下之

道 一本作天地 俯以 音甫 察於 一本作觀於 反終 鄭虞作及終 之說 如字宋衷始銳反云舍也

烟 音因 熅 紆云反 盡衆 津忍反注同 知周 音智注同 道濟 如字鄭云道當作導 不流 如字京作

留 樂天 音洛注同虞作變天 功贍 先艷反 範圍 鄭云範法也馬王肅張作犯違張云犯違猶裁成也 而

知 如字荀爽荀柔之明僭知音智 以上 時掌反 之稱 尺證反下章及注同 知者 音智下之知注知者其知

仁知並同 其分 符問反 鮮矣 悉淺反注同師說云盡也鄭作尠馬鄭王肅云少也 藏諸 才剛反鄭作臧云善

也 衣 於既反 被 皮寄反 則有經營之功也 本亦无功字一本功作迹 成象 蜀本作盛象

爻法胡孝反馬韓如字云放也蜀才作効形詰去吉反大虛音泰下大極同歘爾況勿反自造

在早反下同稱極尺征反爲稱尺證反不禦魚呂反禁止也乎邇本又作迩音爾也專如字

陸作摶音同也翕虛級反歛也也闢舞亦反開也易簡以豉反知崇音智注同禮蜀才作體

卑必爾反本亦作俾徐音婢下同賾仕責反下同九家作冊京作嘖云債也典禮京作等禮姚作典禮以斷

丁亂反下注同惡也於嫁反荀作亞亞次也又烏路反馬鄭烏洛反並通言天下之至動而不可

亂也衆家本並然鄭本作至賾云賾當爲動九家亦作冊可遠袁萬反之惡烏路反錯之七各反

議之鄭姚桓玄荀柔之作儀之則盡津忍反子和胡臥反注同靡之本又作糜亡池反徐又亡彼反

京作劉行發下孟反下同見乎賢遍反樞尺朱反王廙云戶樞也一云門臼機王廙云弩牙也先

號戶羔反咷道羔反或默亡北反字或作嘿利斷丁亂反王肅丁管反其臭昌又反

初六藉在夜反下同用白茅卯交反无咎或以此爲別章今不用苟錯七故反本亦作措

可重直勇反 愼斯術也時震反鄭于同一本作順師明義鄭云術道 不德鄭陸蜀本作置鄭云置當
爲德 下人遐嫁反後同 爲階姚作機 爲易者本又云作易者 乘釁許覲反 致寇至徐或
作戎宋衷云戎襲 乘也者如字一讀繩證反 慢藏才浪反 誨如字教也虞作悔謂悔恨 冶容音也
鄭陸虞姚王肅作野言妖野容儀教誨淫泆也王肅云作野音也 大衍延善反又注演同鄭云衍演也干云合也王廙
蜀才云廣也 大極音泰 掛一卦買反別也王肅音卦 揲時設反案揲猶數也說文云閱持也一音思頰反徐
音息列反鄭云取也 歸奇紀宜反注下同 於扐郎得反下同馬云指閒也荀柔之云別也 後掛京作卦云再扐
而後布卦 之策初革反字亦作筴 當如字下同 期本又作朞音朞同 而伸本又作信音身 而長丁丈
反 德行下孟反 酬市由反徐又音疇 酢在洛反京作醋 與祐音又助也馬云配也荀作侑
聖人之道明僧紹作君子之道 以言者下三句无以字一本四句皆有 如嚮許兩反又作響 能與
音預下及注同 參伍七南反 錯七各反 綜宗統反 天地之文一本作天下虞陸本作之爻 无

疇直周反研蜀才作揅幾也如字本或作機鄭云機當作幾幾微也夫易開王肅作闓音同物成

務一本无夫易二字冒天莫報反注同覆也以斷丁亂反下二章同蓍音尸圓而本又作員音同

方以知音智注同下知以叡知注神知皆同有分符問反易以以豉反韓音亦謂變易貢如字告也

京陸虞作工荀作功洗心劉瓛悉殄反盡也王肅韓悉禮反京荀虞董張蜀才作先石經同洗濯直角反藏往

如字劉作臧善也能與音預不殺王鄭王肅于所戒反師同徐所例反陸韓如字者夫音符下同齊戒

側皆反注同以神明其德夫荀虞顧絕句衆皆以夫字爲下句一本无夫字闔戶胡臘反闢戶

婢亦反王肅甫亦反施生始豉反見乃賢遍反是故易有大極大音泰注同大極无也馬云北

辰也王肅云此章首獨言是故者總衆章之意无稱之稱並尺證反縣象音玄探吐南反賾九家作册

索隱色白反亹亹亡偉反莫善乎蓍龜本亦作莫大見吉賢遍反河出如字又尺

遂反下同洛出王肅作雒漢家以火德王故從各又以尚賢也鄭本作有以子曰書不盡

加字又津忍反下同之絪紆粉反徐於憤反王肅又於問反之與烏報反而上時掌反而錯七故

反注同本又作措之賾本亦作之至賾而裁音才本又作財默而成本或作默而成之德行下孟反

周易繫辭下第八

而垂直龍反注同明治直吏反繫辭音係卷內皆同而命孟作明或否備鄙反而斷

丁亂反則見賢遍反下及注皆同趣時七樹反貞勝姚本作貞稱亦累劣偽反殉吉辭俊

反後同未作離力智反盡會丁迴反下同貞觀官換反又音官貞夫音符確然苦角反馬韓云

剛兒說文云高至人易以豉反下注同隤然大回反馬韓云柔兒也孟作退陸董姚作妥像此音象施

生始豉反大寶孟作保曰人王肅下伯玉桓玄明僧紹作仁禁民音金又金鴆反包本又作庖白交

反鄭云取也孟京作伏犧許宜反字又作羲鄭云鳥獸全具曰犧孟京作戲云伏服也戲化也氏包犧取大皞三皇之

最先之王于况反不糺九又反爲罟音古馬姚云猶网也黃本作爲网罟云取獸曰网取魚曰罟以

佃 音田本亦作田 以漁 音魚本亦作魚又言庶反馬云取獸曰佃取魚曰漁 斲木 陟角反 爲耜 音似京云耒下耓也陸云廣五寸耓音勑丁反 爲耒 力對反京云耜上句木也說文云耒曲木垂所作字林同力佳反徐力猥反垂造作也本或揉木爲之耒耨非 耒耨之利 奴豆反馬云鉏也孟云耘除草 爲市 世本云祝融爲市宋衷云頡頊臣也說文云市時止反 噬 市制反 嗑 胡臘反 不解 佳賣反 易窮則變變則通通則久 一本作易窮則變通則久 祐之 音又本亦作佑 下治 直吏反草木同 以別 彼列反一本作辯 挎 本又作刳口孤反徐又口溝反 掞 以冉反亦作剡 檝 本又作檝將輒反下同徐音集又子入反方言云楫謂之橈或謂之櫂說文云楫舟櫂也 致遠以利天下 一本无此句 諸渙 音喚 以利天下蓋取諸隨 一本无以利天下一句 重門 直龍反 柝 他洛反馬云兩木相擊以行夜說文作㯳字林他各反同 暴客 白報反鄭作虣 斷木 丁緩反又徒緩反斷斷絕 爲杵 昌呂反 掘地 其月反又其勿反 爲臼 求酉反 爲弧 音胡說文云木弓 剡木 以冉反字林云銳也因冉反 諸睽 苦圭反又音圭 則爭 爭鬬之爭下同 厚衣

於既反 朞 並如其字 无數 色具反 棺椁 上音官下音郭 而治 直吏反下同 書契 苦計反

決斷 都亂反 象也者像也 眾本並云像擬也孟京虞董姚還作象 卦奇 紀宜反注同 德行

下孟反下同 畫奇 音獲下同 憧憧 本又作憧昌容反 以貫 古亂反 屈也 巨勿反下同 信也

本又作伸同音申下同韋昭漢書音義云古伸字 尺蠖 紆縛反蟲名也徐又烏郭反 龍蛇 本又作蛇同 之

蟄 直立反 全身 本亦作存身 思慮 息吏反 而累 劣僞反 蒺 音疾 蔾 音棃 死其 其亦作期

射 食亦反下注同 隼 恤允反 高墉 音容 不括 古活反結也 結閡 五代反 不懲 直升反 屨

俱遇反 校 胡孝反下同 滅趾 本亦作止 弗去 羌呂反 何校 河可反又音河 其治 直吏反下同 形渥

知小 音智 尟不 本亦作鮮仙善反少也 折足 之設反 覆公 芳六反 餗 音速馬作粥 形渥

於角反 不勝 音升 而上 時掌反 未離 力智反 先見 賢遍反 介于 徐音戒衆家作介徐云王

廙古縣反 斷可 丁亂反注同 復行 扶又反注復行同 造形 七報反 之分 符問反 无祇 韓音

祁支反注同王廙輔嗣音支舍凶音捨絪本又作氤同音因縕本又作氳紆云反化醇音淳易其
以豉反不迕五路反字亦作忤其易之門邪本又作門戶邪之撰仕勉反下章同數也廣雅云定
也王肅士眷反數也色柱反爻繇直救反下同服虔云抽也抽出吉凶也韋昭云由也吉凶所由而出也於
稽古兮反考也闡幽昌善反明也辯物如字徐扶勉反別也斷辭丁亂反注同辭文如字音問
而中丁仲反注同因貳音二鄭云當爲式民行下孟反注同所蹈徒報反之柄兵病反
之脩如字鄭云治也馬作循之辯如字王肅卜免反不厭於豔反注同後易以豉反注同長
裕丁丈反注同其施始豉反下同巽稱尺證反又尺升反和行下孟反以遠于萬反注同
不濫力暫反可遠馬王肅韓袁萬反注皆同師讀如字上下時掌反章末同趣舍音捨處昧音妹
而揆葵癸反度也其方馬云方道能循似倫反以度待洛反以要一遥反下又要終同其
要於妙反易知以豉反撰德鄭作算云數也噫於其反王肅於力反辭也馬同亦要一妙反絶句又

一遥反絕句至吉凶 則居 馬如字處也師音同鄭王肅音基 知者 音智 彖辭 吐貫反馬云彖辭卦辭也鄭云爻辭也周同王肅云彖舉象之要也師說通謂爻卦之辭也一云即夫子彖辭 則思 息吏反 貫之 古亂反 轉

近 附近之近下章以近同 而上 時掌反 須援 于眷反 剛勝 升證反一音升 勝其 音升 閑邪 似嗟反 其當 如字下當文王同 紂 直又反 嘗難 乃旦反 能亨 許庚反 易者 以豉反注同

其治 直吏反 德行 下孟反下德行同 易以 以豉反下注險易同 知阻 莊呂反 能說 音悅注同

亹亹 亡偉反鄭云沒沒也王肅云勉也 役思 息吏反 探 吐南反 射 食亦反 不厭 於豔反 以

盡 津忍反下同 愛惡 烏路反注同鄭烏洛反 泯然 亡忍反 比爻 毗志反 辭枝 音支 誣善 音無

周易說卦第九

幽贊 本或作讚子旦反幽深也贊明也 蓍 音尸說文云蒿屬生千歲三百莖易以爲數天子九尺諸侯七尺大夫五

只士三尺毛詩草木疏云以蘋蕭青色科生鴻範五行傳云蓍百年一本生百莖論衡云七十歲生一莖七百歲生十莖神靈
之物故生遲也史記云生滿百莖者其下必有神龜守之其上常有雲氣覆之淮南子云上有叢蓍下有伏龜**如嚮**香兩
反本又作嚮**參**七南反又如字音三**天**或作夫者非**而倚**於綺反馬云依也王肅其綺反云立也虞同蜀才作
奇逼**數**色具反**參奇**紀宜反**觀變**一本作觀變化**發揮**音輝鄭云揚也王廙韓云散也**盡性**津忍
反**要其**一遙反**迭用**田節反**六位而成章**本又作六畫**相薄**旁各反陸云相附薄也馬
鄭顧云薄入也**相射**食亦反虞陸董姚王肅音亦云厭也**數往**色具反又色主反**而數**色主反下文同**晅**
況晚反京云乾也本又作晅徐古鄧反又音香元反**以說**音悅後皆同**嚮明**許亮反**而治**直吏反**妙**
萬物如字王肅作眇音妙董云眇成也**撓**。徐乃飽反王肅乃教反又呼勞反**熯**王肅云呼但反火氣也徐本作
暵音漢云熱暵也說文同**莫盛**是政反鄭音成云裹也**水火不相逮**音代一音七計反鄭宋陸王肅王廙
无不字**悖**必內反逆也**為豕**京作彘**為狗**音苟**一索**色白反下同馬云數也王肅云求也**長男**

丁丈反下長女長子皆同中男丁仲反下同少男許照反下必召皆同爲圜音圓瘠在亦反下同王廙云健之甚者爲多骨也京荀作柴云多筋幹駁邦角反爲釜扶甫反爲吝京作遴嗇音色爲柄彼病反爲龍如字虞干作駹虞云蒼色干云雜色爲旉王肅音孚干云花之通名鋪爲花皃謂之敷本又作尃如字虞同姚云專一也鄭市戀反蒼筤音郎或作琅通萑音丸廣雅云藡也藡音狄葦韋鬼反蘆馵主樹反京作朱荀同陽在下的丁歷反說文作馰顙桑黨反的額日顛反生麻豆之屬反生戴孚甲而出也虞作阪云陵阪也陸云反當爲反蕃音煩鮮息連反爲臭昌又反王肅作爲香臭寡髮如字本又作宣黑白雜爲宣髮爲廣如字鄭作黃爲近附近之近三倍步罪反其究九又反矯紀表反一本作撟同輮如九反王肅奴又反又女九反又如又反馬鄭陸王肅本作此宋衷王廙作揉宋云使曲者直直者曲爲揉京作柔荀作橈弓輪姚作倫美脊精亦反爲亟紀力反王肅去記反荀作極云中也爲薄旁博反蹢徒低反爲曳以制反眚生領反王廙云病也甲胄直又反乾卦占死反鄭云乾當爲幹陽在以能幹正也董作幹爲鼈

卑列反本又作鱉同蟹戶賣反蠃力禾反京作螺姚作蠡蚌步項反本又作蜯同科苦禾反空也虞作折槁苦老反鄭作槀干作熇爲徑古定反果蓏力火反馬云果桃李之屬蓏瓜瓠之屬應劭云木實曰果草實曰蓏說文云在木曰果在地曰蓏張晏云有核曰果无核曰蓏京本作果墮之字閽音昏寺如字徐音侍亦作閽字黔其廉反徐音禽王肅其嚴反鄭作黚謂虎豹之屬貪冒之類喙況廢反徐丁遘反爲堅多節本无堅字爲巫亡符反附決如字徐音穴剛鹵力杜反鹹土也爲羊虞作羔此六子依求索而爲次第也本亦有以三男居前三女後從或健也章至此韓无注或有注者非也荀爽九家集解本乾後更有四爲龍爲首爲衣爲言巛後有八爲作爲迷爲方爲囊爲裳爲黃爲帛爲漿震後有三爲王爲鵠爲鼓巽後有二爲楊爲鸛坎後有八爲宮爲律爲可爲棟爲叢林爲狐爲蒺藜爲桎梏離後有一爲此字艮後有三爲鼻爲虎爲狐兌後有二爲常爲輔頰注云常西方神也不同故記之於此

周易序卦第十一

之穉直吏反本或作稚爭與爭鬭之爭下同所比毗志反下注同所畜敕六反本亦作蓄下及雜卦同

以否備鄙反下同以觀官喚反亨則許庚反鄭許兩反徐音向同賓塞息湏反所錯七各

反注同徐七路反之縕紆粉反本又作蘊遠小人袁万反有難乃旦反下同以解音蟹下同

決邪似嗟反而上時掌反去故起呂反下同以和胡臥反又如字齊才細反又如字若長

丁丈反說音悅下及注同行過下孟反

周易雜卦韓云雜糅眾卦也孟云雜亂也第十一

雜糅如又反比毗志反下同樂音洛注同臨觀古亂反屯見賢遍反注及下皆同鄭如字經

綸本又作論音倫又力門反上升時掌反下文離上并注同豫怠如字姚同京作治虞作怡則飭音敕注同

整治也鄭本王肅作飾剝爛老旦反晝也竹又反誅也荀云誅滅也陸韓云傷也解音蟹難也

乃旦反眾荀作終去故起呂反豐多故眾家以此絕句親寡旅也荀本豐多故親絕句寡旅

也別為句道長丁丈反

周易釋文校勘記　　阮元撰盧宣旬摘錄

字從日下月閩監本同宋本下有正从日勿四字盧本下从作從

第一宋本此二字另提行

〔乾〕

乾依字作乾下乙乾從旦㫃㫃音偃○閩本同監本脫此十三字宋本乾並作乹盧本同是也

无通於无者王述說○宋本閩監本同盧本无作元述作育

无悶門遜反○宋本盧本同閩監本遜作遯○按盧刻多半出於宋本

閑邪以嗟反○補通志堂本盧本以作似案似字是也

怵敕律反○宋本閩監本同案敕字是也盧本作勑依集韻改

就燥蘇早先早二反○補通志堂本盧本先早作先阜案阜字是也宋本阜作皁俗字閩本亦誤早監本作告

以辯徐便免反○補閩監本同宋本盧本便作扶案便免即集韻之平免扶字非也

〔坤〕○閩監本同盧本攷巛

坤本又作巛巛今字也○宋本閩監本同盧本巛並改坤案坤正字巛假借字說詳王引之經義述聞

利牝又扶死反○宋本閩本盧本同監本死作允

括方言云閉也○補閩監本同宋本盧本閉作閇是也

閉必計反字林方結反○補舊本必作心閩本亦作必監本盧本同又方作兵宋本方作力案必字兵字是也

之飾本或作飭○補閩本同宋本作餝監本盧本作餙案餙字是也

嫌鄭作謙荀虞陸董作嗛○閩監本同宋本嗛作溓盧本謙改溓

〔屯〕

得主則定本亦作寍寧○補閩監本同宋本盧本寍寧作則寧按則寧是也

經綸　經綸匡濟也本亦作倫○補閩監本同宋本盧本綸作論倫作綸是也

邅如　○閩監本盧本同宋本作亶如○按亶邅正俗字

乘馬　馬牡牡曰乘○補閩本同宋本盧本上牡字作牝監本作四

相近　下近五同○補盧本同閩監本五作王十行本模糊今改五宋本作並誤

如合　式夜反○補通志堂本盧本式作武

〔蒙〕

梏　小爾雅云○宋本同閩監本爾作廣盧本亦作廣無小字○按作廣是也

擊去　起呂反○閩監本盧本同宋本作繫去宋本起作紀○按當作起

〔需〕

需　字從兩重而者非○宋本閩監本同盧本兩改雨

雲上、于霄云外也○補閩監本同宋本盧本外作升閩本于誤于按升字是也

宴徐烏殄反安也下同鄭云享宴也李軌烏衍反○補閩監本同宋本下作于宴作宜並誤盧本暫作軌是也

於難下及文皆同○閩監本同宋本作及下文盧本作下文及注皆同

于沙鄭作沚○宋本閩監本同盧本沚改沚

（訟）

䖀徐赦紙反本又作褫鄭本作拕徒何反○補宋本赦作致䖀作褫閩監本褫作䖀盧本褫作褫何作可云褫或體舊本褫虎下作帀譌今改正

（師）

天寵光耀也○宋本閩監本同盧本耀作燿

（比）

比 徐又甫履反○補宋本閩本盧本同盧文弨云舊本作補今據錢本正案作甫非舊本是也

〈小畜〉

車說 說云解也○補通志堂本盧本說下有文字是也盧文弨云今說文作說釋也

〈履〉

坦坦 吐但反說文云文也○補閩監本同宋本盧本但作旦下文字作安案安字是也

跛 依字作彼○補宋本閩監本彼作破盧本破改彼云舊本作破譌今從雅兩本正案所改是也彼正字隸變而為跛十行本模糊今正

〈泰〉

荒 本亦作巟○補盧本荒作㠩巟作巟云舊譌作巟案㠩巟並从巛下荒穢同

〈否〉

同人

不克則反反則得吉也○閩監本盧本同宋本作反則得則得則則吉也

大有

大車剛徐反蜀才作輿○補閩本同宋本盧本徐作除監本剛除誤荆余才誤本

用亨下云亨宴也○補閩監本同宋本盧本亨作享

謙

謙云二謙也○補閩監本同宋本盧本二作嗛案嗛字是也

名者聲名聞之謂也○宋本閩本盧本同監本上名改鳴○按監本是也

豫

他奮○補閩監本同宋本盧本他作地案地字是也

薦本又作𪊨。補閩監本同宋本盧本𪊨作蘮

隨

蠱

以振振仁厚也。補通志堂盧本作振振仁厚也

不累力僞反。補宋本閩本同監本盧本力作劣

臨

無疆。補宋本閩監本同盧本無作无

觀

而不薦本又作蘮𪊨同牋練反王肅本作而觀薦。補宋本盧本本作王𪊨作𪊨而觀薦作而不觀薦案王字非也豫殷薦釋文云本又作蘮𪊨此當與彼同閩監本亦是本字唯此觀薦上當有不字誤脫耳

者狹 戶夾反○閩監本盧本同宋本戶作下

〔噬嗑〕

噬 市利反○補閩監本同宋本盧本利作制案制字是也

腊肉 而煬於日○補宋本閩本同監本盧本同日作火

胏 字林云含食所遺也○補宋本閩監本同盧本含作[illegible]○按盧依說文改也

何校 又音何○宋本閩監本同盧本何改河

〔賁〕

賁 鄭云變也○閩監本盧本同宋本變作有

其須 水邊作非○宋本閩本盧本同監本非上有須字誤

皤 皤 鄭陸作蟠音煩○補宋本蟠作燔閩本作𪊳監本盧本作

翰 鄭云白也○宋本閩監本同盧本白作幹○按盧作幹是也

（剝）

賁魚 徐音宮○補閩本同宋本盧本宮作官監本作館案官字是也

（復）

復 音服○宋本盧本同閩本服作復監本作覆

無祇 九家本作多○補宋本閩監本同祇宋本作祇盧本無祇作无祇多作敍案盧挍是也

頻復 本又作頻馬云憂頻也○補宋本閩監本同盧本頻嚬互易

（大畜）

篤實輝 音揮○補閩監本同宋本盧本輝作煇宋本音揮作音輝

輹 輹似人屐又曰伏菟上軸上似之○補閩監本同宋本輹作屐非盧本上軸作在軸案在字是也

良馬逐　鄭本作逐逐云兩馬疋也姚云逐逐疾竝驅之皃○補閩本同宋本上逐逐下有衍字疾作姚非監本疋作是亦非盧本疋作走案走字是也

險阨　於厄反○補閩監本同宋本盧本阨作厓案厓字是也

〔頤〕

朶頤　京作揣○補閩監本同盧本瑞作揣盧文弨云舊本從木爲今從宋本錢本正

虎視　又常止反○宋本閩本同監本盧本常作市○按常是也

逐逐　志林云○宋本閩本盧本同監本志作字

施賢○　閩監本盧本同宋本賢作贒

得頤　一本作得順○宋本閩本盧本同監本得誤德

〔大過〕

弱 下救其二○補閩監本同宋本盧本二作弱案二字誤也

（習坎）

窞 王蕭又作陵感反○補盧本同宋本陵作徒

枕 徐舒鴆反○補閩監本同宋本盧本舒作針按針字是也

祇 又上支反○宋本閩本盧本同監本上作止○按監本是也

寘 姚作寔寔置也○宋本閩本盧本同監本寔竝作寘非是

（離）

牝 又扶死反○宋本閩本盧本同監本死作允

涕 徐他木反○補閩本同監本木木誤李宋本盧本木作米案米字是也

若 閩監本同宋本盧本作𦱤是也

〔恒〕

而分○此條各本俱在詰去吉反下盧本移在德行條上○按盧本是也

〔遯〕

遯 匿亦避時○補閩監本同宋本盧本亦作迹案迹字是也

夫靜○此條各本俱在非否條上盧本移在恒卦末按盧本是也

〔大壯〕

于易 謂佼易也謂壃場也○宋本閩監本盧本同壃場閩監本作疆場

〔晉〕

接 鄭云捷○補閩監本同宋本盧本云作音捷音字是也

鼫 一名鼫○補閩監本同宋本盧本鼫下有鼠字案有者是也今正

得。補閩監本同宋本盧本得上有失字案有者是也

〔明夷〕

最遠下袁難同。補閩監本同宋本盧本袁作遠案遠字是也

夷于京作䏝。補宋本盧本同盧文弨云舊本京作亦今正閩監本作京作䏝

左股日隨天左左音也姚作右槃云自辰右旋入丑。補盧本音作旋是也閩監本旋誤行槃誤樂宋本本下右字誤在

南狩手又反本亦作守同。宋本盧本同此十行本缺又作二字閩監本又誤救作誤與案此救與二字乃閩本以意補十行本之缺故誤。補又作二字今正

〔家人〕

樂樂。補閩監本同宋本盧本上樂字作愛案愛字是也

〔睽〕

睽目不相視也○閩監本同宋本盧本視作聽○按聽字是也

〔解〕

用射食亦反注下同○補閩監本盧本同宋本注下作下注

〔損〕

損豫本反省減之義也又訓失彖卦云損必有所失○補閩監本同宋本盧本豫作孫省作虧損作緩是也

徵劉懲云清也蜀才作證○補閩本同監本徵作懲劉懲云作劉云懲蜀才作蜀本盧本證作澂云舊本澄據訓云清也則當作澂

〔益〕

無疆○補宋本閩本同監本盧本無作无

用圭王肅作用桓圭○補閩監本同宋本盧本桓作桓案桓字是也

用費○宋本閩監本同盧本用改不○按注云惠而不費作不是也

無厭○宋本閩監本同盧本無改无

〈叏〉

夬佚也○補閩監本同宋本盧本佚作泆案泆字是也

齊長丁丈反徐上六象並同○補盧本徐作除案除字是也

莫夜鄭如字云無也無夜非一夜○補案此不誤無夜非一夜夜正是鄭訓莫爲無之義盧本無夜作莫夜非

次本亦作趑或作䟤說文及鄭作趑同○補閩監本同宋本盧本上趑作趦䟤作䟤下趑作趀案趀字是也

陸陸當陸也虞云莧萁也陸商也○補閩監本同盧本萁作蕒說商作和云舊作陸商陸也則與馬鄭同非又說也作蕒也或作萁也和也作商也皆譌今據宋本正莧莧通莞故訓說陸通睦故訓和案張惠言周易虞氏義作莧說也陸和睦也與盧本合

（姤）

諳四方　正也○補宋本閩監本同盧本正作㱏

蹢　一本作鄭古文作蹢○補宋本盧本鄭作躑下蹢字作蹢　案躑字蹢字是也閩監本亦作蹢非

以杞　馬云大本也柳柔脆木也○補閩監本同宋本馬誤禹　脆作柳盧本大本作大木脆作韌

（萃）

除戎器　本亦作鍺○補宋本盧本鍺作儲閩監本鍺誤錯案　儲字是也

（升）

冥　見經反○補盧本見作覓

（困）

株木　張一反○補閩本同宋本一作愚監本一作于盧本一　作慮案宋本是也

數歲 色桂反○宋本閩監本同盧本桂改主

剘 方刮反○補閩本同宋本方作王監本方作於盧本方作五案五字是也

藟 幽州人謂之推藟○補盧本推作摧

〔井〕

無喪○宋本閩監本同盧本無作无

以勞 力報反二同○補宋本盧本二作注是也閩監本作下

甕 說文作罋○宋本閩本同盧本甕改雍非監本罋作甕俗字○按依說文當作罋从缶雝聲

甃 本云以甎壘井曰甃○補閩監本同宋本盧本本作干案干字是也

洌 潔也○補閩監本同宋本盧本潔作絜按絜正字潔俗字

〔革〕

〔鼎〕

以爲。宋本閩監本同盧本下增子字是也

雉膏食之美也。補閩監本同宋本盧本也作者案者字是也

〔震〕

以成　成亦作威。補閩監本盧本同宋本威作盛

漸

衎衎　馬云饒衍。補盧本饒衍作饒行

〔歸妹〕

知弊　釋也反。補盧本作婢出反

以須　荀陸作孺。補閩監本同宋本盧本孺作嬬

承筐刲作筐。補宋本承筐作承匡刲作鄭閩監本盧本筐作匡案宋本是也

〔豐〕

則溢本或作則方益者非。補宋本閩本盧本益作溢監本方誤云

沬鄭干作常。補盧本常作芾云舊本鄭干作芾之芾作韋字乃後人所臆改不知訓小之芾乃蔽芾之芾鄭干作芾乃朱芾之芾二字義本不同今從宋本正錢本同

豐其屋說文作寷。閩監本同宋本作豐盧本作寷是也

〔旅〕

不快苦夬反。宋本盧本同閩監本苦作革。按革字誤

〔渙〕

血去。此條各本在逖湯歷反下盧本移在上是也

中孚

爾靡本又作縻又亡彼反京作劘○宋本盧本縻作糜亡彼宋本作亡波閩監本劘作劘

小過

不宜上上六注上亦同○宋本閩監本同盧本亦作極○按盧是也

故令力呈反注同○宋本閩監本同盧本注作下○按盧是也

陽已上故止也故少陰上○補閩監本同宋本盧本上作止案止字是也

既濟

衣袽說文作絮○閩監本同宋本盧本絮作絮下絮絮同

繫辭上

周易繫徐胡詣反字從毄若直作毄下系者○補閩本同監本詣作計盧本詣作詣從毄下有下系二字系者系

字作糸案詣字是也古用轂爲糸字陸氏謂字作轂不誤若作繫則音口奚反說文所謂繫繈也繫繈惡絮也上音溪下音題陸氏大字當云周易轂小字字從㱿當云本作轂

霆 疑爲電○補闕監本同盧文弨云舊本疑作淒非

震无咎 周云厥也○補闕監本同宋本盧本厥作救

盡衆 ○補闕監本同宋本盧本衆作聚案聚字是也

功贍 先豔反○補闕本同監本先作失宋本盧本先作涉案涉字是也

而知 明僧知音智○補盧本僧知作僧紹是也十行本原闕僧字今正

成象 蜀本作盛象○補闕監本同宋本盧本作蜀才案才字是也

單 本亦作俾○補闕監本同宋本盧本俾作埤

賾 云債也○補闕監本同宋本盧本債作倩案倩字是也

典禮姚作典禮。補盧本作姚作典體

之惡。補盧本作惡之云舊誤倒今從官本改正

議之鄭姚。補盧本鄭作陸

子和明臥反。補盧本明作和

慎斯術也師明義。補閩監本同宋本盧本明作用

不德蜀本作置。補盧本作蜀才作置案才字是也

期音碁。補盧本碁作基

以斷本斷作一下二章同。補十行本二字缺宋本盧本有今正閩監

洛出故從各。補閩監本同宋本盧本各下有隹字

之奧依毛本正。補盧本作淵奧云淵舊本作之疑避唐諱因致譌今

〈繫辭下〉

盡會　丁迴反○補盧本丁迴作津忍

貞觀　官換反○補盧本換作奐云舊本作換譌今依前例作喚宋本錢本作煥

隤然　人回反○補盧本人作六

氏　包犧取大罪○補閩監本同宋本盧本取作氏案氏字是也

下治　草木同○補閩監本同宋本盧本草木作章示是也

暴客　鄭作虣○補閩監本同宋本盧本虣作䖘是也

介于　衆家作介○宋本作介介砎作砎

數也　色柱反○補盧本柱作主云主舊作柱譌宋本作挂亦非仍據前後例改作主

〈說卦〉

發揮音輝○補宋本盧本同閩監本音輝作音揮十行本輝字模糊今正

撓○補盧本撓作橈案橈正字撓俗字

水火不相逮一音七計反○補盧本七作大

少男許歎反下必之皆同○補盧本許歎作詩照必之作少女

騅○補閩監本同宋本盧本作駁是也

爲尃鋪爲花泉謂之敷○補閩本同宋本泉作皃盧本作貌敷作藪案皃字是也監本作尕亦非

蒼筤○補盧本亦筤作莨

顙的顙曰顚○補閩監本同宋本盧本曰作白

反生麻豆之屬陸云反當爲反○補十行本麻字缺今正閩監本麻作蔴宋本盧本作麻陸云反作陸云阪監本作坂案阪字是也

矯一本作橋○補盧本橋作穚

乾卦古免反陽在以能幹正也○補宋本盧本免作丹以作外監本免作完在作性閩本亦作性

鼈本又作鱉○補盧本作本又作鼈

蟹戶賣反○宋本閩本同監本盧本賣作買是也

果蓏在地曰㼌○補盧本㼌作蓏

黔鄭作黚○補閩監本同宋本盧本黚作黚

為堅多節本無堅字○補閩監本同宋本盧本作一本无堅字

為羊為首為作為楊為可為叢棘為此字○補盧本首作直作作牝牝字作牝牛是也閩監本亦誤為首為作宋本為楊作為揚監本為可作為河宋本為叢棘作為叢棘閩監本此字二字缺

周易釋文校勘記

國家圖書館出版品預行編目資料

周易注疏

（魏）王弼，（晉）韓康伯注，（唐）孔穎達疏．— 初版．— 臺北市：臺灣學生 1998[民 87]

面；公分

ISBN 978-957-15-0918-1（平裝）

1. 易經 — 註釋

121.12　　87014581

周易注疏

注疏者：（魏）王弼、（晉）韓康伯注
（唐）孔穎達疏
出版者：臺灣學生書局有限公司
發行人：楊雲龍
發行所：臺灣學生書局有限公司
臺北市和平東路一段七五巷十一號
郵政劃撥戶：〇〇〇二四六六八號
電話：（〇二）二三九二八一八五
傳眞：（〇二）二三九二八一〇五
E-mail: student.book@msa.hinet.net
http://www.studentbook.com.tw
本書局登記證字號：行政院新聞局局版北市業字第玖捌壹號
印刷所：長欣印刷企業社
新北市中和區中正路九八八巷十七號
電話：（〇二）二二二六八八五三

定價：新臺幣七〇〇元

一九六七年十月初版
二〇一六年一月初版四刷

09101

ISBN 978-957-15-0918-1（平裝）